KOMPAKTWISSEN

MODERNE ARCHITEKTUR

des 20. und 21. Jahrhunderts

Mit Textbeiträgen von Wolfgang Hoffmann und Philipp Meuser

Zeichnungen: Meuser Architekten, Berlin

FSC
www.fsc.org
MIX
Aus verantwortungs-
vollen Quellen
FSC® C023577

Herausgeber: Peter Delius
Redaktion, Layout: Ulrike Sommer
Fachlektorat: Bernd Nicolai
Umschlaggestaltung: Dirk Diederich
Cover: alle Coverabbildungen: © Archiv für Kunst und Geschichte, Berlin, außer:
Vorderseite oben links: foto-select-shutterstock.com;
zweite Reihe von unten, rechts: dibrova-shutterstock.com,
Rückseite unten: © British Architectural Library Photographs Collection

Gesamtherstellung: h.f.ullmann publishing GmbH, Potsdam

Printed in Slovakia, 2018

ISBN 978-3-8480-1163-6

10 9 8 7 6 5 4 3 2 1
X IX VIII VII VI V IV III II I

www.ullmannmedien.com
info@ullmannmedien.com
facebook.com/ullmannmedien
twitter.com/ullmannmedien

Jürgen Tietz

KOMPAKTWISSEN MODERNE ARCHITEKTUR
des 20. und 21. Jahrhunderts

h.f.ullmann

Inhalts-verzeichnis

1890–1910

ARCHITEKTUR DER JAHRHUNDERTWENDE

1910–1920

DIE ERSTE MODERNE

1920–1930

INTERNATIONALER STIL

1920–1940

AMERIKANISCHE BAUKUNST

1930–1945

ARCHITEKTUR UND MACHT

1945–1960

GLOBALISIERUNG DER MODERNEN ARCHITEKTUR

1960–1970

VISION UND REALITÄT

1970–1980

HIGH-TECH UND POSTMODERNE

1980–1990

GRENZÜBERSCHREITUNGEN

1990–2000

WENDEZEITEN

2000–heute

ARCHITEKTUR IM 21. JAHRHUNDERT

Bestandsaufnahme
und Impulse

Architektur der Jahrhundertwende

1890–1910

DIE WURZELN IM 18. UND 19. JAHRHUNDERT

Die Welt um uns herum

Unser Alltag wird zu einem wesentlichen Teil durch die Architektur bestimmt, die uns Tag für Tag umgibt – beim Wohnen, beim Arbeiten und beim Einkaufen. Selbst in der Freizeit, die wir im Schwimmbad, im Fußballstadion oder im Museum verbringen, schafft die Architektur den notwendigen baulichen Rahmen, in dem wir uns bewegen. Ohne Architektur wäre die menschliche Gesellschaft nicht denkbar.

Es ist eine bunte und vielschichtige Welt, die sich in unseren Städten präsentiert. Bauten aus vielen Jahrhunderten vermischen sich mit zeitgenössischer Architektur zu einem lebendigen Organismus. Neben gotischen Kathedralen erheben sich Hochhäuser aus Stahl und Glas oder mit spiegelnden Granitfassaden. Aufregende Museumsbauten, die an überdimensionale begehbare Skulpturen erinnern, finden sich dort ebenso wie nüchtern funktionale Fabrikgebäude oder langweilige Verwaltungsbauten.

So facettenreich sich das Leben am Ende des 20. Jahrhunderts zeigt, genauso vielfältig ist seine Architektur. Wir erleben unsere Städte als eine verwirrende Ansammlungen unterschiedlichster Funktionen, denen die Architektur in all ihren unterschiedlichen Erscheinungsformen den notwendigen Rahmen verleiht.

Neue Welten ...

Die rasante Entwicklung, die die Architektur unter technischen und formalen Gesichtspunkten in diesem Jahrhundert genommen hat, weist Wurzeln auf, die bis in das 18. Jahrhundert zurückreichen. Mit der Aufklärung, durch die die Bedeutung und gesellschaftliche Position jedes einzelnen Bürgers gestärkt wurde, ging auch ein grundlegender Wandel der politischen Kultur einher. Er führte von den jahrhundertealten Monarchien zu demokratischen Verfassungen, deren Ideengut sich immer mehr verbreitete. Umfassend und dauerhaft wurden diese Gedanken in der amerikanischen Unabhängigkeitserklärung (1776) festgeschrieben, ihren unmittelbaren politischen Ausdruck fanden sie in der Französischen Revolution (1789).

Durch die Vorgaben des 18. Jahrhunderts wurde auch das 19. Jahrhundert fast zwangsläufig zu einem Zeitalter revolutionärer Veränderungen, die sämtliche Bereiche des Lebens betrafen. Die industrielle Revolution, die sich von England aus über ganz Europa und Nordamerika ausbreitete, schuf einen neuen Beruf: den Lohnarbeiter oder Proletarier, der seinen Lebensunterhalt mühsam in den immer zahlreicher entstehenden Fabriken erwarb. Symbol für die fortschreitende Mechanisierung der Welt wurde die Dampfmaschine, die Watts 1785 erfunden hatte und deren massenhafte Verbreitung in den neu aufgebauten Maschinenhallen und Hüttenwerken einen angemessenen baulichen Rahmen fand.

1833: Erstes Gesetz gegen Kinderarbeit in England.

1837: Victoria wird zur Königin von England gekrönt.

1842: China tritt Hongkong an England ab, öffnet seine Häfen den westeuropäischen Mächten.

1848: Karl Marx veröffentlicht sein *Kommunistisches Manifest*.

1861: Abraham Lincoln wird Präsident der USA und schafft die Sklaverei ab.

1869: Der Suezkanal wird eröffnet und verkürzt den Seeweg nach Indien.

1871: Gründung des Deutschen Reichs nach dem Ende des Deutsch-Französischen Krieges.

1876: Alexander Bell patentiert seinen Sprechapparat, den Vorläufer des Telefons; Weltausstellung in Philadelphia.

1886: Freiheitsstatue in New York als Geschenk der Französischen Republik zum 100. Jahrestag der Unabhängigkeitserklärung.

1889: Weltausstellung in Paris; der Eiffelturm wird fertiggestellt.

1895: Wilhelm Conrad Röntgen entdeckt die nach ihm benannten Strahlen. Sigmund Freud begründet die Psychoanalyse. Erste Filmvorführungen in Berlin durch Max Skladanowsky und in Paris durch die Brüder Lumière.

1899: Erste Haager Friedenskonferenz über friedliche Beilegung internationaler Konflikte und Verabschiedung der Landkriegsordnung. United Fruit Company begündet Monopolstellung für Bananen in Mittelamerika.

1900: Weltausstellung und Olympiade in Paris.

1900–1901: Boxeraufstand in China, Niederschlagung durch ein Expeditionskorps der europäischen Mächte.

1901: Theodore Roosevelt wird Präsident der USA. Thomas Mann veröffentlicht seine *Buddenbrooks*. „Blaue Periode" Picassos mit Szenen aus dem Pariser Leben und dem der Gaukler. Pawlow beginnt seine tierpsychologischen Experimente.

1903: Teddy-Bär als Spielzeug von Margarete Steiff auf der Leipziger Messe vorgestellt.

1904: Puccinis *Madame Butterfly* uraufgeführt. Tod Anton Tschechows.

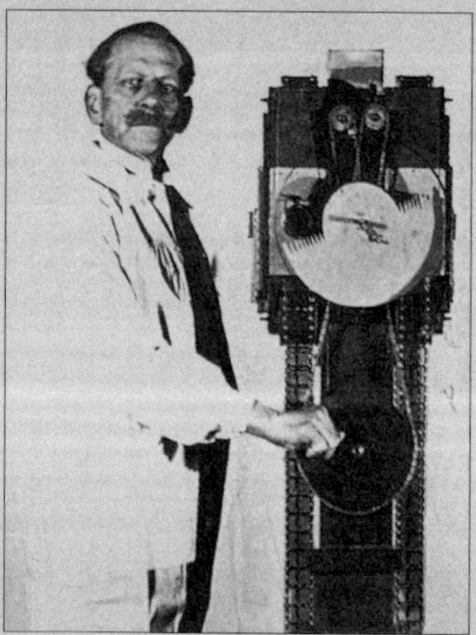

Max Skladanowsky mit seinem Bioskop (Filmvorführapparat) aus dem Jahr 1895

1905: Erich Heckel, Ernst Ludwig Kirchner und Karl Schmidt-Rottluff gründen die expressionistische Künstlervereinigung „Die Brücke".

1906: Erdbeben und Großfeuer vernichten San Francisco.

1907: Maria Montessori eröffnet ihr erstes Kinderhaus. Sun Yat-sen verkündet sein Programm einer chinesischen demokratischen Republik mit sozialer Gesetzgebung.

1908: Matisse prägt für ein Bild Georges Braques das Wort Kubismus.

1909: Erste Dauerwelle in London. Ford spezialisiert sich auf das Serienmodell T, von dem in diesem Jahr etwa 19 000 Exemplare verkauft werden.

1910: Japan annektiert Korea. Der 13. Dalai Lama flieht vor den Chinesen für eine Zeit nach Indien. Robert Delaunay vollendet sein Gemälde *Eiffelturm*. Feininger beginnt, mit seinem charakteristisch kubistisch-expressionistischen Stil hervorzutreten.

Ein zweites, nicht minder bedeutendes Symbol des neuen Zeitalters war die Eisenbahn. 1830 entstand mit der Crown-Street-Station in Liverpool der erste Bahnhof, der für die Beförderung von Personen gedacht war, die nun bequem mit der Bahn zwischen Liverpool und Manchester reisen konnten. Schnell breitete sich ein ganzes Netz von Schienenwegen über Europa aus und ermöglichte es, Menschen und Güter über riesige Entfernungen weitaus schneller als zuvor mit Kutschen zu transportieren. Dies hatte auch für die Architektur Folgen, denn um Täler und Berge zu überwinden, waren Tunnelanlagen und oft gewaltige Brückenkonstruktionen aus Stein oder *Eisen* notwendig – wahre Meisterleistungen der *Ingenieurbaukunst*. Innerhalb kurzer Zeit entstanden auch immer größere und repräsentativere Bahnhöfe, palastartige Bauten, die entsprechend ihres immensen Platzbedarfs in der Regel am Stadtrand errichtet wurden.

... neue Bauten ...

Doch nicht nur der technische Fortschritt, auch die neuen, demokratischen Regierungsformen fanden in der Architektur des 19. Jahrhunderts ihren Ausdruck. So entstanden repräsentative Parlamentsgebäude (z. B. das House of Parliament in London von Charles Barry, 1839–1852, der Deutsche Reichstag in Berlin von Paul Wallot, 1884–1894, das Budapester Parlament von Imre Steindl, 1885–1902) und Rathäuser, die als Zentren staatlicher Regierung und Verwaltung dienten und zugleich nachdrücklich das neu entwickelte bürgerliche Selbstbewusstsein zum Ausdruck brachten. Dieses Selbstbewusstsein dokumentierte sich auch mit zahlreich nahezu gleichzeitig aufkommenden weiteren Baugattungen wie dem Museum, beispielsweise Klenzes Glyptothek in München (1816–1834) oder Smirkes British Museum in London (1823–1847). Sie traten als öffentlich zugängliche „Tempel der Musen" an die Stelle der fürstlichen Wunderkammern und demonstrierten den Bildungswillen des bürgerlichen Publikums.

Währenddessen entstanden in den großen Metropolen wie Paris, London und Brüssel die ersten großen Warenhäuser und Passagen, überdachte Einkaufsstraßen, die zum Synonym der aufstrebenden Warenwelt des 19. Jahrhunderts wurden.

... bekannte Formen

Doch auch wenn sich die Aufgaben der Architektur im 19. Jahrhundert grundlegend wandelten und immer mehr gänzlich neue Bauaufgaben entstanden, so waren weite Teile der Baukunst dieser Zeit vor allem von dem Bedürfnis nach Re-

Joseph Paxton, *Crystal Palace,* London 1851, 1855 nach Sydenham versetzt, 1936 durch Brand zerstört

Wie ein reiner, aus der Atmosphäre geschnittener Raum – so wirkte der Kristallpalast, den der gelernte Gärtner Joseph Paxton 1851 für die erste Weltausstellung in London errichtete. Sein Grundmodul war die größte Glasscheibe, die damals produziert werden konnte. Alle Bauteile des Ausstellungsgebaudes waren genormt und industriell vorfabriziert. Die 70 000 Quadratmeter große Halle konnte so in weniger als fünf Monaten montiert und später in Sydenham wiederaufgebaut werden. Bar allen damals üblichen stilistischen Zierats, streift seine Eisen-, Glas- und Holzkonstruktion alles Körperliche ab. Als erster Höhepunkt der neuartigen *Ingenieurbaukunst* hatte der Kristallpalast zahlreiche Nachfolger und wurde am Beginn des 20. Jahrhunderts als Aufbruch in die Moderne gefeiert.

Gustave Eiffel, *Eiffelturm,* Paris 1889

Der Eiffelturm, den Gustave Eiffel mit Maurice Koechlin 1889 für die Weltausstellung errichtete, wurde zum symbolischen Höhepunkt sowohl der *Ingenieurbaukunst* als auch der Pariser Skyline. In ihm vereinte der Ingenieur und Unternehmer alle Erfahrungen, die er beim Bau zahlloser Brücken und Bahnhofshallen gewonnen hatte. Für vierzig Jahre war das weitgehend zweckfreie Gebäude das höchste Bauwerk der Welt. Die damals unvorstellbare Höhe von fast 300 Metern wurde mithilfe einer Fachwerkkonstruktion aus vorfabrizierten und vernieteten Eisenträgern erreicht, die maximale Festigkeit bei minimalem Gewicht bot. Die Form des Turms offenbart den Kräfteverlauf. Allein die vier Sockelbögen wurden nachträglich zu dekorativen Zwecken hinzugefügt. Sie konnten jedoch nicht verhindern, dass die Pariser sich mit dieser „nackten Architektur" zunächst nur schwer anfreunden konnten und ernsthaft ihren Abriss erwogen. Aber bereits um 1900 war der Eiffelturm zum Wahrzeichen von Paris und Gegenstand künstlerischer Auseinandersetzung geworden.

präsentation gekennzeichnet, das die neu emporgestiegene Gesellschaftsschicht – das Bürgertum – vom Adel übernommen hatte, den es in der staatstragenden Funktion nach und nach ablöste. Schon 1828 fragte der deutsche Architekt Heinrich Hübsch „In welchem Style sollen wir bauen?" und kleidete damit die im 19. Jahrhundert weit verbreitete Unsicherheit in Worte, welcher architektonische *Stil* der jeweiligen Bauaufgabe angemessen sei.

Die Suche nach einem angemessenen und allgemeingültigen Baustil gehörte zu den wichtigsten Kennzeichen der Baukunst im 19. und frühen 20. Jahrhundert. Eine ihrer Grundlagen war die intensive wissenschaftliche Erforschung der Historie der Baukunst, die bereits im 18. Jahrhundert eingesetzt hatte. So wurden beispielsweise die Ergebnisse langwieriger Forschungsreisen nach Athen, Rom oder Sizilien, zu den Überresten der antiken Monumente, in großformatigen Sammlungen von Stichen veröffentlicht und standen erstmals zahlreichen Architekten in ganz Europa zur Verfügung.

Neben der archäologischen Erforschung der Antike widmeten sich die neu begründete Geschichtswissenschaft sowie die Kunstwissenschaft auch der Erforschung von *Romanik, Gotik, Renaissance* und *Barock*. Ein wichtiger Antrieb für diese Auseinandersetzung mit den unterschiedlichen Facetten der Geschichte war die Suche nach den nationalen Wurzeln der Staaten sowie der Baustile. Das Jahrhundert des Nationalismus hatte begonnen. So erlebte beispielsweise die *Neogotik* in der ersten Hälfte des 19. Jahrhunderts in Preußen eine besondere Blütezeit, da man annahm, dass die Wurzeln der Gotik in Deutschland lägen – bis man erforscht hatte, dass die Gotik sich im Mittelalter in Frankreich entwickelt hatte.

Doch man begann um 1800 nicht nur mit der wissenschaftlichen Erforschung der baulichen Relikte älterer Epochen, man begegnete ihnen auch mit einem neu erwachten Respekt und bemühte sich, sie zu erhalten (zu konservieren) oder sie nötigenfalls wiederherzustellen (zu restaurieren), sofern sie bereits zu sehr beschädigt waren. Die Geburtsstunde der Denkmalpflege war gekommen.

Mit dem immer tieferen Eindringen in die Zusammenhänge und Entwicklungen der Baugeschichte stand den zeitgenössischen Architekten auf einmal ein ganzes Spektrum von Baustilen zur Verfügung, dessen sie sich auch bei ihren Bauten bedienen konnten. Heinrich Hübsch selber entschied sich bei seiner Frage nach dem „Style", in welchem er bauen solle, für einen der Romanik entlehnten *Rundbogenstil*. Doch das 19. Jahrhundert bot zahlreiche unterschiedliche Antworten auf Hübschs Frage. Während die Zeit um 1800 in ganz Europa zu einer Blüte des *Klassizismus* führte, dessen Bauten sich von der griechischen Antike herleiten lassen, etablierte Gottfried Semper mit der neuen Dresdener Oper (1838–1841; veränderter Neubau 1871–1878; der heutige Bau stammt von 1985) die *Neorenaissance* als angemessenen Stil für Großbauten. Mit Charles Garniers Neubau der Pariser Oper (1861–1875) dagegen begann der Siegeszug des *Neobarock*.

Ungeachtet auf welche Epoche der Geschichte bzw. auf welchen speziellen Stil sich ein Architekt bei seinem Bau bezog, fasst man diese Entwicklung des Rückgriffs auf die Historie in der Architektur, die ihren Höhepunkt in der zweiten Hälfte des 19. Jahrhunderts fand, in dem Begriff des *Historismus* zusammen.

Im 20. Jahrhundert beurteilte man die Architektur des Historismus lange Zeit eher abschätzig, da man ihr eine eigene schöpferische Kraft nicht zuerkannte. Bedenkenlos schlug man daher in der Nachfolge des *Neuen Bauens* der 1920er-Jahre Ornamente von den Fassaden der Häuser der Gründerzeit ab. Die Städte, die vielfach durch die Kriege des 20. Jahrhunderts ohnehin schon deutliche Verluste hatten hinnehmen müssen, erlitten so einen zusätzlichen, nicht wieder gutzumachenden Schaden.

Das Bild der Stadt

Mit der sich wandelnden Architektur veränderte sich auch das Bild der Städte. An die Stelle der überschaubaren Kleinstadt, die noch um 1800 den Regelfall gebildet hatte, trat am Ende des 19. Jahrhunderts der Moloch Großstadt. Längst waren die mittelalterlichen Stadtmauern gefallen und die Grenzen der Städte schoben sich immer weiter ins Umland hinaus. Neben neuen Fabriken und Industrieanlagen entstanden vor allem Unterkünfte für Millionen von Arbeitern und ihre Familien, die in der Hoffnung auf Arbeit und bessere Lebensbedingungen ihrer ländlichen Heimat den Rücken gekehrt hatten.

Durch Bodenspekulationen begünstigt, entstanden immer mehr der berüchtigten Mietskasernen mit ihren zahlreichen steinernen Hinterhöfen, in die weder Licht noch saubere Luft gelangten. Auf engstem Raum zusammengepfercht, verelendeten weite Kreise der Bevölkerung, während das ökonomisch bessergestellte Großbürgertum einen Lebensstil kultivierte, den es dem Adel abgeschaut hatte.

Gegen Ende des 19. Jahrhunderts setzte sich langsam eine Veränderung dieser Lebensbedingungen durch. Licht und Luft sollten auch die Wohnungen der nicht privilegierten Bevölkerung erreichen. So verwirklichten Raymond Unwin und Barry Parker 1898 bis 1914 mit Letchworth (in Hertfordshire, England) die erste Gartenstadt, und Alfred Messel legte 1893 mit den Mietshäusern in der Berliner Sickingenstraße den Grundstein für den Reformwohnungsbau, der seinen Höhepunkt in den ambitionierten Siedlungsbauten der ersten Hälfte des 20. Jahrhunderts fand.

Glas, Eisen, Beton – neue Baumaterialien schaffen neue Möglichkeiten

Neben den seit Jahrtausenden vertrauten Baumaterialien Holz, *Backstein* oder *Naturstein*, die bisher für die Errichtung von Bauwerken verwendet wurden, fanden im 19. Jahrhundert zunehmend auch neuentwickelte Baustoffe wie Eisen, Zink, Stahl und Glas Eingang in die Architektur. Da diese Materialien aber nicht immer offen sichtbar Verwendung fanden, konnte es durchaus dazu kommen, dass in einem von außen historistisch anmutenden Bauwerk im Inneren durch eine kühne Dachkonstruktion aus Eisen oder ein gläsernes Oberlicht bereits die moderne Architektur Einzug gehalten hatte.

Bereits in der Mitte des 19. Jahrhunderts entstand mit dem Londoner Crystal Palace von 1851 ein Gebäude völlig neuartigen Typs. Im Rahmen der ersten Weltausstellung errichtete Joseph Paxton diesen Glaspalast, der von allen herkömmlichen Stilen frei war. Paxton hatte einen monumentalen Bau geschaffen, der lediglich aus einem tragenden Gerüst von Eisenteilen bestand und dessen „Fassade“ nicht mehr aus Steinen aufgemauert worden war, sondern aus Glasscheiben bestand. Man kann sich heute – in einem Zeitalter, das von gläsernen Hochhausbauten geprägt wird – nur noch schwer vorstellen, welch revolutionäre Bedeutung die Zeitgenossen einem solchen völlig neuartigen Bauwerk in seiner steinernen Umgebung beigemessen haben.

Mit der Errichtung dieses Ausstellungsgebäudes aus Eisen und Glas deutete sich bereits jene Entwicklung an, die zu einer konsequenten Reduzierung der Architektur auf ihre funktionalen Komponenten führte. Die meisten Bauten des Historismus waren – unabhängig von ihrer Funktion als Fabrik-, Verwaltungs- oder lediglich als Wohnungsbau – noch von üppiger und repräsentativer Verzierungslust geprägt. Dem stellte sich nun die Forderung entgegen, dass jede Bauaufgabe so funktionsgerecht wie möglich verwirklicht werden sollte, unter Vermeidung jeder überflüssigen Dekoration. Die dem amerikanischen Architekten Louis Sullivan zugeschriebene Parole „form follows function“, die diesen Gedanken in ein prägnantes Schlagwort fasste, sollte so zu einem Leitgedanken der modernen Architektur des 20. Jahrhunderts werden.

Paxtons Glaspalast zeigte aber auch auf, dass es nicht zuletzt die Meisterwerke der Ingenieurbaukunst waren, die in der Architektur des 19. Jahrhunderts Neuerungscharakter besaßen. So handelte es sich auch bei einer weiteren Inkunabel der Moderne, dem Pariser Eiffelturm, um eine Leistung von Ingenieuren. Seine Erbauer Gustave Eiffel und Maurice Koechlin verwirklichten den Turm, der am Rande des Pariser Zentrums auf dem ehemaligen Marsfeld steht, im Rahmen der Pariser Weltausstellung 1889 zunächst gegen erheblichen öffentlichen Widerstand. Die Realisierung eines Bauwerks von 300 Metern Höhe erschien Eiffel zu dieser Zeit nur im Eisenfachwerk möglich, hätte eine Konstruktion in Massivbauweise dem Wind doch eine viel zu große Angriffsfläche geboten und wäre zwangsläufig eingestürzt.

Neben Glas, Eisen und Stahl war es vor allem ein Gemisch aus Sand, Kies und Zement, das die Architektur revolutionierte: der Beton. Erst dieser ermöglichte eine völlig neuartige Architektur, die das Bild unserer Städte bis in die Gegenwart hinein im Positiven wie im Negativen prägt. Das Baumaterial Beton eröffnet bei einem relativ geringen Gewicht und ohne die Notwendigkeit des Verputzes ein außerordentlich reiches Spektrum an Formen, die durch herkömmliche Baustoffe wie den schwereren Stein oder das sprödere Holz nicht zu erreichen sind.

Obwohl es bereits in den 1890er-Jahren entwickelt worden war, verwendete der französische Bauunternehmer Auguste Perret das neue Material erstmals 1902 auf anschauliche Weise im Bereich des Wohnbaus, als er für das Haus in der Rue Franklin 25 in Paris nichts außer einer rasterartigen *Eisenbetonkonstruktion*, bei der ein Eisengerüst dem Beton größere Stabilität verlieh, entwarf. Die *Fassadenflächen* zwischen den tragenden Betonteilen konnten mit gemusterten Jugendstil*fayencen* gefüllt werden. Den Banken erschien Perrets Plan, einen Wohnbau aus Beton auszuführen, als ein so riskantes Unternehmen, dass sie sich weigerten, ihm Kredite zu geben.

Auguste Perret, *Haus in der Rue Franklin,* Paris, 1902–1903

Ein vollkommen offenes Erdgeschoss, darüber Auskragungen, Vor- und Rücksprünge sowie wechselnde Grundrisse: In der Rue Franklin 25 führte Auguste Perret erstmals die Möglichkeiten des neuen Baustoffs *Stahlbeton* im Geschossbau vor. In dieser Bauweise ist nur das Skelett von *Pfeilern* und Stützen festgelegt, die Ausfüllung der Wandfelder ist dagegen frei. So konnte die Fassade großflächig verglast und mit floralen *Fayencen* geschmückt werden.

Victor Horta, *Hôtel Tassel,* Brüssel, 1893

Das Jahr 1893, in dem Victor Horta das Wohnhaus für Paul-Emile Tassel errichtete, gilt als die Geburtsstunde des Jugendstils. Neu war insbesondere die Tatsache, dass der Architekt seine Formen nicht mehr aus dem etablierten Stilkanon der Architekturgeschichte übernahm, sondern durch genaues Studium aus der Natur ableitete. Bei Horta waren die floralen Formen mehr als hinzugefügter Bauschmuck, sie waren Stilelemente, die das Haus in einen durchgängig gestalteten Organismus verwandelten.

Der Grundriss addiert sich nicht mehr aus klar abgegrenzten Zimmern und Korridoren, sondern ist ein einziger, fließender Raum; das ornamentierte Interieur, seien es geschwungene Eisenkonstruktionen oder kunstvolle Mosaike, unterstützt die Dynamik des ersten reinen Jugendstilbaus des Architekten.

Arts-and-Crafts-Bewegung

Obwohl der Aufbruch in die moderne Architektur bereits in der Mitte des 19. Jahrhunderts begann, wurden die rasant wachsenden Metropolen bis zum Ende des Jahrhunderts in weiten Teilen noch von steinernen Kolossen dominiert, die die immer gleichen, lieblos reproduzierten gotisierenden oder klassizistischen Ornamente zur Schau stellten. Die Wirklichkeit der Städte und ihrer Bewohner bildeten trostlose Ansammlungen von Mietskasernen mit fünf oder mehr Hinterhöfen, die in ungeheurem Tempo entstanden. Am Ende des 19. Jahrhunderts war man deshalb von dieser Architektur mit ihrer Unfähigkeit, die drängenden sozialen Probleme in den Griff zu bekommen, ebenso enttäuscht wie von ihrer akademischen Gelehrsamkeit.

Die allgemeine Ablehnung der traditionellen Architekturformen des 19. Jahrhunderts wurde so zum Ausgangspunkt für die Suche nach neuen Ausdrucksmöglichkeiten, nach einem neuen *Stil*. In einer Zeit, die durch zunehmende Industrialisierung, ungehemmten Fortschrittsglauben und zunehmende Verstädterung geprägt war, entstand in England die Arts-and-Crafts-Bewegung. Bereits seit der Mitte des 19. Jahrhunderts trat sie für eine Rückwendung hin zur handwerklichen Tradition mittelalterlicher Prägung ein.

Ziel der Arts-and-Crafts-Bewegung unter der Führung des Kunsthandwerkers William Morris, des Architekten Philip Webb und des einflussreichen Architekturtheoretikers John Ruskin war es, den gesamten alltäglichen Lebensraum der Menschen mit qualitätvollen Produkten aus handwerklicher Fertigung zu gestalten, damit industriell gefertigte Waren aus der Massenproduktion nicht Oberhand gewannen und die Produktästhetik vernichteten. William Morris, der durch die symbolistische Malerei des praeraffaelitischen Malers Dante Gabriel Rossetti geprägt war, eröffnete 1861 sein eigenes Unternehmen, dessen kunstgewerbliche Produkte von Möbeln über Gläser bis zu Stoffen und Tapeten reichten, die Morris mit einem dekorativen Rapportmuster mit stilisierten Blumen verzierte. Obwohl Morris als der herausragende Vertreter der Arts-and-Crafts-Bewegung selber kein Architekt war, hatten seine Arbeiten doch bis in das 20. Jahrhundert hinein einen erstaunlichen Einfluss auf die Architektur.

JUGENDSTIL

Vegetabile Formen überziehen Europa

Da die Geschichte offenbar keinen Stil anbot, mit dem man die neue Zeit angemessen ausdrücken konnte, orientierte man sich bei der Suche nach einem neuen Stil an dem Vorbild der Natur. Seit der Mitte des 19. Jahrhunderts waren vor allem die Maler in Frankreich hinaus in die Landschaft gezogen und hatten ihre Staffeleien mitten in der Natur aufgebaut, statt wie bisher im geschlossenen Atelier zu arbeiten. Die intensive Auseinandersetzung mit der Natur führte sowohl zu neuen Themen in der Malerei als auch zu neuen Darstellungsformen. Man begann, die gekrümmten Linien eines Baumes oder die ineinanderliegenden Blütenblätter einer Knospe in eine neuartige Formensprache aus meist flächigen *Ornamenten* zu übertragen, die ganz mit dem bisher bekannten Formenrepertoire brach. In der Architektur wurden diese *vegetabilen* Formen der Natur mit den neuen Baumaterialien Glas und *Eisen* ebenfalls in eine stilisierte Formensprache überführt, und da man die neuen Baumaterialien auch unverkleidet neben die traditionellen Baustoffe *Backstein*, *Werkstein* oder Marmor stellte, öffnete sich dadurch sowohl ein Weg zu einem neuen Stil als auch zu einer bisher unbekannten Materialästhetik. Seinen programmatischen Namen erhielt dieser neue, von floralen Vorbildern hergeleitete Jugendstil, der an die Ideale der Erneuerung, des Aufbruchs und der jugendlichen Frische erinnerte, durch die Kunstzeitschrift *Die Jugend*. Sie erschien seit 1896 in München, das durch die Architekten Richard Riemerschmid, Bruno Paul und August Endell zu einem Zentrum der neuen Kunstbewegung aufgestiegen war.

Wie schon der *Klassizismus* um 1800, so ergriff auch der Jugendstil am Ausgang des Jahrhunderts von ganz Europa Besitz. Doch im Gegensatz zum Klassizismus, der nur geringe Abweichungen vom Kanon der überlieferten Architekturformen zuließ, entwickelte der Jugendstil ebenso viele unterschiedliche Namen wie regionale Ausprägungen. In Frankreich wurde er „Art nouveau" genannt, in England „Modern Style", in Italien hieß er „Stile liberty" und in Spanien nannte man ihn schließlich „Modernismo". Seinen zahlreichen Namen entsprachen seine unterschiedlichen Varianten in den einzelnen Nationen: luxuriös-verspielt präsentierte er sich bei Victor Horta in Brüssel, fantastisch bei Antoni Gaudí in Barcelona, pathetisch bei Raimondo D'Aronco in Turin und Konstantinopel, kubisch streng bei Josef Hoffmann in Wien und bei Charles Rennie Mackintosh in Glasgow. Das Verbindende zwischen all seinen unterschiedlichen Facetten aber war der unbedingte Neuerungscharakter gegenüber dem *Historismus* des ausklingenden Jahrhunderts.

Hector Guimard, *Eingang zu einer Metrostation*, Paris, 1900

Hector Guimards Eingänge der Pariser Metro gehören zu den beeindruckendsten Beispielen der Art nouveau, der französischen Variante des Jugendstils. Mit überschwänglichem Formenreichtum leiten sie die Dynamik des Großstadtverkehrs unter die Erde, in eine neue Welt. Die pflanzlichen Gusseisenformen der lauchgrün aus dem Straßenpflaster wachsenden Lampen, Gitter und Glasdächer versöhnen die Welt der Technik, die zunehmend den Alltag beherrschte, mit der Natur freilich nur zum Schein. Denn weder symbolisch noch funktional hatten die floralen Pavillons etwas mit der Metro zu tun. Unfreiwillig offenbaren sie nicht nur die Neuheit des Verkehrssystems, sondern auch ein Grundproblem der Art nouveau: Sich noch stärker als alle vorhergehenden Gestaltungsmoden im Dekorativen erschöpfend, wurde sie zum über ganz Europa verbreiteten Stil.

Brüssel und Paris

Das Jahr 1893, in dem der belgische Architekt Victor Horta das Wohnhaus für den Geometrie-Professor Emile Tassel in der Rue Paul-Emile Janson 6 in Brüssel entwarf, bildete gleichsam die Geburtsstunde der Jugendstilarchitektur. Vom geschwungenen Türgriff über das vegetabil anmutende Treppengeländer bis zu den schlanken Eisensäulen und den verschlungenen Mustern des Mosaikfußbodens hat Horta ein delikates Gesamtkunstwerk des Jugendstils nach einem einheitlichen Entwurf geschaffen.

Zwischen 1896 und 1899 verwirklichte Horta mit dem Maison du Peuple für die Belgische Arbeiterpartei eine völlig andere Bauaufgabe, die für zahlreiche nachfolgende Volkshäuser im 20. Jahrhundert vorbildhaft werden sollte. Im Brüsseler Volkshaus verband Horta technische Innovation und neuartige Dekoration auf vorbildhafte Weise miteinander. Die weite Versammlungshalle im obersten Stockwerk des Gebäudes wurde von einer kühnen Eisenkonstruktion überdacht, die nicht nur ohne Stützen auskam, sondern auch noch elegant geschweift war. Doch ungeachtet seiner architekturgeschichtlichen Bedeutung riss man Hortas von Glas und Eisen dominiertes Bauwerk 1969 respektlos ab.

Mit einer ähnlichen Üppigkeit wie Horta gestaltete der Franzose Hector Guimard die Eingänge für die Metro in Paris, die bereits die Besucher der Weltausstellung 1900 bestaunen konnten, während die Metro selbst erst im folgenden Jahr in Betrieb genommen wurde. Die in *Eisenkunstguss* gefertigten Metroeingänge fächerten ein breites Spektrum von verspielten floralen Formen auf. Guimard unterschied bei seinen Metroeingängen zwischen unterschiedlichen Typen, je nachdem ob es sich um einen offenen oder einen überdachten Eingang handelte.

Doch auch die Grenzen des Jugendstils wurden bei der Pariser Weltausstellung 1900 bereits sichtbar. Neben die verspielte, aber dennoch klare

Antoni Gaudí i Cornet, *Casa Batlló,* Barcelona, 1904–1906

Maskenhafte Balkone, ein Dach in Form eines Dinosaurierrückens, Grundrisse ohne rechte Winkel – das Luxusapartmenthaus Casa Batlló offenbart die ganze Fantasie und die handwerkliche Meisterschaft des katalanischen Ausnahmearchitekten Antoni Gaudí. Die Ansicht zur Straße zeigt einen der typischen zylindrischen Seitentürme des Hauses, an dessen Fassade sich *Naturstein* und farbige *Keramikplättchen* abwechseln. Im Gegensatz zu anderen Vertretern des Modernismo oder des Jugendstils sind Gaudís naturnahe, organische Formen nicht nur aufgesetztes *Ornament*. Sie durchdringen das ganze Bauwerk, bestimmen seine Konstruktion: Architektur wird Skulptur.

Ornamentik Guimards traten hier auch Tendenzen zu einer rokokohaften Überladenheit der Bauwerke. Es sei beispielsweise erinnert an die eindrucksvolle Formensprache des Italieners Raimondo D'Aronco, dessen Pavillon der Turiner Kunstgewerbeausstellung von 1902 eine fast als dramatisch zu bezeichnende Inszenierung von Architekturformen und Skulpturen bot.

Ein Überblick über die französische Art nouveau wäre unvollständig, würde man den Blick nicht auch auf den wichtigsten kunstgewerblichen Zweig dieser Zeit wenden, die Glaskunstwerke der Schule von Nancy und ihres Hauptvertreters Emile Gallé. Gallé schuf kostbarste Preziosen, Gläser, die wie Edelsteine wirken, überzogen mit stilisierten floralen Mustern oder in vegetabilen Formen gestaltet. Gesteigert wird ihre Wirkung durch die delikate Farbigkeit, die mal matt schimmernd, mal intensiv leuchtend die Gläser zu beliebten Sammlerstücken werden ließ. Vergleichbar der Kunst Gallés sind höchstens die Arbeiten des Amerikaners Louis Comfort Tiffany.

Gaudí und der spanische Modernismo

Als ein Solitär steht das Werk des Katalanen Antoni Gaudí in der Architekturgeschichte. Gaudí, dessen Bauten fast ausschließlich in Barcelona entstanden, war der wichtigste Vertreter des Modernismo, der spanischen Variante des Jugendstils. Weit entfernt von jeder Zweckgebundenheit entwickelte Gaudí seine opulente Formensprache, die *gotische* und *maurische* Elemente ebenso aufnimmt wie Eigenschöpfungen. Glasstückchen und Kachelscherben setzte Gaudí zu bewegten *Mosaiken* zusammen, belebte so die Fassaden seiner Häuser oder die wellenförmigen Sitzbänke im Park Güell, den er für seinen wichtigsten Förderer Eusebi Güell schuf.

Seinen Höhepunkt fand das Werk Gaudís zu seinen Lebzeiten mit den Wohnhausbauten Casa Batlló und Casa Milá. An die Stelle einer konventionellen *Fassade* setzte Gaudí bei der Casa Batlló eine mal vor- und mal zurückspringende, mal sanft gewölbte Fassade, die eine irisierende Oberfläche mit runden *Keramikplättchen* zusätzlich belebt. Während das Erdgeschoss durch elefantenfußartige Säulen gekennzeichnet wird, muten die unheimlichen Fensteröffnungen des ersten Obergeschosses an wie die weit aufgerissenen Mäuler von urgeschichtlichen Tiergestalten. Bizarr geformte, an Masken erinnernde Balkone beleben die ohnehin schon reiche Fassade zusätzlich. Wie im Äußeren, so herrschen auch im Inneren des Hauses gerundete Formen vor, sind die Fenster und Türen eigentümliche Neuschöpfungen aus Gaudís reicher Fantasie. Bekrönt wird das Haus von einem an das Rückgrat eines Sauriers erinnernden Dach, während die Kamine des Dachgeschosses hinter der wellenkammartigen *Attika* wie eine Versammlung von unheimlichen Riesen erscheinen.

Gaudís abstrakte Architekturfantasien wecken beim Betrachter zahlreiche Assoziationen, doch lassen sie sich nie wirklich fassen und hinterlassen so trotz aller Fantasie, die hier entfaltet wird, auch eine gewisse Ratlosigkeit.

Trotz einer hundertjährigen Bauzeit wartet das größte Projekt Gaudís, der Bau einer neuen Kathedrale der Sagrada Familia in Barcelona, noch auf seine Vollendung. Es kann kaum erstaunen, dass Gaudí die Stellung eines viel bewunderten Paradiesvogels in der Architekturgeschichte einnimmt, der keinen Nachfolger hatte. Nicht nur, dass seine Häuser von einem immensen Aufwand zeugen, der natürlich beim Bau auch einen nicht zu unterschätzenden Kostenfaktor darstellte, auch die schier unerschöpfliche Kreativität Gaudís war für andere Architekten keineswegs leicht nachzuahmen.

Der Jugendstil in Deutschland

Dass der Jugendstil, ebenso wie die Arts-and-Crafts-Bewegung, weit mehr war als lediglich eine architektonische Modeerscheinung, das verdeutlicht das Werk des Belgiers Henry van de Velde vielleicht am nachdrücklichsten. Seine Vision einer jungen Kunst lief auf eine Befreiung von überkommenen Zwängen und Konventionen hinaus, nicht allein in der Architektur, sondern in allen Bereichen des Lebens. Jeder Alltagsgegenstand wurde von ihm als künstlerisch formbares Produkt des Kunsthandwerks erkannt, das einer spezifischen Gestaltung unterworfen werden musste. So entstanden in van de Veldes Œuvre nicht nur kostbare Bucheinbände, neuartige Schrifttypen und vor allem stilvoll geschwungene Möbel, sondern er entwarf auch Frauenkleider unter dem Gesichtspunkt der „künstlerischen Hebung der Frauentracht", so ein Buchtitel van de Veldes.

Nach ersten künstlerischen Stationen in Brüssel – in dessen Nähe er 1895 in Uccle sein eigenes Wohnhaus, das Haus Bloemenwerf, schuf – und Paris verwirklichte er seine wichtigsten Arbeiten vor allem in Deutschland. Für das von dem Industriellen Karl Ernst Osthaus eingerichtete Folkwang-Museum in Hagen schuf er in den Jahren 1901 bis 1902 die Innendekoration. Van de Veldes Freund und Mentor Harry Graf Kessler, dessen Tagebücher noch heute zu den eindrucksvollsten kulturgeschichtlichen Quellen der vorletzten Jahrhundertwende zählen, holte ihn nach Weimar an den Hof des Großfürsten Wilhelm Ernst. Zwischen 1907 und 1914 leitete van de Velde dort die von ihm entworfene Kunstgewerbeschule, aus der nach dem Ersten Weltkrieg das Weimarer Bauhaus von Walter Gropius hervorging.

Neben Großfürst Wilhelm Ernst in Weimar ließ mit Ernst Ludwig von Hessen noch ein anderer deutscher Adliger Teile seiner Residenz mit Bauten des Jugendstils gestalten. 1899 berief dieser neben anderen Künstlern Joseph Maria Olbrich aus Wien nach Darmstadt. Die in den folgenden Jahren entstandene Künstlersiedlung auf der Mathildenhöhe wurde durch das Mäzenatentum Ernst Ludwigs und die bis zu Olbrichs frühem Tod 1908 verwirklichten Bauten zu einem der bedeutendsten Zentren des deutschen Jugendstils.

Der bekannteste Bau Olbrichs in Darmstadt war neben dem Ernst-Ludwig-Haus, das als Arbeitshaus der Künstler der Siedlung diente, der Hochzeitsturm. Fingerartig bekrönen fünf Bogenelemente, die mit blauen Keramikplatten verkleidet sind, den roten Backsteinturm.

Zwar wurde die Mathildenhöhe vorwiegend durch das Spätwerk Olbrichs geprägt, aber mit Peter Behrens (s. S. 23) unternahm hier zugleich ein Künstler seinen ersten architektonischen Gehversuch, der zuvor lediglich als Maler und Kunsthandwerker hervorgetreten war und der nachfolgend zu einer der einflussreichsten Persönlichkeiten der europäischen Architekturgeschichte aufsteigen sollte.

Joseph Maria Olbrich, *Hochzeitsturm*, Darmstadt-Mathildenhöhe, 1908

Großherzog Ernst Ludwig von Hessen war einer der wenigen deutschen Fürsten, die politische Reformprogramme und Reformansätze in der bildenden Kunst zusammenbrachten. Er berief sieben Künstler nach Darmstadt und stellte ihnen die Mathildenhöhe zur Verfügung, um ein „Dokument deutscher Kunst von bleibendem Wert" zu schaffen. Die Besichtigung der Atelierhäuser der Künstler durch die Öffentlichkeit 1901 war die erste Kunstausstellung ihrer Art.
Der Otto-Wagner-Schüler Joseph Maria Olbrich realisierte anlässlich der zweiten Hochzeit des Großherzogs den „fünffingrigen" Hochzeitsturm, mit dem er eines der bedeutendsten Ensemble der Moderne komplettierte.

Kubus statt Kurve: Glasgow und Wien

So wie die Werke Hortas Brüssel und die Bauten Gaudís das Stadtbild von Barcelona prägten, wurden die Arbeiten von Charles Rennie Mackintosh zum Aushängeschild der schottischen Metropole Glasgow. Mit seiner dortigen Kunstschule schuf er sein unter den Zeitgenossen heftig umstrittenes Hauptwerk, das anstelle von vegetabilen Elementen durch schwer lastende *stereometrische* Grundformen geprägt ist. Neben glatten, fast bedrohlich wirkenden Natursteinflächen sorgen große Fenster für eine Öffnung der Fassade.

Henry van de Velde, *Karl Ernst Osthaus Museum*, Brunnenhalle, Hagen, 1901–1902

Der Innenausbau des Folkwang-Museums, dessen Rohbau von C. Gerard stammt, gehört zu den bedeutendsten frühen Arbeiten des Belgiers van de Velde in Deutschland. Den Auftrag dafür erhielt er durch den Bankierssohn und Mäzen Karl Ernst Osthaus. Neben der flächigen, *vegetabilen* Formensprache, mit der sich van de Velde bereits als führender Vertreter des Jugendstils etabliert hatte, tritt an dem repräsentativen Museum vor allem die sparsame Materialverwendung in den Vordergrund. Stein, Holz, Glas und Metall finden nebeneinander Verwendung und definieren eine eigene neue Ästhetik, die ihre Entsprechung in den großen Ingenieurbauten der Zeit hat. Die sinnliche Wirkung der Materialien wird durch die fließenden und zugleich flächig reduzierten Formen van de Veldes unterstützt, wie sie sich auch an den Kapitellen der durch ein Oberlicht illuminierten Brunnenhalle finden (Knabenbrunnen von Georges Minne, 1901).

Charles Rennie Mackintosh, *Kunstschule,* Glasgow, 1896–1909

Für den flüchtigen Betrachter ist die Glasgower Kunstschule des schottischen Architekten Charles Rennie Mackintosh ein radikal-nüchterner, rationaler Bau: außen ein eckiger Kubus, blockhaft geschlossen, der durch den schweren *Naturstein* noch betont wird; eine Reihe großer Studiofenster, die die dahinterliegenden Zeichensäle zeigen; innen ein flexibler Grundriss, der lange vor Mies van der Rohe mit versetzbaren Trennwänden arbeitet. Doch die grobe Klarheit im Großen wird von feinen, fließenden Details überlagert, die dem Bau nicht als Dekor übergeworfen sind, sondern ihn „beseelen": die Bögen über dem Eingang, die filigranen Erker, die geschwungene Treppeneinfassung, aber auch Teile der Inneneinrichtung aus Holz oder Metall, die Mackintoshs eindringliche grafische Fantasie demonstrieren.
In der Harmonie dieser beiden Gestaltprinzipien liegt die Kraft von Mackintoshs Architektur; damit wurde er zum Vorbild für die Wiener *Sezession* und die Moderne.

Im Jahr 1900 wurde Mackintosh zu einer Präsentation seiner Arbeiten nach Wien eingeladen. Seine vorwiegend von kubischen Formen geprägten Möbelentwürfe hatten eine beflügelnde Wirkung auf die Gründung der Wiener Werkstätten 1903 durch Josef Hoffmann, die bis zu ihrer Auflösung 1933 ein Zentrum kunsthandwerklicher Produktion bleiben sollten. Gezeigt wurden Mackintoshs Arbeiten in Wien im Ausstellungsgebäude der Sezession, das Joseph Maria Olbrich kurz vor seiner Übersiedlung nach Darmstadt geschaffen hatte.
Im Jahr 1897 hatten sich so unterschiedliche Künstler wie der Maler Gustav Klimt, der Bildhauer Max Klinger oder der Architekt Josef Hoffmann vom traditionellen Wiener Kunstbetrieb und seinen akademisch geprägten Ausstellungen losgesagt und die Wiener Sezession gegründet, die den Kunstbetrieb der österreichisch-ungarischen Metropole der Jahrhundertwende prägte. Die neugegründete Künstlervereinigung sollte zum Vorbild für andere Sezessionen werden, wie sie u. a. in München und Berlin realisiert wurden.
Doch nicht nur das außergewöhnliche Sezessionsgebäude mit seiner bekrönenden Kuppel aus eisernen Lorbeerblättern unterschied sich vom sonstigen architektonischen Bild der Stadt, auch die Sezessions-Ausstellungen selbst boten ein anderes Bild, als man es vom traditionellen Ausstellungswesen her kannte. An die Stelle unübersichtlich vollgehängter Wände, an denen die Bilder in mehreren Reihen übereinander gezeigt wurden, trat hier eine übersichtliche Auswahl und Präsentation, die dem einzelnen Kunstwerk einen angemessenen Rahmen bot, seine Wirkung zu entfalten.
Die Architektur des Wiener Jugendstils unterschied sich mit ihrer strengen tektonischen Formensprache deutlich von den an *vegetabilen* Vorbildern orientierten Arbeiten Hortas oder den von Fantasie überbordenden Bauten Gaudís. Dadurch kommt ihr eine besonders wichtige Rolle als Verbindungsglied zu der weiteren, vor allem funktionalistisch gepägten Entwicklung der modernen Architektur zu. Wenngleich Otto Wagner bei seinem sogenannten „Majolika-Haus" in der Straße Linke Wienzeile 40 eine Fassadenverkleidung mit üppig-floraler Ornamentik einsetzte, so zeichnen sich seine Bauten doch vor allem durch eine beruhigtere, kubische Formensprache aus. Beispiel-

Otto Wagner, *Österreichische Postsparkasse,* Wien, 1904–1906

Das Innere des trapezförmigen Gebäudes, vor allem die große Kassenhalle, ist von eleganter Sparsamkeit. Frei von jeder Verzierung schöpft sie ihren Reiz aus den auf die einfache Form reduzierten Elementen: den überaus feinen Stahlsprossen des gewölbten Glasdachs und den sich entsprechend den statischen Erfordernissen nach unten verjüngenden Stützen. Die Dachkonstruktion, die Wagner aus den Prinzipien des Hängebrückenbaus ableitete, wird besonders durch die Tatsache, dass die Stützen das Dach offensichtlich nicht tragen, sondern durchdringen, betont.
Die Postsparkasse untermauert Otto Wagners *Thesen zur Modernen Architektur,* die er 1896 in seinem gleichnamigen Buch aufstellte. Darin plädierte er für einen modernen, zeitgemäßen Stil, der Architektur und Ingenieurbaukunst zu einem neuen, sachlichen Gesamtkunstwerk vereinigt. „Etwas Unpraktisches kann nicht schön sein."

ADOLF LOOS

Adolf Loos gehört zu den schreibenden Architekten der Moderne, die ihre Theorien auch in Entwürfe umsetzen konnten. Während der Schwerhörige seine Gedanken in blumigen Parabeln und fantasievollen Aufsätzen ausdrückte, waren seine Gestaltungsideen von karger Architektur und archaischen Formen geprägt. In seinen Texten spiegelt sich immer wieder die Suche nach der „reinen Architektur", die sich von Einflüssen anderer Disziplinen befreit. Architektur sei daher nicht als eine Raumkunst, sondern als Raumorganisation zu begreifen. Der *Funktionalist* propagierte damit die Abkehr von Schmuckelementen wie etwa *Stuck* in den Innenräumen und forderte von seinen Berufskollegen die Konzentration auf die technischen Abläufe bei der Nutzung. In einer Mischung aus Dandy, Künstler, Architekt und Kunstkritiker, der in lebenslanger und freundschaftlicher Verbindung zum Literaten Karl Kraus stand, gehört Adolf Loos zu den schillerndsten Persönlichkeiten der Baukunst im 20. Jahrhundert.
Zunächst jedoch war der 1870 in Brünn gebürtige Mähre Mitglied der Wiener Sezession, einer Vereinigung, die sich in der Tradition des englischen Arts and Crafts der Verschmelzung von Architektur und Kunsthandwerk verschrieben hatte. Gemeinsam mit den Jugendstil-Protagonisten Joseph Maria Olbrich und Josef Hoffmann bildete er das sogenannte „Kaffeehaustrio". 1898 jedoch verließ Loos den Zirkel unter Protest, um sich zu einem seiner vehementesten Kritiker zu entwickeln. Ornamentlosigkeit sei ein Zeichen geistiger Kraft, propagierte Adolf Loos fortan. Und weiter: „evolution der kultur ist gleichbedeutend mit dem entfernen des ornaments aus dem gebrauchsgegenstande." Mit der sich darin ausdrückenden Distanzierung zur Kunst verband Loos den Versuch, die Authentizität von Kunst und Architektur zu stärken. Denn diese Trennung sei die Voraussetzung einer kulturellen Modernität. Als Journalist und Autor ging er sogar so weit, seine Texte konsequent in Kleinbuchstaben zu verfassen, um sich von den ornamentreichen Initialen in den zeitgenössischen Druckwerken abzusetzen.

Adolf Loos, um 1930

Adolf Loos verbrachte noch während seiner Dresdener Studienzeit (1895–1898) drei Jahre in den USA, wo er die Weltausstellung und die *School of Chicago* (s. S. 42) erlebte. Dort setzte er sich auch mit den Theorien von Louis Sullivan auseinander, der bereits 1885 in seinem Aufsatz „Ornament in architecture" vorgeschlagen hatte, für einige Jahre ganz auf Schmuckelemente in der Architektur zu verzichten. Denn dadurch werde der organische Zusammenhang zwischen Funktion, Form, Material und Ausdruck unnötig gestört. Loos entwickelte diesen Ansatz weiter, indem er das Ornament als volkswirtschaftliche Kostenfalle abwertete. Der Handwerker werde schließlich nur für das Errichten eines Hauses bezahlt. Das Ornament könne mit „vergeudeter Arbeitskraft und geschändetem Material gleichgesetzt" werden.

Das Wohn- und Geschäftshaus für die Schneiderfirma Goldman & Salatsch am Michaelerplatz in Wien, 1909–1911

Welche architektonische Konsequenz diese Haltung nach sich zog, offenbarte Loos in seinem Entwurf für das Haus am Wiener Michaelerplatz (1909–1911, Rekonstruktion 1981), seinem endgültigen Durchbruch als Architekt. Für die Schneiderfirma Goldman & Salatsch errichtete er im Direktauftrag einen kargen Putzbau, dessen einziger Schmuck – materialbedingt – im *Naturstein* des Sockelgeschosses zu finden ist. In dem Wohn- und Geschäftshaus zeigt sich einerseits, wie Loos formale Elemente der Nachbargebäude feinfühlig aufgreift (etwa das Portal der Michaelerkirche), und andererseits, dass der Bauherr dem städtebaulichen Konzept (Dominanz im Straßenraum durch die Ausbildung einer Platzwand) Vorrang vor einer maximalen Ausnutzung des Grundstücks gab, das eine konventionelle Ecklösung erlaubt hätte.
Neben dem offenen Kampf gegen die dekorative Baukunst steht der Name Adolf Loos auch für den Begriff des „Raumplans", der allerdings nicht durch ihn selbst, sondern erst durch die Rezeption seines Werkes formuliert wurde. Kern des Raumplans ist die Dimensionierung der einzelnen Zimmer eines Hauses nach ihrer funktionalen und repräsentierenden Bedeutung. Loos leitet die unterschiedlichen Raumhöhen von den englischen Vorbildern ab, wo mittelalterliche Hallen mit ihren typischen Galerien Einzug in die Landhäuser fanden. Dass der Architekt keine Grundrisse, Fassaden und Schnitte entwerfen solle, hat der Provokant immer wieder geäußert. Viel mehr gelte es, „Raum zu entwerfen". Im Ergebnis schafft Loos in sich verschachtelte Kuben, die wie in den Häusern Moller (Wien, 1928) oder Müller (Prag, 1930) durch Treppen miteinander verbunden sind.

Das Haus Müller gilt als die konsequenteste Umsetzung des Raumplans durch Loos selber. Die unterschiedlich nivellierten Räume (Wohnzimmer, Esszimmer, Bibliothek und Damenzimmer) bilden ein zusammenhängendes offenes Raumgefüge. Jedes Zimmer ist in aufwändigen Materialien – Marmor, Mahagoni, Zitronenholz – ausgeführt, die den Loosschen Ansatz, künstlerische Ornamentik durch die Wirkung edler Baumaterialien zu ersetzen, unterstreichen.
Zu den bekanntesten Werken des USA-erfahrenen Architekten gehört die Kärntner Bar in Wien (1908), die den Typus einer amerikanischen Stehbar verkörpert. Vier hochpolierte Marmor-Pfeiler tragen ein schräg vorspringendes Vordach, das ein stilisiertes Banner der „stars and stripes" zeigt. Der Schriftzug ist derart kunstvoll in buntem Bruchglas ausgeführt, dass Loos' Aussagen zur zwingenden Trennung von Architektur und Kunst fast ad absurdum geführt werden. Denn wie hatte Loos festgestellt: Nur ein ganz kleiner Teil der Architektur gehöre der Kunst an. Dies seien zum einen Grabmäler, zum anderen Denkmäler – beide hätten im architektonischen Sinne keine Funktion, sondern allenfalls einen Symbolcharakter.
Die überzeugendste Interpretation der Loos-Theorien stammt daher nicht von ihrem Urheber, sondern von dem Philosophen und Architekten Ludwig Wittgenstein, der in der Wiener Kundmanngasse 1926 bis 1929 gemeinsam mit dem Loos-Schüler Paul Engelmann einen kubisch gefügten, ornamentlosen und in sich verschachtelten Bau – als sei er vom „Meister" persönlich – realisierte.

Schmucklos: Die glatte und symmetrische Gartenfront des 1910 fertiggestellten Hauses für Lilly und Hugo Steiner in Wien steht beispielhaft für Loos' Kampf gegen die dekorative Baukunst

FRANK LLOYD WRIGHT

Der „größte Architekt Amerikas" sollte er werden, so wünschte es sich seine Mutter schon bei seiner Geburt 1869. Bei seinem Tod, 90 Jahre später, hatte Frank Lloyd Wright dem Land tatsächlich eine architektonische Richtung gewiesen. Wright hinterließ weit über vierhundert Bauten und Projekte, viele davon im Rang von Ikonen, die sich kaum unter akademischen Kategorien subsumieren lassen; in zu vielen Stilen und Stilvariationen finden sie Ausdruck. Der Architekt war zugleich Vorläufer, Protagonist, Begleiter und Exekutor der großen übergreifenden Entwicklungslinie des 20. Jahrhunderts: der Moderne.

Frank Lloyd Wright, 1957

Auf den ersten Blick ist es allein Wrights universaler Gestaltungswille, der sein Werk verbindet. Der Grundstein für die Perfektion, mit der er Projekte von der Fernsicht bis zum Möbeldetail persönlich durcharbeitete und selbst so widerspenstigen Bauaufgaben wie dem Windmühlenprojekt Romeo & Julia (1896) seine Form aufzwang, wurde zwischen 1887 und 1893 gelegt, als Wright im Büro von Louis Sullivan arbeitete. Während alle Welt Gebäude mit *historisierendem* Zierat überschüttete und lange bevor die Moderne die Sullivan zugeschriebene These „form follows function" zu einem ihrer Grundwerte erhob, praktizierte Wright, die Gestalt eines Gebäudes im Einklang mit seiner Konstruktion und die Konstruktion im Einklang mit dem Material zu entwickeln.

Eine Hochschulausbildung, die ihm einen theoretischen Zugang zur Architektur gewährt hätte, genoß Wright dagegen nie. Aus Geldmangel konnte er nur einen Zeichenkurs an der drittklassigen Staatsuniversität von Wisconsin besuchen, den er für seine Arbeit bei Sullivan abbrach. 1894 gründete Wright ein eigenes Atelier in Chicago. Er reiste 1906 nach Japan, wo ihn die japanische Kunst tief beeindruckte. In Europa, das er 1910 besuchte, führte eine Ausstellung seiner Arbeiten in Berlin und die Veröffentlichung seiner Werke im Wasmuth-Verlag dazu, dass er zu einem wichtigen Impulsgeber der europäischen Architektur wurde. Er selbst setzte sich dagegen weniger intensiv mit den Konzepten seiner streng rationalistisch arbeitenden Kollegen Gropius, Le Corbusier und Mies van der Rohe auseinander. Zwar beschäftigte sich Wright mit fast allen Themen der Moderne, jedoch nicht auf abstrakt-theoretische, sondern auf entwurfshandwerkliche Art. Ein Beispiel dafür ist die „Maschine": Während seine europäischen Kollegen ihr Funktionsschema in Gebäude umsetzten, war sie für Wright ein Werkzeug für die Kunst. So errichtete er 1924 durchaus im Geist der Moderne das Charles-Ennis-Haus aus industriell hergestellten Beton-Fertigteilen. Jedoch nutzte Wright die Technik im Sinne der Arts-and-Crafts-Bewegung und schmückte die Fassade mit Maya-Dekor, während die Moderne nach Adolf Loos „Ornament als Verbrechen" ablehnte.

Das eigentliche Thema, das der Autodidakt Wright selbst entwickelte und dem er sich zeitlebens mit missionarischem Eifer widmete, war die organische Architektur: „Ein Gebäude ist nur dann organisch, wenn Äußeres und Inneres im Einklang miteinander stehen, wenn beides mit dem Charakter und der Natur seines Zwecks, seines Zustandekommens, seines Standortes und seiner Entstehungszeit harmoniert."

Der erste Ansatz dazu war das „Präriehaus". Auf einem für damalige Verhältnisse revolutionär freien Grundriss versammelt sich die Wohnlandschaft um einen Kamin. Unter weit überstehenden Dächern und über einem massiven Sockel öffnet sich das Haus mit durchgehenden Fensterbändern der Landschaft. Mit ihrer dominanten Horizontale machen die Bauten, wie es Vincent Scully ausdrückte, „glaubhaft, dass die Amerikaner schon seit jeher auf ihrem Kontinent gelebt hatten". Ab 1910 entstehen Dutzende Exemplare dieses Bautyps. Später werden die Bauten individueller, passen sich der Bauaufgabe und dem Terrain an: Das Haus Kaufmann von 1936 wird ob der perfekten Symbiose mit dem Wasserfall, auf dem es errichtet ist, schlicht „Falling water" genannt; andere wie das Marin County Civic Center von 1957 thronen als fantastische Erscheinungen auf dem Hügel. Doch die an den Präriehäusern entwickelten Grundmotive bleiben dieselben.

Unter einem Wald von Pilzstützen: der zentrale, große Büroraum der Johnson Wax Company in Racine, Wisconsin (USA)

Auch Wright selbst bezog seine Position in der Landschaft: In einer Kleinstadt in Wisconsin als Sohn eines Predigers geboren, verbrachte er sein ganzes Leben fernab der Zivilisationszentren. 1911 zog er sich nach Spring Green, Wisconsin, zurück. Im Tal seiner Vorväter baute er Taliesin (bis 1914, nach Brand erneuert 1925). In Taliesin wurde Architektur zum Lebensmodell. Das Anwesen war Wohnsitz, Atelier und landwirtschaftlicher Betrieb zugleich. In Scottsdale, Arizona, entstand 1938 in bewusster Namensgleichheit Taliesin West. Inmitten der Prärie, unter dem schräg gestellten Holzrahmentragwerk des Zeichensaals kamen die Studenten des Taliesinkollegs mit dem egozentrischen Übervater in fast spiritueller Innerlichkeit zusammen.

Perfekte Symbiose mit dem Wasserfall: Haus Kaufmann, „Falling water" genannt

Wer so lebt, steht der Stadt feindlich gegenüber. Über Chicago schreibt Wright: „Es war so kalt, so schwarz und so nass! Das schreckliche blauweiße Aufleuchten der Bogenlampen beherrschte alles. Ich fröstelte." Entsprechend baute er vor allem in der freien Landschaft. Die wenigen Bauten in städtischem Kontext wenden sich alle von der Straße ab und schaffen sich reiche Innenwelten. Während sich das Larkin-Gebäude in Buffalo, New York (1905), nach außen als Backsteinfestung präsentiert, stellt der große, offene, aber nur von oben belichtete Innenraum eine Revolution im Verwaltungsbau dar. Die gleiche Wirkung hat das Fabrikgebäude der Johnson Wax Company in Racine, Wisconsin (1936–1939). Eine interne Straße legt den Eingang mitten in die Anlage. Unter einem Wald von Pilzstützen entsteht einer der eindrucksvollsten Innenräume überhaupt. Beim Guggenheim Museum in New York (Abb. S. 63) saugt ein Fahrstuhl den Besucher von der 5th Avenue in die Höhe. Eine spiralförmige Rampe führt ihn einen Innenraum hinunter, der so atemberaubend ist, dass er Stadt und Kunst vergisst.

Gegen Metropolen wie New York entwarf Wright ein anti-urbanes Gegenmodell: In „Usonia" sollten alle Menschen so leben wie er in Taliesin. Anders als die europäische Gartenstadt geht Usonia nicht von der Gemeinschaft aus, sondern von der Freiheit des Individuums, auf der die amerikanische Gesellschaft basiert. So forderte Wright für jede Familie mindestens einen Hektar Land, auf dem sie sich selbst versorgen kann. Er entwarf preiswerte Einfamilienhäuser. Und er betonte das Recht jedes Menschen auf ein eigenes Auto. Schließlich entwickelte er 1935 einen Plan, der die Harmonie der Individuen untereinander und mit der Landschaft verwirklichen sollte: Broadacre City (s. S. 40/41).

Wirklichkeit wurde diese Vision nur als gesichtslose Vorstadt. Der Architekt wurde nicht, wie er es sich erträumt hatte, zum „Retter der modernen amerikanischen Kultur". In seinem „Testament" stellt Wright resignierend fest: „Amerika ist das einzige Land, das aus dem Zustand der Barbarei direkt in den Zustand der Dekadenz übergegangen ist."

Hendrik Petrus Berlage, *Börse,* Amsterdam, 1896–1903

Eine verputzte Wand war Hendrik Petrus Berlage eine „verlogene Sache". In Reaktion auf den *Eklektizismus* des 19. Jahrhunderts strebte er nach „ehrlicher Bewusstmachung der Probleme der Baukunst", nach Einfachheit und handwerklicher, materialgerechter Konstruktion. Seine 1903 vollendete Börse offenbarte den Zauber des Backsteinbaus und begründete die Amsterdamer Schule (s. S. 24). Ihre Halle besteht aus einer Backsteinhülle, in die ein schlichtes, ingenieurtechnisch entworfenes Stahltragwerk eingefügt ist. Während die Ziegelbogenwände eine seit der *romanischen* Architektur unerreichte Geschlossenheit zeigen, wird das Eisengerippe in Vorwegnahme moderner Prinzipien offen gezeigt.

„Denn worum handelt sich's? Darum, wieder einen Stil zu haben! Nicht nur ein Königreich, sondern den Himmel für einen Stil ist der Ausruf der Verzweiflung; das ist das große verlorengegangene Glück. Es gilt die Scheinkunst, d. h. die Lüge zu bekämpfen, wieder das Wesen, nicht den Schein zu haben", so schrieb Berlage in seinen *Gedanken über den Stil in der Baukunst.*

haft hierfür ist die auf einem strengen *oblongen* Raster angelegte große Kassenhalle des Wiener Postsparkassenamtes, die von einer sanft gebogenen Glashaut überfangen wird, durch die Licht in den Raum hineinflutet. Ein zusätzlicher Kunstgriff Wagners war es, die unter der Halle liegenden Räume durch Deckenfelder aus Glasbausteinen zu beleuchten.

Eine ganz ähnliche Tendenz der Formreduktion lässt sich auch bei einem weiteren Wiener Architekten finden, Josef Hoffmann, dessen Hauptwerk allerdings mit dem Palais Stoclet in Brüssel entstand. Bei dem für den Bankier Adolphe Stoclet realisierten Haus weisen die ineinandergreifenden Baukuben und die sparsame Verwendung von dekorativen Elementen an der *Fassade* bereits auf die weitere Entwicklung voraus, hin zur modernen Architektur in der Zeit nach dem Ersten Weltkrieg, die durch Bewegungen wie das holländische De Stijl (s. S. 31) oder das deutsche Bauhaus (s. S. 33) geprägt werden sollte.

Trotz seiner innovativen Aspekte bildet das Palais Stoclet deutlich einen letzten kostbaren Glanzpunkt des Jugendstils. Kostbar auch durch die Materialverwendung, ist doch die gesamte Fassade des Hauses mit Marmorplatten verkleidet, die von Bordüren aus Bronze eingefasst werden. Im Inneren verschmelzen die Mosaiken Gustav Klimts mit der Inneneinrichtung, die Hoffmann in Zusammenarbeit mit den Wiener Werkstätten realisierte, zu einem einzigartigen Gesamtkunstwerk.

Elementare Architektur

Der Gedanke der Reduzierung der Formen auf das Angemessene und Notwendige war es auch, der den Niederländer Hendrik Petrus Berlage leitete, der sowohl als Architekt als auch als Theoretiker einer der wichtigsten Vorläufer der modernen Architektur der ersten Hälfte des 20. Jahrhunderts war. Sein Werk übte nicht nur unmittelbaren Einfluss auf die nachfolgende holländische Architektur der De-Stijl-Bewegung aus, sondern auch auf deutsche Architekten wie Peter Behrens oder Ludwig Mies van der Rohe. Mit seiner Amsterdamer Börse wandte sich Berlage zugunsten einer materialgerechten, auf *tektonische* Grundbedürfnisse zurückgeführten Architektur vom historistischen Formenrepertoire ab.

Mit der Abwendung vom Jugendstil und der äußersten Formenreduzierung des Hauses Steiner und des Hauses Michaelerplatz von Adolf Loos, der das Ornament als Verbrechen ablehnte, näherte sich diese erste Phase der Architektur des 20. Jahrhunderts ihrem Ende.

Die amerikanische Architektur des ausgehenden 19. Jahrhunderts hatte an der gleichzeitigen europäischen Entwicklung so gut wie keinen Anteil. Erstmals mit den Arbeiten Frank Lloyd Wrights, mit ihren freien, weit in die umgebende Landschaft hineingreifenden Grundrissen, die die Architektur des Einfamilienhauses revolutionierten, gewann auch die amerikanische Baukunst unmittelbaren Einfluss auf die europäischen Architekten.

Josef Hoffmann, *Palais Stoclet,* Brüssel, 1904–1911

Während die äußere Gesamterscheinung von Josef Hoffmanns Palais Stoclet eine vom *Rationalismus* geprägte ästhetische Strenge zeigt, offenbaren sich im Detail Reichtum und Raffinement, die bis an die Grenze des Dekadenten gehen. Mit dieser Doppeldeutigkeit steht das Werk exemplarisch für den Wandel der Architektur vom 19. zum 20. Jahrhundert.

Reform
und Expressionismus

Die erste Moderne

1910–1920

MODERNISIERUNG UND INDUSTRIALISIERUNG

Das Zeitalter des Imperialismus endet im Ersten Weltkrieg

Der Weg Europas in den Ersten Weltkrieg scheint rückblickend von einer geradezu zwangsläufigen Konsequenz. Immer heftiger wurden zu Beginn des Jahrhunderts die imperialistischen Drohgebärden der Großmächte England, Frankreich, Österreich-Ungarn und Deutschland untereinander. Zugleich begann sich das am Ende des 19. Jahrhunderts nur mühsam hergestellte Gleichgewicht zwischen den Nationen zu verschieben. Die nationalistischen Töne wurden immer lauter und ein gegenseitiges Wettrüsten trieb einen immer tieferen Keil des Misstrauens und der Missgunst zwischen die Nationen Europas. In politischer wie in wirtschaftlicher Hinsicht diktierten die aus einem ungesunden Konkurrenzdenken gespeisten nationalen Interessen das Handeln der Machthaber.
Mit der Ermordung des österreich-ungarischen Thronfolgers Franz Ferdinand am 28. Juni 1914 in Sarajewo beschleunigte sich dieser Prozess trotz intensiver Geheimdiplomatie und mündete in den wenige Wochen später ausbrechenden Weltkrieg.
Die Kriegseuphorie der ersten Wochen und Monate sollte allerdings bald verfliegen. Im jahrelangen Stellungskrieg in den Schützengräben bei Verdun oder an der Somme begannen Engländer, Franzosen und Deutsche die täglichen Gräuel des Krieges zu erkennen. Mit dem Ersten Weltkrieg endete endlich das „lange 19. Jahrhundert": Jenes Zeitalter, das mit der Französischen Revolution 1789 begonnen hatte, ging im Blutrausch eines Weltkriegs unter.

Der Deutsche Werkbund

Zu Beginn des 20. Jahrhunderts klaffte die Schere der wirtschaftlichen Entwicklung zwischen Großbritannien und Deutschland noch weit auseinander. Intensiv war man auf dem Kontinent bestrebt, der lange unangefochtenen Weltmachtstellung des Britischen Empires nachzueifern und dessen Vorsprung in der Industrialisierung wettzumachen, doch Deutschland hatte einen enormen Nachholbedarf, um seine Industrie und deren Produkte auf dem Weltmarkt konkurrenzfähig zu machen.
Während William Morris und seine Arts-and-Crafts-Bewegung (s. S. 10) die Erneuerung der Kunst durch eine romantische Rückwendung zu den verlorenen mittelalterlichen Handwerkstraditionen erreichen wollte, gingen die Reformkräfte im Vorkriegsdeutschland zur Verwirklichung ihrer Ziele andere Wege. Durch die Ausnutzung der Industrialisierung und Mechanisierung wollten sie zu qualitätvollen kunstgewerblichen Produkten und zu einem neuen Stil für die Architektur gelangen. Diese wirschaftlichen und künstlerischen Bestrebungen wurden 1907 von Industriellen, Künstlern und Handwerkern im „Deutschen Werkbund" gebündelt. Sein erklärtes Ziel war es, sowohl von seiten der Künstler als auch vonseiten der Industrie zu einer besseren Formgebung von Ge-

1911: Revolution in China unter Führung Sun Yat-sens; mehrere Provinzgouverneure schließen sich an. Abdankung der Mandschu-Dynastie (seit 1644). IBM (International Business Machines Corp.) gegründet.

1912: Der italienische Film *Quo vadis* und der russische Film *Krieg und Frieden* kommen in die Lichtspielhäuser. 90 % aller Filme weltweit sind französischen Ursprungs. Untergang der Titanic.

1913: Der indische Dichter und Philosoph Rabindranath Tagore erhält den Literaturnobelpreis.

1914: Das Attentat auf den Erzherzog von Österreich, Franz Ferdinand, in Sarajewo führt zum Ausbruch des Ersten Weltkriegs (bis 1918). Henry Ford beginnt mit der Fließbandproduktion des Modells T. Mahatma Gandhi, seit 1893 in Südafrika, kehrt nach Indien zurück. Eröffnung des Panamakanals.

1915: Einstein beginnt, die Relativitätstheorie zu entwickeln.

1916: Schlacht um Verdun. Ferdinand Sauerbruch konstruiert bewegliche Prothesen. Der deutsche Maler expressionistischer Tierbilder, Franz Marc, fällt. In Zürich und Genf tritt die Kunstrichtung des Dadaismus auf (bis ca. 1922).

1917: Friedensnobelpreis an das Internationale Komitee des Roten Kreuzes in Genf. Oktober-Revolution in Russland stürzt das Zarentum. Lenin, Trotzki und Stalin errichten die Sowjetunion. George Grosz vollendet seine gesellschaftskritischen Lithografien *Das Gesicht der herrschenden Klasse*.

1918: Otto Hahn und Lise Meitner entdecken das radioaktive Element Protactinium. Der russische Künstler Kasimir Malewitsch malt sein monochromatisches *Weißes Quadrat auf weißem Grund*, das den Höhepunkt des Suprematismus darstellt.

1919: Beginn der Pariser Friedenskonferenz, Gründung des Völkerbundes, Unterzeichnung des Versailler Vertrages. Die führenden Linkssozialisten Rosa Luxemburg und Karl Liebknecht werden von rechtsradikalen Offizieren ermordet. Die Weimarer Republik wird ausgerufen. Beginn der Prohibition in den USA.

1920: Gandhi beginnt seinen gewaltlosen Kampf um ein unabhängiges Indien. Mary Wigman eröffnet in Dresden ihre Tanzschule und begündet den Ausdruckstanz. Hugh Loftings englischer Zyklus von Kindergeschichten *Dr. Doolittle und seine Tiere* erscheint. Der expressionistische Film *Das Kabinett des Dr. Caligari* wird uraufgeführt.

Ford Modell T, Produktion in Detroit, Foto aus dem Jahr 1913

brauchsgegenständen des täglichen Lebens zu kommen.
Dabei vermischten sich im Werkbund gesellschaftspolitische und wirtschaftliche Interessen, um das deutsche Handwerk zu reformieren. Zu den Gründungsmitgliedern des Vereins zählten so bedeutende Architekten wie Hermann Muthesius, der besonders durch seine Schriften großen Einfluss auf den deutschen Wohnhausbau hatte, und Peter Behrens (s. S. 23), der zum Hausarchitekten und Designer von Emil Rathenaus Allgemeiner Elektricitäts-Gesellschaft, kurz: AEG, aufstieg.
Dem großen Einfluss entsprechend, den der Werkbund auf die Entwicklung der modernen Architektur in Deutschland bis 1933 nahm, wurde mit dem Münchener Theodor Fischer ein Architekt erster Vorsitzender des Werkbundes. Fischer, Schöpfer der Ulmer Garnisonskirche, war zugleich ein äußerst einflussreicher Lehrer für zahlreiche Architekten der nachfolgenden Generation.
Auf der programmatischen Ausstellung des Werkbundes in Köln, die 1914 nur wenige Wochen vor dem Ausbruch des Ersten Weltkriegs stattfand, bot sich ein erster Überblick über die unterschiedlichen architektonischen Strömungen der Zeit. Für eine stärkere individuelle und handwerkliche Ausrichtung des Werkbundes plädierte Henry van de Velde, der Vorkämpfer des Jugendstils, der für die Kölner Ausstellung sein Werkbundtheater errichtet hatte. Gegen diese eher retrospektive Position setzte sich jedoch der modernere Ansatz von Hermann Muthesius durch, der eine konsequente industrielle Fertigung auch für Produkte des Kunsthandwerks und letztlich für die Architektur einforderte.

„Das Glas bringt uns die neue Zeit" – Industriekultur

Das herausragende architektonische Ereignis der Kölner Werkbundausstellung bildete der von der deutschen Glasindustrie geförderte Glaspavillon von Bruno Taut.
Auf einem geschweiften *Sockel* errichtet, wurde das Bauwerk von einer spitzzulaufenden gläsernen *Kuppelkonstruktion* überfangen. Mit seiner delikaten Farbigkeit bildete es auch im Inneren ein Beispiel für den an *gotischen* Vorbildern orientierten frühen Expressionismus in der deutschen Architektur. Angeregt wurde Tauts Glasarchitektur durch die utopischen Verse des Dichters Paul Scheerbart, dessen aphoristische Texte auch die *Fassade* des Pavillons seines Freundes Taut zierten: „Das Glas bringt uns die neue Zeit, Backsteinkultur tut uns nur leid."

Bruno Taut, *Glaspavillon*, Werkbundausstellung Köln, 1914

Die Ingenieure des 19. Jahrhunderts hatten Glas ausschließlich als rationales Verkleidungsmaterial eingesetzt. Nun führte Bruno Taut es mit seinem Pavillon der Deutschen Glasindustrie auf der Kölner Werkbundausstellung nicht nur in seinen vielen facettenreichen Einsatzmöglichkeiten vor, sondern auch als Werbeträger. Zu einer Zeit, die vom Krieg überschattet war, konstruierte er mit teilweise verspiegelten, teilweise farbigen Gläsern, mit glasdurchsetzten Decken und Treppen sowie mit einer Glaskaskade, über die Wasser hinabsprudelte, die Vision einer neuen, paradiesischen Welt. Der Bau wie die aphoristischen Texte Paul Scheerbarts, die sein Äußeres zierten, erhoben das Material zum Element einer neuen Moral. Später entwickelte Taut daraus eine ganze Reihe fantastischer Entwürfe kristalliner „Stadtkronen", die freilich alle ungebaut blieben.

Bereits im Jahr zuvor hatte Taut mit dem Monument des Eisens der Stahlindustrie auf der Baufachausstellung in Leipzig ein anderes programmatisches Bauwerk geschaffen, das ein Beispiel für die vorbildliche Verwendung neuer Formen und Materialien am Bau lieferte. An die Stelle einer *historistischen Ornamentierung* oder des floralen Schmucks im Sinne des Jugendstils wurde hier eine beispielhafte Materialgerechtigkeit zur Schau gestellt, bei der die Konstruktionsprinzipien des *Eisenbaus* bereits in der Außenansicht deutlich ablesbar waren.
Die gleichen Prinzipien waren es, die die von Adolf Meyer und Walter Gropius errichtete Schuhleistenfabrik der Fagus-Werke in Alfeld an der Leine auszeichneten (1911–1913). Sie gilt zu Recht als einer der Gründungsbauten der modernen Architektur des 20. Jahrhunderts. So klar und funktionell hatte bisher kaum jemand in Europa an einem Industriebau die konstruktiven Elemente bar jedes Ornaments herausgestellt, nicht einmal Peter Behrens, in dessen Büro Gropius und Meyer bis 1910 gearbeitet hatten.
Die Vorbilder dieser neuen Fabrikgebäude mit ihrer funktional-technischen Formensprache waren amerikanische Silos und Industriebauten, neben deren bestechender Funktionalität nun auch zunehmend eine ästhetische Qualität wahrgenommen wurde. Die Publikation einer Sammlung von Beispielen der amerikanischen „Industriebaukunst" im Jahrbuch des Deutschen Werkbundes 1913 durch Gropius leitete eine umfangreiche Rezeption dieser beispielgebenden Bauten ein.
Nicht zuletzt die in Beton-Skelettbauweise geschaffenen Fabrikgebäude, die Albert Kahn zu-

Walter Gropius und Adolf Meyer, ***Fagus-Werke,*** Ansicht (rechts) und Treppenhausdetail (unten), Alfeld, 1911–1913

Die Fagus-Werke waren Gropius erster bedeutsamer Bau. Bei dem langgestreckten Verwaltungstrakt der Schuhleistenfabrik, der sich in überzeugender Schlichtheit ohne jedes Ornament präsentiert, trennte er zwischen tragender Konstruktion und nichttragender Fassade, die er als gläsernen Vorhang (*curtain wall*) ausbildete. Der Eindruck der Leichtigkeit geht vor allem von den völlig verglasten Gebäudeecken aus. Deren vertikale Glasflächen scheinen, da sie vor die Backsteinpfeiler gesetzt sind, von der Dachauskragung herabzuhängen. Innen fehlt jede Stütze, sodass die Deckenpodeste frei in ihren gläsernen Türmen schweben. Mit diesen Motiven, zu denen auch die Gleichwertigkeit aller Bauteile (mit Ausnahme des Schornsteins) gehört, wurden die Fagus-Werke für die moderne Architektur zum stilbildenden Bauwerk schlechthin.

sammen mit dem Ingenieur Ernest Ransome seit 1908 für den Industriellen Henry Ford und seine aufstrebenden Automobilwerke in Detroit errichtete, waren es, die in Europa Wirkung zeigten.

Der Name Ford ist bis heute wie kaum ein zweiter mit dem Siegeszug des Automobils im 20. Jahrhundert verbunden. So innovativ sein ökonomischer und sozialer Ansatz war, so innovativ hatten auch die Bauten für seine Automobilproduktion zu sein. 1903 hatte Ford in seiner Ford Motor Company mit der Produktion von Automobilen begonnen. Sein Erfolgsrezept zeichnete sich durch seine Modernität aus: Für die Automobile wurden nur wenige Serienteile verwendet, die aber gleich massenweise angefertigt wurden. Ebenso führten die starke Rationalisierung der Arbeitsabläufe, die gesteigerte Arbeitsteilung und die daraus resultierenden niedrigen Produktionskosten dazu, Ford zu einem der erfolgreichsten Automobilunternehmen seiner Zeit werden zu lassen. Vergleichsweise hohe Löhne und geringe Arbeitszeiten für seine Angestellten erhöhten zusätzlich deren Motivation.

Kahns Bauten spiegeln diese streng wirtschaftlichen, auf jede Repräsentation verzichtenden Gesichtspunkte wider, indem sie mit ihren nüchtern kubischen Formen vollständig auf überflüssige ornamentale Verzierungen verzichten. Neben der vergleichsweise billigen Herstellung der Bauten, die durch das Baumaterial Beton möglich wurde, zeichneten sich die auf einer Ebene liegenden rational gestalteten Produktionshallen der Automobilfabrik mit ihren Fließbändern durch helle, natürlich belichtete Innenräume aus, für die die großen Fensterflächen sorgten, die zwischen das tragende Betonskelett eingefügt waren. Die hohe Kunst von Kahns Zweckbauten lag in dem Verzicht auf all das, was herkömmlicherweise als kunstvoll erachtet wurde.

In Europa hingegen trat die moderne Architektur nicht immer so deutlich zutage wie in Kahns Bauten oder den frühen Fagus-Werken von Gropius und Meyer. Stattdessen vermischten sich häufig moderne und *historistische* Architekturformen miteinander. Ein Umstand, der angesichts der jahrhunderte-, an manchen Orten sogar jahrtausendealten regionalen Bautradition in Europa kaum verwundern kann. Beispiele einer solchen Synthese von Bautraditionen sind die frühen Arbeiten von Hans Poelzig. Dabei trat wie im Fall der 1911 bis 1912 in Lubau bei Posen errichteten chemischen Fabrik zunehmend die eigenwillig-expressive Architektursprache Poelzigs in den Vordergrund. Der Baukörper aus Backstein war übersichtlich in geometrische Kuben gestaffelt und stellte dabei den Charakter des Gebäudes als Industriebau deutlich zur Schau. In Breslau entwarf Poelzig 1911 ein Bürohaus ganz aus Stahlbeton, das sich durch seine horizontalen Fensterbänder und eine abgerundete Ecklösung auszeichnete – beides Motive, die sich in den 20er-Jahren auch in den Werken anderer Architekten der Moderne wie Erich Mendelsohn und Hans Scharoun häufig wiederfinden sollten.

Der Siegeszug des Beton

Immer mehr setzten sich nun die neuen Baumaterialien durch. Was zunächst nur für Industrie- und Zweckbauten Verwendung fand, eroberte nach und nach auch traditionelle Bauaufgaben.

Max Berg, *Jahrhunderthalle*, Breslau (d. i. Wrocław in Polen), 1910–1913, Ansicht (links), Schnitt und Grundriss (unten)

65 Meter stützenfreier Raum: Die *Stahlbeton*-Treppen*kuppel* überspannte dreimal so viel Raum wie die aus Stein gemauerte des Petersdoms in Rom und wog dennoch nur die Hälfte. Mit der Jahrhunderthalle – die als Versammlungsraum dienen und sowohl technisch als auch von der Lichtführung her für Ausstellungen nutzbar sein musste – führte der Breslauer Stadtbaurat erstmals vor Augen, welche ungeheuren Weiten sich mit dem neuen Material überspannen ließen. Zugleich gewann Berg, der den Bau anlässlich der Hundertjahrfeier der Erhebung gegen Napoleon realisierte, den statischen Notwendigkeiten eine eindringliche plastische Monumentalität ab. Die 32 gebogenen radialen Rippen der Kuppel, zwischen denen das Licht einfällt, werden offen gezeigt. Der schalungsraue Sichtbeton nahm die Béton-Brut-Ästhetik Le Corbusiers vorweg.

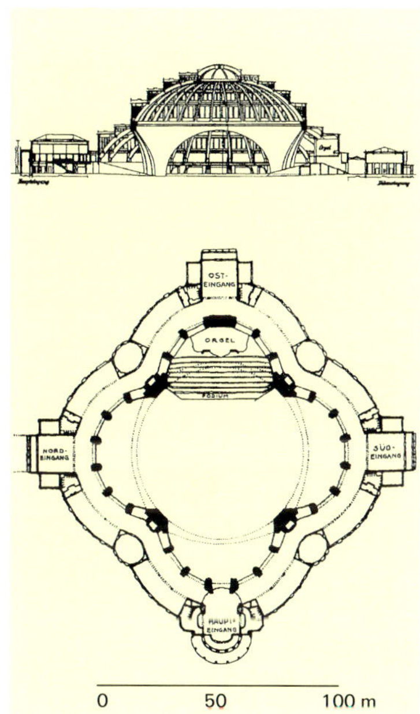

Vor allem die ungeahnten Möglichkeiten des Betons revolutionierten die Baukunst.

Ein erstes Beispiel dafür, welche ungeheuren Spannweiten durch die Verwendung des neuen Baumaterials bei Hallenbauten auf einmal möglich wurden, ohne dass zusätzliche Stützpfeiler eingefügt werden mussten, die die Sicht in dem Raum eingeschränkt hätten, schuf der Breslauer Stadtbaurat Max Berg mit der Jahrhunderthalle. Obwohl sie dreimal so groß wie die steinerne Kuppel des Petersdoms in Rom war, wies Bergs geniale *Kuppelkonstruktion* der Jahrhunderthalle aus *Eisenbetonrippen* lediglich die Hälfte von deren Gewicht auf!

Je stärker die umfangreichen Möglichkeiten, die der Baustoff Beton eröffnete, ins Blickfeld der Architekten rückten, desto mehr veränderte sich auch ihr Umgang mit dem Material, dem man nun in seiner unverkleideten Form nach und nach eine eigene Materialästhetik zuerkannte.

Während Auguste Perret bei seinem Apartmenthaus in der Pariser Rue Franklin die Konstruktion der Betonstützen noch mit Keramikfliesen verkleidet hatte, zeigte sein Garagenbau in der Rue de Ponthieu 51 in Paris aus dem Jahr 1905 ganz offen das Raster des Stahlbetons, das lediglich einen Farbüberzug erhielt, der den Bau vor der Witterung schützen sollte. Die Fassadenflächen zwischen den Stützen wurden vollständig mit Glas ausgefüllt.

So neu die Bauaufgabe des Parkhauses für die in den Metropolen schnell populär gewordenen Automobile zu Beginn des Jahrhunderts war, als so innovativ stellte sich der neue Gebäudetyp auch im Inneren dar. Durch die *Spannnweite* des Betons erreichte Perret eine relativ freizügige Innenraumdisposition, die sich ganz an den Bedürfnissen der parkenden und rangierenden Fahrzeuge ausrichten konnte.

Ihren geistigen Kulminationspunkt fand die von Perret betriebene Reduzierung der Architektur auf ein funktionales Stützkorsett aus Beton in der Kirche Notre-Dame-du-Raincy bei Paris von 1924. Das Kirchenschiff ruht auf schlanken Pfeilern, auf denen das Gewölbe aus Sichtbeton aufliegt, während die Wände der Fassade so stark mit Öffnungen durchbrochen sind, dass das Tageslicht fast ungehindert in das Innere des Gotteshauses einströmen kann.

Der Schweizer Architekt Charles-Édouard Jeanneret, der unter dem Namen Le Corbusier zu dem vielleicht wichtigsten Architekten der Moderne wurde und den Auguste Perret zeitweise in seinem Büro angestellt hatte, war bestrebt, die von Perret entwickelte *Stahlbetonarchitektur* für den Wohnungsbau nutzbar zu machen. Für den Wiederaufbau des durch die Kämpfe des Ersten Weltkriegs zerstörten Flandern entwickelte er bereits 1915 das „Dom-ino-System". Dabei handelte es sich um den Entwurf für eine Serienhausfertigung, durch den es möglich werden sollte, innerhalb weniger Wochen einen Betonskelettbau zu realisieren. Voraussetzung hierfür war die weitgehende Typisierung der Fertigungsteile, vor allem der Schalungselemente für den Beton. Rationalisierung und unbedingte Funktionalität waren es, die Le Corbusier bei den Dom-ino-Häusern erstmals konsequent formulierte. Auch wenn diese Pläne lediglich ein Projekt blieben, das nicht verwirklicht wurde, so sind sie doch für die weitere

Auguste Perret, *Kirche Notre-Dame-du-Raincy,* bei Paris, 1924

Mit *Stahlbeton* schuf der Pionier dieses Baumaterials, Auguste Perret, einen Sakralbau in *antiker* und *gotischer* Tradition. Der Beton ist überall schalungsrau sichtbar. Die Ornamente sind karg und strukturell bestimmt. Die Wände bestehen aus Betonfertigelementen, in die farbige Gläser eingesetzt sind. Sie schaffen einen mit gotischen Kathedralen vergleichbaren Lichtraum. In ihrer Grundtypologie entspricht die aus Tonnengewölben zusammengesetzte dreischiffige Kirche einer römischen Basilika.

Entwicklung der architektonischen und städtebaulichen Vorstellungen Le Corbusiers charakteristisch.

NEOKLASSIZISMUS

Auf der Suche nach einem nationalen Stil

Wenngleich um 1910 schon einige moderne Bauten geplant und realisiert wurden, so existierten im Vorfeld des Ersten Weltkriegs keineswegs nur die rationalistischen und funktionalistischen Tendenzen in der Baukunst. Im Gegenteil: In den Städten herrschte ein buntes Nebeneinander der unterschiedlichsten *Stile*. Bei manchen Bauten fügten sie sich zu einem *eklektischen* Durcheinander historischer, moderner und Jugendstil-Formen zusammen.

Anfang des Jahrhunderts beherrschte auf einmal wieder die Frage nach *dem* Stil die Diskussion, eine Frage, die noch ganz dem 19. Jahrhundert, insbesondere dem *Klassizismus* und der *Neorenaissance,* entstammte. Die wenigen wirklich modernen Bauten, die bisher realisiert worden waren, standen der Kontinuität *historistischer* Prachtbauten gegenüber, die sich des seit Jahrhunderten überlieferten architektonischen Repertoires bedienten. Doch zugleich konnte unter der konservativen Hülle eines *neobarocken* Palais durchaus eine moderne Stahlskelett- oder Betonkonstruktion verborgen sein, die jedoch unter üppigen Stuckdekorationen verschwand.

Auf der Suche nach einem nationalen Stil, der zugleich der nationalen Selbstdarstellung zu dienen hatte, wurde um 1910 der *Neoklassizismus* zur herrschenden Doktrin, wodurch dem so reichen Bild der Architektur der Zeit eine weitere Facette hinzugefügt wurde.

Vor allem Peter Behrens war es, der in seinen wichtigen Bauten für die AEG, zu denen auch die Berliner Turbinenhalle zählt, deutlich Vorbilder aus der Geschichte der Architektur bemühte. So erinnern die *rustizierten* und leicht geböschten *Eckrisalite* seiner Turbinenhalle nicht von ungefähr an altägyptische Vorbilder. Durch diese Anleihen in der Historie erhielt eine so profane Bauaufgabe wie die Fabrik trotz aller Modernität in der Funktion eine einzigartige Nobilitierung, die sie unvermittelt auf eine Ebene mit antiken ägyptischen Tempelbauten hob. In der St. Petersburger Botschaft von 1912 verstärkte Behrens seine klassizistischen Anleihen. Das Ergebnis war ein bis dahin einzigartiger *dorischer* Monumentalismus, der den repräsentativen Anspruch und die Macht seines Auftraggebers verdeutlichte.

Doch nicht nur in Deutschland etablierte sich der Neoklassizismus, der sich bis in die 20er und 30er Jahre verfolgen lässt. Edwin Lutyens bediente sich seiner zu dieser Zeit noch allgemein verständlichen herrschaftlichen Sprache, um den imperialen Anspruch des Britischen Empires in den Neubauten von Neu-Delhi in Indien zu demonstrieren (1915–1924).

Derselben monumentalen Formensprache bediente sich auch Henry Bacon beim Lincoln Memorial (Entwurf 1917) in Washington D. C. Bacon fühlte sich dem klassizistischen Stil der älteren amerikanischen Regierungsbauten verpflichtet. Durch die Rezeption dieser Architektursprache auch für Neubauten und nationale Gedenkstätten wurden diese ganz bewusst in die ältere – staatstragende – Tradition gestellt.

Klassizismus und Moderne

Eine noch reduziertere Formensprache als Behrens oder Lutyens verwendete Heinrich Tessenow. Doch auch sein 1910 errichtetes Festspielhaus in Hellerau bei Dresden war durch das klassizistische Formenrepertoire inspiriert. So zeigte seine Hauptfassade einen monumentalen *Pfeilerportikus,* der über die gesamte Höhe der Fassade reichte und auf dem das große Giebelfeld des steilen *Satteldachs* auflag. Das Innere des Festspielhauses war als variabel gestaltbarer Veranstaltungsort ausgeführt, der für neu aufgekommene Kunstrichtungen wie die rhythmische Gymnastik, die moderne Musik und den freien Tanz genutzt werden konnte.

Ebenso war der ehemalige Mitarbeiter im Büro von Behrens, Ludwig Mies van der Rohe (s. S. 59), bei seinen frühen Villen, die in Berlin und Potsdam für eine gut betuchte Klientel entstanden,

PETER BEHRENS

Als Peter Behrens 1901 sein aufsehenerregendes eigenes Haus in der Darmstädter Künstlerkolonie Mathildenhöhe baute, war er in Deutschland bereits ein angesehener Künstler. Sowohl als Kunsthandwerker als auch als Maler hatte der vor allem durch den Jugendstil geprägte Hamburger sich einen Namen gemacht. Auf dem Gebiet der Architektur war Behrens zu dieser Zeit allerdings ein Neuling.
Vielleicht waren es gerade diese Vielseitigkeit und die Offenheit für die unterschiedlichen Kunstgattungen, die Behrens dafür prädestinierten, zu einem der einflussreichsten universellen deutschen Künstler der ersten Hälfte des 20. Jahrhunderts zu werden. Ist Behrens heute vielfach nur als Architekt bekannt, so war er doch gleichermaßen Buchgestalter, Entwerfer von Schriften und Kunsthandwerker und muss somit als einer der frühesten „Designer" gelten.
Ein besonderes Kapitel sowohl in Behrens' Vita als auch in der deutschen Kunstgeschichte bildet seine Verbindung zur AEG, der Allgemeinen Elektricitäts-Gesellschaft von Emil Rathenau, die um 1910 das größte Industrieunternehmen Deutschlands war. Im Jahr 1907 begann eine bis dahin einzigartige Zusammenarbeit zwischen einem Künstler und einem Industrieunternehmen. Mit seiner Arbeit für die AEG, deren Produkte er in den nächsten Jahren künstlerisch gestaltete, führte Behrens die Verbindung von Kunst bzw. Kunsthandwerk und industrieller Produktion – eines der Anliegen des im selben Jahr gegründeten *Deutschen Werkbunds* – auf exemplarische Weise vor und wurde so zum Ahnherren von „Industriedesign" und „corporate identity". Doch nicht nur mit seinen für die AEG gestalteten Produkten erregte Behrens Aufsehen, sondern auch mit seinen Bauten für die Berliner Firma. Seine Turbinenhalle (1909) gilt bis heute in ihrer reduzierten Formensprache und trotz der ihr anhaftenden Monumentalität als eine Inkunabel der modernen Architektur. Noch weiter reduzierte Behrens die Bauformen bei der AEG-Montagehalle (1912) in der Voltastraße, deren klares Fassadenraster in seiner Schmucklosigkeit einen nahezu revolutionären Charakter hat – vergleichbar den frühen Hauptwerken von Gropius und Kahn.

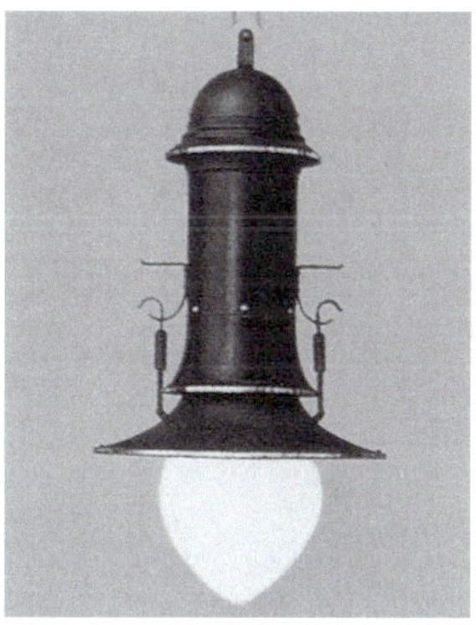

Behrens als Industriedesigner: Die AEG-Sparbogenlampe war besonders für Innenräume mit geringer Aufhängungshöhe konzipiert.

Neben ihrer Funktionalität zeichnen sich Behrens' Bauten auch durch ihre repräsentative Monumentalität aus wie bei der Turbinenhalle oder der AEG-Kleinmotorenfabrik von 1910. Erzielt wird diese Monumentalität sowohl durch die strengen kubischen Baukörper als auch durch die *klassizistische* Formensprache, wobei Behrens sich vorwiegend der *dorischen* Ordnung bediente.
Diese monumentalisierte Dorik, die ihn zum führenden Vertreter des europäischen *Neoklassizismus* machte, fand in Behrens' Œuvre aber nicht nur bei Repräsentationsbauten Verwendung wie bei der Deutschen Botschaft in St. Petersburg (1911–1912). Vielmehr bediente er sich ihrer auch bei Privatbauten, so bei der karg-schönen Villa Wiegand in Berlin-Dahlem aus dem gleichen Jahr mit ihrer einzigartigen Säulenhalle.
Neben der Offenheit für die industrielle Produktion von Kunsthandwerk war es nicht zuletzt sein formenreduzierter Neoklassizismus, den er den jüngeren Mitarbeitern in seinem Berliner Architekturbüro mit auf den Weg gab. Viele dieser Mitarbeiter, zu denen Le Corbusier, Ludwig Mies van der Rohe und Walter Gropius gehörten, zählen zu den wichtigsten Architekten der nachfolgenden Generation.
Zu den Eigenheiten der Architektur von Peter Behrens gehört es, dass er sehr stark dem Zeitgeist verhaftet war und sehr genau die Ansprüche und Wünsche seiner Auftraggeber in zeitgemäß gebaute Formen umzusetzen verstand. Seine Offenheit für neue Stile und künstlerische Ausdrucksformen zeigt der Backsteinbau für die Hauptverwaltung der Farbwerke Hoechst (1920–1924) mit seiner hohen, kathedralenartigen Eingangshalle, die er in den Farben des Regenbogens gestaltete. Behrens, der Neoklassizist der Vorkriegszeit, wandelt sich hier zum *Expressionisten*, dessen Bau dem Vorbild der *Amsterdamer Schule* verpflichtet ist.
Und auch die nächste Wendung der Architektur machte Behrens mit – weg vom Expressionismus und hin zum *Neuen Bauen*. Eine keineswegs verwunderliche Wandlung, waren doch die wichtigsten Vertreter der architektonischen Moderne seine Schüler und Mitarbeiter gewesen.
Als führender Vertreter des Deutschen Werkbunds, zu dessen Gründungsmitgliedern Behrens zählte, nahm er 1927 mit einem Terrassenhaus auch an dessen Stuttgarter Weißenhofsiedlung (s. S. 39) teil.
Behrens verstand es meisterhaft, die zeitgenössischen Formen des Neuen Bauens für sich zu nutzen. Die kubischen Baukörper seines Hauses waren so ineinander geschachtelt, dass die flachen Dächer der niedrigeren Bauteile als Terrassen für die höher liegenden Wohnungen dienten.
Auch die Nationalsozialisten versuchten, den Neoklassizisten Behrens für ihre Bauten zu gewinnen. Im Rahmen der Nord-Süd-Achse, die Albert Speer für Berlin plante, sollte Behrens noch kurz vor seinem Tod die neue Hauptverwaltung für die AEG bauen. Doch über Modelle (1937–1939) kam das Projekt nicht hinaus, das zusammen mit dem „Dritten Reich" unterging.

Der Anbruch einer lichtdurchfluteten Epoche: die AEG-Turbinenhalle in Berlin, erbaut 1909

Das Firmenzeichen der AEG entwickelte sich von einem verschnörkelten historistischen Entwurf über Jugendstilentwürfe bis hin zu Behrens' sachlicher Form. Behrens hatte für die AEG auch eigene Schriften geschaffen.

Ein expressionistischer Backsteinbau: die Hauptverwaltung der Farbwerke Hoechst, realisiert 1920–1924

dem Vorbild eines purifizierten *Klassizismus* verpflichtet.

Sehr intensiv setzte sich der Architekt bis in sein Spätwerk in den 1960er-Jahren hinein mit dem baulichen Erbe Karl Friedrich Schinkels auseinander, dem wichtigsten preußischen Architekten des 19. Jahrhunderts. Dabei verstand es Mies van der Rohe wie kein anderer Architekt, Schinkels innovative Materialverwendung – beispielsweise hatte dieser in seinen Bauten sehr früh Eisen und Zink verwendet – und die streng funktionale Raumgliederung seiner Architektur in sein eigenes Werk zu übertragen. Nach und nach gelang es Mies van der Rohe so, das klassizistische Formenrepertoire Schinkels unter Verzicht auf *historistische* Motive in eine abstrakte moderne Architektur zu übersetzen.

Heinrich Tessenow, *Festspielhaus*,
Hellerau bei Dresden, 1910

Der ambitionierteste Siedlungsbau vor dem Ersten Weltkrieg war die Gartenstadt der Deutschen Werkstätten Hellerau bei Dresden. In seiner Mitte stand das von Heinrich Tessenow 1910 vollendete Festspielhaus. Herz dieses Bildungszentrums war ein revolutionär flexibler Saal, eine einzige Bühne aus beweglichen Elementen, auf der die Benutzer über die Kunst der Bewegung zu sozialer Harmonie finden sollten. Ebenso puritanisch, doch in seiner Formensprache traditionalistisch, gab sich das Äußere, für das Tessenow Elemente *klassizistischer* Architektur abstrahierte.

EXPRESSIONISMUS

Der Weg in die Vielfalt von Form und Farbe

Nahezu gleichzeitig begann um 1905 mit der Malergruppe der Fauves um Henri Matisse und Maurice de Vlaminck in Frankreich und der Dresdner Künstlergruppe Brücke in Deutschland, der Erich Heckel, Karl Schmidt-Rottluff, Ludwig Kirchner und Max Pechstein angehörten, die Entwicklung einer völlig neuen Richtung in der Malerei.

Leuchtende Farben und eine heftige Pinselführung gehörten ebenso zu den revolutionären Neuerungen dieser emotionalen und bedingungslos subjektiven Malerei wie die radikale Reduzierung der Formen bis an der Rand der *Abstraktion*. Die Vertreter dieser neuen Malerei standen ganz unterschiedlichen Einflüssen offen. Für sie waren mit wenigen Strichen geschaffene skizzenhafte Aktstudien in der Natur ebenso Gegenstand ihrer Kunst wie die Auseinandersetzung mit der sogenannten „Primitiven Kunst" Afrikas oder Ozeaniens – alles Themen, die bisher nicht Gegenstand des offiziellen Kunstbetriebs gewesen waren.

Außerdem waren es die stark bewegten Formen der *gotischen* Architektur und Malerei mit ihren *Spitzbögen* und ihrer ungeheuren Spiritualität, mit der sich diese expressionistischen Maler (lat. expression: Ausdruck) beschäftigten.

Unmittelbar vor dem Ersten Weltkrieg begannen sich auch die Architekten für den Expressionismus zu interessieren. Neben der funktionalen Formensprache, für die beispielsweise Walter Gropius stand, bildete nun der bewegte Expressionismus eine weitere Spielart der Moderne.

Der architektonische Expressionismus drückte sich vor allem in den Materialien *Backstein* und Glas aus, wobei der Glas-Kristall-Expressionismus als utopischer Architekturansatz erst 1914 durch Bruno Tauts Glaspavillon auf der Werkbundausstellung initiiert wurde. Die expressionistische Backsteinarchitektur dominierte bis in die Mitte der 20er-Jahre hinein besonders die nordeuropäischen Länder, die schon seit der Gotik auf eine fortgeführte Tradition mit diesem Baustoff zurückblicken konnten. Die braunrote bis blauviolette Färbung der Steine und die von Stein zu Stein unterschiedliche Oberflächenstruktur sorgten für abwechslungsreiche Farbigkeit und Formen der Fassaden. Ihre individuelle Produktion erwies sich darüber hinaus für die oft kleinteiligen Verzierungen des Expressionismus als besonders gut geeignet.

Die Amsterdamer Schule – neue Wege in den Niederlanden

Besonders in den Niederlanden bildete sich frühzeitig eine Gruppe von Architekten heraus, die sich den Namen „Amsterdamer Schule" gab und deren fantasievolle und expressive Entwürfe schnell Berühmtheit erlangten.

Auftakt und gleichzeitig Höhepunkt der expressiven Backsteinkunst in den Niederlanden war das 1912 bis 1916 von Johann Melchior van der Mey gemeinsam mit Michel de Klerk und Pieter Kramer errichtete Schifffahrtshaus. Seinen Namen erhielt das Gebäude von jenen Amsterdamer Schifffahrtsgesellschaften, die das markante Bürohaus bauen ließen, um hier ihre Vertretungen einzurichten. Entsprechend der Forderung der Auftraggeber nach einem „nicht zu nüchternen Backsteinbau" wird die von van der Mey entworfene Fassade des Hauses von einer Vielzahl kleinteiliger *Ornamente*, Skulpturen und *Friese* verziert. Die aus dem Reich von

Schifffahrt, Meer und Handel mit schier unerschöpflicher Fantasie gestalteten Gebilde ziehen den Blick des Betrachters unmittelbar in ihren Bann und lassen ihn dadurch nahezu vergessen, dass die verspielte Backsteinoberfläche des Schifffahrtshauses lediglich der darunterliegenden tragenden Betonkonstruktion des Hauses appliziert wurde. Dieser Verkleidungscharakter seiner Fassade wurde van der Mey auch von rationalistisch gepägten Kritikern zum Vorwurf gemacht, doch tut dies dem pittoresken Charme des Hauses keinerlei Abbruch. Bereits das frühe Beispiel des Amsterdamer Schifffahrtshauses verdeutlicht, wie sehr die Architekten des Expressionismus ihre Bauten zugleich auch als Skulpturen verstanden und sie dementsprechend ornamental verzierten oder insgesamt als Objekte im Sinne einer *architecture parlante* behandelten.

Mit der Wohnhausbebauung an der Spaarndammerplatsoen, die in mehreren Abschnitten zwischen 1913 und 1920 entstand, lieferte Michel de Klerk seinen wichtigsten Beitrag zum Amsterdamer Wohnungsbau der Zeit. Er realisierte damit einen bürgerlichen Reformansatz im Wohnungsbau, wie er sich vor allem in kleinen Ländern wie den Niederlanden durchsetzen konnte. Wenngleich der Gebäudekomplex nicht in gleichem Maße üppig ornamentiert ist wie das Schifffahrtshaus, so zeichnet er sich doch auch durch die Kombination unterschiedlichster expressiver Motive und Fensterformen aus, vom Dreieck über den *Segmentbogen* bis zum Trapez, sodass keinerlei Monotonie bei der Fassadengestaltung aufkommt und de Klerks individuelle Handschrift klar erkennbar wird.

Zusammen mit seinem Freund und Kollegen Pieter Kramer errichtete de Klerk ab 1918 die Arbeitersiedlung De Dageraad für die gleichnamige genossenschaftlich organisierte Arbeitervereinigung im Süden Amsterdams. Dort fanden umfangreiche städtebauliche Erweiterungen nach den Plänen Hendrik Petrus Berlages statt. Kramer und de Klerk enfalteten bei De Dagerrad – wiederum mit dem Baumaterial *Backstein* – ein äußerst reiches Spektrum unterschiedlichster Bauformen, die schon den Zeitgenossen ein weites Feld von Assoziationen eröffneten. Kubische Baukörper finden sich hier ebenso wie Wellenmotive, Zylinder, Zitate aus der Schiffsarchitektur oder tief an den Seiten der Häuser heruntergezogene Dächer sowie Skulpturen aus Backstein. Mit der Siedlung entstand somit ein ebenso kurzweiliges wie innovatives Panoptikum dynamischer Bauformen, die sich dennoch zu einem Ganzen zusammenfügten.

Johann Melchior van der Mey, Michel de Klerk und Pieter Kramer, *Schifffahrtshaus*, Amsterdam, 1912–1916

Drei Protagonisten der Amsterdamer Schule errichteten das Verwaltungsgebäude einiger Schifffahrtsgesellschaften. Die *Stahlbetonkonstruktion* verblendeten sie mit einer *Fassade* aus so unterschiedlichen Materialien wie Ziegel, Beton und Terrakotta. Die reichlich exotischen, plastischen Formen suchen einen symbolischen Bezug zur Schifffahrt und den von ihr erschlossenen fernen Welten. Damit wurde das Schifffahrtshaus zu einem frühen Beispiel für den skulpturalen Erfindungsreichtum des Expressionismus und einer *architecture parlante*.

Neben dem künstlerischen war es nicht zuletzt der sozialpolitische Anspruch, den die Siedlung mit ihrer Abkehr vom Mietskasernenbau des *Historismus* vermittelte. Stattdessen dominierten bei dem abwechslungsreichen Wohnungsbau in De Dageraad Luft und Licht für die Arbeiterfamilien. Und auch in der genossenschaftlichen Organisation der Bauherren kam der soziale Anspruch der Siedlung zum Ausdruck.

Wenngleich die Formen des Wohnungbaus in den 20er-Jahren bei der De-Stijl-Bewegung (s. S. 31) in den Niederlanden, aber auch in den deutschen Zentren des Wohnungbaus wie Frankfurt und Berlin (s. S. 37) deutlich von der aufwändigen und kostenintensiven expressionistischen Architektursprache de Klerks und Kramers abwichen, hatten diese doch mit der Siedlung De Dageraad einen entscheidenden Schritt hin zur Reform des Arbeiterwohnungsbaus geleistet.

Wie ungeheuer breit das architektonische Spektrum im zweiten Jahrzehnt des 20. Jahrhunderts

Robert van't Hoff, *Villa*, Huis ter Heide, 1916

Mit seiner Villa in Huis ter Heide übertrug van't Hoff typische Architekturmerkmale des Amerikaners Frank Lloyd Wright – der in Europa durch die berühmte Wasmuth-Ausgabe seiner Werke (1910–1911) und eine Ausstellung in Berlin bekannt geworden war – nach Europa: bandartig gereihte Fenster und zentrale Oberlichter sowie vor allem die Betonung der Horizontalen durch den grauen Anstrich der waagerechten Platten der *Stahlbetonkonstruktion* und die klare kubistische Form. Damit gelang dem holländischen Architekten nach seinem Studienaufenthalt in den USA – während dessen er Wright persönlich kennengelernt und an der Inventarisierung seiner Werke gearbeitet hatte – die gebaute Verknüpfung von französischem *Kubismus* und Wrights Thesen, noch bevor sich die holländische De-Stijl-Gruppe um die drei Künstler Piet Mondrian, Theo van Doesburg und Gerrit Thomas Rietveld 1917 gründete.

war, wird deutlich, wenn man sich vergegenwärtigt, dass Robert van't Hoff mit der Villa in Huis ter Heide zur gleichen Zeit, in der die Amsterdamer Schule ihre formenreiche expressive Architektursprache entfaltete, erstmals die klaren kubischen Formen der Baukörper Frank Lloyd Wrights in einem Stahlbetonbau in Europa verwirklichte.

Vom Einsteinturm zum Chilehaus – Expressionismus in Deutschland

Mit Bruno Tauts Glashaus auf der Kölner Werkbundausstellung (1914) setzte auch in Deutschland der architektonische Expressionismus ein. Dessen Hauptwerke sollten hier allerdings erst nach dem Ersten Weltkrieg entstehen.

Stattdessen kam zwischen 1914 und 1918 die Bautätigkeit in Deutschland durch den Krieg nahezu vollständig zum Erliegen. Architektonische Bestrebungen erschöpften sich in der Anlage von Kriegerfriedhöfen oder in visionär-expressionistischen Zeichnungen und Aquarellen. Für deren Verbreitung und den Dialog darüber initiierte Bruno Taut das Forum der „Gläsernen Kette", das 1919 bis 1921 bestand.

Seine sozial-utopischen Vorstellungen einer neuen Gesellschaft und einer für sie geschaffenen idealen Stadt-Architektur ließ Bruno Taut währenddessen in seine legendären Schriften *Alpine Architektur* (1918) und *Stadtkrone* (1919) einfließen. Doch an die Stelle einer Verwirklichung solcher Visionen während seiner Zeit als Magdeburger Stadtbaurat (1921–1923) und anschließend als Architekt in Berlin, trat eine ebenso pragmatische wie sozial engagierte *Siedlungsarchitektur*, die Taut zum führenden Architekten von Siedlungen der 20er-Jahre machte.

Zu den wenigen, die ihre Visionen umsetzen konnten, gehörte Erich Mendelsohn, der mit dem Potsdamer Einsteinturm seine ebenfalls zunächst in Zeichnungen entwickelte organischen Formensprache in gebauter Architektur verwirklichte. Erbaut als Observatorium und astrophysikalisches Institut zur Erforschung von Albert Einsteins Relativitätstheorie, verhalf der ausdrucksstarke Turmbau Mendelsohn zu unmittelbarer Berühmtheit. Seine mit nur wenigen Strichen gefertigte Entwurfszeichnung aus dem Jahr 1920, die sich durch den ihm eigenen, prägnanten dynamischen Duktus auszeichnet, kommt geradezu die Qualität einer Inkunabel der modernen Architekturzeichnung zu. Die plastische Durchgestaltung

Erich Mendelsohn, *Einsteinturm,* Potsdam, 1920–1924, Skizze (oben)

Bei seinem ersten wichtigen Auftrag schuf Erich Mendelsohn mit wenigen Pinselstrichen eine Inkunabel der modernen Architekturzeichnung. Das fertige Bauwerk wurde zu der Ikone des Expressionismus schlechthin. Der Zweck des Gebäudes spiegelt sich nicht rational in seiner Struktur, sondern symbolisch in seiner Form wieder. Mit seinem *Sockel* und dem aufstrebenden Turm vermittelte das Bauwerk, das ein Turmteleskop, ein unterirdisches Laboratorium, einen ebenerdigen Arbeitsraum und eine Übernachtungsmöglichkeit enthält, zwischen Himmel und Erde. Die Skulptur aus konkaven und konvexen Flächen sollte ursprünglich in *Stahlbeton* gegossen werden, was die plastischen Möglichkeiten dieses Baustoffs voll ausgeschöpft hätte. Aufgrund bautechnischer Schwierigkeiten wurde es jedoch über dem Sockel konventionell gemauert und mit einer Putzschicht überzogen.

des Einsteinturms, seine organischen, ineinanderfließenden Formen erinnern nicht von ungefähr auch an die Bauten der Amsterdamer Schule, deren Vertreter Mendelsohn nach Fertigstellung des Einsteinturms folgerichtig zum Studium ihrer eigenen Bauten nach Amsterdam einluden. Doch erstaunlicherweise verbirgt sich hinter dem formal so innovativen Potsdamer Turmbau ein weitgehend traditionell aufgemauertes Bauwerk, nicht zuletzt aufgrund von Schalungsproblemen, die verhinderten, dass die von Mendelsohn entworfene gekurvte Fassadenfläche zu ihrer Zeit bereits aus Beton gefertigt werden konnte.

Wesentlich *stereometrischer* zeigte sich im Vergleich zum Einsteinturm Mendelsohns – heute allerdings stark überbaute – Hutfabrik Steinberg, Hermann und Co. in Luckenwalde (1921–1923). Sie bezeichnete gleichsam den Übergang zu den rationalistischeren Bürogebäuden und Kaufhäusern, die Mendelsohn nach 1925 schuf. Bei der Luckenwalder Hutfabrik gingen eine funktionale Gestaltung und technische Innovation wie die Entlüftungsanlage für die giftigen Dämpfe der Färberei mit einer für einen Industriebau der 20er-Jahre ungewöhnlich ausdrucksvollen Formgebung einher.

Kurz nach dem Weltkrieg hatte der ebenfalls in Berlin tätige Architekt Hans Poelzig 1919 für den berühmten Theaterregisseur Max Reinhardt in Berlin-Mitte das 1986 abgebrochene Große Schauspielhaus für 5000 Zuschauer errichtet. Der Innenraum des Theaters glich mit seinen stalaktitenartigen Gebilden, die von der bekrönenden *Kuppel* herabhingen, einer expressiven Tropfsteinhöhle. Eine ganz ähnliche, ebenfalls kleinteilig und fast zuckerbäckerhaft anmutende, höhlenartige Architektur zeichnete auch Poelzigs wenig später entstandenen Entwurf für ein Schauspielhaus in Salzburg aus (1920–1922).

Einen zweiten Höhepunkt erlebte die expressionistische Baukunst in Deutschland mit dem Backsteinexpressionismus des Hamburger Architekten Fritz Höger, der zeitweise Vorstandsmitglied des *Deutschen Werkbunds* war. Zu seinen Hauptwerken zählt das Chilehaus in Hamburg, das er für eine Schifffahrtsgesellschaft baute und für das er deshalb eine an einen Ozeanriesen erinnernde Form wählte. Zum weltbekannten Kennzeichen des Chilehauses wurde dessen schiffsstevenartig spitzwinklig zulaufende Südostecke.

Ausgeführt wurde der Bau in dunkelrotem *Klinker*. Bei der Wahl der Architekturformen für das Chilehaus ließ sich Höger nicht nur von der Schiffsarchitektur, sondern vor allem durch die Architektur der *gotischen* Backsteinkathedralen inspirieren, die in Norddeutschland weit verbreitet sind. An den teilweise spitzbogig ausgeführten Arkaden des Hauses werden diese Anleihen ebenso deutlich wie an der nachdrücklichen Betonung der Vertikalen des gesamten Gebäudes, die der Architekt vor allem durch die Gliederung der Fassade mit *Lisenen* erreichte. Um den gigantischen Komplex ausreichend zu belüften und genügend Licht für alle Räume zu gewährleisten, umbaute Höger drei große Innenhöfe.

Trotz aller Unterschiede zwischen dem Chilehaus und dem zehn Jahre älteren Amsterdamer Schifffahrtshaus verbinden beide expressionistischen Bauten neben der Funktion und dem verwendeten Baustoff Backstein auch die vielfach kleinteiligen ornamentalen Verzierungen miteinander.

Fritz Höger, *Chilehaus*, Hamburg, 1921–1924

Diesen Verwaltungsbau errichtete Fritz Höger für eine Schifffahrtsgesellschaft. Außen wie innen weckt er Assoziationen an einen Ozeanriesen. In seinem Inneren reihen sich immergleiche Bürozellen kabinenartig aneinander. Die Staffelung des Baukörpers und horizontale Relings betonen die schiffsbuggleiche Spitze des dreieckigen Bauwerks. Der dunkelrote Klinker der Fassade und das Netz von Gewölberippen im Inneren erinnern zugleich an die Tradition der norddeutschen Backsteingotik.

Josef Gočár, Kaufhaus „Zur Schwarzen Mutter Gottes", Prag 1911–1912

Ursprünglich konzipierte Josef Gočár – einer der führenden Vertreter des Kubismus in der Architektur, der in regem intellektuellem Austausch mit Schriftstellern und Künstlern seiner Zeit stand – seinen Entwurf im Geiste der klassischen Moderne. Doch nach einer grundlegenden Überarbeitung erhielt der ornamentlose *Eisenbeton-Skelettbau* seine prägenden kubistischen Elemente, von denen vor allem das Portal, die Dachgauben und die *Kapitelle* der Fassadensäulen hervorzuheben sind. Der Architekt hat bei seinem Entwurf größten Wert auf die Schattenwirkungen gelegt, die die Dreidimensionalität des Gebäudes besonders betonen. Auch in den Innenräumen setzte sich der Gestaltungswille des Architekten durch. Im ersten Obergeschoss errichtete Gočár ein kubistisches Café, das jedoch bald durch Umbauten wieder verunstaltet wurde.
Bis heute gilt die Einbettung des für die Entstehungszeit provokativen Gebäudes in die historische Nachbarschaft als beispielhaft. Das Mansarddach kann daher als Zugeständnis des Architekten an die Prager Denkmalschützer gewertet werden.

KUBISMUS

Architektonische Eigenständigkeit in Prag

Um 1911 hatte sich in Prag eine Gruppe von Intellektuellen zusammengefunden, deren Arbeiten durch die klare *stereometrische* Architektur des Wiener Jugendstilarchitekten Otto Wagner beeinflusst wurde. Daneben waren es vor allem die in ihre Grundformen aufgelösten und wieder zusammengesetzten Gegenstände auf den Bildern von Robert Delaunay, Georges Braque und Pablo Picasso, die für die Prager vorbildhaft wurden.

Delaunay hatte in Paris eine Stilphase durchlaufen, in der der abgebildete Gegenstand auf die geometrischen Grundformen Kubus (lat.: Würfel), Kegel und Kreis zurückgeführt wurde. Die großstädtische Dynamik und den dramatischen Effekt, den Delaunays kubistische Bilder vor allem des Eiffelturms, aber auch seine riesige Komposition *Die Stadt Paris* auszeichneten, übertrugen die Architekten des Prager Kubismus auf die Gestaltung der Fassaden ihrer Häuser, die sie durch eine additive Reihung von kubisch-prismatischen Formen verzierten. Wie auch beim zeitgleichen *Expressionismus* wurde dabei das gesamte Gebäude einer plastischen Gestaltung unterzogen und vermittelte teilweise den Eindruck einer bewohnbaren Skulptur.

Daneben konnten die Prager Architekten sich auch auf Vorbilder der spät*gotischen* Architektur mit ihren nahezu abstrakten Gewölbeformen stützen, die in Prag bis heute in so reichlichem Maß vorhanden sind. Lange Zeit wurde die kubistische Architektur Prags lediglich als eine regionale Entwicklung missverstanden. Inzwischen wird sie als eine eigenständige Alternative zu dem verwandten Expressionismus in Nordeuropa bewertet.

So zeigt Josef Gočárs Kaufhaus „Zur Schwarzen Mutter Gottes", eines der Hauptwerke des Prager Kubismus, deutlich die Unterschiede zwischen expressionistischer und kubistischer Architektur auf. Anstelle einer kleinteiligen figürlichen Ornamentierung, wie sie die Bauten der *Amsterdamer Schule* auszeichnete, entwarf Gočár einen ebenso übersichtlichen wie klar strukturierten Bau. Durch die kristallin-gebrochene Fassade und das so erzeugte reizvolle Spiel von Licht und Schatten erhält der Bau einen besonderen, fast lebendig anmutenden Reiz.

Eine ähnliche Architektursprache zeigt das fünfstöckige Hodek-Apartment-Haus von Josef Chochol. Trotz ihrer Modellierung durch Kuben und Prismen ist die *Fassade* in ein strenges Raster aus vertikalen und horizontalen Elementen untergliedert. Eine besondere Betonung erfährt dabei das Erdgeschoss mit seinen außergewöhnlichen sechseckigen Fenstern. Ihre diamantförmigen Fensterbekrönungen werden in dem zackigen Relief des weit überkragenden *Kranzgesimses* erneut aufgenommen und bilden so, trotz der dynamischen Note des Baus, einen harmonischen Abschluss des Gebäudes.

Josef Chochol, *Hodek-Apartment-Haus*, Prag, 1913–1914

Die Architektur von Josef Chochol gehört zu den konsequentesten Umsetzungen der kubistischen Flächen- und Raumtheorie. Besonders typisch sind die Fenster im Sockelgeschoss gestaltet, das im abschüssigen Gelände spitzwinklig zuläuft und damit den gesamten Baukörper als Hommage an den Kubismus erscheinen lässt. Bis ins letzte Detail gestaltete Chochol das Mehrfamilienhaus im architektonischen Zeitgeist. Selbst die Eckzimmer zeichnen die Form eines Vielecks nach.

FUTURISMUS

Italiens Aufbruch in die Moderne

Zu Beginn des Jahrhunderts gehörte die Auseinandersetzung mit der Wahrnehmung und Aneignung der umgebenden Welt durch den Menschen zu den zentralen Themen der Kunst. So wie die *Expressionisten* eine extrem subjektive Sicht der Welt auf die Leinwand bannten, zerlegten die Künstler des *Kubismus* alltägliche Gegenstände wie einen Stuhl oder eine Gitarre in ihre geometrischen Grundstrukturen, um sie dann in einer für den Betrachter überraschenden und verfremdeten Weise neu zusammenzufügen. Der dem Auge scheinbar vertraute Gegenstand wurde so zu etwas völlig anderem. Zugleich wurde der Betrachter dadurch zu einer erneuten – kritischen – Wahrnehmung auch des Urbildes, also des realen Stuhls oder der realen Gitarre, aufgefordert. Das Ergebnis war in jedem Fall eine geschärfte Wahrnehmung der Wirklichkeit.

Anders als die Kubisten experimentierten die italienischen Futuristen mit der Zerlegung von Bewegungsabläufen in einzelne zeitliche Sequenzen und deren erneuter Zusammensetzung auf einer einzigen Bildebene. Das künstlerische Konzept des Futurismus, das sich erst in Malerei, Dichtung und Skulptur entwickelte, ehe es auch auf die Architektur übergriff, sah vor, Bewegungsabläufe und die darin zum Ausdruck kommende Dynamik der Geschwindigkeit, die als ein prägender Zukunftswert erkannt wurde, sichtbar zu machen.

Auch wenn den italienischen Futuristen die Verwirklichung ihrer architektonischen und städtebaulichen Pläne versagt blieb, zählen ihre von der Verneinung der Vergangenheit und einem gleichzeitigen Fortschrittsglauben getragenen Zeichnungen der Visionen zu den wichtigen Strömungen der modernen Kunst des 20. Jahrhunderts.

Führender Vertreter des Futurismus war Antonio Sant'Elia, der in seinem Manifest zur futuristischen Architektur im Juli 1914 klare Positionen gegen alle „feierlichen, theatralischen und dekorativen" Bauten bezog. An ihrer Stelle wollte Sant'Elia „die futuristische Stadt erfinden und erbauen. Sie muss einer großen lärmenden Werft gleichen und in allen ihren Teilen flink, beweglich, dynamisch sein: Das futuristische Haus muss wie eine riesige Maschine sein." Sant'Elias Entwürfe für eine „Città Nuova", in denen sich mit überschneidenden Verkehrsebenen für Autos, Eisenbahnen und Flugzeuge, mit Elektrizitätswerken und mit gläsernen Außenaufzügen an Wohnbauten seine Vorstellungen einer wahrhaft modernen technischen Welt spiegelten, blieben jedoch nur Vision. Nur zwei Jahre nachdem Sant'Elia seine revolutionären Architekturvisionen („Unter Architektur ist die Fähigkeit zu verstehen, Umwelt und Mensch frei und kühn in Übereinstimmung zu bringen.") in Mailand veröffentlicht hatte, fiel er im Ersten Weltkrieg, ohne die Möglichkeit bekommen zu haben, sie zu realisieren.

Trotzdem waren es vor allem seine futuristischen Architekturvisionen von terrassierten Wolkenkratzern und monumentalen, ihre Vertikalausrichtung betonenden Elektrizitätswerken, die in Italien die Wende weg vom *Historismus* des 19. Jahrhunderts und hin zur rationalistischen Architektur einleiteten und die nach dem Weltkrieg ein Anknüpfen an die aktuellen Strömungen besonders auch der russischen Avantgarde ermöglichten.

Antonio Sant'Elia, *Elektrizitätswerk*, Architekturvision 1914, Sammlung Consuelo Accetti, Mailand

Die Technik und die vollständig neuen Möglichkeiten der Elektrizität wurden zum Leitmotiv im Werk der Futuristen und ihres Vordenkers Sant'Elia. Die gebündelte Kraft und Dynamik des elektrischen Stroms übertrugen sie in ihren Entwürfen auf eine technisierte Architektur und städtische Visionen, die radikal mit den überkommenen Formen und Vorstellungen von Stadt brachen. Genau diese Dynamik vermittelt Sant'Elias Entwurf mit seinen mehr stürzenden als fallenden Druckleitungen, den steil aufragenden Schornsteinen in Untersicht und den kraftvoll aus dem Bild herausführenden Stromleitungen. Aus industriellen Formen leitet sich die neue Ästhetik der modernen Architektur ab.

Die Moderne setzt sich durch

Internationaler Stil

1920–1930

ARCHITEKTUR NACH DEM KRIEG

Der Krieg zerstört die alte Welt

Schon lange vor dem Ersten Weltkrieg hatten sich in Amerika und Europa politische und kulturelle Reformbestrebungen gebildet. Neue Kunstströmungen wie der *Jugendstil* und kurze Zeit später der *Expressionismus*, der *Futurismus* oder der *Kubismus* brachen mit der traditionellen Kunst und suchten in einer Welt, die durch rasanten Fortschritt und stetige technische Innovation geprägt war, nach neuen Konzepten und künstlerischen Ausdrucksformen. Doch erst in der Folge des Ersten Weltkriegs brachen endgültig die Grundfesten der traditionellen Weltordnung zusammen. Die jahrhundertealte Vormachtstellung Europas verlor ihren Bestand. Nicht nur der österreich-ungarische Vielvölkerstaat verschwand von der Landkarte Europas, auch die Monarchien in Russland und Deutschland wurden von Revolutionen hinweggefegt, und während die USA erstmals die weltpolitische Bühne betraten, begann das bisher weltumspannende Britische Empire langsam zu zerbröckeln.

Der Erste Weltkrieg wurde zum prägenden Erlebnis einer ganzen Epoche. Erstmals wurden in ihm hochmoderne und technisch perfektionierte Waffen wie Panzer und Flugzeuge eingesetzt. Der Gegner stand dem einzelnen Soldaten nicht mehr als kämpfender Mensch gegenüber, sondern wurde hinter Gasmasken und Schützengräben zum anonymen Feind. Durch den Krieg wurden die in vielen Ländern bereits zuvor vorhandenen wirtschaftlichen und sozialen Probleme zusätzlich verschärft, und auch die politische und wirtschaftliche Unsicherheit der Zeit nach dem Weltkrieg drängte die Fragen nach Lösungen für die Wohnungsnot, die Arbeitslosigkeit, den Hunger und das damit verbundene soziale Elend weiter in den Vordergrund.

Programme gegen die soziale Not

Diese tiefgreifenden Missstände, die weite Teile der Bevölkerung betrafen, forderten auch von den Künstlern und Architekten eine Stellungnahme. Neue künstlerische und politische Programme gingen in dieser Zeit von Moskau bis Amsterdam Hand in Hand, um ein neues Weltbild und neue Lebensformen sowohl in der Kunst als auch in der Gesellschaft zu verwirklichen. Ätzende Gesellschaftskritik, wie sie George Grosz in seinen Bildern äußerte, und flammende Anklagen gegen die Unmenschlichkeit des Krieges, wie sie Henri Barbusse in seinem Roman *Das Feuer* formulierte, wurden zu wichtigen Themen einer zunehmend politisch engagierten Kunst.

Auch in der Architektur wurde die konsequente Entwicklung neuer funktionaler Bauformen unter Verwendung der neuen Baumaterialien Glas, Beton und Stahl weiter vorangetrieben. Neuentwickelte, kostensparende und rationellere Baumethoden verliehen nicht nur dem Zeitgeist Ausdruck, der die mit überkommenem Zierrat ausgestatteten Gebäude des *Historismus* ablehnte. Besonders im *Siedlungsbau*, der zur Beseitigung der Wohnungsnot vordringlich betrieben wurde, kam den neuen Baumethoden auch eine deutliche soziale Komponente zu.

Waren die Jahre zwischen 1900 und 1920 für die moderne Kunst und Architektur eine entscheidende Orientierungsphase gewesen, so verbreite-

1921: Washingtoner Abkommen untersagt völkerrechtlich die Verwendung von Giftgas im Krieg. Entdeckung des Insulins als Heilmittel gegen die Zuckerkrankheit. Arturo Toscanini wird Direktor der Mailänder Scala. Physiknobelpreis an Albert Einstein für Einführung der Lichtquanten und seine Arbeiten auf dem Gebiet der theoretischen Physik. Charlie Chaplins Film *The Kid* wird in Amerika uraufgeführt. Der „Bubikopf" kommt auf.

1922: Faschistischer Staatsstreich führt zur Ernennung Mussolinis zum Ministerpräsidenten Italiens durch den König. James Joyce vollendet seinen Roman *Ulysses*.

1923: Kemal Atatürk Präsident der Türkei. Hitlerputsch in München. Der Gedanke des „Muttertages" kommt aus den USA nach Europa.

1924: Tod Lenins. Vorlage des Dawesplans zur Regelung der deutschen Reparationszahlungen. Gershwins *Rhapsody in Blue* wird uraufgeführt.

1925: Genfer Protokoll über das Verbot des chemischen und bakteriologischen Krieges. Louis Armstrong, der „King of Jazz", gründet seine Combo Hot Five.

1926: Gründung des British Commonwealth of Nations. Uraufführung von Fritz Langs *Metropolis* und Sergej Eisensteins *Panzerkreuzer Potemkin*. Das Fernsehen wird erstmals erfolgreich in London vorgeführt. Walt Disney beginnt die Zeichentrickfilmserie *Mickey Mouse*.

1927: Sacco und Vanzetti nach weltweit umstrittenem Mordprozess in Massachusetts (USA) hingerichtet. Charles Lindbergh überfliegt nonstop den Atlantik. Sven Hedin beginnt seine Innerasien-Expedition. Martin Heideggers Begründung einer weltlichen Existenzialphilosophie *Sein und Zeit* erscheint. Marcel Proust veröffentlicht den letzten (7.) Band der *Suche nach der verlorenen Zeit*. Erfolge der französischen Tänzerin und Chansonsängerin Josephine Baker in Paris.

1928: Briand-Kellogg-Pakt: Ächtung des Krieges als Mittel zur Lösung zwischenstaatlicher Streitigkeiten. Tschiang Kai-schek einigt China. Das Penicillin wird von dem englischen Bakteriologen Alexander Fleming entdeckt.

1929: Kursstürze an der New Yorker Börse („Schwarzer Freitag") lösen die Weltwirtschaftskrise aus.

George Grosz, *Stützen der Gesellschaft*, 1926

Theo van Doesburg, Cornelius van Eesteren, *Studie für ein Wohnhaus*, 1923

In der Kunst des 19. Jahrhunderts erschien die Welt mehr oder weniger als eine Ansammlung eigensinniger Dinge und Phänomene. Doch so vielgestaltig die Welt auch ist – letztlich eint sie eine abstrakte, geometrische Ordnung: Das rechtwinklige Raster regiert den Raum. Jede Form lässt sich aus kleinen Rechtecken zusammensetzen, jede Farbschattierung durch Kombination der Primärfarben Rot, Gelb und Blau herstellen. Diese quasi philosophische Weltanalyse einte die Gruppe De Stijl, zu der sich 1917 niederländische Maler, Architekten und Kunsthandwerker zusammenschlossen. Die Kunstwerke, die sie entwickelten, basierten letztlich auf Kombinationen monochromer Farbflächen. Den Schritt von der Fläche zum Raum übernahm der Wortführer der De-Stijl-Gruppe, der Maler und Theoretiker Theo van Doesburg. Die geschlossenen, sich rechtwinklig durchdringenden Wände, auf die sich sein Wohnhaus-Entwurf reduziert, bilden kein homogenes Haus, sie markieren nur Teile inmitten des unendlichen Raums. Alles ist offen. Zimmer gibt es nicht. Innen und außen unterscheiden sich nur marginal. Ohne Schwerkraft wären selbst oben und unten unklar. Das Material der Wände bleibt unnatürlich ungewiss. Es ist der Triumph des abstrakten Raums über den Körper, der bis dahin die Vorstellung von Architektur dominierte.

te sich nach dem Desaster des Weltkriegs in dem Jahrzehnt zwischen 1920 und 1930 eine ungeahnte Aufbruchstimmung und Euphorie. Nun endlich wurde eine neue und sachlichere Architektur, verbunden mit sozialem Engagement, in die Stadtbilder getragen.

DE STIJL

Geometrie und Abstraktion in Holland

Bereits mit der expressionistischen Architektur der *Amsterdamer Schule* (s. S. 24/25) hatten holländische Künstler eine Vorreiterrolle in der Architektur eingenommen, und da das Land nicht in die Auseinandersetzungen des Ersten Weltkriegs verwickelt wurde, konnten sich hier zu einem besonders frühen Zeitpunkt in Europa auch andere avantgardistische Tendenzen entwickeln.

Die kleinteiligen *Ornamente* und die Verwendung des *Backsteins* im Expressionismus erschienen einigen holländischen Architekten als zu individualistisch und als Kennzeichen einer konservativen Architektur. Von den Bauten Frank Lloyd Wrights beeinflusst, die 1910 und 1911 durch zwei Bände im Verlag Wasmuth publiziert worden waren, sowie unter dem Eindruck der Malerei des französischen *Kubismus* schwebte ihnen dagegen eine Architektur vor, die ähnlich wie bei den Fagus-Werken von Walter Gropius durch klare Kuben und die Überschneidung von Flächen strukturiert wurde.

Eine herausragende Bedeutung für diese Entwicklung kam der Malerei von Piet Mondrian zu. Am Beginn von Mondrians Arbeit hatten weitgehend konventionelle, neoimpressionistische Bilder gestanden, doch schon um 1907 begann der Holländer, die dargestellten Gegenstände immer mehr zu abstrahieren und nach und nach einem kubischen Gestaltungsschema zu unterwerfen. Am Ende dieser Entwicklung – um 1914 – standen jene berühmten gegenstandslosen Bilder, in denen der Raum des Bildfeldes harmonisch durch ein Gitterwerk aus schwarzen Linien strukturiert wurde. Dieses Raster umschloss jeweils eine Anzahl von Quadraten oder Rechtecken, die entweder weiß belassen wurden oder eine farbige Gestaltung erfuhren. Bei den verwendeten Farben dominierten die weitgehend flächig aufgetragenen Primärfarben Rot, Blau oder Gelb, die in sich keinerlei Strukturierung oder Schattierung aufwiesen. Mondrians künstlerisches Konzept bestand darin, nicht mehr die Welt der Gegenstän-

Gerrit Thomas Rietveld, *Haus Schröder,* Utrecht, 1924

Der Möbeltischler Gerrit Thomas Rietveld, Schöpfer des Rot-Blau-Stuhls, bekam 1924 die erste der wenigen Gelegenheiten, die Ideen der De-Stijl-Gruppe in gebaute Architektur umzusetzen. Nach dem Prinzip, mit dem er 1917 den Armstuhl in Bretter und Kanthölzer zerlegt und wieder zusammengesetzt hatte, dekomponierte er, in Zusammenarbeit mit der Innenarchitektin Truus Schröder, den Kubus des Wohnhauses. Über alle Stoßfugen hinauslaufend verselbstständigen sich die einzelnen, rechtwinklig angeordneten Wandteile. Das Flachdach und die Balkonbrüstung scheinen geradezu zu schweben. Der Eindruck wird durch große Glasflächen an den Gebäudeecken verstärkt. Die eigentliche Revolution stellte jedoch der frei veränderliche Grundriss dar, der an die Stelle der bis dahin fest gemauerten Raumfolgen trat. Durch klapp- oder verschiebbare Wände kann der Bewohner in flexibler Baukastenmanier das gesamte erste Obergeschoss variieren und in einen offenen Raum verwandeln.

de abbilden zu wollen, sondern ihre Grundstrukturen in einem klaren geometrischen System zu erklären.

Was Mondrian mit seiner abstrakten Malerei auf der zweidimensionalen Fläche entwickelt hatte, das wurde nun durch die Architekten Theo van Doesburg und Gerrit Thomas Rietveld, der zugleich als Kunsttischler tätig war, in ein dreidimensionales Konzept umgewandelt. Zusammen mit einigen anderen Künstlern, zu denen auch die Architekten Jacobus Johannes Pieter Oud und Jan Wils zählten, schlossen sie sich 1917 zu der Gruppe De Stijl zusammen, deren Sprachrohr die gleichnamige Zeitschrift wurde, die bis 1932 erschien.

Der Name der Künstlergruppe bedeutet übersetzt einfach „Der Stil" und in dieser Bezeichnung drückt sich schon das Selbstverständnis der Vereinigung aus: Im Gegensatz zu den historischen *Stilen* des *Klassizismus* oder des *Barock* erkannten die De-Stijl-Künstler in ihrer vom Zierrat befreiten, abstrakten und konstruktiven Formensprache den eigentlichen Stil.

In einem Manifest, das 1918 in der zweiten Ausgabe der Zeitschrift *De Stijl* erschien, umriss das intellektuelle Oberhaupt der Gruppe, Theo van Doesburg, grob ihre komplexe theoretische Zielrichtung. Die Dominanz des Individuellen, wie sie in der Kunst des 19. Jahrhunderts geherrscht hatte, sollte zugunsten eines Gleichgewichts mit dem Universellen zurückgenommen werden. Voraussetzung für die Verwirklichung dieses neuen Weltbildes von De Stijl, des sogenannten „Zeitbewusstseins", war das Abstreifen der Zwänge der Tradition.

Für die Architektur schwebte van Doesburg und De Stijl der Verzicht auf die traditionelle ornamentale Verzierung vor, wie sie der *Historismus* und selbst der *Expressionismus* gepflegt hatten. Statt dessen sollten nun, ganz nach dem Vorbild der Bilder Mondrians, die Bauwerke selbst radikal vereinfacht werden. Kubische Räume sollten ineinandergeschachtelt werden und so, ausgehend vom rechten Winkel, ein komplexes, plastisch erfahrbares Raumerlebnis geschaffen werden. Für die nahezu als Skulpturen behandelten Baukörper war – analog zu Mondrians Malerei – eine auf Primärfarben reduzierte Farbigkeit vorgesehen. Das Ergebnis dieses künstlerischen Konzepts, das vor allem von van Doesburg vorangetrieben wurde, war die neoplastische Kunst von De Stijl.

Die Wirkung der De-Stijl-Gruppe, die in den Jahren ihres Bestehens eine stark wechselnde Zusammensetzung hatte, beschränkte sich keineswegs auf den holländischen Raum. Vor allem auf das Bauhaus, das Walter Gropius nach dem Ersten Weltkrieg in Weimar gegründet hatte, nahm van Doesburg, den Gropius 1921 als Gast einlud, einen unmittelbaren Einfluss.

Die erste berühmte Umsetzung der Ideen von De Stijl stellt der Rot-Blau-Stuhl von Gerrit Thomas Rietveld dar. Wiederum von Mondrians Bildern inspiriert, hatte Rietveld 1917 ein Gerüst aus schwarzen Vierkanthölzern entworfen, die streng im rechten Winkel miteinander verbunden waren. In das so entstandene tragende Holzgerüst waren

BAUHAUS

Bis heute steht das Bauhaus als Synonym für eine radikale Modernisierung der Kunst. Es gab wohl keinen Bereich des Lebens, den seine Kunst nicht reformieren und neu gestalten wollte, denn nicht nur Architektur und Malerei gehörten zu seinen Themen, sondern auch Tanz und Theater, Fotografie und Design. Selbst Kinderspielzeug (das *Segelboot*) wurde in den Werkstätten entworfen. In diesem umfassenden Anspruch war das Bauhaus seinen Vorläufern wie der englischen *Arts-and-Crafts-Bewegung* und dem *Deutschen Werkbund* eng verwandt. Und noch heute zählen viele seiner Produkte zu den Klassikern des Design, überzeugen durch ihre kompromisslose Modernität wie Marcel Breuers Stahlrohrsessel oder die Bauhaus-Tischlampe.
Als Walter Gropius im März 1919 die Leitung der von Henry van de Velde begründeten Weimarer Kunsthochschule übernahm, die er zusammen mit der ehemaligen Kunstgewerbeschule zum „Staatlichen Bauhaus Weimar" vereinte, war es sein Ziel, eine neue Einheit von Kunst und Handwerk zu schaffen. Schon aus diesem Programm lässt sich auch die gesellschaftspolitische Bedeutung erkennen, die dem

Klassiker des Bauhaus-Designs: Marianne Brandts Tee-Extraktkännchen (1924)

Bauhaus nach dem Ersten Weltkrieg in Deutschland zukam. Alle schöpferischen Kräfte wollte Gropius zum Ziel eines ganzheitlichen „Baus" bündeln. Dabei meinte der Begriff des „Baus" keineswegs nur konkret die Architektur selbst, sondern er war viel weiter gefasst. Ganz den Strömungen der Zeit entsprechend ging es Gropius nach der Katastrophe des Weltkriegs und dem Zusammenbruch der alten Ordnung um die Errichtung einer neuen Gesellschaft, zielten die Bestrebungen seiner Kunst auf eine Erneuerung des Menschen.
Um die hochgesteckten gesellschaftsutopischen Ziele zu verwirklichen, führten die einzelnen Bauhausmeister nach einem festgelegten Schema Kurse mit ihren Schülern durch. Den Einstieg in die Beschäftigung der Lernenden mit den unterschiedlichsten Materialien wie Holz, Metall, Gewebe, Farbe, Glas, Ton und Stein bildete der Vorkurs. Er wurde in den ersten Jahren des Bauhauses in Weimar von Johannes Itten geleitet. Nicht zuletzt auf Ittens Einfluss war es zurückzuführen, dass das Bauhaus zunächst eine stark expressionistische Ausrichtung erhielt und sich formal an der Organisation mittelalterlicher Handwerksbetriebe orientierte.
Mitte 1921 siedelte Theo van Doesburg, der Vordenker der niederländischen De-Stijl-Bewegung, nach Weimar über. Vor allem unter seinem Einfluss vollzog sich am Bauhaus ein radikaler Wandel hin zu einer technisierten, konstruktiven Kunstauffassung, die die zweite Phase des Bauhauses bestimmte. Angeregt durch den Rot-Blau-Stuhl des De-Stijl-Künstlers Gerrit Thomas Rietveld entwickelte Marcel Breuer am Bauhaus seine Stahlrohrmöbel.
Aber mit keinem anderen Bauhausmeister verknüpfte sich der neue Weg der Kunstausbildung so deutlich wie mit dem Ungarn Lászl Moholy-Nagy, der nun den Vorkurs von Itten übernahm. Im Monteursanzug gekleidet, ließ er keinen Zweifel daran, dass eine moderne Kunstproduktion nach zeitgemäßen technischen Gesichtspunkten verwirklicht werden muss. Wie breit das künstlerische Spektrum des Bauhauses aber auch unter dem Einfluss von Moholy-Nagy blieb, wird durch die Tätigkeit so unterschiedlicher Künstlerpersönlichkeiten wie der Maler Oskar Schlemmer, Wassily Kandinsky und Paul Klee deutlich.
Während das Bauhaus inhaltlich zur führenden künstlerischen Kraft der Avantgarde in Deutschland, ja in Europa aufstieg, geriet es politisch zunehmend unter Druck. Den wiedererstarkenden konservativen Kräften war die progressive Kunstschule, die auch ihren politischen Ansatz lautstark vortrug, ein Dorn im Auge. 1925 musste das Bauhaus in Weimar schließen. Ein neuer Anfang wurde in Dessau gestartet.
Mit dem dort von Walter Gropius errichteten Bauhaus-Gebäude erhielt die Kunstschule an ihrem neuen Standort endlich auch einen architektonischen Rahmen, der ihrem inhaltlichen Konzept entsprach. Deutlich kamen in der Architektur die unterschiedlichen Funktionen der einzelnen Bauteile zum Ausdruck. So beherrschte den Werkstättentrakt eine durchgehende Glaswand, die eine optimale Belichtung ermöglichte. Die Fassade des Wohnhauses der Studierenden zeichnete sich hingegen durch einzelne Austritte vor den Zimmern aus. Es stand außer Frage, dass der Neubau von Gropius von einem flachen Dach abgeschlossen wurde, das in den 20er-Jahren als Synonym für moderne Architektur verstanden wurde.
1928 verließ Walter Gropius als Direktor das Bauhaus. Sein Nachfolger wurde der Schweizer Hannes Meyer, wie Gropius selbst Architekt. Unter Meyer wurde der gesellschaftliche Anspruch des Bauhauses noch deutlicher vorgetragen als bei Gropius. An die Stelle eines eher ästhetisch orientierten Konstruktivismus trat nun eine Kunstproduktion, die sich streng wissenschaftlich organisiert gab. Dazu zählte neben einer fortschreitenden Standardisierung der Kunstproduktion auch eine zunehmende Kollektivierung des Produktionsprozesses,

Demonstriert die expressionistischen Wurzeln des Bauhauses: Lyonel Feiningers Titelholzschnitt zum Bauhaus-Manifest* Kathedrale *aus dem Jahr 1919

der an die Stelle einer individuellen, handwerklichen Fertigung trat. Die bewusste Politisierung des Bauhauses mobilisierte die rechte Presse und führte letztlich dazu, dass Hannes Meyer vom Dessauer Oberbürgermeister seine Kündigung erhielt.
Für den damals bereits arrivierten Architekten Ludwig Mies van der Rohe galt es 1930 als Nachfolger Meyers, die Schule in ruhigeres Fahrwasser zu bringen. Zwar war politische Agitation von jeher nicht Mies' Sache, doch auch die Konzentration auf die handwerkliche Ausbildung der Studierenden konnte nicht verhindern, dass das Bauhaus Dessau auf Betreiben der erstarkenden Nationalsozialisten 1932 geschlossen wurde. Und auch Mies' Versuch, das Bauhaus daraufhin in Berlin zu etablieren, scheiterte.

Architektur, die den Inhalten entspricht: das Bauhausgebäude, das Walter Gropius für den neuen Standort in Dessau 1926 realisierte

Wladimir Tatlin, *Skizze zum Denkmal der Dritten Internationalen,* 1919

Der Sieg der bolschewistischen Revolution und der Glaube an den technischen Fortschritt beflügelten die Träume der russischen Avantgarde. Eine der kühnsten Konstruktionen lieferte der Konstruktivist Wladimir Tatlin. Sein Entwurf für das Büro- und Tagungsgebäude der kommunistischen Weltorganisation der Dritten Internationale arbeitete nicht nur gestalterisch mit Dynamik, sondern sogar mit realer Bewegung: In einer 300 Meter hohen Stahlspirale sollten sich drei kristalline Gebäudekörper, ein quaderförmiger Versammlungssaal, eine Verwaltungspyramide und ein zylinderförmiges Pressezentrum, drehen.

El Lissitzky, *Entwurf Wolkenbügel am Nikitskije-Tor in Moskau,* 1923–1926

Die städtebaulichen Diskussionen in der Sowjetunion der 20er-Jahre suchten Entwürfe zum Bau neuer Städte, die die im Rahmen des ersten Fünfjahresplans forcierte Industrialisierung nach sich zog. El Lissitzkys Entwurf gebliebener „horizontaler Wolkenkratzer" für Moskau, der Fortschrittsglauben und Technikfaszination gleichermaßen zum Ausdruck brachte, versuchte, seine Proun-Kompositionen in Architektur umzusetzen.

die farbigen Platten der Sitzfläche und der Rückenlehne integriert, die durch die höhenversetzte Anbringung der Kanthölzer jeweils ein deutliches Gefälle aufwiesen.

Da van Doesburgs architektonische Entwürfe aus dieser Zeit nicht verwirklicht wurden, war es erneut Rietveld vorbehalten, auch auf dem Sektor der Architektur mit dem Haus Schröder in Utrecht 1924 das erste Mal die ästhetischen Vorstellungen der De-Stijl-Bewegung zu realisieren.

Ein traditionelles Wohnhaus des 19. Jahrhunderts hatte für seine Bewohner bestimmte Vorstellungen von Monumentalität und Repräsentation zu befriedigen. Doch Rietveld interessierten bei seinem Haus Schröder ganz andere Aspekte. Wie neu und ungewohnt die Architektur des Hauses Schröder mit seinem flachen *Dach* war, das an die Stelle eines traditionellen Sattel- oder Walmdachs trat, wurde besonders im Kontrast zu der konventionellen Reihenhausbebauung deutlich, an die Rietveld seinen Bau als Endhaus anfügte.

Zu den radikalen Neuerungen beim Haus Schröder zählten neben der aufsehenerregenden Fassade mit ihrem glatten weißen Putz und den sich überschneidenden und in den Raum greifenden Wandflächen auch die großzügig verglasten Fensterfronten. Auch im Inneren des Hauses fand Rietveld revolutionäre Gestaltungslösungen. Im ersten Obergeschoss bestand die Möglichkeit, die Trennwände der einzelnen Räume zu entfernen, sodass ein völlig freier Grundriss entstand, der an die Stelle der bisher üblichen starren Raumfolge trat, die durch aufgemauerte Wände vorgegeben war.

Mit dem Haus Schröder setzte Rietveld dem konventionellen Hausbau durch die Variabilität des Grundrisses, das unspektakuläre Flachdach und die fast als industriell zu bezeichnende Nüchternheit der Fassadengestaltung völlig neue Maßstäbe entgegen, die von nun an zu den wichtigen Gestaltungsmerkmalen der modernen Architektur zählten.

KONSTRUKTIVISMUS

Revolution und Avantgarde in der Sowjetunion

Neben dem Bauhaus in Deutschland und der holländischen De-Stijl-Bewegung war es vor allem die avantgardistische Kunst der jungen Sowjetunion, die die revolutionären politischen Veränderungen nach 1917 auch in der Kunst und in der Architektur zum Ausdruck brachte.

Die russische Kunst hatte sich im 19. Jahrhundert in einem engen Abhängigkeitsverhältnis von der westeuropäischen Entwicklung befunden. Aus dieser Abhängigkeit konnte sie sich erst gegen Ende des Jahrhunderts langsam befreien, indem sie bei der Themenwahl und Gestaltung auf traditionelle russische Vorbilder des Mittelalters und auf folkloristische Tendenzen zurückgriff. Doch noch vor dem Ersten Weltkrieg hatte die Kunst in Russland nicht nur den Anschluss an die Entwicklung der westeuropäischen Avantgarde gefunden, sondern sogar eine Führungsrolle eingenommen.

Mit dem Bild *Weißes Quadrat auf weißem Grund* führte Kasimir Malewitsch 1918 die Malerei auf den Nullpunkt und schuf in dieser größtmöglichen Reduktion zugleich eine Ikone der modernen Kunst. Malewitsch trat für eine „reine Abstraktion" ein, in der die Empfindung die Oberherrschaft haben müsse. Dementsprechend bezeichnete er seine Arbeiten als Suprematismus (lat. supremus: der Oberste). In dieser Malerei, die noch stärker als der Kubismus auf geometrische Grundstrukturen reduziert wurde, gewann Malewitsch sowohl auf die Vertreter der De-Stijl-Gruppe als auch auf das Bauhaus Einfluss. In Russland war es vor allem El Lissitzky, der die Abstraktion in den Arbeiten von Malewitsch rezipierte. Zusammen mit Wladimir Tatlin wurde El Lissitzky zu dem führenden Vertreter einer Kunstströmung, die, wie De Stijl, eine Synthese von Malerei und Architektur propagierte.

Um 1920 entwickelte Lissitzky seine berühmten „Prounen" (Abk. von Pro UNOWIS: Projekt für die Gründung neuer Formen in der Kunst), abstrakte Kompositionen aus mehreren geometrischen Elementen, die sowohl zwei- als auch dreidimensional ausgeführt sein konnten und in denen sich deutlich der Einfluss von Malewitschs suprematistischer Malerei zeigte. Lissitzky verstand seine Prounen als einen Beitrag zur stetigen Suche nach neuen Formen in der Kunst. Bewusst unscharf war daher auch seine eigene Definition von Proun, um sie den sich stetig verändernden künstlerischen Produktionsbedingungen anpassen zu können. Der Prounen-Begriff war keineswegs auf zweidimensionale Gemälde beschränkt, er wurde von Lissitzky auch auf Innenraumgestaltungen und architektonische Entwürfe übertragen. Nach den – aus der Malerei hergeleiteten und zunächst auch allein in ihr ausgedrückten – Vorstellungen Lissitzkys und dessen Zeitgenossen Tatlin war es das Ziel, die Architektur auf ihre unbedingt notwendigen funktionalen Elemente zu reduzieren, damit sie nur noch durch die reine Konstruktion dominiert wird. Ähnlich dem italienischen Futurismus der Vorkriegszeit (s. S. 29) zeichnete sich diese russische Künstlerbewegung durch Fortschrittsglauben und Faszination für die Technik aus. In dieser avantgardistischen neuen Kunstauffassung brachte die junge Sowjetunion nach der kommunistischen Oktoberrevolution von 1917 auch ihr eigenes revolutionäres Selbstverständnis unmittelbar zum Ausdruck, deren Ideologie mit allem Überkommenen und Vergangenen gebrochen hatte. Dementsprechend nutzte sie den Konstruktivismus bis zur Konsolidierung von Stalins Macht einige Jahre lang für ihre propagandistischen Zwecke.

Das bedeutendste architektonische Projekt dieser Jahre, das El Lissitzky, der sich 1922 in Amsterdam der De-Stijl-Gruppe anschloss, zusammen mit dem Holländer Mart Stam entwarf, war der Wolkenbügel. Dieser nie ausgeführte Entwurf für einen riesigen Bürokomplex stellte einen lediglich von wenigen Stützen getragenen technizistisch anmutenden Baukörper dar, der nahezu schwerelos horizontal im Raum zu schweben schien.

Dass auch ein anderes berühmtes Projekt der Konstruktivisten, das Denkmal für die Dritte Internationale von Wladimir Tatlin, lediglich ein Entwurf blieb, lässt sich leicht aus der politisch noch verworrenen und vor allem wirtschaftlich stark angespannten Situation in der nachrevolutionären Sowjetunion erklären. Wie Lissitzky befasste sich Tatlin nicht nur mit der Architektur selbst, sondern zugleich mit deren plastischer Gestaltung. So stellt sich auch sein Denkmalsentwurf für Moskau als eine Synthese aus Architektur und Skulptur dar.

Das Bauwerk sah eine in einem Winkel von annähernd 45 Grad aufgestellte schräge Fachwerkkonstruktion vor. Sie sollte sich in verjüngenden Spiralen 300 Meter weit in den Himmel bohren, höher noch als der Pariser Eiffelturm, und damit erneut den alten Menschheitstraum des Turms von Babel zu verwirklichen trachten. Drei übereinandergestaffelte, transparente Raumkörper, bei denen es sich um einen Zylinder, eine Pyramide und einen kleineren Zylinder (sowie eine zusätzliche abschließende Halbkugel) handelte, sollten in das Fachwerk eingehängt werden. Diese Raumkörper waren von Tatlin für die Nutzung durch unterschiedliche staatliche Organisationen gedacht.

Die kosmische Dimension, die Tatlins Denkmal besaß, wird erst dann deutlich, wenn man sich vor Augen führt, dass die einzelnen Raumkörper in unterschiedlichen Rhythmen jeweils um ihre eigene Achse rotieren sollten: einmal im Jahr, einmal im Monat und einmal am Tag. Dadurch vereinigte das Denkmalsprojekt konstruktive und dynamische Aspekte auf eine einzigartige Weise miteinander. Durch die Arbeit von sowjetischen Institutionen in den Raumkörpern des Denkmals sowie durch dessen plastisch-transparente Gestaltung wäre das Denkmal der Dritten Internationalen nicht nur ein revolutionäres Bauwerk des Konstruktivismus geworden, es hätte vielmehr die Revolution und die mit ihr verbundene neue Ordnung der Sowjetunion selber dargestellt. Doch während Tatlins Denkmalsmodell aus alten Zigarrenkisten und Blechdosen gebastelt worden war, wäre eine Realisierung des riesigen Baukörpers, ähnlich wie von Lissitzkys Wolkenbügel-Hochhaus, schnell an die Grenzen der technischen und finanziellen Realisierbarkeit der Zeit gestoßen.

Ähnlich revolutionär wie Lissitzkys und Tatlins Arbeiten war der Entwurf der Brüder Wesnin für ein *Prawda*-Gebäude in Leningrad (St. Petersburg). Auf einer Grundfläche von gerade einmal 6 x 6 Metern sollte ein aus kubischen Grundformen zusammengesetztes Hochhaus entstehen. Teil des Entwurfs waren überdimensionale Schriftzüge, die das Signet der *Prawda* zeigten. Gläserne Aufzugschächte verliehen dem Entwurf eine zusätzliche futuristische Note.

Die utopischen und revolutionären Arbeiten des sowjetischen Konstruktivismus zeichnen sich dadurch aus, dass ihrem umfangreichen und anspruchsvollen Programm, das nicht nur unter den russischen Intellektuellen kontrovers diskutiert wurde, nur eine sehr bescheidene Anzahl tatsächlich realisierter Bauten gegenüberstand.

Zu diesen ausgeführten Bauten zählt der Rusakow Arbeiterklub in Moskau, den Konstantin Mel-

Konstantin Stepanowitsch Melnikow, *Rusakow Arbeiterklub,* Moskau, 1928

Die meisten Träume der russischen Avantgarde blieben Papier. Zu den wenigen ausgeführten Bauten zählt der Rusakow Arbeiterklub. Entsprechend seiner Bauaufgabe als kulturelles Bildungszentrum für das Proletariat gab ihm Konstantin Melnikow eine quasi industrielle Gestalt. Melnikows *Stahlbetonbau* wurde wie schon sein Sowjetischer Pavillon auf der Pariser Weltausstellung 1925 von sich durchdringenden, deformierten geometrischen Körpern und scharfen Diagonalen dominiert. In Moskau verbergen sich hinter den beiden weit aus der Fassade kragenden Kuben Zuschauerplätze für 1400 Menschen.

Giuseppe Terragni, *Casa del Fascio,* Como, 1932–1936

Da sich die Faschisten im rückständigen Italien weit mehr als in Deutschland als moderne Bewegung verstanden, wurde der Rationalismus zur staatlich verordneten Architektur. Das reinste Beispiel dafür war die Casa del fascio, heute Casa del popolo, die Giuseppe Terragni in Como errichtete. In Einklang mit der antiken *Proportionslehre* entwarf Terragni das örtliche Parteibüro der Faschisten als quadratischen Baukörper, dessen Höhe mit 16,5 Metern exakt der Hälfte seiner Seitenlängen entspricht. Das offen gezeigte Konstruktionsraster aus *Pfeilern* und Balken an der Eingangsseite interpretierte die *Fassade* des Kolosseums auf moderne Weise und gab dem gesellschaftlichen Bau eine symbolische Transparenz. Der Wechsel von blendend weißem Marmor und Hohlräumen entfaltet ein dramatisches Licht- und Schattenspiel. Die Parteizentrale belegt, dass Moderne und klassische Architektur in Italien, anders als in vielen anderen europäischen Ländern, keine Gegensätze sind.

nikow als Betonbau ausführte. Kern des Gebäudes ist eine Versammlungshalle für 1400 Personen. Zwischen den vertikalen Fensterbändern der Fassade heben sich die weit auskragenden kubischen Tribünen deutlich ab, die dem Gebäude eine ebenso dramatische wie dynamische Note verleihen.

Doch dem Konstruktivismus war wie der gesamten modernen Kunst in der Sowjetunion nur eine vergleichsweise kurze Blüte beschieden. Bereits bei dem Wettbewerb für einen „Palast des Sowjets" in Moskau 1931 wurden alle modernen Entwürfe, die u. a. auch Le Corbusier und Walter Gropius eingereicht hatten, zugunsten eines *neoklassizistischen* Entwurfs verworfen, der der von nun an gültigen, neuen, stalinistischen Staatsarchitektur entsprach.

RATIONALISMUS VERSUS NEOKLASSIZISMUS

Giuseppe Terragni und der italienische Rationalismus

Wie in vielen Staaten Europas war die politische Lage auch im Königreich Italien nach dem Ersten Weltkrieg keineswegs stabil. Die Gesellschaft polarisierte sich an den politischen Rändern. Neben einer starken kommunistischen Partei wuchs die faschistische Partei heran und gewann rasch an Einfluss. Mit Benito Mussolinis Marsch auf Rom konnte sich 1922 in Italien das erste faschistische Regime in Europa festsetzen.

Sieht man vom Futurismus der Vorkriegszeit (s. S. 29) ab, dessen Projekte jedoch im Entwurfsstadium steckengeblieben waren, hatte Italien keine nennenswerte Tradition der modernen Architektur. Während in Deutschland zwischen 1918 und 1933 das *Neue Bauen* sowohl durch einen reformerischen als auch durch einen vorwiegend sozialistischen Anspruch geprägt war, strebte die neue Architektur in Italien keineswegs die Ausgrenzung der traditionellen Architektur an. Ursache dafür mag gewesen sein, dass sich die Moderne in Italien erst im faschistischen System etablieren konnte. So ist es auch zu erklären, dass im Gegensatz zu Deutschland, wo nach der nationalsozialistischen Machtergreifung von 1933 die modernen Bauten der Weimarer Republik und ihre Architekten umgehend geächtet wurden, im faschistischen Italien die moderne Architektur Teil des Neuerungscharakters des Systems wurde und sogar eine staatstragende Funktion beigemessen bekam.

Insgesamt lassen sich zwei architektonische Strömungen im faschistischen Italien zwischen 1920 und 1940 festmachen, die im Wettstreit miteinander lagen und beide auf unterschiedliche Weise das Erbe der klassischen Antike Roms rezipierten. Beide Architekturströmungen lassen sich durch ihre wichtigsten Vertreter personifizieren: Auf der einen Seite stand der *Neoklassizist* Marcello Piacentini, auf der anderen Seite Giuseppe Terragni. Letzterer setzte sich zusammen mit den anderen Vertretern der „Gruppo 7", einem Zusammenschluss von sieben Mailänder Architekten, für eine radikal moderne Architektur ein. Dabei sah er in der Wahrung des traditionellen italienischen Bauerbes seit der Antike und in der Entwicklung einer neuen Architektur durchaus keinen Widerspruch. Allerdings forderte die Gruppe in ihrem 1926/27 veröffentlichten *Manifest des italienischen Rationalismus* eine streng nach den Gesetzen der Logik und der Ratio aufgebaute Architektur, für die sich daher der Name „Rationalismus" einbürgerte.

Beeinflusst von der Maschinenästhetik der Futuristen und den revolutionären Bauten Le Corbusiers etablierte sich der Rationalismus vor allem im Norden Italiens mit seinen blühenden Wirtschafts- und Industriezentren Mailand und Turin, dem Schwerpunkt der stetig an Bedeutung wachsenden Autoindustrie.

Am deutlichsten kommt der ästhetische und formale Anspruch des Rationalismus in dem Mietshaus Novocomum in Como von 1928 zum Ausdruck sowie in der berühmten Casa del Fascio, dem örtlichen Parteibüro der Faschisten in Como, das ebenfalls Giuseppe Terragni verwirklichte.

Dabei traten klassische Themen, die seit der Zeit des antiken Römischen Reichs die Architektur der italienischen Halbinsel beherrscht hatten, gleichberechtigt neben den ästhetischen Anspruch der Moderne. Die Gestaltung der Eingangsseite der Casa del Fascio durch ein Raster aus *Pfeilern* übertrug das antike Thema des *Portikus* in eine moderne Gestaltung. Mit der Anlage des Baus auf einem quadratischen Grundriss von 33 Metern Seitenlänge bei einer Bauhöhe, die mit 16,5 Metern genau die Hälfte betrug, setzte sich Terragni mit der schon für den einflussreichen antiken Bautheoretiker Vitruv so entscheidenden Frage der *Proportion* auseinander. Gleichzeitig wurde in der Casa del Fascio aber auch die für die Selbstdarstellung der Partei so wichtige Frage der Transparenz durch eine Offenheit symbolisierende Fassadengestaltung thematisiert.

Wenngleich der italienische Rationalismus Terragnis noch bis in die 80er-Jahre hinein tradiert wurde (s. S. 94 ff.), so verlor er doch nach 1935 zunehmend an Einfluss. Verdrängt wurde er durch den klassizistischen Monumentalismus Piacentinis. Stand in Terragnis Bauten eine ausgewogene Synthese von Moderne und Klassik im Vordergrund, die in der Filigranität und der Ästhetik seiner Bauten zum Ausdruck kam, so wurde nun der deutlich starrere Klassizismus Piacentinis als Staatsarchitektur bevorzugt.

NEUES BAUEN IN DEUTSCHLAND

Siedlungsarchitektur in Berlin und Frankfurt

Zu den drängendsten Problemen, die nach 1918 in der demokratischen Weimarer Republik in Deutschland zu bewältigen waren, gehörte die Lösung der Wohnungsfrage, die eine der wichtigsten Ursachen der sozialen Not darstellte. Bereits vor dem Weltkrieg hatte es besonders in der größten deutschen Stadt, Berlin, erste Bestrebungen zur Reformierung des Wohnungsbaus gegeben. Ihr Ziel war es, anstelle der von Spekulanten errichteten Mietskasernen mit ihren zahlreichen schlecht belichteten und feuchten Hinterhöfen besonders für die unteren gesellschaftlichen Schichten deutlich verbesserte Wohn- und Lebensbedingungen zu schaffen. Anstelle der dunklen großen Wohnungen, die von mehreren Mietparteien gleichzeitig bewohnt werden mussten und die nicht über ausreichende sanitäre Einrichtungen verfügten, sollten Einheiten mit kleineren Grundrissen sowie ausreichender Belüftung und Belichtung entstehen.

Doch erst ab 1924 konsolidierte sich die wirtschaftliche Situation in dem vom Ersten Weltkrieg schwer getroffenen Deutschland, das unter den Reparationszahlungen an die alliierten Sieger litt. Diese Konsolidierung war die Voraussetzung dafür, dass unter dem Berliner Stadtbaurat Martin Wagner ein für Europa einzigartiges *Siedlungsbauprogramm* beginnen konnte, in dessen Rahmen bis zur Weltwirtschaftskrise 1930 Zehntausende neuer Wohnungen in Berlin entstanden.

Hans Scharoun, Walter Gropius, Ludwig Mies van der Rohe und Bruno Taut gehörten zu den wichtigsten Architekten dieser Berliner Siedlungsbauten, die den sozialen Anspruch ihrer oftmals genossenschaftlich errichteten Wohnungsbauten mit einer ebenso funktionalen wie modernen Formensprache zu verbinden verstanden. Ein flaches *Dach* und die weißen oder leuchtend bunt verputzten *Fassaden* charakterisierten diese Bauten ebenso wie Zitate aus der Schiffsarchitektur, beispielsweise runde Fenster, die sich in Anlehnung an Le Corbusiers Architektur besonders bei Scharouns Bauten häufig fanden. Um kostengünstiges und zugleich wirtschaftliches Bauen zu ermöglichen, das sich auch positiv auf einen niedrigen Mietzins niederschlug, waren die Architekten aufgefordert, ihre Bauten einer möglichst starken Typisierung zu unterwerfen und möglichst preiswerte Baumaterialien zu verwenden.

Das Ergebnis dieser Siedlungsarchitektur der 20er-Jahre war jedoch nicht wie bei der Gartenstadtbewegung der Jahrhundertwende in England und Deutschland (s. S. 40/41) eine Vielzahl von Einzelhäusern, sondern es entstanden komplette kleine Stadtbereiche, die sich durch eine lockere und abwechslungsreiche Mietshausbe-

Hans Scharoun, Wohnblock ***Siedlung Siemensstadt,*** Berlin, 1931

Die revolutionären Umwälzungen nach dem Ersten Weltkrieg ließen auch in Deutschland neue Anstrengungen zur Lösung der Wohnungsfrage entstehen. Hans Scharouns Wohnbauten der Siedlung Siemensstadt, die er innerhalb des staatlichen Siedlungsbauprogramms realisierte, stehen stellvertretend für das Versprechen der Moderne, die arbeitenden Massen mit Licht und Luft verheißendem Wohnraum zu versorgen. Als einer der wenigen Architekten der Moderne wohnte Scharoun selbst in einer der hervorragend geschnittenen Wohnungen.

Margarete Schütte-Lihotzky, *Frankfurter Küche,* 1928

Margarete Schütte-Lihotzky entwarf den Prototyp, nach dem in den folgenden Jahrzehnten sämtliche Einbauküchen konstruiert wurden. Alle Teile waren entsprechend den Funktionsabläufen auf geringstmöglichem Raum untergebracht. Was der Hausfrau die Arbeit erleichtern sollte, verwandelte den familiären Lebensraum Küche zum optimierten reinen Funktionsraum; dies allerdings mit dem Ziel, der Hausfrau mehr Freizeit oder eine Berufstätigkeit außer Haus zu ermöglichen.

bauung auszeichneten. Der soziale Gedanke, der den Siedlungen beigemessen wurde, drückte sich nicht zuletzt in der Einrichtung von Gemeinschaftsräumen wie Waschküchen und Dachterrassen aus, die genauso wie die Lage der Bauten in einer durchgrünten Umgebung gesundem Leben und einem intakten Sozialgefüge unter den Bewohnern dienen sollten.

Neben Berlin wurde Frankfurt unter seinem Stadtbaurat Ernst May die zweite deutsche Metropole, in der der herrschenden Wohnungsnot durch systematischen sozialen Wohnungsbau begegnet wurde. Durch den Bau von Siedlungen mit industriell vorgefertigten Bauelementen konnten die Baukosten und damit die Mieten niedrig gehalten werden. Die Siedlungswohnungen mit ihrem vergleichsweise kleinen Grundriss erhielten zudem durch die sogenannte „Frankfurter Küche", die die Architektin Margarete Schütte-Lihotzky entwickelte, einen äußerst rationellen Funktionsbereich, der an die Stelle raumgreifender alter Küchenbuffets trat. Bei Schütte-Lihotzkys Frankfurter Küche handelte es sich um die Urform sämtlicher nachfolgender moderner Einbauküchen, die als erste serienmäßig gefertigte Küchenzeile bis 1930 über 10 000-mal in Frankfurter Siedlungsneubauten eingebaut wurde. Auf lediglich 6,5 Quadratmetern hatte Schütte-Lihotzky sämtliche für einen funktionalen Küchenbetrieb notwendigen Einrichtungen untergebracht, von der Spüle bis zum Herd.

Es ist kennzeichnend für das sozialpolitische Engagement von Architekten wie Ernst May und Margarete Schütte-Lihotzky, dass sie in der revolutionären UdSSR das gesellschaftliche Zukunftsmodell zu erkennen meinten. Nachdem der Wohnungsbau in Deutschland durch die Weltwirtschaftskrise nahezu zum Erliegen gekommen war, suchten sie daher ab 1930 vorübergehend in der UdSSR ihre architektonischen Ideen zu verwirklichen. Doch scheiterten diese Vorhaben an der dortigen völlig unzureichenden Infrastruktur, die ein Wohnungsbauprogramm wie im Deutschland der 20er-Jahre unmöglich machte.

Die Moderne als Programm: die Stuttgarter Weißenhofsiedlung

Wie unter einem Brennglas zeigte die 1927 vom *Deutschen Werkbund* veranstaltete Bauausstellung in der Stuttgarter Weißenhofsiedlung die aktuelle Entwicklung der Architektur der Zeit. Noch einmal, bevor er 1934 im nationalsozialistischen Deutschland verboten wurde, bot der Werkbund neben deutschen Architekten wie Scharoun, Gropius, Behrens und Mies van der Rohe auch ausländischen Vertretern der Moderne wie Le Corbusier und Jacobus Johannes Pieter Oud ein Forum, das *Neue Bauen* mit seinen Formen und seinem Anspruch der Öffentlichkeit programmatisch vor Augen zu führen. Flaches Dach, weiße Fassade, Glas und Metall gehörten ebenso zum Erscheinungsbild der Ausstellung wie die Funktionalität und die Staffelung der kubischen Baukörper. Noch heute kann man sich in der aufwändig rekonstruierten Stuttgarter Siedlung von der Idee einer neuen Wohnungsbauarchitektur ein Bild machen.

Doch im Gegensatz zum *Siedlungsbau* in Berlin und Frankfurt waren es hier nicht die unteren sozialen Schichten, denen mit einem neuen Bauen auch neue Lebensformen offeriert werden sollten. Vielmehr sprach die Stuttgarter Weißenhofsiedlung, bei deren Entstehung Ludwig Mies van der Rohe die Oberleitung innehatte, ein wohlsituiertes und akademisch gebildetes Publikum mit bürgerlicher Herkunft an, was bereits die Planung eines Zimmers für eine Hausangestellte in den Wohnungsgrundrissen erkennen ließ.

Das geballte Auftreten dieser zu diesem Zeitpunkt immer noch ungewohnten modernen Architektur löste beim Publikum ebenso Begeisterungsstürme aus wie heftige Ablehnung. Die weißen kubischen Baukörper der Siedlung wurden mit afrikanischen Bauten verglichen, und eine Postkarte ironisierte die Siedlung, indem sie Dromedare, Turbanträger und Palmen zwischen den Bauten zeigte. Hinter solcher Kritik verbarg sich ein keineswegs unbegründetes tiefes Misstrauen gegen allzu modische und von der regionalen Tradition gelöste Architektur. Vor allem seitens der in Deutschland stark vertretenen *Heimatschutz-Bewegung*, die durch die Stuttgarter Schule um den Architekten Paul Schmitthenner repräsentiert wurde, warf man der Siedlung vor, weder auf die landschaftlichen Gegebenheiten noch auf die traditionelle Bebauung der Umgebung Rücksicht genommen zu haben.

Erstaunlicherweise erwiesen sich die Bauten der Weißenhofsiedlung trotz der Vielzahl von teilnehmenden Architekten und der erkennbar vorhandenen stilistischen Unterschiede im Detail als eine ausgesprochen homogene Gruppe von Häusern. Obwohl ihre Architekten aus unterschiedlichen Ländern kamen und also ein sehr breitgefächertes architektonische Erbe mitbrachten und obwohl sie sehr unterschiedliche Altersgrupppen repräsentierten, waren Formen und Materialverwendung ihrer Bauten weitgehend einheitlich.

In den wenigen Jahren seit dem Ersten Weltkrieg hatte sich eine vollständig neue Architektur herausgebildet, und in der Stuttgarter Weißenhofsiedlung wurde nun für den Betrachter vielleicht erstmals spürbar, dass es sich dabei nicht nur um einen spezifischen Stil mit einer regionalen Ausprägung handelte, sondern um eine weltweite Entwicklung.

CIAM und Internationaler Stil

Angeregt durch das große Echo, das die Weißenhofsiedlung als Gesamtanlage wie auch ihre Realisierung durch eine Gruppe internationaler Architekten hervorgerufen hatte, riefen Le Corbusier und Siegfried Giedion 1928 den CIAM (Congrès Internationaux d'Architecture Moderne) ins Leben, der den Architekten der Moderne ein jährlich abgehaltenes Forum bieten sollte. Bis 1956 traf diese internationale Vereinigung von Architekten insgesamt zehnmal zusammen und widmete die Kongressarbeit jeweils unterschiedlichen gesellschaftlich und architektonisch relevanten Themen. Unter der Leitung Ernst Mays erörterte man beispielsweise das Thema „Die Wohnung für das Existenzminimum"; Gropius forcierte eine Diskussion zum Thema „rationelle Bauweise". Aber auch Themen wie „Die neue Stadt" standen zur Debatte.

Angesichts des schnellen und weltweiten Siegeszugs des Neuen Bauens, wie es in der Weißenhofsiedlung exemplarisch zum Ausdruck gekommen war, verwundert es nicht, dass der Architekturkritiker Henry-Russell Hitchcock in einer Ausstellung des Museums of Modern Art in New York 1932, in der die moderne Architektur der letzten Jahre gefeiert wurde, für diese Bauten den Namen „Internationaler Stil" einführte. Dieser Internationale Stil eroberte in den Jahren bis zum Zweiten Weltkrieg nahezu die gesamte Welt. Mit seinen die Städtebilder vereinheitlichenden Baukuben aus Beton, Stahl und Glas sollte er bis weit in die 60er-Jahre hinein fast die gesamte Architekturentwicklung beherrschen.

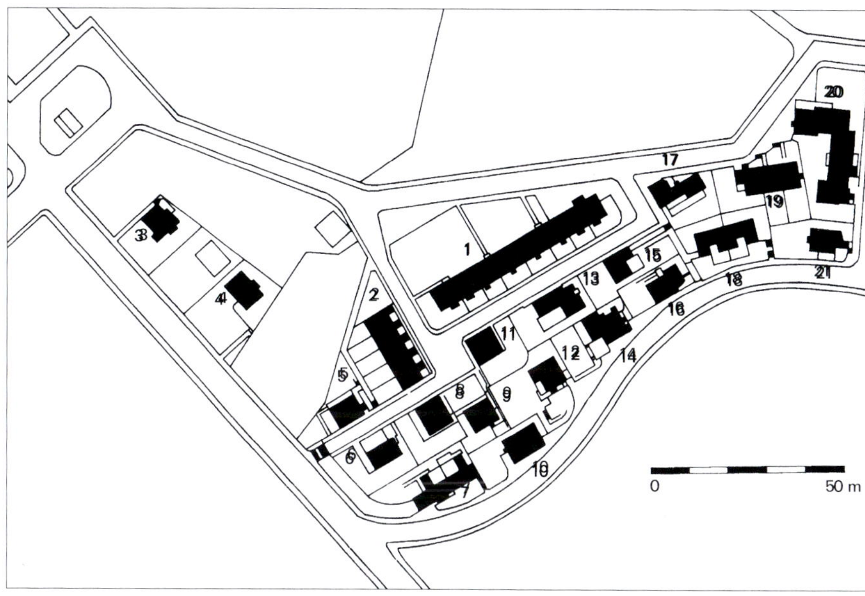

Weißenhofsiedlung: Wohngebäude von **Ludwig Mies van der Rohe**, Stuttgart, 1927, und ***Übersichtsplan***

Mies van der Rohe, der das städtebauliche Gesamtkonzept der Weißenhofsiedlung aus kubischen Einheiten konzipiert hatte, baute selbst das die Siedlung beherrschende Mietshaus. Der *Stahlskelettbau* besitzt alle Vorteile der variablen Innenaufteilung. Zur Ausstellung, die als der endgültige Durchbruch des *Neuen Bauens* in der Weimarer Republik gilt, wurden 21 unterschiedliche Musterhäuser verschiedener Architekten gezeigt.

Zuordnung der Gebäude zu den einzelnen Architekten:
1 Ludwig Mies van der Rohe, **2** Jacobus Johannes Pieter Oud, **3** Victor Bourgeois, **4/5** Adolf Gustav Schneck, **6/7** Le Corbusier, **8/9** Walter Gropius, **10** Ludwig Hilberseimer, **11** Bruno Taut, **12** Hans Poelzig, **13/14** Richard Döcker, **15/16** Max Taut, **17** Adolf Rading, **18** Josef Frank, **19** Mart Stam, **20** Peter Behrens, **21** Hans Scharoun

Revolution in großem Maßstab

STADTPLANUNG IM 20. JAHRHUNDERT

1850–1930

Was über Jahrhunderte als überschaubares, sich kaum veränderndes Gefüge so gut funktioniert hatte, dass seine Gesetze selbstverständlich geworden waren, verwandelte die Industrielle Revolution des 19. Jahrhunderts quasi über Nacht in einen Moloch. Die Landflucht ließ die Städte explodieren. Die Probleme, die daraus folgten, waren weder mit Technik noch mit Baukunst allein zu beheben. Also wurde eine neue Disziplin geboren: die Stadtplanung, die erstmals die Stadt als Ganzes betrachtete. Die Planer fanden ihre ersten Leitbilder dort, wo all die Menschen, die die Probleme der Stadt verursacht hatten, herkamen: Auf dem Land entwarfen sie die neue Stadt als Antithese der alten.

Die Krise der Stadt am Ende des 19. Jahrhunderts

Im 19. Jahrhundert war das bis dahin weitgehend stabile Gefüge zwischen Stadt und Land einem dramatischen Wandel ausgesetzt. Die Stadt wurde zum Schauplatz der Industriellen Revolution. Deren neue Wirtschaftsweisen provozierten ein enormes Bevölkerungswachstum. Das Land entvölkerte sich, die Städte explodierten. Im Vorreiterland Großbritannien lebten um 1800 weniger als neun Millionen Menschen, 80 Prozent davon auf dem Land. 110 Jahre später waren es bereits 36 Millionen, von denen sich 72 Prozent in den großen Städten ballten. In Deutschland schnellte die Einwohnerzahl im gleichen Zeitraum von 24,5 auf 65 Millionen in die Höhe. Noch zur Reichsgründung 1871 lebten zwei Drittel der Deutschen außerhalb von Ballungsräumen, kaum ein halbes Jahrhundert später nur noch 37 Prozent.
Der ungekannte Wachstumsdruck führte in den Städten, die im Wesentlichen noch mittelalterliche oder barocke Strukturen zeigten, zu unbeschreiblichen Problemen. Die Stadttechnik konnte mit den Veränderungen nicht Schritt halten, die engen Straßen bewältigten den rasant zunehmenden Verkehr nicht mehr. Neue Transportsysteme wie die Eisenbahn konnten aufgrund ihres enormen Flächenbedarfs nur vor der Stadt untergebracht werden. Die unreglementierten Kräfte provozierten ein Durcheinander von Nutzungen. Fabriken verkeilten sich in Wohngebieten. Diese verdichteten sich durch den enormen Menschenzustrom so weit, dass elementare Lebensbedürfnisse bald nicht mehr garantiert waren. In Bristol zum Beispiel verfügten 46 Prozent der Familien nur über ein einziges Zimmer. Die licht- und luftlosen Hinterhöfe machten die Menschen, die dort wohnen mussten, krank. In den Mietskasernen breiteten sich Seuchen aus. Die Kindersterblichkeit war hoch. Öffentliche Räume, Parks oder Plätze, die einen Ausgleich hätten bieten können, gab es nicht. Die Wohnungsfrage wurde zur Machtfrage. Die liberalistische Wirtschaftsordnung führte zu einer Verschärfung der sozialen Gegensätze in der Stadt, die ihr Lebensmodell und bald auch die politische Ordnung infrage stellte. Der Druck der Verhältnisse ließ um 1900 eine neue Disziplin entstehen: die Stadtplanung.

Stadtplanung

Stadtplanung ist eine junge Disziplin, die auf eine lange Tradition zurückblickt. Erstmals fanden die Begriffe „Städtebau" und „Stadtplanung" im ausgehenden 19. und frühen 20. Jahrhundert Verwendung. Doch bereits mit dem Entstehen städtischer Agglomerationen in der Antike begann das Nachdenken über die vorteilhafteste Organisation und bauliche Struktur dieser Siedlungs- und Wirtschaftszentren nach strategischen und klimatischen Gesichtspunkten. Neben zahlreichen „wild" wachsenden Städten gab es erste planmäßig angelegte Städte, die vielfach auf einem geometrischen, schachbrettartigen Grundriss entstanden (Priene, Milet). Einzelne städtische Funktionen wie z. B. der Marktplatz (gr. Agora) bekamen in der Stadt der griechischen Antike speziolle Boroiche zugewiesen. Zugleich entstanden erste standardisierte Wohnbauten, die man nach einheitlichem Grundriss errichtete.
Das Thema der auf geometrischem Grundriss errichteten Idealstadt findet sich über die Jahrhunderte immer wieder als Thema der Architekturtheorie. Es blieb vor allem dem Barock vorbehalten, die Planungen für ideale Stadtanlagen in gebaute Architektur umzusetzen (Freudenstadt 1599, Mannheim 1607) und damit das vorherrschende Gesellschaftsbild auf die Stadtform zu übertragen.

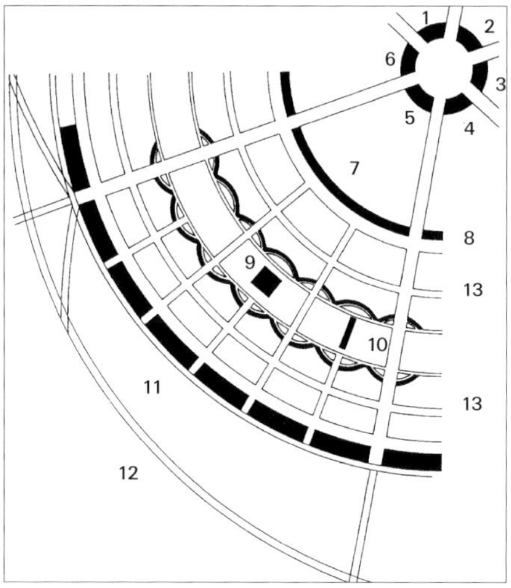

Idealplan einer englischen Gartenstadt, 1902

1 Hospital, **2** Bibliothek, **3** Theater, **4** Konzertsaal, **5** Rathaus, **6** Museum, **7** zentraler Park, **8** Kristallpalast, **9** Schule, **10** Kirche, **11** Schrebergärten, **12** große Farmen, **13** Wohnviertel

Im 19. Jahrhundert führten die Landflucht und das Bevölkerungswachstum in Europa zu immer größeren städtischen Zusammenballungen, die eine verstärkte Auseinandersetzung mit der Struktur von Stadt unter gesellschaftlichen und hygienischen Gesichtspunkten notwendig machten. Die ersten Ansätze dazu muten eher bescheiden an, indem sie versuchen, das Bestehende zu erweitern und besser zu organisieren. Der erste Vorstoß war der 1811 für New York vorgelegte „Commissioners Plan". Er erweiterte die Fläche der sich bis dahin auf der Südspitze konzentrierenden Handelsniederlassungen um das Sechsfache und legte ein regelmäßiges Raster über die gesamte Halbinsel von Manhattan. Von Ost nach West verliefen 155 schmale, jeweils rund fünf Kilometer lange Streets, von Nord nach Süd 12 breitere, je rund 20 Kilometer lange Avenues. Entsprechend des Ideals einer egalitären Gesellschaft maß jeder der 2082 Blocks 200 mal 800 Meter, war jede Parzelle 7,5 mal 30 Meter groß. Das war alles. Erst 1853 wurde mit dem Cen-

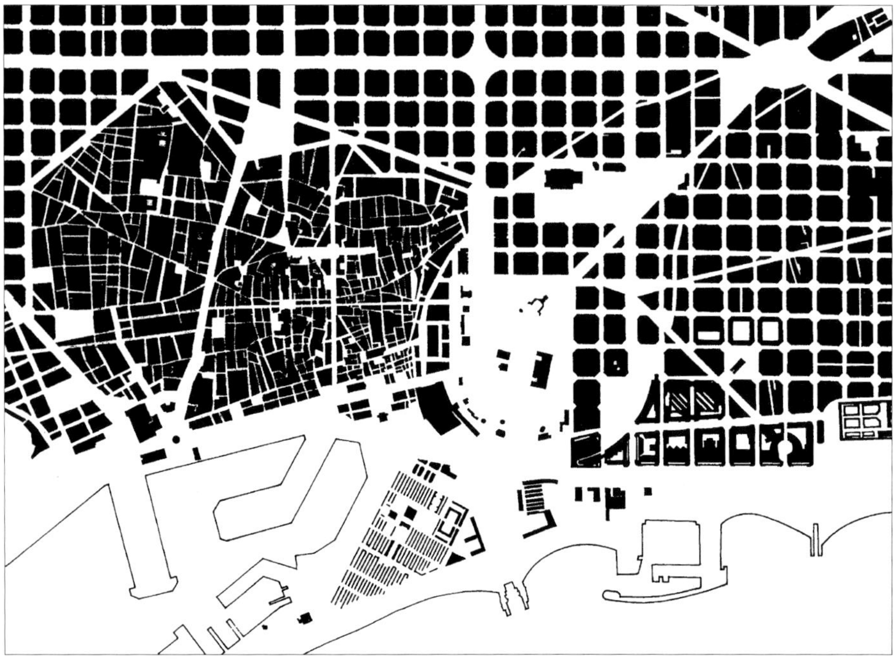

Innenstadt von Barcelona heute: unten am Bildrand das Meer, links das wirre Straßennetz der Altstadt, rechts und oben das Blockraster der Stadterweiterung von Cerdà aus dem Jahr 1859, das sich noch sehr viel weiter erstreckt

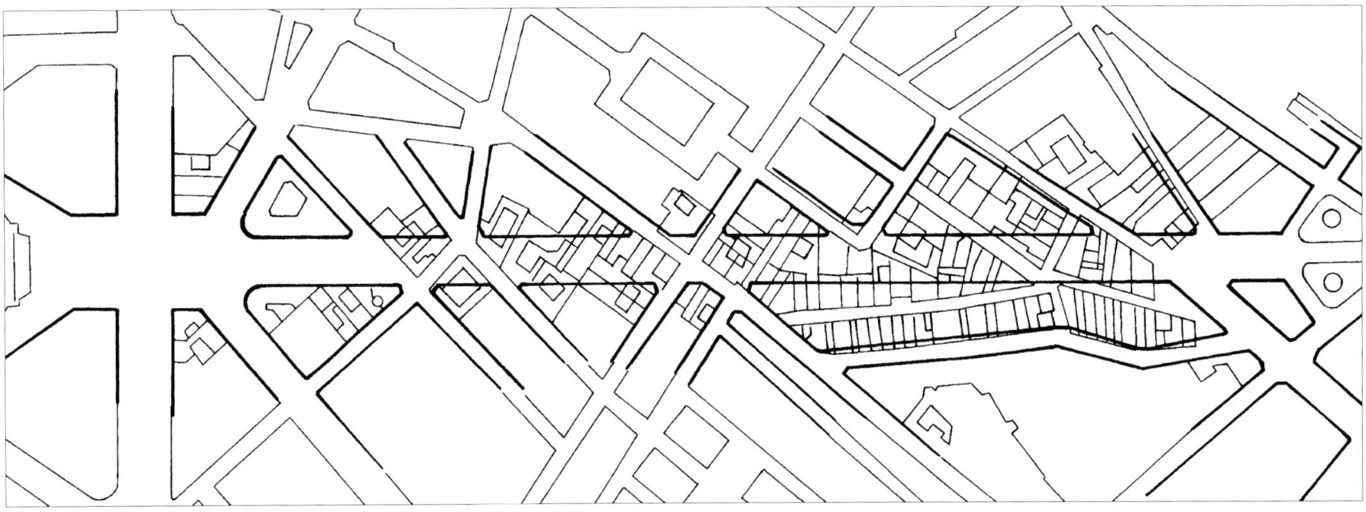

Avenue de l'Opéra in Paris, Straßendurchbruch nach Plänen des Stadtpräfekten Georges Eugène Haussmann aus dem Jahr 1862

tral Park ein öffentlicher Raum freigehalten, erst 1916 mit dem „Zoning Law" die Höhe der Gebäude begrenzt, erst 1961 wurden Nutzungen festgelegt. Ein Verkehrskonzept existiert bis heute nicht. Der „Commissioners Plan" wies ein Terrain aus, auf dem sich die Wachstumskräfte frei entfalten konnten, unternahm aber nichts, ihre Auswüchse einzudämmen.
Den ersten Versuch, auch soziale Anliegen durchzusetzen, machte 1859 Ildefonso Cerdà mit der Stadterweiterung von Barcelona. Um öffentlichen Raum zu gewinnen, sah sein Plan, neben einem Raster aus 50 Meter breiten Boulevards, vor, jedes der 133 mal 133 Meter großen Karrees an den Ecken abzuschrägen, sodass die Kreuzungen platzähnlichen Charakter bekamen. Seine Vorstellung, zugleich jedes Geviert nur an zwei Seiten zu bebauen, scheiterte jedoch mangels Durchsetzungsmechanismen. Private Eigentümer nutzten ihren Grund und Boden weiterhin so intensiv wie möglich. Statt Zeilenbauten mit durchgrünten Höfen entstanden hochverdichtete Blocks, die bis heute den Stadtgrundriss prägen.
Mit ungleich größerer Machtfülle setzte der Präfekt Georges Eugène Haussmann zwischen 1853 und 1870 die Umgestaltung von Paris ins Werk. Mit einem Netz aus neuangelegten Boulevards wollte er eine „wohlgefällige Stadtgestalt" erreichen, Verkehrsprobleme lösen, Seuchenherde in den Elendsquartieren beseitigen und die Bewegungsfreiheit für das Militär, das Unruhen im Keim ersticken sollte, vergrößern. Doch der Veränderungsdruck war stärker als die Anpassung der bestehenden Stadt- und Staatsordnung. Das Kaiserreich ging im Aufstand der Pariser Kommune 1870 unter. Die staatlich gelenkte Umgestaltung und der Abriss der vorhandenen Stadt wurden allerdings als Methoden etabliert. All diese Ansätze konnten die Probleme der Stadt nicht lösen. Radikalere Konzeptionen, die auch die Gesellschaft infrage stellten, wurden gesucht. Sozialistische Ideen veränderten auch dort, wo sie sich nicht in Revolutionen durchsetzten, das Selbstverständnis des Staates und seiner Angestellten. Der Sozialstaat entstand, der in allen Bereichen des Lebens für seine Bürger Verantwortung übernimmt. Der Städtebauer wandelte sich erst zum Stadttechniker und schließlich zum Baumeister einer neuen Gesellschaft.

Eine neue Stadt

Alle Utopien, die am Anfang des 20. Jahrhunderts entwickelt wurden, verabschiedeten sich von der alten Stadt und versuchten, den Gegensatz zwischen Stadt und Land aufzuheben. 1898 entwickelte der Brite Sir Ebenezer Howard die Idee einer Gartenstadt. Unabhängig und abseits der alten Großstadt sollten neue, moderne, in der Größe begrenzte Kleinstädte entstehen, deren Bewohner sich durch Ackerbau und Viehzucht selbst versorgten. Eine Siedlung von maximal 32 000 Menschen sollte sich kreisförmig um einen Zentralpark erstrecken. Die Hälfte der gut 400 Hektar großen Gartenstadt sollte für landwirtschaftliche Nutzung reserviert werden. 1903 entstand weit außerhalb von London nach den Entwürfen von Barry Parker und Raymond Unwin die erste Gartenstadt – Letchworth. Doch mit dem althergebrachten Ideal einer ländlichen Lebensgemeinschaft verweigerten sich die Gartenstädte dem Wirtschaftssystem der Gegenwart. Als unabhängige Stadt scheiterten sie, als exklusives Wohnmodell waren sie ein Exportschlager. In Deutschland entstanden unter diesem Namen viele noble Villensiedlungen, in England wurden die Gartenstädte zu Vorläufern der in den 1960er-Jahren gegründeten „New Towns", die allerdings reine Wohnsiedlungen waren.
Erfolgreicher waren die antiurbanen Überlegungen des Amerikaners Frank Lloyd Wright (s. S. 16). „Usonia" nannte er eine Utopie, in der der Architekt Individuum und Landschaft zu einer organischen Lebenseinheit zusammenbrachte. Am weitesten ausformuliert war sie in den Plänen zu Broadacre City (1935). Hier ersetzt der Landschaftsraum den Stadtraum. Der Grundbaustein von Broadacre City war das mit der Landschaft aufs Engste verzahnte Usonische Haus, in dem gewohnt wie gearbeitet werden sollte. Jede Familie sollte Gartenbau betreiben, entsprechend groß waren die Grundstücke. Wrights Forderung „ein halber Hektar pro Familie" war angesichts der Weite Amerikas keineswegs utopisch: Allein der Staat Texas hätte ausgereicht, um die damalige Bevölkerung der USA entsprechend unterzubringen. Frei in der Landschaft liegen auch alle übrigen Funktionen. Komplexe mit Schule, Bibliothek, Verwaltung und Versammlungsräumen bilden das soziale Zentrum einer Nachbarschaft. Industrie kommt in separaten „Industrie-Parks" unter. An Verkehrsknotenpunkten stehen Bürohochhäuser. Hier platziert Wright Marktzentren, in denen jeder Bürger die zu Hause produzierten Waren anbieten sollte.

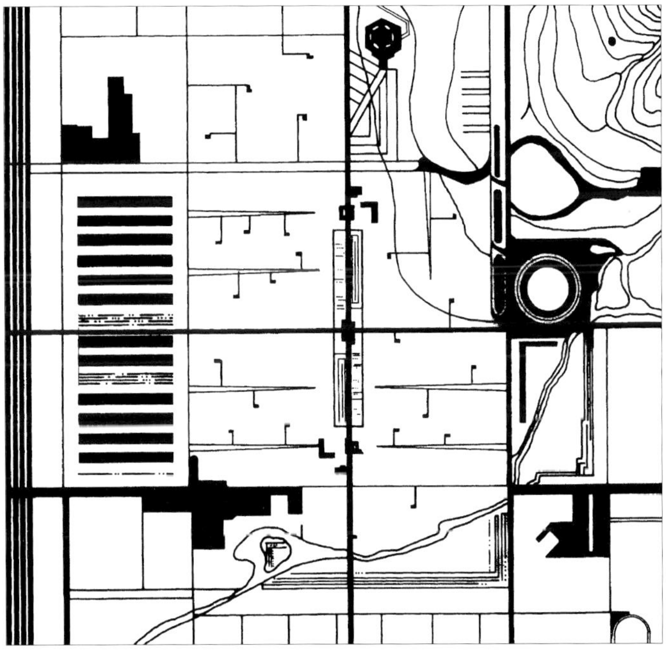

Statt überfüllter Massenquartiere freistehende Häuser für freie Individuen. Doch was als Ersatz der alten Metropolen gemeint war, entwickelte sich in Wirklichkeit nicht gegen sie, sondern mit ihnen: Die Broadacre City (hier ein Ausschnitt aus dem Projekt „Weitland") wurde zum Vorbild der „suburbs" aller Welt (Frank Lloyd Wright, 1935).

Der neue Bautyp geriet zum Vorläufer der heutigen Malls. Die getrennten Funktionsbereiche verbindet ein hierarchisches Straßensystem. Das Auto, über das möglichst jeder Bürger verfügen sollte, ist funktionale Voraussetzung der Broadacre City. Heute scheint Wrights Vision in den weltweiten „suburbs" Wirklichkeit geworden. Allein der individualistische Ansatz erwies sich in der Praxis als unvereinbar mit den zentral-planerischen Absichten (s. S. 66/67).

Der Weg in den Himmel

Amerikanische Baukunst

1920–1940

Cass Gilbert, ***Woolworth Building,*** New York, 1913

Frank Woolworth, der Begründer des Warenhauskonzerns, beauftragte Cass Gilbert damit, ein repräsentatives Symbol seiner Macht zu entwerfen. Der Architekt stand vor der Herausforderung, die traditionelle Ästhetik mit der Konstruktion eines neuen Bürohochhauses zu verschmelzen.
Für das immerhin 17 Jahre lang höchste Gebäude der Welt wählte Gilbert die Formensprache der *Gotik* mit ihren Bögen, Türmchen, Strebebögen und Wasserspeiern, die bereits die französischen Kathedralen des Mittelalters geziert hatten: Historisches Vokabular tarnt technische Innovation.

BODENSPEKULATION UND INGENIEURBAUKUNST

Die Wurzeln der amerikanischen Hochhausmanie

Bis heute geht von den Wolkenkratzern der amerikanischen Citys eine ungebrochene Faszination aus. Majestätisch beherrschen sie die Skylines der Großstädte und wurden zum Kennzeichen wirtschaftlicher Macht und gesellschaftlichen Wohlstands.
Innerhalb weniger Jahre hatte man Ende des 19. Jahrhunderts die grundlegenden Voraussetzungen für die Errichtung der oft mehrere hundert Meter hohen Wolkenkratzer geschaffen und die komplexen technischen und statischen Probleme gelöst, die die neue Bauaufgabe Hochhaus an Architekten und Ingenieure stellte. Brandschutzmaßnahmen mussten dabei ebenso berücksichtigt werden wie die Schwierigkeiten, die die Erschließung der hohen Gebäude mit sich brachte. Doch so groß die ästhetische Faszination auch war, die von den Hochhäusern als den Meisterwerken der *Ingenieurbaukunst* ausging, so war ihre Entstehung keineswegs reiner Selbstzweck. Im Gegenteil: Wirtschaftliche Ursachen hatten dazu geführt, dass die Gebäude nahezu zwangsläufig immer weiter nach oben wachsen mussten, forderte die Verteuerung der Bodenpreise in den aufstrebenden amerikanischen Wirtschaftszentren doch die konsequente Ausnutzung jedes einzelnen Quadratmeters eines Grundstücks. Nachdem man die technischen Probleme des Hochhausbaus bewältigt hatte, kam eine ökonomische Spiralbewegung in Gang: Je effektiver ein Grundstück durch die immer höheren Gebäude ausgenutzt werden konnte, desto gigantischere Summen waren auf dem Grundstücksmarkt damit zu verdienen.

Der Brand von Chicago

Neben der pulsierenden Wirtschaftsmetropole New York war es vor allem Chicago, das zum Zentrum dieser neuen Architekturbewegung heranwuchs. Die verheerende Feuersbrunst, die zwischen dem 8. und 10. Oktober 1871 dort wütete, hatte weite Teile der Stadt dem Erdboden gleichgemacht. Doch so furchtbar die Folgen des großen Feuers waren, so diente es doch zugleich als eine Art Initialzündung für den Wiederaufbau einer neuen, modernen Stadt, in der die Stockwerk um Stockwerk in die Höhe wachsenden Wolkenkratzer zum wichtigsten stadtbildprägenden Bestandteil wurden. Es entstanden so erstaunlich frühe Hochhausschöpfungen wie der im *Rundbogenstil* errichtete Chicagoer Marshall Field Wholesale Store von Henry Hobson Richardson (1885–1887) oder der erste Stahlskelettbau, das Home Insurance Building, das William Le Baron Jenney ebenfalls in Chicago verwirklichte (1883–1885). Daneben wurde Louis Sullivan zum wichtigsten Protagonisten der amerikanischen Hochhauskultur dieser Zeit und zum hervorragenden Vertreter der *School of Chicago*. Unter diesem Sammelbegriff fasste man die wichtigsten Architekten des neuen Chicago zusammen. Obwohl Sullivan seine Bauten teilweise auch durch ornamentalen Zierrat schmückte, formulierte er bereits um die Jahrhundertwende mit der strengen rasterartigen Gliederung der *Fassaden* seiner Hochhäuser ein Leitmotiv der modernen Architektur. Durch die *oblonge* Form der Fenster und gesteigert durch schmale *Lisenen*, die jede Fenster*achse* gleichsam rahmten, wirkte die Fassade des Guaranty Building in Buffalo (1894–1895) so, als strebe sie himmelwärts. Mit dem Carson, Pirie & Scott Store in Chicago (1899–1904) schuf Sullivan dagegen einen spannungsvollen Ausgleich zwischen horizontalen und vertikalen Elementen. Während die beiden an den Straßenfronten gelegenen Bauteile des Kaufhauses eher ein aus waagerechten Lagen geschichtetes Raster bildeten, betonte die abgerundete Ecklösung deutlich die Vertikalität.

Neogotische Kathedralen des Konsums

Obwohl es eine unerhörte Innovation darstellte, dass in einem einzigen Gebäude plötzlich so viele Menschen arbeiten und einkaufen konnten wie sonst in einer ganzen amerikanischen Kleinstadt, entwickelte man für den neuen Bautypus Hochhaus erstaunlicherweise zunächst keine neue eigenständige Architektursprache.
Die meisten der führenden amerikanischen Architekten kümmerten sich nicht viel um die als intellektuell abgetanen reformerischen Architekturdebatten in Europa. So verlief die Entwicklung der Architektur in Amerika zwischen 1900 und 1925 bis auf wenige Ausnahmen in ihren eigenen Bahnen. Statt sich auf die europäische Moderne zu beziehen, griff man oft tief in die architekturgeschichtliche Vorbildkiste und verkleidete die ingenieurtechnisch so innovativen Hochhäuser mit einer heute oft unzeitgemäß wirkenden *historistischen* Fassade. Obwohl Louis Sullivan in Chicago bereits den Aufbruch in die moderne Hochhausarchitektur eingeleitet hatte, vermischten zeitgleich andere amerikanische Architekten *Jugend-*

stilelemente ungeniert mit einer *klassizistischen, romanisierenden* und vor allem mit einer *gotisierenden* Formensprache. Diese Entwicklung führte letzten Endes dazu, dass sich manche amerikanischen Hochhäuser nicht viel von ihren historischen Vorläufern unterschieden, den gotischen Kathedralen Europas, die als „Hochhäuser des Mittelalters" mit ihren Maßwerkfenstern, ihren Krabben und Wimpergen über den gleichen ornamentalen Zierrat verfügten.
Ihren Höhepunkt fand diese *eklektizistische* Hochhausarchitektur lange Jahre im Woolworth Building, das Cass Gilbert 1913 für den amerikanischen Kaufhauskonzern in New York fertigstellte. Mit seinen 260 Metern sollte es 17 Jahre lang das höchste Gebäude der Welt bleiben. Der Turm des Woolworth Buildings war nicht nur eine weithin sichtbare Höhendominante der Stadt, vor allem brachte er auch den enormen Reichtum und die wirtschaftliche Macht des Unternehmens zum Ausdruck, in dessen Besitz er sich befand. In der konsumorientierten amerikanischen Gesellschaft galten Hochhäuser nicht nur als Zeichen des technischen und gesellschaftlichen Fortschritts, sie dienten in den folgenden Jahren auch als wichtige Statussymbole und als Werbeträger, ja, sie wurden wie beim Chrysler Building sogar mit Teilen der Produkte gestaltet, für die sie warben.

Der Wettbewerb für die *Chicago Tribune*

Im Jahr 1922 schrieb die Zeitung *Chicago Tribune* einen Wettbewerb für ein neues Verlagsgebäude in der nordamerikanischen Metropole aus. Der Anspruch an den Neubau war nicht gerade bescheiden. Gemäß den Ausschreibungsbedingungen sollte er zum schönsten Gebäude der Welt werden – und natürlich sollte wiederum ein Wolkenkratzer entstehen.
Der Wettbewerb fand erstaunlicherweise unter Beteiligung europäischer Architekten statt. Denn auch in Europa, dessen alte, oftmals noch aus dem Mittelalter stammenden, gewachsenen Stadtstrukturen die Errichtung von Hochhäusern zunächst verhindert hatten, war nach dem Ersten Weltkrieg die Sehnsucht nach dem Bau eines „Turmhauses" erwacht. Zahlreiche Vertreter des *Neuen Bauens* sahen in dem amerikanischen Wettbewerb eine Gelegenheit, nun die Formensprache der europäischen Moderne für einen Hochhausbau nutzbar zu machen. Der Finne Eliel Saarinen, die Architektengemeinschaft Walter Gropius und Adolf Meyer, Adolf Loos, Bruno und Max Taut sowie Hugo Häring gehörten zu

Eliel Saarinen, *Chicago Tribune Wettbewerb*, Entwurfszeichnung 1922

Der auf den zweiten Platz des Wettbewerbs für das Verlagsgebäude der Chicago Tribune verwiesene Beitrag von Saarinen wurde sogar vom Gewinner Raymond Hood selbst mehr geschätzt als sein eigener Entwurf. Saarinens vertikal aufstrebender Entwurf von monumentaler Bewegtheit übte später auf die Entwicklung des Hochhausbaus einen starken Einfluss aus.

Raymond Hood, *McGraw Hill Building*, New York, 1928–1929

Hood setzte in diesem Wolkenkratzer ganz auf horizontale Fensterbänder und glasierte Fensterbrüstungen, was sofort als Auseinandersetzung mit der europäischen Moderne verstanden wurde. Symmetrie und zikkuratartiger Aufbau stehen aber ganz in der Tradition amerikanischer Skyscrapers.

den bekanntesten europäischen Architekten, die einen Entwurf für das Verlagsgebäude einreichten. Doch so epochemachend ihre Beiträge auch waren – sie wurden in der Nachfolge vielfach in Architekturpublikationen besprochen und dienten manchem anderen Architekten als Vorlage für eigene Bauten –, die Amerikaner entschieden sich für einen völlig konservativen Entwurf: Raymond Hood und John Mead Howells verwirklichten 1925 einen *gotisierenden* Wolkenkratzer, dessen in die Höhe strebende Maßwerkverzierung der Entwicklung der europäischen Architektur Hohn zu sprechen schien.

Doch immerhin erhielt mit Eliel Saarinen ein Vertreter der europäischen Architektur einen zweiten Preis für seinen Entwurf zuerkannt. Der auf Detailverzierungen und Schnörkel verzichtende Entwurf zeichnete sich durch seine Vertikalausrichtung aus, die durch zwei Maßnahmen erzielt wurde: Zum einen gliederte Saarinen die an den Ecken betonte Fassade durch *Lisenen*, ähnlich wie früher bereits Sullivan. Zusätzlich unterstützte Saarinen diesen Effekt der Vertikalausrichtung durch die geschickte Staffelung der Baumassen des Hochhauses. Durch das Einfügen einiger weniger Stufen in größeren Abständen verjüngte sich der Baukörper pyramidenartig nach oben, sodass sich als oberer Abschluss ein bekrönender zentraler Turmbau herausschälte, der den gesamten Komplex beherrschte.

Von der Gotik zur Moderne: die Hochhäuser von Raymond Hood

Raymond Hood schickte sich in den folgenden Jahren an, der ungekrönte König des amerikanischen Wolkenkratzers zu werden. In dem 21-stöckigen, ausdrucksstarken schwarz-goldenen Radiator Building (1924) ließ er nochmals seinen gotischen Fantasien freien Lauf. Doch die gotisierende Formensprache des malerischen, emporstrebenden Baukörpers, der wiederum von einem turmartigen Aufbau bekrönt wurde, war nun bereits deutlich abstrakter geworden als noch bei der Chicago Tribune.

Wie wandlungsfähig Hoods Architektursprache war, bewies er mit dem Stahlskelettbau des Mc Graw Hill Buildings (1928–1929). Plötzlich waren alle Gotizismen aus seinem Werk verschwunden und Hood bediente sich stattdessen frei aus dem Vorbildschatz der zeitgenössichen europäischen Architektur. Der Verzicht auf eine reiche Ornamentierung der Fassade, die Beruhigung der Formensprache und die Staffelung des kubischen Baukörpers entsprachen ebenso den Vorstellungen der modernen Architekten wie die Verwendung horizontaler Fensterbänder, die zum Markenzeichen der großstädtischen Avantgarde-Architektur in den 20er-Jahren geworden waren.

Dies alles mag für Henry-Russell Hitchcock und Philip Johnson ausschlaggebend gewesen sein, dass sie Hoods McGraw Hill Building als einzigen amerikanischen Hochhausbau 1932 dadurch auszeichneten, dass sie ihn in ihre Ausstellung „International Style" aufnahmen.

Eingebunden in ein klares Rastersystem schichteten sich die Stockwerke des grünlichen McGraw Hill Buildings horizontal aufeinander. Lediglich die monumentalisierende Turmbekrönung des Hauses erinnerte noch entfernt an Hoods frühere Leidenschaft für detailreiche Dekorationen.

Im nur wenig später entstandenen Daily News Building in New York (1930) kehrte Hood sein Gestaltungsprinzip erneut um. Anstelle der horizontalen Schichtung des McGraw Hill Buildings betont er nun streng die Vertikalausrichtung des Gebäudes. Allein durch die Staffelung der Baumassen, wie sie schon Saarinen in seinem Entwurf für das Hochhaus der Chicago Tribune vorschlug, belebte Hood die helle Fassade des Wolkenkratzers.

EUROPE MEETS USA

Wohnbauten von Schindler und Neutra

Erst gegen Ende der 20er-Jahre hatte Hood in seinen Bauten auf die moderne europäische Architekturentwicklung reagiert und sich von seiner neogotischen Formensprache verabschiedet. Zu dieser Zeit hatten zwei junge österreichische Emigranten, Rudolph Schindler und Richard Neutra, bereits dafür gesorgt, dass die Moderne langsam in Amerika Fuß fassen konnte. Von den Landhausbauten Frank Lloyd Wrights beeinflusst, in dessen Atelier Schindler zeitweise gearbeitet hatte, brachen sie interessanterweise gerade nicht in die amerikanische Domäne des Hochhauses ein, sondern entwickelten an Privathausbauten ihre neuen Architekturkonzepte, die sogar in mancher Hinsicht über die zeitgleichen Bauten Le Corbusiers oder Mies van der Rohes hinausgingen.

Rudolph Schindler war stark von der *kubisch*-abstrakten Formensprache seines Lehrers Otto Wagner und den Bauten der Wiener *Sezession* beeinflusst worden. 1921 verwirklichte er sein eigenes Wohnhaus in Kalifornien, das zudem Platz für ein befreundetes Ehepaar bot. Als ein Experiment gemeinsamen Wohnens schuf Schindler in dem Haus für die beiden Paare sowohl private als auch gemeinsame Bereiche. Wie Rietveld im Haus

Schröder in Utrecht (s. S. 32) trennte sich Schindler dabei völlig von dem überkommenen repräsentativen Raumprogramm des 19. Jahrhunderts. Stattdessen strebte er eine Durchdringung von Innen und Außen an. Großflächige Schiebetüren öffneten sich zum Garten und ließen so die Studios eines jeden Bewohners mit der umgebenden Natur in Beziehung treten. Ein Innenhof mit einem Außenkamin übernahm die Funktion des traditionellen Wohnzimmers. Auch in der Frage der Materialverwendung erwies sich der bungalowartige Bau als ungewöhnlich. Die Wände wurden aus vorgefertigten Betonplatten zusammengefügt, Decken und Fensterrahmen bestanden aus dunklem Holz, die dem Gebäude zusammen mit der von Schindler selbst entworfenen kubischen Einrichtung einen erdverbundenen natürlichen Charakter verliehen. In seiner kargen Nüchternheit und seinem spröden Charme verrät das Haus Schindler mit seinen Schiebetüren, den quergelagerten Fenstersprossen und dem Miteinander von Innen und Außen den Einfluss der traditionellen japanischen Wohnkultur.

Schindler experimentierte bei seinen Bauten immer wieder mit neuen Materialien und Formen. So auch bei dem berühmten Lovell Beach House, das er für seinen Auftraggeber, den Mediziner Phillip Lovell, als dessen kalifornisches Ferienhaus am Ozean verwirklichte.

Das ungewöhnliche, fast an die Formensprache technischer Bauten erinnernde Erscheinungsbild des Gebäudes ist nichts weniger als eine Spielerei des Architekten. Schindler errichtete das moderne Ferienhaus auf fünf Betonträgern, die in Form einer 8 gegossen wurden und in mehrfacher Hinsicht nützlich waren: So hatte man von dem fast vollständig verglasten Obergeschoss einen freien Blick über die benachbarte Bebauung hinweg auf das Meer; da das Obergeschoss zudem das Sockelgeschoss überkragte, entstand ein geschützter überdachter Bereich vor dem Haus, der von den Kindern zum Spielen genutzt werden konnte. Der entscheidende Vorteil der Konstruktion des kostenintensiven Baus lag aber vor allem in seiner Erdbebensicherheit: Kalifornien gehört zu den am stärksten von Erdbeben gefährdeten Regionen der Welt, und tatsächlich hielt Schindlers Trägerkonstruktion für das Lovell Beach House nur wenige Jahre nach seiner Erbauung bereits einer solchen Erderschütterung stand, während benachbarte Bauwerke zerstört wurden.

Für den gleichen Bauherren errichtete Richard Neutra, der zeitweilig in Schindlers Büro gearbeitet hatte, das Lovell Health House. An einem Hang bei Beverly Hills gelegen, erfolgt der Zugang im oberen Stockwerk. Der reich verglaste Wohnbereich wirkt wie ein umgrenzter Raum, der in das Gerüst aus den horizontalen, schneeweiß gestrichenen Betonbändern und der vertikalen Stahlskelettkonstruktion eingestellt wurde. Das tragende Stahlskelett des Baus war in nur 40 Stunden errichtet worden. Die enge Beziehung des Hauses zur umgebenden Natur, die sich als überwältigendes Panorama vor dem Bau auffächert, spiegelt sich auch in dem Ausgreifen der Betonmauern wider, die mal als Fensterbrüstungen dienen und mal als Terrassenüberdachung, mal aber auch nur als eine abstrakte Raumbegrenzung, die in der Baufluchtlinie fortgesetzt wurde.

Wie bei Schindlers Bauten kommt so der Fassadengestaltung Neutras die Qualität einer abstrakten, mehrdimensionalen Skulptur zu, eine Gestaltung, die sich auch im Inneren durch das Ineinanderschieben einzelner Wohnebenen fortsetzt.

Rudolph Schindler, *Lovell Beach House,* Newport Beach, Kalifornien, 1926 (ganz oben)

Richard Neutra, *Lovell Health House,* Beverly Hills, Los Angeles, 1929 (oben)

Zimmer und Landschaft fließen ineinander: An Vorgaben ihres Lehrers Frank Lloyd Wright anknüpfend, verwirklichten Rudolph Schindler und Richard Neutra diesen Traum. Statt konventionellen Mauerwerks bedienten sie sich moderner Konstruktionen.
Im Fall des Wohnhauses für den Mediziner Phillip Lovell tragen fünf 8-förmige Betonträger ein fast vollständig verglastes Obergeschoss. Von jedem Punkt des offenen, ineinanderfließenden Raumes bietet sich ein traumhafter Blick über den Pazifischen Ozean.
Mit einer vollständig anderen Konstruktion erzielte Richard Neutra in den Hügeln von Los Angeles denselben Effekt. Beim Lovell Health House sind die Geschossebenen mit Stahlseilen an ein leichtes Stahlskelett gehängt.

Mit ihren Wohnhausbauten rezipierten die beiden Österreicher nicht nur das Werk ihres Lehrers Frank Lloyd Wright, sondern sie entwickelten es in ihrer individuellen Architektursprache weiter und öffneten die amerikanische Baukunst zugleich für die zeitgenössischen europäischen Entwicklungen.

ART DECO

Ein neuer Geschmack hält Einzug

1925 fand in Paris die „Exposition internationale des arts décoratifs et industriels modernes" statt. Dabei handelte es sich um eine internationale Leistungsschau, die die unterschiedlichen zeitgenössischen Entwicklungen auf den Gebieten des Kunsthandwerks, des Designs und der Architektur versammelte. Diese geballte Präsentation neuer Kunstströmungen zog eine Veränderung der Kunstlandschaft nach sich. Welch großen Einfluss die Pariser Ausstellung der „arts décoratifs" auf die Kunst der 20er- und frühen 30er-Jahre ausübte, zeigt die Tatsache, dass sie einer neuen Stilrichtung den Namen gab: dem Art déco.

Von Essbesteck und Kleidung über Schmuck und Automobil bis hin zu Architektur und Malerei fanden nun die kubischen Formen des Art déco mit ihren abgerundeten Ecken und Bogensegmenten Verwendung. Ein Hauch *Kubismus*, eine Prise *Expressionismus*, ein bisschen Sachlichkeit des *Neuen Bauens* und etwas technizistische Maschinenästhetik – aus dieser Mixtur setzte sich das Erfolgsrezept des Art déco zusammen, das den Zeitgeist einfing. Häufig eignete den massiven Formen des Art déco allerdings nicht nur Eleganz, sondern auch eine gewisse Klobigkeit, die sich unter anderem aus der Bevorzugung schwerer Materialien wie Edelstahl, Silber und vor allem Messing erklären lässt.

Nicht nur in Europa, sondern auch in Amerika wurden die Kunstwerke des Art déco schnell zum Sinnbild der „roaring twenties", ihrer reizvollen Eleganz ebenso wie ihrer Dekadenz. Und auch in der Werbung, die den wirtschaftlichen Aufbruch im Amerika der 20er-Jahre begleitete, hielt die stromlinienförmige, chromglitzernde Welt des Art déco Einzug. Die Werbung weckte bei den wohlhabenderen Schichten besonders der städtischen Bevölkerung die Sehnsucht nach immer neuen Produkten. Eine Sehnsucht, die die Nachfrage ankurbelte und Produktion und Warenabsatz steigen ließ.

Doch neben dieser glitzernden Welt gab es auch das von Armut gekennzeichnete Amerika. Diese Armut trat besonders in den Slums zutage, die als Randerscheinung der immer noch rasant anwachsenden Großstädte entstanden waren und in denen vor allem Hunderttausende von Einwanderern und farbigen Amerikanern allzuoft vergeblich auf eine bessere Zukunft hofften.

In Amerika war es die Zeit der Prohibition, des Alkoholverbots, der Mafia um den legendären Al Capone und des kontinuierlichen Aufstiegs der Filmindustrie von Hollywood, die dem europäischen Film Konkurrenz machte und langsam begann, anstelle des Stummfilms auf die neuen Stars des Tonfilms zu setzen. Zu dieser Zeit begeisterte Harold Lloyd in seinen Filmen, in denen er als Held komisch und tragisch zugleich, angstvoll und witzig in schwindelnder Höhe an der Fassade von Wolkenkratzern hing, unter sich nichts als das schmale Band der Straße mit ihren spielzeugkleinen Autos, die achtlos vorbeibrausten.

Der Boom, den die riesige Nachfrage nach Autos auslöste und für dessen Beginn der Name Henry Ford (in dessen Auftrag der Architekt Albert Kahn baute) steht, setzte sich auch in dem Automobilkonzern von Walter P. Chrysler fort. Sichtbarer Ausdruck der scheinbar unbegrenzten Macht des Automagnaten sollte das Chrysler Building werden. Ursprünglich für einen anderen Auftraggeber entworfen, schuf William van Alen mit dem 77 stöckigen Wolkenkratzer, der sich 319 Meter hoch in den Himmel über New York City bohrte, nicht nur für eine kurze Zeit das höchste Haus der Welt, sondern vor allem eine inzwischen tausendfach reproduzierte Ikone des Art déco.

Zu welchen irrationalen und dabei technisch äußerst komplizierten Maßnahmen der euphorische Wettlauf um das höchste Haus der Welt Ende der 20er-Jahre in New York führte, zeigt die Geschichte des Turmaufsatzes für das Chrysler Building. Damit nicht seine Konkurrenten den begehrten Titel „höchstes Gebäude der Welt" für sich einheimsen konnten, ließ van Alen die abschließende siebenstöckige Turmhaube des Gebäudes heimlich im Inneren anfertigen. Als Überraschungs-Coup, mit dem er die Konkurrenz übertrumpfte, verankerte er sie dann – bereits vollständig zusammengesetzt – innerhalb weniger Stunden auf der Spitze des Wolkenkratzers.

Tatsächlich bildete die Turmhaube des Chrysler Buildings den wohlinszenierten Höhepunkt des Baus. Mit ihren halbkreisförmigen Segmenten, die sich teleskopartig verjüngend übereinander staffeln, um in einer in den Himmel stechenden Nadelspitze auszulaufen, scheint sie sich auch heute noch immer höher in die Wolken schieben zu wollen. Die dreieckigen Fensteröffnungen in den einzelnen Bogensegmenten verleihen dem expressiven Bauwerk eine zusätzliche dynamische, wahrhaft zackige Wirkung, die fast schon den Charakter einer inszenierten Filmarchitektur vermittelt, wie sie Fritz Lang in seinem visionären Filmklassiker *Metropolis* vorgeführt hatte. Hinzu kommt die delikate Farbigkeit des Turmabschlusses, der vollständig mit spiegelndem und glitzerndem Edelstahl verkleidet ist und mit der nächtlichen Illumination dem Betrachter ein besonderes Schauspiel bietet.

Doch das Chrysler Building war nicht nur das höchstes Bauwerk der Welt. Zugleich fungierte es auch als riesiger Werbeträger für den Automobilkonzern. So wurden an der Fassade originale Radkappen von Chrysler Automobilen verwendet und Kühlerfiguren dienten in Anlehnung an *gotische* Vorbilder als überdimensionierte Wasserspeier an den Gebäudeecken. Es sind wohl seine Eleganz, die der Bau jenseits aller modischen Veränderungen ausstrahlt, und ein Hauch von Dekadenz, die den besonderen Charme des Chrysler Buildings ausmachen. Dieser Charme sichert ihm bis heute eine führende Rolle unter den zahlreichen Wolkenkratzern New Yorks, wenngleich der Bau nur wenige Jahre nach seiner Fertigstellung vom Empire State Building als dem höchsten Gebäude der Welt abgelöst wurde.

Obwohl das Empire State Building, das lange Zeit einsam die betörende New Yorker Skyline beherrschte, heute längst die Rolle des höchsten Hauses an die Wolkenkratzer Südostasiens verloren hat, bleibt es noch immer ein Mythos, ein Glanzpunkt für jeden New York Touristen. Dieser Mythos wurde nicht zuletzt von der Filmindustrie Hollywoods gepflegt und propagiert. Was wäre King Kong ohne seine Posen auf der Spitze des (damals) höchsten Gebäudes der Welt? Und noch immer spielt das Gebäude in zahlreichen Filmen zumindest eine heimliche Hauptrolle, wenn entscheidende Begegnungen auf seiner Aussichtsplattform stattfinden, während den Darstellern New York zu Füßen liegt.

Mit seiner eher kühlen Wirkung und der noblen Materialverwendung bildete das Empire State Building den furiosen Endpunkt der amerikanischen Spielart des Art déco. Es war durchaus gewagt, angesichts der zunehmenden wirtschaftlichen Schwierigkeiten in Amerika Ende der 20er-Jahre noch ein solch großspurig daherkommendes Bauwerk zu errichten. Lange Zeit konnten daher auch keine Mieter für die Büros gefunden werden und im spöttischen Volksmund wurde das Empire State Building schnell zum „Empty State Building".

Waren Chrysler Building und Empire State Building vor allem steingewordene Visionen des „American Dream" des 20. Jahrhunderts, so hatte sich Raymond Hood stilistisch mit seinem Mc Graw Hill Building und dem Daily News Building dem Einfluss der Formensprache der europäischen Avantgarde geöffnet. Mit dem Wolkenkratzer der Philadelphia Savings Fund Society (PSFS) in New York versuchten George Howe und William Lescaze 1926 bis 1931 nun eine Synthese zwischen den Anforderungen der europäischen Moderne und dem traditionellen amerikanischen „Skyscraper". Die umlaufenden horizontalen Fensterbänder des Baus wurden durch die vertikalen

William van Alen, *Chrysler Building,*
New York, 1930

Eine gleißende Nadel sticht in den New Yorker Himmel. Mit seiner edelstahlverkleideten, sich teleskopartig verjüngenden Spitze scheint das Chrysler Building über sich hinaus zu wachsen. Das bei seiner Fertigstellung höchste Hochhaus der Welt ist bis heute das zeichenhafteste: Eine Werbung für den Bautyp Wolkenkratzer wie für den Bauherrn. Die Art-déco-Fassade des 319 Meter hohen Chrysler Buildings zieren Radkappen und Kühlerfiguren des Automobil-Giganten.

Shreve, Lamb & Harmon, *Empire State Building,* New York, 1931

Das Empire State Building brach alle erdenklichen Rekorde und seine Höhe war nur einer davon: Mit 381 Metern sollte es mehr als vier Jahrzehnte lang das höchste Gebäude der Welt bleiben. Unmittelbar nach seiner Fertigstellung beendete die Weltwirtschaftskrise zunächst den Wettstreit um Höhenrekorde. Bauherren schreckten vor Bauten zurück, die weit mehr symbolischen als praktischen Nutzen boten. Dass sich das architektonisch beileibe nicht atemberaubende Empire State Building geradezu als Synonym für den Wolkenkratzer einprägte, verdankt es sicher auch seiner Medienpräsenz: Millionen Kinogänger sahen King Kong von seinem Dach in den Tod stürzen – symbolisches Scheitern der Größe.

Streben der Konstruktion rhythmisiert und brachten den Bau dadurch in ein spannungsvolles Gleichgewicht. Bei dem PSFS Building sollte die angestrebte Funktionalität bereits durch die Fassadenstruktur optisch ablesbar werden. Verwendeten Howe und Lescaze ansonsten edle Materialien für die Fassadenverkleidung, so hob sich davon das Geschoss mit den technischen Einrichtungen deutlich als Einschnitt ab.

Tanz auf dem Vulkan

Wie zerbrechlich der nach dem Ersten Weltkrieg mühsam erworbene Wohlstand der 20er-Jahre – nicht nur in Amerika – war, zeigte die Weltwirtschaftskrise auf eine erschreckende Weise. Die 20er-Jahre waren weltweit ein ökonomischer und sozialer „Tanz auf dem Vulkan", ein Balancieren am Abgrund, ohne Halteseile und doppelten Boden.

Diese Situation der Gefährdung ist es, die auch Lewis W. Hine in seinen Fotos so eindruckvoll eingefangen hat: Umgeben von Stahlträgern und Kabeln, von Eisen und Kränen scheinen die Bauarbeiter auf seinen Fotos, die die Konstruktion des Empire State Buildings dokumentieren, fast über der Stadt zu schweben, die sich Hunderte von Metern unter ihnen langzieht. Mensch und Technik gehen eine gewagte Beziehung ein, eine falsche Bewegung nur, ein falscher Schritt, und die Harmonie des Augenblicks würde sich auflösen, sie würden in den Abgrund stürzen, ganz so wie die Börsenkurse, die am 24. Oktober 1929 an der Wallstreet, dem bedeutenden New Yorker Finanzzentrum, in den Keller rutschten und innerhalb weniger Stunden Millionäre zu Bettlern machten.

Die Auswirkungen des Börsenkrachs waren weltweit zu spüren und in der Konsequenz der Weltwirtschaftskrise stiegen die mühsam bekämpfte Arbeitslosigkeit und die Inflation wieder an. Vor allem die bürgerlichen Gesellschaftsschichten und die Arbeiter wurden in ihrer ökonomischen Existenz bedroht, was zu einer zusätzlichen politischen Radikalisierung führte, gegen die in vielen Ländern keine geeigneten Maßnahmen zur Gegensteuerung gefunden wurden. Der kurze Aufschwung der Nachkriegszeit wich einer tiefen Depression, der „Tanz auf dem Vulkan" endete mit dem Absturz.

Dass so umfangreiche Bauprojekte wie das Empire State Building und besonders das Rockefeller Center in dieser wirtschaftlich und politisch so angespannten Situation dennoch abgeschlossen werden konnten, lag nicht zuletzt daran, dass man mit ihrer Planung und Ausführung bereits vor dem „Schwarzen Freitag", dem Tag, an dem sich das Ausmaß des Börsen-Crashs an der Wallstreet abzeichnete, begonnen hatte und für die Realisierung grundlegende konzeptionelle Änderungen in Kauf nahm.

Hinzu kam, dass man im Fall des Rockefeller Centers trotz aller ökonomischen Schwierigkeiten in John D. Rockefeller einen kapitalstarken Financier im Hintergrund wusste.

Bereits Ende der 20er-Jahre waren die Planungen für das Rockefeller Center angelaufen. Zahlreiche Architekten waren ursprünglich an dem Projekt beteiligt, unter ihnen einmal mehr der so erfolgreiche Raymond Hood. Hood ist es auch, auf den das eigentliche Zentrum der riesigen Anlage zurückzuführen ist, die schmale Scheibe des 70-geschossigen RCA Buildings. An den Seiten abgetreppt, wuchs der Bau elegant empor, umgeben von zahlreichen zugehörigen niedrigeren Baukörpern, die unterschiedliche Funktionen innehatten. So entstand mit dem Rockefeller Center ein Vorläufer moderner Medienzentren, eine Stadt-in-der-Stadt, zu der auch die Radio City Music Hall für 6200 Besucher zählt sowie der Kinopalast für 3500 Gäste.

Doch schon die lange Bauzeit des Rockefeller Centers bis zu seiner Fertigstellung 1940 kann verdeutlichen, vor welch gravierenden Problemen ein solch ambitioniertes Projekt in den wirtschaftlich schwierigen Zeiten stand.

Reinhard und Hofmeister; Corbett, Harrison und MacMurray; Hood und Fouilhoux; *Rockefeller Center*, New York, 1931–1940

Der amerikanische Milliardär John D. Rockefeller wagte zu Zeiten der Weltwirtschaftskrise als Einziger, ein gigantisches Projekt wie diesen bis 1940 fünfzehn Gebäude umfassenden Hochhauskomplex (bis 1973 kamen sieben weitere dazu) in Auftrag zu geben. Die in erster Linie als Firmenkomplex gebaute Stadt-in-der-Stadt bietet ein vielfältiges Kunst- und Dienstleistungsangebot für das Publikum. Die einheitlich mit Kalkstein verkleideten Fassaden weisen auf Raymond Hoods Konzept, einen zusammenhängenden Hochhausverbund zu realisieren, der in seiner Autarkie gegenüber der übrigen Stadt zudem das Verkehrschaos in New York verringern und die Lebensqualität verbessern würde.

New Deal

Unter ihrem Präsidenten Franklin D. Roosevelt versuchten die Vereinigten Staaten seit 1933, der wirtschaftlichen Krise, die durch den Börsenkrach ausgelöst worden war, mit einem umfangreichen staatlichen Maßnahmenkatalog Herr zu werden. Dieser Katalog zog einschneidende wirtschaftliche, gesellschaftliche und soziale Konsequenzen nach sich. Die USA brachen unter Roosevelt auf in den New Deal (engl.: neue Austeilung der Karten). Das Kernstück dieses Wirtschaftsprogramms bestand in Notstandsmaßnahmen, die sowohl im industriellen als auch im Agrarbereich die Arbeitslosigkeit bekämpfen sollten. Zugleich wurde der Kampf gegen die Wohnungsnot und die Slums der Großstädte gefördert.

Ein gigantisches Arbeitsbeschaffungsprogramm sorgte für die Errichtung von Kanalsystemen, Straßen, Theatern, Gärten und Parkanlagen, Schulbauten, Gerichtsgebäuden, Rathäusern und Krankenhäusern. Da Arbeitskräfte und Material sowie Fördergelder in ausreichendem Maße vorhanden waren und keine Zeitvorgaben bestanden, wurden einfachste Technologien und Handwerksmethoden zur Realisierung eingesetzt.

Ehrgeizige technische Projekte wie die Errichtung von insgesamt 32 Staudämmen durch die Architekten und Ingenieure der Tennessee Valley Authority dienten nicht nur zur Arbeitsbeschaffung, sondern sie wurden darüber hinaus in einer wegweisenden und anspruchsvollen technischen Formensprache verwirklicht, die die Dynamik der wieder in Gang kommenden amerikanischen Wirtschaft veranschaulichten und das nach dem Schock der Weltwirtschaftskrise langsam wieder zurückkehrende nationale Selbstverständis demonstrierten.

Für repräsentative Gebäude dagegen wurden traditionelle Formen des *Klassizismus* gewählt, die den unsicheren Zeiten ein vertrautes Erscheinungsbild gaben. Die klassische Monumentalität beispielsweise der 1937 errichteten Münze der Vereinigten Staaten in San Francisco (Architekt: Gilbert Stanley Underwood) ließ keinen Zweifel daran aufkommen, dass die Stabilität des Dollars von nun an wieder gewährleistet war.

Mit den wirtschaftlichen Förderungsmaßnahmen des New Deal legte Präsident Roosevelt letztlich die Wurzeln für den erfolgreichen Aufstieg der USA zur weltweit wichtigsten Industrienation nach dem Zweiten Weltkrieg.

Moderne in Bedrängnis

Architektur und Macht

1930–1945

HERRSCHAFT DER GEWALT

Das Europa der Diktaturen

Zu den besonderen Phänomenen dieses Jahrhunderts gehört es, dass sich zwischen den beiden Weltkriegen in zahlreichen Ländern diktatorische Systeme entwickelten. In ihrer menschenverachtenden und in letzter Konsequenz vielfach menschenvernichtenden Vorgehensweise unterschieden sich diese Diktaturen nur graduell voneinander, egal ob sie in der politischen Sichtweise eher rechts oder eher links angesiedelt waren.

Eine Vielzahl von Ursachen sorgte dafür, dass diese politische Polarisierung innerhalb weniger Jahre in so vielen Ländern Fuß fassen konnte. Ausschlaggebend waren dafür sicher nicht nur die angespannte wirtschaftliche Situation der Zwischenkriegszeit und die Weltwirtschaftskrise (seit 1929), die Arbeitslosigkeit und der allgemeine Wohnungsnotstand. Doch sie bereiteten den Boden für extreme politische Entwicklungen, die bereits im Nationalismus des 19. Jahrhunderts angelegt waren. In den meisten Ländern, die vor dem Ersten Weltkrieg noch Monarchien waren, kam ein Mangel an demokratischer Tradition hinzu, der die Etablierung diktatorischer Systeme begünstigte. In der nach dem Weltkrieg in ihren Grundwerten erschütterten Welt war der einzelne Bürger mit der eigenen politische Freiheit überfordert. Ein oftmals unreflektierter Glaube an die Obrigkeit konnte so dazu führen, dass der politischen Radikalisierung von rechts wie von links nicht rechtzeitg genug und nicht mit der notwendigen Schärfe Einhalt geboten wurde. Der verhängnisvolle Siegeszug der Diktaturen begann.

Die hochfliegenden Träume von einem neuen Menschen, die die Oktoberrevolution 1917 in der UdSSR begleitet hatten, zerstoben. Stattdessen etablierte sich unter Josef Stalin ein kommunistisches Terrorregime, das sich bis zu dessen Tod 1953 an der Macht halten konnte und dessen Widersacher systematisch ausgeschaltet wurden.

In Italien war schon 1922 unter Mussolini das erste faschistische Regime Europas an die Macht gekommen. In Spanien eroberte in einem überaus blutigen Bürgerkrieg gegen die Republikaner der faschistische General Franco 1939 endgültig die Macht. Unterstützt wurde er dabei von der deutschen Legion Condor, die für die Zerstörung des kleinen Ortes Guernica verantwortlich war. Das berühmte Gemälde *Guernica* von Pablo Picasso entstand 1937 unter dem Eindruck der Leiden der Zivilbevölkerung des zerstörten Ortes.

In Deutschland etablierte sich 1933 eine nationalsozialistische Diktatur unter Adolf Hitler. Umgehend setzte die Verfolgung jüdischer Bürger, politisch Andersdenkender und Intellektueller ein. Zahlreiche führende Architekten aus der Zeit der Weimarer Republik gingen ins Exil. Die 30er-Jahre in Deutschland werden durch jene blutige Spur der Tyrannei und der Entrechtung gekennzeichnet, die sich von der nationalsozialistischen Machtergreifung über die Bücherverbrennung, die „Reichspogromnacht", den Ausbruch des Zweiten Weltkriegs bis zum Beschluss der Ermordung der europäischen Juden auf der sogenann-

1930: Nationalsozialisten und Kommunisten gewinnen in den Reichstagswahlen in Deutschland. Max Horkheimer begründet mit Theodor W. Adorno an der Universität Frankfurt/Main die Soziologieschule der „Kritischen Theorie". *Der blaue Engel* mit Marlene Dietrich in der Hauptrolle kommt in die Kinos. Der Autor der Sherlock-Holmes-Detektivromane, Arthur Conan Doyle, stirbt.

1931: Wahlsieg der verbündeten spanischen Linksparteien, König Alfons XIII. dankt ab, Spanien wird Republik. Clark Gable beginnt seine Filmkarriere in Hollywood.

1932: Höhepunkt der Weltwirtschaftskrise, Weltarbeitslosigkeit bei etwa 30 Millionen Menschen. Thomas Beecham gründet das Londoner Philharmonische Orchester. Shirley Temple als „Wunderkind" mit vier Jahren jüngste Filmschauspielerin. Internationale Architekturausstellung im Museum of Modern Art in New York.

„Deutsches Sportmädel", Porträtfoto einer Speerwerferin aus dem Jahr 1934

1933: Machtergreifung der Nationalsozialisten in Deutschland, Ernennung Hitlers zum Reichskanzler. Franklin D. Roosevelt wird amerikanischer Präsident; Beginn des New-Deal-Programms zur staatlichen Wirtschaftsplanung. Das Schauspiel *Die Bluthochzeit* von Federico García Lorca wird in Spanien aufgeführt.

1934: Der englische Komponist Edward Elgar stirbt. Die polnisch-französische Chemikerin und Physikerin Marie Curie, die 1903 und 1911 Nobelpreise erhielt, stirbt.

1935: Friedensnobelpreis geht an Carl von Ossietzky. Elias Canettis Roman *Die Blendung* erscheint. George Gershwins Oper *Porgy and Bess* wird uraufgeführt.

1936: Beginn des Spanischen Bürgerkriegs (endet 1939 mit dem Sieg General Francos). Margaret Mitchells Roman *Vom Winde verweht* erscheint.

1937: Picasso vollendet *Guernica*. Nationalsozialistische Ausstellung „Entartete Kunst" in Deutschland dient der Diffamierung der modernen Kunst.

1938: Höhepunkt des Jazz-Swing-Stils unter Benny Goodman. In den USA wird die 40-Stunden-Woche eingeführt.

1939: Deutsche Truppen greifen am 1. September Polen an. Beginn des Zweiten Weltkriegs.

1940: Massiver deutscher Luftangriff auf die englische Stadt Coventry. Leo Trotzki wird in Mexiko ermordet. *Der Diktator* (Chaplin) wird aufgeführt.

1941: Kriegseintritt Japans mit Angriff auf US-Pazifikstützpunkt Pearl Harbour. Konrad Zuse baut ersten programmgesteuerten elektromechanischen Digitalcomputer.

1942: Wannsee-Konferenz in Berlin über die technisch-organisatorische Durchführung der Vernichtung der europäischen Juden. Astrid Lindgrens *Pippi Langstrumpf* erscheint.

1945: Kapitulation Deutschlands. Amerikanischer Atombombenabwurf auf Hiroshima und Nagasaki.

Walter und Johannes Krüger, *Tannenberg-Nationaldenkmal,* 1926

Die Architektur des in Ostpreußen errichteten deutschen Nationaldenkmals erinnerte bewusst an mittelalterliche Festungsarchitekturen. Seine Türme und Umgänge boten Platz für zahlreiche kleinere Einzeldenkmäler. Neben der Funktion als Gedächtnisort für die Gefallenen wurde in Tannenberg auch ein neuartiges, erweitertes Denkmalskonzept realisiert. In den Türmen entstanden Jugendherbergen für Mädchen und Jungen, hinter dem Denkmal wurde ein Sportplatz angelegt. 1935 wurde das Denkmal auf Befehl Hitlers zur Grablege des Reichspräsidenten Hindenburg umgebaut. An die Stelle des zentralen Hochkreuzes trat ein gepflasterter Innenhof als Aufmarschfläche für Massenveranstaltungen. Jugendherberge und Sportplatz wurden entfernt. Durch Landschaftsumgestaltungen erfuhr der Denkmalskomplex eine zusätzliche Monumentalisierung. Nach 1945 wurde das Denkmal in mehreren Etappen geschleift.

ten „Wannsee-Konferenz" 1942 zieht. Am Ende dieses langen Jahrzehnts (1945) standen Millionen von Toten sowie der Untergang Mittel- und Mittelosteuropas, das durch den Zweiten Weltkrieg weitgehend zerstört wurde.

Erinnerungsarchitektur

Die 20er- und 30er-Jahre waren nicht nur Zeit des allgemeinen Aufbruchs auf der Suche nach einer modernen Gesellschaft, sie waren zugleich auch eine Epoche, die noch unter dem Schock des Ersten Weltkriegs stand.

Trauerarbeit gehörte daher zu den Anliegen eines jeden Einzelnen, der im Krieg – auf welcher Seite auch immer – Angehörige oder Freunde verloren hatte. Nationales Gedenken wurde aber auch bei allen ehemals kriegführenden Nationen zum staatlichen Bedürfnis.

Noch einmal brach die Zeit der heroischen Denkmäler an, jener nationalen Weihestätten, die schon in der Architektur des 19. Jahrhunderts so bedeutend gewesen waren. Auf bizarre Weise mischten sich das Gedenken an die Toten des Weltkriegs, des ersten „modernen" Kriegs, mit einer Bauaufgabe des 19. Jahrhunderts und der Architektursprache der Gegenwart.

Das Ergebnis waren jene zahllosen Kriegerdenkmäler, die nach 1918 in fast jedem Dorf Westeuropas entstanden. Eine besondere Bedeutung kam allerdings den auf den Schlachtfeldern des Kriegs errichteten Gefallenendenkmälern zu. Innerhalb weniger Jahre wurden sie zu Anlaufpunkten eines regelrechten Schlachtfeldtourismus.

Zu den größten und eindrucksvollsten Gefallenendenkmälern zählt das von Edwin Lutyens errichtete Denkmal in Thiepval bei Amiens in Frankreich, das den annähernd 74 000 vermissten britischen Soldaten gewidmet ist, deren Leichen man bei der Schlacht an der Somme nie identifizieren konnte. Lutyens' Denkmal besteht aus einem nach oben hin pyramidenartig abgetreppten Triumphbogen, der durch den farblichen Kontrast zwischen hellen *Werksteinpartien* und roten *Backsteinteilen* dominiert wird. Durch die Verbindung der architekturgeschichtlich eindeutig besetzten Motive des *Triumphbogens* (Sieg) mit dem Motiv der *Pyramide* (Tod) schaffte Lutyens eine spannungsreiche und allgemeinverständliche Synthese. Doch die Übersteigerung der Formen lässt an der Aussage seines Denkmals keinen Zweifel aufkommen: Der Sieg legitimierte den Tod.

Mit der monumentalisierenden Formensprache Lutyens' zu vergleichen ist das zwischen 1923 und 1932 von den Architekten Léon Azéma, Max Edrei und F. Hardy errichtete Beinhaus von Douaumont bei Verdun, einem der am heftigsten umkämpften Gebiete des Weltkriegs. Das Denkmal birgt die Gebeine Zehntausender bei der Schlacht um Verdun gefallener französischer Soldaten. Einem Leuchtturm gleich, von dem aus nachts das Schlachtfeld illuminiert wird, bildet der kirchturmartig emporragende Mitteltrakt das Zentrum des ansonsten langgestreckten Baus mit seinen abgerundeten Ecken.

Auf deutscher Seite errichtete man nicht an der Westfront – wo der Krieg aus deutscher Sicht verloren wurde –, sondern an der Ostfront – wo der Krieg gegen Russland gewonnen wurde – ein Kriegerdenkmal mit nationalem Anspruch. 1927 wurde das von Walter und Johannes Krüger

Edwin Lutyens, *Denkmal,* Thiepval (bei Amiens), 1928–1932

Das gut 41 Meter hohe Denkmal auf dem Kriegerfriedhof Thiepval ist den 73357 englischen Soldaten der Somme-Schlacht des Ersten Weltkriegs gewidmet, die hier bestattet sind. Ihre Namen wurden in den Pfeilern des Denkmals angebracht.

Der erfahrene Monumentalarchitekt Lutyens wählte für Thiepval mit *Triumphbogen* und *Pyramide* eine Kombination architektonischer Würdeformeln, die er in mehreren Stockwerken übereinanderstaffelte. Der farbliche Kontrast der Baumaterialien Natur- und Backstein unterstützt die Gliederung des Bauwerks.

entworfene Tannenberg-Nationaldenkmal eingeweiht. Beherrscht wurde der festungsartige, achteckige Bau von acht abweisenden Türmen aus rot-blauem Backstein, die mit einer reizvollen und durchaus modern anmutenden gläsernen Galerie abgeschlossen waren. Auch in Tannenberg bildete der Totenkult das Zentrum der vielseitig nutzbaren Anlage. Unter einem monumentalen Bronze-Hochkreuz befand sich das Grab von 20 unbekannten Soldaten der Schlacht von Tannenberg vom August 1914.

So sehr sich die drei Kriegerdenkmäler formal auch voneinander unterschieden, so eng verknüpft waren ihre Intentionen miteinander. Dienten sie doch alle als nationale Kultstätten zur Erinnerung an den Weltkrieg und seine Toten, vor allem aber der Heroisierung des Soldatentods und somit nationalstaatlicher Mythenbildung.

Vorwärts zur Tradition

Zu Beginn der 30er-Jahre stellt sich die Situation der modernen Architektur als äußerst zwiespältig dar. Mit zahlreichen modellhaften Bauprojekten – im öffentlichen Wohnungsbau, im privaten Einzelhausbau, aber auch in Schulen, Stadthallen und Fabriken – hatte in den 20er-Jahren die ganze Palette des *Neuen Bauens* vom Expressionismus bis zur Neuen Sachlichkeit Einzug in die Städte gehalten, immer begleitet von einer Fraktion eher konservativer Bauherren und Architekten, die – wie im Fall der Kriegerdenkmäler – lieber der traditionellen Formensprache verhaftet blieben.

Doch während die Moderne zu Beginn der 30er-Jahre langsam begann, sich bei den Hochhausbauten der USA durchzusetzen, wurde sie in Europa zunehmend politisch attackiert. In der stalinistischen UdSSR verloren die Konstruktivisten ihren Einfluss. In Deutschland, wo am Ende der 20er-Jahre Renommierprojekte wie die Stuttgarter Weißenhofsiedlung für Aufsehen gesorgt hatten, regte sich neben Begeisterung immer häufiger auch Kritik. Das *Neue Bauen* wurde als aus der UdSSR importierte „bolschewistische Architektur" beschimpft, wobei es den Kritikern gar nicht darauf ankam, dass nur wenige moderne Architekten tatsächlich der kommunistischen Ideologie anhingen. Neben solchen politischen Polemiken, die ein Kennzeichen für die gesellschaftliche Polarisierung der Zeit waren, regte sich auch fachliche Kritik. Moniert wurden die anfälligen und undichten Flachdächer des Neuen Bauens im Gegensatz zum traditionellen Walm- oder Satteldach, die abblätternde weiße Farbe der Bauten oder rostende Fensterrahmen, die aus Stahl statt aus Holz gefertigt wurden. In Teilen hatte der Wohnungsbau tatsächlich bauliche Mängel, aber dafür, dass er nun vorerst zum Erliegen kommen sollte, sorgte vor allem die Weltwirtschaftskrise.

Außerdem war ein weiteres Phänomen zu beobachten: Zahlreiche Architekten der Moderne wandten sich angesichts der politischen Vorgaben und weitgreifender wirtschaftlicher Zwänge, nicht nur in Deutschland, um 1930 einer verhärteten, monumentaleren Formensprache mit geänderten Raumprogrammen und neuen Dimensionen zu. Statt freundlich weiß verputzter Fassaden oder Sichtbeton fand nun auf einmal der *Werkstein*, zumeist Granit oder Kalkstein, für die Verkleidung der Fassaden Verwendung. Wenngleich sich darunter weiter ein konstruktiv und formal modernes Gebäude befand, signalisierte die Fassadenverkleidung aus Stein doch das Anknüpfen an traditionelle Werte und damit Sicherheit und Stabilität.

Auftakt zur Gigantomanie

Zu den Projekten, die ganz deutlich auf der Trennschwelle zwischen der ersten Epoche der Moderne und einem Zurückschwingen zu konservativen Ansprüchen in Deutschland stehen, zählt der Wettbewerb für einen Erweiterungsbau der Reichsbank in Berlin. An diesem Wettbewerb, der 1932 gleichsam am Vorabend der nationalsozialistischen Machtergreifung ausgeschrieben worden war, nahmen nicht nur traditionelle Architekten teil, sondern auch so bedeutende Vertreter der Moderne wie Ludwig Mies van der Rohe, Heinrich Tessenow und Hans Poelzig. Auch an ihren Wettbewerbsbeiträgen lässt sich eine deutliche Neigung zur Monumentalisierung der Baukörper erkennen. Der schließlich auf Wunsch Hitlers vom Reichsbank-Baudirektor Heinrich Wolff ausgeführte Bau gilt als der erste Repräsentationsbau des NS-Regimes. Dabei erweist sich das Gebäude vor allem im Inneren als ein nur mäßig monumentalisierter Bürobau, den eine erstaunliche Großzügigkeit und funktionale Qualität auszeichnen. Auch das Baudekor wurde vergleichsweise sparsam eingesetzt, sodass eine übermäßige „Verzierung" mit NS-Emblemen nicht vorkam.

Ganz anders stellt sich dies im Fall der Neuen Reichskanzlei dar, die Hitler von seinem besonderen Günstling, dem Tessenow-Schüler Albert Speer, errichten ließ. Mitten im alten Berliner Regierungsviertel an der Wilhelmstraße entstand der repräsentative Neubau. Ein über 50 Meter langer Ehrenhof führte zum Haupteingang, den ein *Portikus* mit vier kolossalen toskanischen *Säulen* zierte.

Beeindruckend waren aber nicht nur die absoluten Abmessungen des Baus und die Größe seiner Säulen, beeindrucken sollten auch die beiden Bronzeskulpturen von Arno Breker, die den Eingang flankierten. Die beiden nackten männlichen Figuren, die Fackel bzw. Schwert in den Händen hielten, symbolisierten „Partei" und „Wehrmacht". Die Skulpturen repräsentierten im Einklang mit der Architektur des Gebäudes das NS-Selbstverständnis, waren doch die NSDAP mit ihren Unterorganisationen und die Wehrmacht bis in den von Hitler entfachten Weltkrieg hinein die wichtigsten Stützen des NS-Regimes in Deutschland. Auch im Inneren des Baus setzte sich Hitlers Vorliebe für schlichte Monumentalität fort. Malerei und Mosaiken, wertvolle Materialien aus Holz und Stein und eine einschüchternde Größe – das alles führte jedem Besucher unzweideutig den uneingeschränkten Herrschaftsanspruch der Nationalsozialisten und ihres Führers Adolf Hitler vor Augen.

Doch lange Dauer war der Neuen Reichskanzlei nicht beschieden, die wie kein zweiter Bau das von Hitler verkündete „Tausendjährige Reich" verkörpern sollte: Was die Bomben des Zweiten Weltkriegs von ihr übrigließen, wurde 1949 von der sowjetischen Siegermacht abgeräumt. Der kostbare Marmor der Reichskanzlei, in deren Bunker Hitler 1945 Selbstmord verübte, diente den Siegern für den Bau ihrer Denkmäler.

Der Monumentalität der Bauten eines Albert Speer und der reaktionären Politik der Nationalsozialisten standen allerdings auch durchaus moderne Aspekte im Bereich der Architektur gegenüber, so bei den Bauten der Luftwaffe, die zumeist Ernst Sagebiel, der ehemals das Büro von Erich Mendelsohn geleitet hatte, errichtete. Sagebiels Zentralflughafen in Berlin-Tempelhof, der moderne Baukonstruktion mit repräsentativer Gestaltung verbindet, zählt bis heute zu den größten Gebäuden Europas.

Dasselbe Prinzip zeigt sich bei den Bauten für das Werk des deutschen „Kraft durch Freude"-Wagens (Volkswagen), das 1938 errichtet wurde. Nach 1945 sollte er als VW-Käfer eine Weltkarriere machen. Der 1,3 Kilometer langen, an eine Stadtmauer erinnernden Südfassade des Fabrikgebäudes verliehen die charakteristischen Treppenhaustürme, die aus der Baufluchtlinie hervortreten, nicht nur ein monumentales, sondern zugleich auch ein erstaunlich modernes Erscheinungsbild.

Dem stand allerdings die Wohnarchitektur der KdF-Stadt gegenüber, die heute Wolfsburg heißt. Ihre Bauten, die der von Speer protegierte Peter

Albert Speer, *Neue Reichskanzlei,*
Berlin, Ansicht Voßstraße, 1936–1939

Mit ihren 422 Metern Länge gab die Hauptfassade der im Januar 1939 eingeweihten Neuen Reichskanzlei einen ersten Vorgeschmack auf die architektonischen *Megastrukturen*, mit denen Albert Speer im Auftrag Hitlers die Neugestaltung Berlins plante. Durch die Anpassung der Traufhöhe der Neuen Reichskanzlei (22 Meter) an die Bauten der Umgebung und durch die Modellierung der Fassade mit Vor- und Rücksprüngen wurde die Größenwirkung des *neoklassizistischen* Baus mit seinen ausgedehnten Bürotrakten relativiert.
Erst an der öffentlich nicht zugänglichen Gartenfront und vor allem im Inneren zeigt die Neue Reichskanzlei das einschüchternde Gesicht nationalsozialistischer Repräsentationsarchitektur. Mit ihren aufwändigen Marmor-Mosaiken und Gobelins dokumentierten die riesigen Säle und Hallen Hitlers Streben nach Machtentfaltung. 1949 wurde die kriegsbeschädigte Reichskanzlei abgerissen.

Jacques Carlu, Louis Boileau und Léon Azéma, *Palais de Chaillot,* Ausstellungspavillon zur Weltausstellung, Paris, 1937

Die beiden 195 m langen, leicht geschwungenen Flügel des Palais de Chaillot gipfeln in zwei symmetrischen *Risalitbauten*, zwischen und vor denen sich eine Platzanlage entfaltet. 1936 im Vorfeld der Weltausstellung errichtet, bildet das als Museum genutzte Palais durch seine leicht erhöhte Lage den optischen Abschluss des langgestreckten Marsfeldes. Sowohl durch seine monumentale *Pfeilergliederung* als auch durch die aufwändige Dekoration mit Mosaiken erweist sich der Komplex als französische Spielart des vom *Art déco* beeinflussten internationalen *Neoklassizismus* der 30er-Jahre.

Koller plante, wurden im seit der Jahrhundertwende verbreiteten *Heimatschutzstil* mit Satteldach, Holzveranda und Sprossenfenstern ausgeführt. Somit bietet Wolfsburg ein anschauliches Beispiel für die unterschiedlichen Ansprüche der NS-Architektur. Beispielhaft wurde die Stadt allerdings auch für die ungebrochene Kontinuität erfolgreicher Architekten des NS-Systems nach 1945 in der Bundesrepublik Deutschland, war doch Peter Koller nach dem Krieg erneut für die Stadtplanung verantwortlich.

Kult und Verführung

Nirgendwo werden die Mechanismen des NS-Regimes so deutlich wie bei dessen Kultstätten und Denkmälern. Die Wirkung einer eindrucksvollen Architekturkulisse zur Inszenierung eines quasireligiösen Kultes zur Verführung der Massen wird hier auf besonders deutliche Weise greifbar. Wie im Fall des Nürnberger Parteitaggeländes von Albert Speer oder des Königsplatzes von Paul Ludwig Troost in München dienten die Kultstätten vor allem dazu, eine für Massenveranstaltungen geeignete Aufmarschfläche zu schaffen.

Ihre Pflasterung mit Steinplatten, die flankierenden Bauten aus Granit und die axiale Ausrichtung der Anlagen auf einen „Führer" bildeten den immer wiederkehrenden Rahmen der NS-Rituale, die mit militärischem Drill veranstaltet wurden. Begleitet wurden sie von so eindrucksvollen Inszenierungen wie dem von Speer entwickelten „Lichtdom", der ein durch Flak-Scheinwerfer erzeugtes „Gebäude" aus Licht über der Versammlung erscheinen ließ.

Den Höhepunkt der nationalsozialistischen Architekturvisionen hätte zweifellos die Umwandlung Berlins in die neue Hauptstadt „Germania" bedeutet. Doch die gigantischen Planungen von Hitler und Speer, die bereits bis zur Baureife gelangt waren, kamen bei der Umsetzung nicht über erste Ansätze hinaus. Wie bei den NS-Kultstätten hatte Speer eine denkmalhaft anmutende, monumentale Nord-Süd-Achse geplant. Zielpunkt dieser zentralen Achse sollte die „Große Halle" werden. Ihre technisch innovative Kuppelkonstruktion, bei Weitem größer als die des römischen Petersdoms, sollte ein klassizistisches Erscheinungsbild erhalten. Hunderttausend Menschen hätten im Inneren des gigantischen Hallenbaus mit 250 Metern Kuppeldurchmesser Platz finden sollen. Neben der „Großen Halle" hätte der alte Deutsche Reichstag, der seit dem Brand von 1933 eine Ruine war, nur noch wie ein winziges Relikt einer vergangenen Epoche gewirkt.

Teil der Planung für Germania war auch die Enteignung des Besitzes der jüdischen Bürger Berlins, die in die Konzentrations- und Vernichtungslager deportiert wurden. Doch die von Speer und seinem Stab bereits akribisch geplante Zerstörung der historischen Stadtstruktur fand nur noch zum Teil statt. Ihrer Verwirklichung kam die fast vollständige Zerstörung Berlins durch den Krieg zuvor.

Zwischen den Welten

Mit der Pariser Weltausstellung von 1937 trafen in der Zeit zwischen den beiden Weltkriegen ein letztes Mal die politischen Systeme und ihre Architektur unmittelbar aufeinander. Zwar wurden für die Weltausstellung auch Bauten geplant, die der Tradition der Moderne der 20er-Jahre verhaftet waren wie der Spanische Pavillon von Josep Lluís Sert mit seiner klaren Rasterkonstruktion, doch die Oberhand behielten jene Bauten, die dem in den 30er-Jahren international vorherrschenden simplifizierten *Klassizismus* verpflichtet waren.

Mit ihrer monumentalisierten Formensprache der kolossalen Pfeiler bildeten bereits das Palais de Chaillot und das nahegelegene Palais de Tokyo von 1937 am Seine-Ufer eine signifikante Hintergrundfolie für die Weltausstellung. Doch vor allem in der Architektur des deutschen und des sowjetischen Pavillons prallte der universale Machtanspruch beider Systeme aufeinander. In einer wohldurchdachten Inszenierung hatte man beide Bauwerke als dramatischen Höhepunkt der Pariser Ausstellung einander gegenüber plaziert.

Der sowjetische Pavillon bestand aus einem mehrfach abgetreppten, fast stromlinienförmig anmutenden Sockelbau des Architekten Boris Iofan. Doch sein dramaturgischer Höhepunkt war die ihn bekrönende Skulpturengruppe von Vera Moukhina. Mit einem weiten Ausfallschritt voranstürmend, präsentierten zwei heroische Figuren – Arbeiter und Kolchosbäuerin symbolisierend – die Insignien der sowjetischen Herrschaft und ihres Wappens: Hammer und Sichel.

Diese Figurengruppe entsprach in ihrer plakativen Gestaltung und ihrer ideologischen Allgemeinverständlichkeit ganz den pädagogischen Vorstellungen des *sozialistischen Realismus*, dessen Vorherrschaft die intellektuell anspruchsvolle abstrakte Kunst der russischen *Konstruktivisten* vollständig unterdrückte, obwohl diese sich nach der Oktoberrevolution zunächst als Propagandamittel hatte missbrauchen lassen.

Dem eher dynamisch erscheinenden Bau von Iofan stand der deutlich statischere Turm von Albert Speer gegenüber, den der Architekturkritiker Paul Westheim ironisch als „Pappkarton mit Säulen" bezeichnete. Wie beim sowjetischen spielte auch beim deutschen Pavillon die skulpturale Ausstattung eine wichtige ideologische Rolle, hier in Form des Nationalwappens, des Reichsadlers, der ein Hakenkreuz in seinen Krallen hielt.

So groß der Einfluss von Speer und seinen Bauten auch war, so dürfen sie dennoch nicht als Synonym für die nationalsozialistische Architektur angesehen werden. Gerade angesichts des hochoffiziellen Pavillons für die Pariser Weltausstellung muss man sich vor einer Verallgemeinerung über das Bauen im „Dritten Reich" hüten. Innerhalb der enggesteckten Bahnen bot die Architektur zwischen 1933 und 1945 für unterschiedliche, hierarchisch gegliederte Bauaufgaben vom Repräsentationsbau bis zur Fabrik durchaus unterschiedliche Lösungen und damit eine, wenn auch begrenzte, stilistische Breite.

Klassizismus in Italien

In Italien stellte sich die Lage etwas anders dar. Dort hatte sich – trotz des faschistischen Regimes – frühzeitig eine avantgardistisch-moderne Architektur entwickeln können. Doch auch deren Bauten wurden in den 30er-Jahren gegenüber dem sich mehr und mehr ausbreitenden Hang zum Klassizismus in den Hintergrund gedrängt. Beispielhaft für diesen an römischen Vorbildern orientierten Klassizismus sind die Bauten der Universität in Rom (seit 1932) von Marcello Piacentini, der bereits seit 1922 als baulicher Berater an der Seite Mussolinis stand.

Sein mit Marmor verkleidetes Rektoratsgebäude von 1935 zeichnet sich durch einen monumentalen *Pfeilerportikus* aus, der über die gesamte Gebäudehöhe reicht. Der Bau insgesamt zeigt jene Formen eines auf stereometrische Grundformen reduzierten Klassizismus, wie ihn bereits zu Beginn des Jahrhunderts Heinrich Tessenow in seinem Festspielhaus in Dresden Hellerau (Abb. S. 24) verwirklicht hatte und wie er nur kurze Zeit später auch in Frankreich beim Palais de Chaillot realisiert wurde.

Zugleich kann Piacentinis Rektoratsgebäude aber auch als eine italienische Annäherung an die Architekturvision gesehen werden, die nördlich der Alpen von Mussolinis Verbündeten entwickelt wurde.

Boris Iofan, *Sowjetischer Pavillon,* und **Vera Moukhina, *Skulpturengruppe,*** Weltausstellung, Paris, 1937

Fast schwerelose schienen die beiden monumentalen Bronzefiguren (Arbeiter und Kolchosbäuerin) Vera Moukhinas einer strahlenden sozialistischen Zukunft entgegenzufliegen. Hammer und Sichel siegessicher emporgestreckt, stellte sich die kraftvoll dynamische Figurengruppe ganz in den Dienst der stalinistischen Schreckensherrschaft.

Aufbruch in die Zukunft

Globalisierung der modernen Architektur

1945–1960

VISIONEN EINER STÄDTISCHEN ARCHITEKTUR

Die Welt in Scherben

Hatten schon die Verheerungen des Ersten Weltkriegs weltweit zu einem tiefgreifenden Wandel der politischen, wirtschaftlichen und sozialen Zusammenhänge geführt, so stellte sich die Situation nach dem Ende des Zweiten Weltkriegs noch weitaus dramatischer dar. Die Welt war nach 1945 nicht mehr die, die sie noch 1939, vor dem Ausbruch des Kriegs, gewesen war.

Hitlers nationalsozialistisches Schreckensregime in Deutschland hatte millionenfachen Tod über die gesamte Welt gebracht und gipfelte in dem Verbrechen des Holocaust. Nie zuvor hatte ein Krieg derart viele Menschenleben auch unter der Zivilbevölkerung gefordert wie der Zweite Weltkrieg, nie zuvor hatte ein Krieg Städte und Landschaften und damit die Lebensgrundlage der Bevölkerung so grundlegend zerstört. Die Technisierung der Welt im 20. Jahrhundert hatte auch die Technisierung des Kriegs mit sich gebracht, die in dem Abwurf der ersten Atombombe durch die USA über dem japanischen Hiroshima und wenige Tage später über Nagasaki ihren traurigen Höhepunkt fand.

Doch auch nach dem Ende des Zweiten Weltkriegs 1945 kam die Welt nicht zur Ruhe. Während die Städte und Landschaften – vor allem in Europa, Japan und der UdSSR – noch in Schutt und Asche lagen, begannen durch Vertreibung und Emigration riesige Völkerwanderungen. Die Landkarten der Welt mussten durch diese politischen Verschiebungen neu gezeichnet werden. Hatten Franzosen, Engländer und Amerikaner noch gemeinsam mit den Sowjets gegen Hitler-Deutschland gekämpft, so zerbrach diese Allianz schon bald nach Kriegsende. Die Welt zerfiel in einen östlichen und einen westlichen Machtblock, dessen Grenze mitten durch Deutschland verlief, das in zwei Staaten geteilt wurde.

Der westliche, kapitalistisch orientierte Machtblock wurde durch die demokratischen Länder gebildet, unter denen die USA als weltweit führende Wirtschaftsnation dominierten. Der östliche, von der kommunistischen Ideologie geprägte Machtblock wurde von der UdSSR angeführt, die bis 1953 von der Diktatur Josef Stalins beherrscht wurde. Wie die UdSSR, so waren auch die anderen sozialistischen Länder offiziell „Volksdemokratien", doch fehlte ihnen die Grundvoraussetzung jeder wirklichen Demokratie, nämlich die freien, gleichen und geheimen Wahlen.

Bis zum Ende der kommunistischen Regime 1989 standen sich Ost und West unversöhnlich in einem „Kalten Krieg" gegenüber, der wie bei der Berlin-Blockade oder der Kuba-Krise sogar drohte, in einen offenen Konflikt umzuschlagen. Die Angst vor einem Dritten Weltkrieg ging um.

Es ist kennzeichnend für den weitgehend westlich geprägten Blick auf die Architekturgeschichte, dass die Architektur des Ostblocks und ihre einzelnen Phasen erst seit Öffnung der ehemaligen Ostblockländer zu Beginn der 90er-Jahre langsam in den Blickwinkel der Öffentlichkeit gerät und mit ihrer Erforschung begonnen wird. Dabei zeigt sich, dass sich bis zum Tod Stalins 1953 der

1945: Potsdamer Konferenz zwischen Truman, Churchill und Stalin festigt die Nachkriegsordnung in Europa. Gründung der Vereinten Nationen (UN). Ende der Kampfhandlungen des Zweiten Weltkriegs nach Kapitulation Japans.

1946: Die französische Erzählung *Der kleine Prinz* von Antoine de Saint-Exupéry erscheint posthum. Die CARE-Gesellschaft beginnt mit der Versendung von Hilfspaketen in die unter Kriegsfolgen leidenden Länder. RoRoRo (Rotationsromane des Ernst Rowohlt Verlages) beinhalten hochwertige Literatur in Zeitungsdrucktechnik.

1947: Theodor W. Adornos sozialkritische Philosophie *Dialektik der Aufklärung* erscheint. Maria Callas beginnt ihre glänzende Karriere als Opernsängerin. Thor Heyerdahl segelt mit einem Floß von Peru nach Polynesien, um Kulturverwandtschaft durch vorgeschichtliche Einwanderung zu belegen. Der „New Look" bevorzugt halblange, stoffreiche Kleider.

1948: Sowjetrussische Blockade Berlins (bis 1949), die Westmächte versorgen die Stadt über eine Luftbrücke. Ben Gurion proklamiert den neuen Staat Israel auf dem palästinensischen Mandatsgebiet. George Balanchine gründet das New York City Ballet. Erklärung der Menschenrechte durch die UN-Vollversammlung. Gandhi stirbt durch Attentat. „Der rasende Reporter" Egon Erwin Kisch stirbt.

1949: Die BRD und die DDR konstituieren sich an der Grenzlinie der Blöcke. Kommunistische Volksarmee unter Mao Tse-tung erobert ganz China, Ausrufung der Chinesischen Volksrepublik. George Orwell veröffentlicht *1984*, einen Roman über einen totalitären Zukunftsstaat.

1950: Kriegerische Auseinandersetzung zwischen kommunistischem Nord- und kapitalistischem Südkorea (bis 1953), die durch die Supermächte entschieden wird.

1952: Amerikanische Mode der Bluejeans beginnt sich in Europa rasch auszubreiten.

1953: Arbeiteraufstand in der DDR wird durch Mobilisierung sowjetischer Panzer niedergeschlagen. Krönung der Königin Elisabeth II. findet durch moderne Nachrichtentechnik weltweite Aufmerksamkeit. Tod Stalins.

1956: Antistalinistischer Aufstand in Ungarn wird von sowjetischen Truppen blutig niedergeschlagen.

1957: Der erste künstliche Satellit (Sputnik) umkreist die Erde.

1958: Hendrik Verwoerd, Ministerpräsident der Südafrikanischen Union, betreibt Politik der Rassentrennung (Apartheid).

1959: Revolution in Kuba unter Fidel Castro siegreich. Federico Fellinis sozialkritischer Film *La dolce vita* wird aufgeführt.

Blockade Berlins: Die Stadt wird von den Westmächten über die Luftbrücke versorgt.

sogenannte „Zuckerbäckerstil" nahezu im gesamten Ostblock ausgebreitet hatte und erst Ende der 50er-Jahre Versuche unternommen werden konnten, eine Architektur zu verwirklichen, die dem ambitionierten Anspruch entsprach, den die sozialistischen Systeme mit ihrer Vorstellung von einer „neuen" Gesellschaft propagierten. Allerdings waren diese Versuche, eine oftmals ebenso futuristische wie funktional wirkende Architektur zu entwickeln, nur auf einen kurzen Zeitraum beschränkt. Spätestens in den 80er Jahren verschärften sich die ökonomischen Probleme im Ostblock derart, dass die finanziellen Mittel nur noch für den architektonisch weitgehend anspruchslosen, standardisierten Plattenbau ausreichten.

Eine besondere Bedeutung im Ost-West-Konflikt dieser Zeit kommt für den Bereich der Architektur der DDR und ihrer Hauptstadt Ost-Berlin zu, die sich in besonderem Maße mit Prestigeprojekten wie der Wohnbebauung der Stalin-Allee (heute Karl-Marx-Allee) und später dem Fernsehturm gegenüber West-Berlin profilieren musste, das damals als Aushängeschild der freien Welt galt.

Neuanfang und Kontinuität

Mit dem Zweiten Weltkrieg waren auch die meisten gesellschaftlichen Visionen zerstoben, die in den 20er-Jahren die Triebfedern der modernen Kunst und Architektur gebildet hatten. Doch an ihre Stelle traten schnell neue Ideale einer friedlichen und gerechten Gemeinschaft, die ihre Grenzen allerdings allzu oft durch die Realität des Kalten Kriegs mit seinen Konfrontationen erfuhren.

Sehr schnell wurde deutlich, dass es nach 1945 trotz des einschneidenden Erlebnisses des Zweiten Weltkriegs genauso wie in der Politik auch in der Kunst keine „Stunde Null" gab. Zwar war mit dem „Dritten Reich" für eine lange Zeit der monumentale *Klassizismus* in Misskredit geraten, den Architekten wie Albert Speer und Paul Ludwig Troost für ihre NS-Repräsentationsbauten verwendet hatten. Dafür lebte der politisch unbelastete *Internationale Stil* der Moderne (s. S. 30 ff.), der sich in der Vorkriegszeit entwickelt hatte, nach 1945 wieder auf. Besonders in den USA konnten emigrierte deutsche Architekten wie Walter Gropius und Mies van der Rohe an ihre früheren Arbeiten anknüpfen und sie nach 1945 weiterentwickeln.

Als Lehrer an den Universitäten wurden sie darüber hinaus zum Vorbild für eine ganze Generation von jungen Architekturstudenten. Trotz der zahlreichen kulturellen und politischen Brüche, die der Zweite Weltkrieg verursacht hatte, gab es mit der Formensprache des Internationalen Stils in der Architektur eben auch ein bedeutendes Element der Kontinuität aus der Vorkriegszeit.

Stahlbeton und gläserne Fassaden wurden nun nicht nur in den zerstörten Ländern, die wiederaufgebaut werden mussten, zum Markenzeichen einer neuen Zeit. Von Südamerika bis Südostasien erfasste ein einheitlicher Stil die Architektur und drückte den Städten seinen teilweise prägenden Stempel auf, während typische regionale Entwicklungen der Baukunst mancherorts stark zurückgedrängt wurden oder sogar ganz aus den Stadtbildern verschwanden.

Walter Gropius, *Graduate Center,* Harvard University, Cambridge, Massachusetts (USA), 1950

Der 1935 über England in die USA ausgewanderte Architekt und Leiter des Dessauer Bauhauses (s. S. 33) errichtete 1950 erneut ein Lehrgebäude, diesmal für die Harvard Universität, an der er selbst unterrichtete.
Obwohl die Anordnung der Baukörper, die Stützen, auf denen sie stehen, und die Fensterbänder durchaus Ähnlichkeiten mit dem Bauhausgebäude aufweisen, ist der Geist des Aufbruchs verflogen. Angesichts des Horrors, den heroische Ideologien über die Welt gebracht hatten, schien die stilistische Sprachlosigkeit die angemessene Antwort. Aus der mutigen Moderne war der austauschbare *Internationale Stil* geworden.

Philip Johnson, *Glass House,* New Canaan, Connecticut (USA), 1949

Transparenter geht's nicht: Wohn- und Landschaftsraum verschmelzen. Sämtliche Außenwände sind komplett verglast. Der Stahlrahmen, der das Ganze trägt, lässt sich nicht weiter reduzieren. Einzig die Nasszelle ist in einem geschlossenen Zylinder untergebracht. Doch so offen wohnen konnte nur, wer sich wie Philip Johnson in New Canaan vor lästigen Einblicken schützte, in dem er die Landschaft zum Privatbesitz erklärte. Was als Glasbau einen Höhepunkt darstellte, war als Wohnbau eher eine Sackgasse.

Charles Eames, *Wohnhaus Eames,* Santa Monica, Kalifornien (USA), 1949

Was auf den ersten Blick wie ein 08/15-Fabrikbau erscheint, ist in Wahrheit ein Wohnhaus. Offen zeigte der Regisseur, Möbeldesigner und Ausstellungsmacher Charles Eames, dass seine Villa aus industriell vorgefertigten Bauelementen zusammengesetzt ist. Das Haus wurde damit zum Prototyp des Industriellen Bauens und der *Hightecharchitektur.*

BAUHAUSTRADITION IN DEN USA

Alte Meister – neue Bauten

Mit Walter Gropius, der 1935 emigrierte, und Ludwig Mies van der Rohe, der 1938 Deutschland endgültig verließ, brachten zwei führende Vertreter des Bauhauses (s. S. 33) dessen Tradition nach Amerika. Konstruktive Einfachheit und strenge Rationalität, die die Bauten des Bauhauses schon in den 20er-Jahren ausgezeichnet hatten, stießen in der amerikanischen Nachkriegsgesellschaft auf große Resonanz.

Schon Ende der 30er-Jahre hatte sich Walter Gropius an mehreren Wettbewerben für College-Bauten in den USA beteiligt und auch einzelne Bauten realisiert. An diese älteren Planungen konnte er nun bei dem 1950 vollendeten Graduate Center der Harvard Universität, an der Gropius selber einen Lehrauftrag innehatte, anknüpfen, wenngleich er nachdrücklich betonte, dass die Anordnung seiner Baukörper dem Hofsystem der übrigen Bauten in Harvard entspreche.

Das Graduate Center veranschaulicht Gropius' Ansprüche an moderne Architektur und ihre Produktion in mehrfacher Hinsicht. So realisierte er die Harvard-Bauten in Kooperation mit seinem Büro TAC („The Architects Collaborative"), in dem Gropius eine Verwirklichung seiner Vorstellungen von kreativer Teamarbeit sah. Darüber hinaus knüpfte er mit dem Graduate Center formal und personell an die Bauhaus-Tradition in Deutschland an. So standen die eleganten Ständerbauten mit ihren flachen Dächern und den langen Fensterbändern, die er für Harvard schuf, noch ganz in der Tradition der Formensprache der 20er-Jahre. Und auch für die künstlerische Ausgestaltung des Komplexes zog Gropius alte Mitstreiter aus seiner Bauhaus-Zeit heran wie Herbert Bayer, Josef Albers und Hans Arp.

Noch stärker als Gropius verstand es Ludwig Mies van der Rohe, die Grundprinzipien seiner klassisch-modernen Formensprache, wie er sie in den späten 20er-Jahren bei der Villa Tugendhat oder in dem berühmten Pavillon für die Weltausstellung in Barcelona entwickelt hatte, für die amerikanischen Bedürfnisse umzuformen. Seine legendäre Maxime „less is more" („weniger ist mehr") wurde nicht nur zu einem geflügelten Wort, sondern avancierte geradezu zu einer Art Glaubensbekenntnis einer ganzen Generation von Architekten.

Johnson und Eames – auf den Spuren der Meister

Stahl und Glas waren inzwischen die bevorzugten Materialien, die Mies van der Rohe verwendete und die er sowohl im Wohnungs- als auch im Geschäftshausbau wie kein anderer einzusetzen verstand. Die Stahl-und-Glas-Manie, die Mies in Amerika auslöste, fand zahlreiche Nachahmer, zu denen auch Philip Johnson gehörte. Zeitweise Mitarbeiter in Mies van der Rohes Büro, von dessen sachlicher Formensprache er sich später jedoch abwandte, sollte Johnson eine der schillerndsten Figuren der amerikanischen Architekturszene dieses Jahrhunderts werden. Zusammen mit Henry-Russell Hitchcock war er als Herausgeber der Publikation *International Style* Anfang der 30er-Jahre schlagartig einer größeren Öffentlichkeit bekannt geworden. Mit seinem Glass House in New Canaan eiferte er nun dem strengen Purismus von Mies nach.

Johnson hatte die auf Mies' Konzeption beruhende stählerne Rahmenkonstruktion seines Hauses vollständig mit Glasscheiben *ausgefacht.* Zweifellos vermittelt das modische Haus einen ebenso eleganten wie ästhetischen Eindruck, doch drängt sich beim Betrachten dieser Architektur die Frage nach der Benutzbarkeit, nach der Bewohnbarkeit eines solchen Hauses auf. Wie sollte man in einem vollständig verglasten Haus leben können?

Die gleiche, etwas polemische Frage hatten sich manche Architekturkritiker bereits zwanzig Jahre zuvor gestellt aufgrund der freien Grundrissgestaltung, die Mies van der Rohe für die Villa Tugendhat in Brünn entwickelt hatte. Angesichts des programmatischen Glashauses von Johnson drängt sich die Vermutung auf, dass es dem Architekten letztlich weniger um die Verwirklichung einer bewohnbaren Architektur ging als um eine Art

MIES VAN DER ROHE

Zu den einflussreichsten Stilrichtungen der Architektur um 1910 gehörte der *Neoklassizismus*, der mit seinen strengen Formen und seiner monumentalen Wirkung einen Gegenpol zu den fließend bewegten Formen des *Jugendstils* darstellte. Als Mitarbeiter im Büro von Peter Behrens (s. S. 23), dem führenden Neoklassizisten seiner Zeit, kam Ludwig Mies van der Rohe unmittelbar mit diesem Stil in Berührung, hatte er doch u. a. die Bauausführung von Behrens Deutscher Botschaft in St. Petersburg (1911–1912) inne. Auch in seinen ersten eigenen Projekten setzte sich der gebürtige Aachener intensiv mit der klassizistischen Architektur des 19. Jahrhunderts auseinander. Hauptquelle für Mies' architektonische Inspiration war vor allem das Werk Karl Friedrich Schinkels. Schinkel hatte in Berlin u. a. das berühmte Alte Museum geschaffen, aber auch zahlreiche Landhausbauten für die preußische Königsfamilie, die in der Umgebung der Residenz entstanden. Neben ihren wohlproportionierten Abmessungen und den klaren Formen war es die Einbindung der Bauten in die umgebende Natur, die sich auch in Mies' frühen Villenbauten wiederfindet (Haus Urbig, Potsdam 1914–1917). Doch Mies' Idealprojekte, das Landhaus in Beton (1923) und das Landhaus in Backstein (1924), reflektieren nicht nur sei-

Ludwig Mies van der Rohe mit dem 1929 von ihm entworfenen Sessel „Barcelona"

ne Auseinandersetzung mit dem großen Vorbild Schinkel, sondern spiegeln in der Gestaltung der Grundrisse auch die aktuelle Diskussion um die abstrakte Kunst Theo van Doesburgs. Mies van der Rohes *Klassizismus* erweist sich somit als eine aktuelle Umformung klassizistischer Strömungen in eine zeitgenössische Architektursprache, die in seinem architektonischen Glaubensbekenntnis „less is more" („weniger ist mehr") gipfelte.

Doch man würde Mies schlecht kennen, wenn man meinte, dieses Motto würde zu einem baulichen Purismus führen. Im Gegenteil: Wertvolle Materialien wie Marmor und glänzender Edelstahl fanden in seinen Bauten bevorzugt Verwendung wie beispielsweise in dem berühmten Deutschen Pavillon für die Weltausstellung 1929 in Barcelona. Seine offene Grundrissgestaltung,

Klassische Eleganz in schwarzem Stahl und Glas: die Neue Nationalgalerie am Berliner Kulturforum, realisiert 1965 bis 1968

die sich überraschend öffnenden Ausblicke – u. a. auf eine Skulptur von Georg Kolbe – und die ebenso bewussten Begrenzungen der Räume verraten Mies van der Rohes erstaunliches Empfinden für die richtigen Dimensionen und Abmessungen und vermittelten dadurch dem Besucher ein einzigartiges Raumgefühl.

Die Diskrepanz zwischen Mies' Neigung zu schlichten Formen und seiner Vorliebe für teure Baumaterialien – nicht zuletzt beim Barcelona-Pavillon – war es, die den Architekten Hans Poelzig zu dem aufschlussreichen Bonmot über Mies veranlasste: „Wir bauen einfach – koste, was es wolle."

Und auch über Mies van der Rohes Villa Tugendhat, die er 1930 in Brünn realisierte, wurde in diesen Jahren kontrovers diskutiert. Die Übertragung der im Barcelona-Pavillon entwickelten Prinzipien einer freien Grundrissgestaltung auf ein privates Wohnhaus führte zu der Frage, ob ein derartiges Haus, das mit der traditionellen repräsentativen Wohnhausarchitektur so radikal brach, überhaupt noch zu bewohnen sein.

Als Nachfolger von Walter Gropius und Hannes Meyer versuchte Mies das von den Nationalsozialisten bedrängte Bauhaus (s. S. 33) von Dessau nach Berlin zu holen und dort zu retten. Doch es blieb ein vergebliches Unterfangen, wie die meisten Versuche von Mies in den Jahren ab 1933, als Architekt im „Dritten Reich" Fuß zu fassen. 1938 folgte er dem Ruf an das renommierte Armour Institute (später IIT) nach Chicago. Hier schuf er in den 40er-Jahren die *kubischen* Neubauten für das Illinois Institute of Technology (IIT) in Chicago, deren mit Backstein oder Glas ausgefachte Stahlrahmenkonstruktion vorbildhaft wurden. Zudem bot sich für Mies nun die Möglichkeit, seinen bereits früh entwickelten Drang zum Hochhaus zu verwirklichen. Während seine Entwürfe für ein Hochaus an der Berliner Friedrichstraße (1921), ein Glashochhaus (1922) und ein Bürohochhaus in Eisenbeton (1923) Projekte blieben, realisierte er mit den Zwillingstürmen am Lake Shore Drive in Chicago (1948–1951) und dem legendären Seagram Building in New York (1954–1958), das zur Inkunabel einer ganzen Reihe von verwandten Hochhäusern gleichen Typs wurde, seinen Traum vom gläsernen Hochhaus.

Inkunabel gläserner Hochhausarchitektur: das Seagram Building, das Ludwig Mies van der Rohe zusammen mit Philip Johnson 1954 bis 1958 verwirklichte

Doch Mies' klassisch-elegante Architektur, die nun ganz von Glas und Stahl dominiert wurde, erlebte eine späte Heimkehr nach Deutschland. Mit der Neuen Nationalgalerie am Berliner Kulturforum schuf Mies mit seinem Alterswerk einen rationalen Gegenpol zur expressiven Architektur von Hans Scharouns benachbarter Philharmonie. Zusammen bilden beide Bauten einen furiosen Endpunkt der Entwicklung einer Architektengeneration – der Generation der europäischen Avantgarde, die vom ausgehenden *Historismus* bis zum Ende der 60er-Jahre reichte.

Der Berliner Museumsbau setzt sich aus zwei Teilen zusammen: einer tempelartigen Stahlhalle, deren Fassade vollständig verglast wurde, sowie einem großen Sockelgeschoss, in dem heute die Werke der klassischen Moderne gezeigt werden. In der Auseinandersetzung mit den Bauaufgaben „Tempel" und „Museum" erweist sich Mies ein letztes Mal als der große Klassizist und Nachfolger Schinkels. Schließlich war es Schinkels unweit der Neuen Nationalgalerie gelegenes Altes Museum mit seiner ionischen Säulenfront, in dem erstmals die beiden Bauaufgaben miteinander verschmolzen.

Wallace Harrison, Max Abramovitz,
UN-Gebäude, New York, 1950

„Wir planen eine Weltarchitektur," sagte Le Corbusier, der als Mitglied der Architektenkommission den wesentlichen Teil des Vorentwurfs für den Sitz der Vereinten Nationen geliefert hatte, „und für diese Art von Arbeit gibt es keinen anderen Namen (...) nur Disziplin." Also wählte man für die weltweit wichtigste Bauaufgabe eines der exponiertesten Grundstücke in einer der wichtigsten und internationalsten Metropolen der Welt.
Am East River in New York skizzierte Le Corbusier mehrere Baukörper. Das flache Konferenzzentrum und der aufstrebende Versammlungssaal wurden dominiert von einer Hochhausscheibe für die Verwaltung. Zahllose Kritiker sahen darin ein unfreiwilliges Symbol, dass die Weltherrschaft längst von der Bürokratie übernommen war.
Die Ausführungsplanung durch eines der größten amerikanischen Architekturbüros, Harrison & Abramovitz, betonte die Einheitlichkeit der Vereinten Nationen noch weiter. Über alle 39 Stockwerke zieht sich ein homogener, grün schimmernder Glasvorhang. 2730-mal kommt das gleiche, geschosshohe Fenstermodul zur Anwendung. Damit repräsentierte die Verwaltung der Vereinten Nationen durchaus Weltarchitektur: Ähnliche, *curtain-wall*-verkleidete Hochhauskisten finden sich überall auf dem Erdball.

architektonisches Glaubensbekenntnis. Eine Vermutung, die auch durch die späteren, ebenfalls programmatischen Bauten des überaus wandlungsfähigen Johnson gestützt wird. So etwa beim AT&T Building (s. S. 87) in New York, das heute als eine der Inkunabeln der postmodernen Architektur gilt.

Einen ganz anderen Weg als Johnson verfolgte Charles Eames mit seinen ebenfalls auf einer Stahlrahmenkonstruktion basierenden Wohnhausbauten wie dem Case Study House Nr. 8 von 1945 bis 1949, das aus einem Wettbewerb für die Entwicklung von Prototypen-Häusern hervorgegangen war, oder mit seinem eigenen Wohnhaus, das er 1949 für sich und seine Frau Ray in Pacific Palisades in Santa Monica verwirklichte. Eames, der auch als Designer Berümtheit erlangte, verwendete mit Stahl und Glas die gleichen Materialien wie Johnson, doch die annähernd zeitgleichen Bauten der beiden Architekten unterscheiden sich grundlegend voneinander. Hatte Johnson ein plakatives Credo der vorherrschenden Architekturströmung der Zeit geschaffen, so bestachen Eames' Bauten durch eine zurückhaltende, fast zerbrechlich wirkende Eleganz. Hinzu kam als besonderes Kennzeichen seiner Häuser deren konsequente Materialehrlichkeit: Für seine Bauten verwendte er normierte Bauteile aus der industriellen Fertigung, die nach Katalog bestellt werden konnten. Die konstruktiven Prinzipien dieses technisierten Wohnungsbaus traten an der Fassade unverkleidet hervor und verliehen den meist einfachen Baustoffen eine ganz eigene Materialästhetik.

Die Stahlrahmenkonstruktionen seiner Wohnbauten konnten mit unterschiedlichen Materialien *ausgefacht* werden, wobei Glas vorherrschte. Durch das *oblonge* Raster der Fensterkreuze und die intensive Beziehung zur umgebenden Natur, in die Eames seine Bauten gefühlvoll einpasste, anstatt sie zu dominieren, knüpfte er an die Erfahrungen traditioneller japanischer Rahmenbauten an und schuf so seine ebenso filigranen wie ausgewogenen Meisterwerke einer ästhetischen Baukunst.

Die neue Sprache der Wolkenkratzer

Mies van der Rohes Hochhausbauten führten in den USA dazu, dass vor allem für die repräsentativen Büro- und Verwaltungsgebäude großer Firmen, die in diesen Jahren entstanden, das Glas zum wichtigsten Baumaterial avancierte. Der Eindruck von Transparenz und Sachlichkeit, den diese Hochhäuser ebenso vermittelten wie Eleganz und Leichtigkeit, steigerte ihre Wirkung in dem Umfeld der mit *Werkstein* verkleideten, *eklektizistischen* Hochhausbauten der Jahrhundertwende ganz erheblich.

Den Kern all dieser Wolkenkratzer bildete eine tragende Stahlskelettkonstruktion, vor die die gläsernen Fassadenteile wie ein verkleidender Vorhang gehängt wurden. Die standardisierten Vorhangelemente sorgten zusammen mit der gleichförmigen Rasterkonstruktion, in die sie eingehängt wurden, dafür, dass die Fassade dem Betrachter einen einheitlichen Gesamteindruck vermittelte. Sowohl der Begriff der Vorhangfassade („curtain wall") als auch der der Rasterfassade entwickelten sich schnell zu Synonymen für die Geschäftshausarchitektur der 50er- und 60er-Jahre.

Mit der gläsernen Vorhangfassade war darüber hinaus endlich eine angemessene Fassadenlösung gefunden worden, die dem konstruktiven Prinzip des Skelettbaus entsprach. An die Stelle einer eklektizistischen Architektur, die mit *gotisierenden* Formen die Massivität eines steinernen Bauwerks vortäuschte, trat mit der gläsernen Vorhangfassade eine Lösung, die die Leichtigkeit und Variabilität des Skelettbaus auch an die Fassade übertrug.

Konterkariert wird diese vorbildliche Materialehrlichkeit übrigens durch eine Tendenz der letzten 30 Jahre, bei der an die Stelle der gläsernen Haut der Hochhäuser erneut Werksteinplatten treten. Mit der Verwendung von Werkstein soll der Eindruck von Massivität und Schwere vermittelt werden, der in den 50er-Jahren bewusst vermieden wurde.

Die gläsernen Fassaden der 50er- und 60er-Jahre forderten von den Architekten auch im Inneren ambitionierte technische Lösungen. Im Gegensatz zu Bauten, die weitgehend traditionell aus Stein errichtet wurden, schützt Glas weder vor Wärme noch vor Kälte. Eine ausgefeilte Klimatechnik der Be- und Entlüftung und die Entwicklung von Wärmeschutzverglasungen waren letztlich die Voraussetzungen dafür, dass die Glasfassaden so erfolgreich für den Hochhausbau eingesetzt werden konnten.

Auch für das Projekt des Sitzes der Vereinten Nationen am East River in New York, das auf einem Entwurf von Le Corbusier beruht und das Wallace Harrison und Max Abramovitz 1947 bis 1950 ausführten, entschied man sich bei dem Hauptgebäude, dem Sekretariat der UN, für ein weitgehend verglastes Scheibenhochhaus, bei dem nur die Seitenflächen fensterlos blieben. Die drei Baukörper des UN-Areals bilden durch ihre Zuordnung ein wohlproportioniertes und in sich ausgewogenes Ensemble aus *kubischen* Formen. Durch die unterschiedlichen Höhenentwicklungen der drei Baukörper für Sekretariat, Parlament und Presse sowie durch deren räumliche Staffelung gewinnen sie nahezu die Qualität einer dreidimensionalen abstrakten Raumkomposition.

Bis heute ist das Thema des Stahl- oder Betonskelettbaus mit einer vorgehängten gläsernen Fassade aktuell geblieben, wie in den 80er- und 90er-Jahren die eleganten Glasbauten von Jean Nouvel (Abb. S. 102/103) und die Wolkenkratzer Norman Fosters (Abb. S. 80) dokumentieren. In unterschiedlichen Nuancen findet sich der gläserne Kubus als Leitmotiv in der gesamten Geschichte der Architektur des 20. Jahrhunderts: vom Bauhaus in Dessau über Mies van der Rohes Neue Nationalgalerie in Berlin bis zu Jean Nouvels Institut du Monde Arabe in Paris.

Besonders im Bereich des Hochhausbaus erwies sich das einmal gefundene Schema der gläsernen Vorhangfassade als äußerst variabel. Durch die Betonung eines spezifischen Rasters bei der Fassadengliederung wie beim Richard Daley Center in Chicago von Skidmore, Owings und Merill sowie C. F. Murphy aus dem Jahr 1965 oder durch die Variierung des Grundrisses – weg vom kastenartigen Rechteck hin zum Polygon, wie ihn Walter Gropius beim Pan Am Building von 1963 vorführte – zeigt sich die ganze Breite der Möglichkeiten, mit denen die Architekten auf den sich wandelnden Geschmack der Auftraggeber in den letzten 50 Jahren reagierten. Bei all diesen Bauten, bis hin zu ihren postmodernen Varianten, handelt es sich, ganz unabhängig von den weiteren technischen Innovationen im Bereich der Klimatechnik oder der Hinterlüftung der Fassade, jedoch letztlich nur um die Variationen eines Themas, das bereits am Anfang des letzten Jahrhunderts durch die Einführung der neuen Baumaterialien Glas, Stahl und Beton vorgegeben worden war.

Eero Saarinen, ***Forschungslaboratorien von General Motors***, Warren, Michigan (USA), 1948–1956

Der Verwaltungsbau (Vordergrund) von General Motors steht mit seiner aus vorfabrizierten Bauteilen zusammengesetzten *curtain-wall*-Fassade auf einer Stufe mit den gleichzeitigen Stahl-Glasbauten Mies van der Rohes, die hier durch innovative Materialverwendung (emaillierte Metallplatten, Neopren-Dichtungen) weiterentwickelt wurden. Durch die fein differenzierte Farbigkeit der Baumaterialien vermittelt der Bau den Eindruck von übereinandergelagerten horizontalen Schichten, die durch die dünnen vertikalen Streben des Stahlskeletts rhythmisiert werden. Zusammen mit der Kuppel des Versammlungsgebäudes (Hintergrund) veranschaulichen die Forschungslaboratorien von GM bereits durch ihr architektonisches Erscheinungsbild etwas von dem technischen Know-how, das das Unternehmen auszeichnet.

Horizontale versus Vertikale

Die gläserenen Kuben im Stil Mies van der Rohes mussten sich jedoch nicht zwangsläufig nur in die Höhe entwickeln. Für den amerikanischen Autokonzern General Motors (GM) errichtete Eero Saarinen, der Sohn des Architekten Eliel Saarinen, 1948 bis 1956 in Warren, Michigan, Forschungslaboratorien in Form eines langgestreckten horizontalen Bandes aus Glas. Die Einrichtung war Teil einer größeren Anlage für GM, zu der ferner eine Versammlungshalle gehörte, die die Form einer mit Aluminium verkleideten, glitzernden Halbkugel bekam.

Diese Formensprache und Materialverwendung bei Saarinen war mit ihrem technischen Charakter nur scheinbar nüchtern. Zu einer Zeit, da die USA auf dem Bikini-Atoll (in Ozeanien) ohne größere Sicherheitsvorkehrungen Atombombenversuche unternahmen und der Wettlauf auf den Weg ins All zwischen den Supermächten USA und Sowjetunion seinem Höhepunkt entgegenstrebte, präsentierte sich auch die Architektur in einem betont zukunftsorientierten Erscheinungsbild.

Hierin wiederholte sich übrigens ein jahrhundertealtes Motiv im Zusammenspiel zwischen Bauherrn und Architekten, das sich unverändert durch alle Architekturmoden und -epochen gezogen hatte: Bauwerke erfüllen funktionale und repräsentative Aufgaben, und so lag es quasi in der Natur der Bauaufgabe „Forschungslaboratorium

Alison und Peter Smithson, *Hunstanton School,* Norfolk (Großbritannien), 1949–1953

„Wasser und Elektrizität kommen nicht aus unerklärlichen Löchern in der Wand, sondern werden durch sichtbare Leitungen geführt. Hunstanton School *wirkt* nicht nur, als sei es aus Glas, Ziegel, Stahl und Beton gemacht, es *ist* aus Glas, Ziegel, Stahl und Beton gemacht." Damit formulierten Alison und Peter Smithson zum ersten Mal die Grundphilosophie des *Brutalismus*, der bis in die 70er-Jahre prägend werden sollte: eine „brutale" Ehrlichkeit in Material, Konstruktion und Funktion.

für GM", ein Design zu entwickeln, das die technische Versiertheit und Zukunftsorientierung des Bauherrn (und seiner Produkte) visualisierte.

RÜCKWIRKUNGEN

USA meets Europe

Die wohl vollendetste Variante der Stahl-Glas-Konstruktion schuf Arne Jacobsen mit dem Bau des Rathauses im dänischen Rødovre (1954–1956). Wie bei Saarinens GM-Komplex entwickelte sich der Baukörper nicht in die Höhe, sondern in die Horizontale. Ein strenges Rastersystem gliederte die drei Stockwerke des Baus. Diesem strengen Fassadensystem entsprach auch die Anordnung der einzelnen Baukörper im rechten Winkel zueinander: Der höhere und längere Verwaltungstrakt wurde durch einen gläsernen Gang mit dem dahinterliegenden, fast vollständig durch große Scheiben verglasten Vortragsbereich verbunden. Die extrem nüchterne und dabei aber hochelegante Formensprache setzte sich auch im Inneren des Rathausbaus fort, so im Bereich der selbsttragenden Treppen, die über glänzende stählerne Handläufe und spiegelnde gläserne Brüstungen verfügten.

In ähnlicher Radikalität wie Jacobsen, wenngleich mit einer gänzlich anderen formalen Lösung, traten Alison und Peter Smithson an die Herausforderungen heran, vor die Mies van der Rohes Bauten die jüngere Architektengeneration stellten.

Mit der Hunstanton School in Norfolk in Großbritannien (1949–1953) griffen sie auf Mies' Konzept der Stahlrahmenbauten zurück. Im Gegensatz zu Jacobsens strenger Axialität legten die Smithsons ihrem Bau jedoch einen asymmetrischen Grundriss zugrunde. Auch fanden bei ihnen keineswegs nur Glas und Stahl Verwendung. Zusätzlich wurde ihre Stahlrahmenkonstruktion durch *Backsteine ausgefacht*. Das entscheidende Neuerungsmoment ihres aufsehenerregenden Schulbaus aber war es, dass alle Leitungen und Versorgungsschächte offen und unverkleidet zutage traten. Mit dieser unbedingten Materialehrlichkeit, die alles zeigte und nichts von der Gebäudetechnik verbarg, verabschiedeten sie sich letzten Endes bereits von Mies van der Rohes ausgewogener und ästhetischer Architektur und leiteten die Hinwendung zu einer neuen Epoche der Architektur des 20. Jahrhunderts ein, die für die 60er- und 70er-Jahre prägend werden sollte: der sogenannte „Brutalismus".

ARCHITEKTUR ALS SKULPTUR

Spirale der Kunst

Über ein halbes Jahrhundert lang hatte Frank Lloyd Wright bereits die amerikanische und die europäische Architektur mit seinen Bauten geprägt und zahlreiche jüngere Architekten beeinflusst, als 1959 sein Spätwerk in Form des Solomon R. Guggenheim-Museums vollendet war (erster Entwurf 1943), das der Sammlung der mo-

Arne Jacobsen, *Rathaus Rødovre,* bei Kopenhagen (Dänemark), 1954–1956

Nüchterner, präziser, aber auch eleganter geht es nicht mehr: Mit dem Rathaus Rødovre schuf Arne Jacobsen die wohl vollendetste Variante der Stahl-Glas-Konstruktion. Damit stellte er sich der in Dänemark herrschenden Bautradition, den üblichen natürlichen Baustoffen Holz und Ziegel, und auch den traditionellen Vorgaben zur Farbigkeit vehement entgegen. Zugleich war der Bau eine neue Interpretation der Bauaufgabe Rathaus: Frei vor der eher wenig mitteilsamen Kiste für die Verwaltung stand der vollkommen gläserne Versammlungssaal des Gemeindeparlaments – zur Schau gestellte Demokratie.

Frank Lloyd Wright, *Solomon Guggenheim Museum,* New York, erster Entwurf 1943, Bauzeit 1956–1959, Glaskuppel über dem Innenhof (unten)

In der Rasterwelt von New York bildet der elfenbeinfarbene, mit der Spitze im Erdreich steckende Kegel einen Fremdkörper. Fahrstühle bringen den Besucher von der Straße an den höchsten Punkt des glasgedeckten Innenhofs. Von hier geleitet ihn eine offene Spirale, die auch im Äußeren des fensterlosen Kegels abzulesen ist, hinab, vorbei an den an der Innenseite der Außenwand aufgehängten Bildern der Sammlung. Dieses eher an ein Kino erinnernde Museum hat mit dem traditionellen Kunsttempel, der auf distanzierte Anschauung zielt, nichts mehr gemein. Statt dessen hebt Wright die Rampen und Spiralen von amerikanischen Tankstellen und Parkhäusern – Chiffren der Mobilität – in den Rang einer Kunstform, entwirft einen Museumsbau für die Konsumgesellschaft und macht ihn selbst zu seinem wichtigsten Ausstellungsobjekt.

dernen Malerei seines Stifters ein Forum bieten sollte.

Museen waren seit dem frühen 19. Jahrhundert zu einer der wichtigsten Bauaufgaben aufgestiegen. Hatten die Wunderkammern des Mittelalters und des Barock den Fürsten und Herrschern zur Unterhaltung und Belehrung gedient, so entdeckte um 1800 ein bürgerliches Publikum sein Interesse für die Kunst. Mit der Umwandlung des Pariser Louvre zum Museum und mit dem Bau von Karl Friedrich Schinkels Altem Museum in Berlin entstanden die Inkunabeln der modernen Museumskultur, denen weltweit zahlreiche weitere Bauten folgten.

Vor diesem Hintergrund waren Solomon R. Guggenheims Vorgaben, die er dem siebzigjährigen Frank Lloyd Wright für den Museumsbau in der aufstrebenden Kunstmetropole New York erteilte, ebenso lapidar wie schwierig umzusetzen: Der Neubau sollte mit keinem anderen Museumsbau vergleichbar sein. Und tatsächlich war die Lösung, die Wright fand, äußerst ungewöhnlich und einzigartig.

Wie ein umgedrehter Kegel, mit der Spitze im Erdreich, erhebt sich der Hauptteil des Gebäudes, das selbst den Charakter einer Skulptur besitzt. Um zu den Bildern zu gelangen, fährt der Besucher mit dem Fahstuhl nach oben; in weiten Spiralen, die auch am Äußeren des ansonsten fensterlosen Kegels abzulesen sind, senkt sich dann der Weg gemächlich hinab. Dabei umschließt die abwärtsführende Rampe einen atriumartigen, hellen Innenhof, der sich kegelartig durch das ganze Gebäude erstreckt und von einer flachen Glaskuppel bekrönt wird.

Es ist viel darüber gestritten worden, ob Wrights Museum, dessen Fertigstellung und Eröffnung der Architekt nicht mehr erlebte, einen angemessenen musealen Hintergrund für die Bilder der Sammlung Guggenheim bietet. Sicher ist aber, dass Wright einen einzigartigen Baukörper geschaffen hat, der in seiner utopischen Formensprache an frühe Architekturvisionen des 20. Jahrhunderts erinnert und somit durchaus mit der Sprache der abstrakten Bilder korrespondiert, die er beheimatet.

LE CORBUSIER

Die neue Gemeinschaft – Unitó d'habitation

Obwohl die Bebauung des UN-Areals auf einen Entwurf Le Corbusiers zurückging, wurden für die Verwirklichung der Bauten andere Architekten herangezogen (s. S. 60). Doch Le Corbusier, der große Planer und Vorreiter der Avantgarde, trat in den Jahren nach dem Ersten Weltkrieg auch in Europa mit weiteren Projekten an die Öffentlichkeit, die seine Bedeutung als wohl wichtigster Architekt des Jahrhunderts festigten.

Bereits seit den 20er-Jahren waren angesichts der allgemeinen Wohnungsnot die Probleme des Wohnungs- und *Siedlungsbaus* zu einem zentralen Anliegen zahlreicher Architekten geworden. Neben der Öffnung der Wohnungen für Luft und Licht und der Rationalisierung der Bauweise standen auch soziale Aspekte im Vordergrund, die sich in der Anlage von gemeinschaftlichen Bereichen wie Waschküchen und Dachgärten bei den Siedlungsbauten niederschlugen.

Le Corbusier, *Notre-Dame-du-Haut,*
Ronchamp, Vogesen, 1950–1955

Meterdicke, in Wahrheit zweischalige, nach innen geneigte Wände aus schwerem, rauem Beton umschließen einen ganz auf sich bezogenen, meditativen Raum. Das massige, pilzhutförmige Dach – eine Beton-Hängekonstruktion – wird durch schmale Glasfugen von der Wand getrennt, dramatisch beleuchtet und scheint zu schweben. Die unregelmäßig, tief in die Wand eingeschnittenen bunten Fenster betonen die Brennpunkte der liturgischen Abläufe.
Als höchst expressive Skulptur scheint die Wallfahrtskirche auf den ersten Blick nichts mit den rationalen Wohnblöcken gemein zu haben, die Le Corbusier zeitgleich verwirklichte. Doch genauso wie die Unité d'Habitation ein vernunftbestimmtes Wohnkonzept materialisiert, setzt Ronchamp die funktionalen und emotionalen Anforderungen seiner religiösen Bestimmung um. In beiden Fällen wurde die Bauaufgabe mit gleicher Konsequenz erfüllt.

Auch Le Corbusier hatte sich mit den Fragen des kollektiven Wohnens in seinen Theorien zum Städtebau auseinandergesetzt, so in seinem Buch *La Ville radieuse* von 1935.
Mit der Unité d'habitation in Marseille (Abb. S. 66) entstand 1947 bis 1952 nun ein Komplex, der die verschiedensten Bedürfnisse seiner Bewohner in einem einzigen Gebäude zu befriedigen suchte. Mit einem Hotel, einem Dachgarten, einem Planschbecken für die Kinder, einem Kindergarten und einer Einkaufshalle verfügte die Unité über eine einzigartige Infrastruktur. Wohl nicht durch Zufall erinnert die Architektur des Hauses und seiner Dachaufbauten an einen riesigen Ozeandampfer, mit dessen ebenso zweckmäßigen wie ästhetisch ansprechenden Formen sich Corbusier auch schon in seinen früheren Werken immer wieder auseinandergesetzt hatte. Wie ein großes Schiff am Rande des Hafens von Marseille, so erscheint die Unité, die ihre Bewohner durch die Geschäfte und die sozialen Einrichtungen über einen längeren Zeitraum weitgehend autark versorgen kann und so beispielgebend steht für das von Corbusier propagierte System kollektiven Wohnens.
Die 370 Wohnungen der Unité, die jeweils sowohl über ein- als auch über mehrgeschossige Trakte verfügen, sind durch ein komplexes Grundrissraster untereinander verschachtelt, das auch von der Fassadengliederung ablesbar ist. An die Stelle der zur Monotonie neigenden Rasterfassaden amerikanischer Hochhausbauten tritt bei der Unité eine fast grafisch gestaltete Fassade. Als ein deutlicher Einschnitt, der sich von der sonstigen Fassade abhebt, zeigt sich dabei die Ladenstraße, die im Inneren der Unité der Versorgung der Bewohner dient. Die expressive Dachlandschaft verleiht dem auf Betonstützen errichteten Gebäude eine zusätzlich betont technische Note.

Skulpturen aus Beton

Auch in der Frage der Materialverwendung setzte Corbusiers Unité neue Akzente. Der rohe, unverkleidete Beton – der *béton brut* –, ohne den seine Konstruktionen nicht denkbar wären, entwickelte bei ihm eine zunehmend eigenständige Qualität und fand gleichberechtigt neben anderen Materialien auch an der Fassade Verwendung.
Das Loslösen von der inzwischen weltweit standardisierten Formensprache der Moderne kennzeichnet das gesamte Spätwerk Corbusiers. Ein Spätwerk, das sich weiterentwickelte und so zur wichtigen Triebfeder für die Entwicklung anderer Architekten werden konnte. Im Besonderen der Umgang mit dem *béton brut* wurde u. a. für Architekten wie Kenzo Tange (s. S. 83) und Louis I. Kahn (s. S. 71) zur wichtigen Anregung und fand in der Materialehrlichkeit des *Brutalismus* (s. S. 69) in den 60er-Jahren seinen Niederschlag.
Mit der Kirche Notre-Dame-du-Haut setzte sich diese Entwicklung im Werk Corbusiers fort. Zwischen 1950 und 1955 errichtet, wurde sie zu einem der bedeutendsten Kirchenbauten dieses Jahrhunderts. Nichts war hier mehr zu spüren von der kühlen und klaren Materialität der gleichzeitig entstandenen gläsernen Hochhauskuben. Statt eines standardisierten oder typisierten Bauwerks, das nur auf seine technische Reproduktion an irgendeinem beliebigen Ort auf der Welt wartete, errichtete Corbusier in Ronchamp eine einzigartige Beton-Skulptur, deren ausdrucksstarke Formen kaum in Worte zu kleiden sind.
Von außen wird das Gebäude durch das weit auskragende Dach beherrscht, das sich wie eine Hutkrempe nach innen wellt. Innen wird der expressionistische Raumeindruck durch die unregelmäßig in die Wände geschnittenen Fenster und die gekurvten Formen von Wand und Dach bestimmt. Lässt man sich auf Corbusiers expressive Formensprache von Ronchamp ein, öffnet sich für die Linien- und Lichtführungen und versucht, die Architektur mit den eigenen Blicken zu erfahren und zu verstehen, dann gewinnt allein schon die langsame Wahrnehmung dieser skulpturalen Architektur einen meditativen Charakter, der die Funktion des Gebäudes als Sakralraum auf eine einzigartige Weise herausstellt.

DIE NEUE STADT

Corbusiers Chandigarh in Indien

Zum Abschluss seiner Architektenlaufbahn durfte sich Corbusier an das wagen, was ihn sein Leben lang begleitet hatte: die Idee einer neuen Stadt in die Tat umzusetzen. Von 1951 bis zu seinem Tod 1965 beschäftigte er sich mit dem Bau von Chandigarh, das als Hauptstadt des neuentstandenen indischen Bundesstaates Punjab gegründet wurde.

Tatsächlich verfügte Indien im 20. Jahrhundert über eine beträchtliche Erfahrung mit der Gründung neuer Städte. So hatte der englische Architekt Edwin Lutyens für das damals noch als Vizekönigreich unter britischer Verwaltung stehende Indien bereits zu Beginn des Jahrhunderts die neue Hauptstadt Neu-Delhi geschaffen. Die Monumentalität von Lutyens' durchaus qualitätvollen *klassizistischen* Bauten verstand Corbusier nun in eine Monumentalität umzuwandeln, die ohne das klassische Formenrepertoire der Architektur auskam. Dabei ließ er sich von der indischen Architektur und Lebenswelt inspirieren und vermischte sie mit dem spezifischen Formenvokabular der Moderne.

Die Bauten Chandigarhs verwirklichte Corbusier zusammen mit Jane Drew, Maxwell Fry und seinem langjährigen Mitarbeiter Pierre Jeanneret. Im Zentrum der Stadt standen die Verwaltungsbauten für das Oberste Gericht und die Regierung. Wiederum tritt der Beton in einer ähnlich expressiven Verwendung wie in Ronchamp hervor, werden skulpturale Dachlandschaften im Stile der Unité geschaffen.

Doch trotz der Qualiät der einzelnen Bauten tritt auch das Scheitern des Projektes zutage. Als Symbol des „Neuen Indiens" geplant, das 1947 in die Unabhängigkeit entlassen wurde, schuf Corbusier einen genialen Wurf für die Zukunft – die Vison einer autogerechten Stadt – in einer Welt, in der die meisten Menschen zu Fuß gehen müssen, weil sie sich eine andere Fortbewegungsart gar nicht leisten können. Selbst ein Architekt vom Schlage Le Corbusiers konnte seinen hohen architektonischen Anspruch nicht in die indische Wirklichkeit in Chandigarh implantieren.

Architektur als Ausdruck einer neuen Welt: Brasilia und die Pläne Niemeyers

In Brasilien, in dem nach 1945 zunächst eine Demokratie Fuß fassen konnte, sollte der Aufbruch in die neue Ära auch architektonisch eine besondere symbolische Gestalt annehmen. Mitte der 50er-Jahre erhielten daher der überzeugte Kommunist Oscar Niemeyer als Architekt und der Stadtplaner Lúcio Costa von Staatspräsident Juscelino Kubitschek den Auftrag, eine neue Hauptstadt im Inneren des lateinamerikanischen Landes zu planen: Brasilia.

Für 500 000 Menschen konzipiert, gab man der zwischen 1956 und 1963 verwirklichten Stadt, deren Standort als Impuls für die Erschließung des Binnenlandes dienen sollte, als Ausdruck von Fortschritt und Modernität den Umriss eines Flugzeugs. In Cockpit, Rumpf und Tragflächen gegliedert, erhielt jeder der drei städtischen Bereiche eine feste Funktion zugewiesen: von der Regierung über die Verwaltung bis zum Wohnen.

Das architektonische und funktionale Zentrum der neu geschaffenen Stadt wurde der Platz der drei Gewalten (Abb. S. 66). Während Niemeyer die Abgeordnetenkammer mit einer untertassenartigen Schale bekrönte, erhielt das Senatsgebäude eine Kuppel. Zwischen beiden Bauteilen ragten als Wahrzeichen die beiden Scheibenhochhäuser mit ihren Verwaltungsbüros empor. Die fast an klassische Vorbilder heranreichende Axialität und Monumentalität der Bauten sind die wichtigsten Kennzeichen der Architektur Niemeyers.

Zunächst viel gelobt, wird der visionäre Charakter Brasilias inzwischen viel geschmäht, ist er doch an der Wirklichkeit des Landes gescheitert. So hat Niemeyer seinen Bauten zwar eine ausdrucksstarke Gestalt gegeben, nahm aber keine sonderliche Rücksicht auf die klimatischen Verhältnisse im Inneren Brasiliens. Als noch gravierender erwies sich, dass der flugzeugförmige Kern der Stadt eine magnetische Wirkung auf die Landbevölkerung ausübte: Inzwischen ist die neue Stadt von einem Ring mehr oder weniger offizieller Slums umgeben, durch die die Einwohnerzahl auf zwei Millionen angeschwollen ist, was fatale Folgen für die völlig überlastete städtische Infrastruktur Brasilias mit sich brachte, die ursprünglich nur für ein Viertel der Bewohner angelegt worden war.

Oscar Niemeyer und Lúcio Costa, *Kathedrale*, Brasilia, 1956–1963

Staatspräsident Juscelino Kubitschek ließ ab 1956 in den Wäldern des Amazonas, 1000 Kilometer nordöstlich von Rio, eine neue Hauptstadt bauen, für die Lúcio Costa den Generalplan entwarf und Oscar Niemeyer als Architekt verantwortlich zeichnete.

Die 21 kreisförmig angeordneten, aufeinander zulaufenden, gebogenen Stützen der Kathedrale öffnen sich oben in der Mitte zu einem an einen Heiligenschein erinnernden Ring, der einen eindrucksvollen Lichtkegel ins Innere des Gebäudes einfallen lässt und es in eine leuchtende Farbigkeit taucht.

Die Bauten Oscar Niemeyers für Brasilia, insbesondere das Kongressgebäude mit seinen beiden Betonschalen (Abb. S. 66), der in einem Wasserbassin „schwimmende" Präsidentenpalast und die Kathedrale mit ihren gewaltigen Betonstrahlen gehören in ihrer fantastischen Erhabenheit zu den Höhepunkten der modernen Architektur.

Entwürfe für die Stadt der Zukunft

STADTPLANUNG IM 20. JAHRHUNDERT

1930–2000

Das 20. Jahrhundert markiert den Übergang von der Stadtbaukunst zur Stadtplanung. Sie entstand infolge der Industriellen Revolution, die die traditionelle Stadt an ihre Grenzen stoßen ließ, und gebar ein neues Ideal: die Stadt der Moderne. Der Versuch, ein neues Stadtideal durchzusetzen, scheiterte in den 80er-Jahren und führte zur Rückbesinnung auf die traditionelle Stadt. Doch neue wirtschaftliche Rahmenbedingungen stellen am Ende des 20. Jahrhunderts die Stadt und die Einflussmöglichkeiten von Planung erneut infrage.

Die Stadt der Moderne

Während die Entwürfe für Gartenstadt und „Usonia" (s. S. 40/41) auf dem Land angesiedelt waren, erarbeitete der französische Architekt und Sozialist Tony Garnier ein bis ins Detail durchgeplantes Modell für eine moderne Industriestadt. Sein 1904 vorgestelltes Projekt einer „Cité industrielle" sah getrennte Funktionsbereiche für Wohnen, Arbeiten, Erholung und Verkehr vor. Das Verkehrssystem bestand aus separaten Fahr- und Fußgängerwegen, Durchgangs- und Erschließungsstraßen. Grünflächen nahmen mehr als die Hälfte des Stadtgebiets ein. Darin eingebettet waren lockere Gruppen einfacher, industriell aus *Stahlbeton* errichteter, freistehender Wohnhäuser, die gute Durchlüftung und Belichtung boten.

Garnier leistete die konzeptionelle Vorarbeit für die Moderne. Seine architektonischen Details und städtebaulichen Ideen wurden zu ihren Grundprinzipien. Doch erst die großartigen, abstrakten Projekte von Le Corbusier verliehen diesen Ideen ideologische Schlagkraft und verhalfen ihnen schließlich zum Durchbruch. 1922 erarbeitete er den Plan der „Ville contemporaine". Wo Garniers maximal dreigeschossige Kleinstadt sich in die Fläche ausdehnte, wollte Corbusier drei Millionen Einwohner in Massenquartieren mit bis zu 60 Geschossen unterbringen. Mit dem „Plan Voisin" projizierte Le Corbusier drei Jahre später seine Vorstellungen erstmals auf einen konkreten Ort: Achtzehn 200 Meter hohe Wolkenkratzer sollten einen Teil der historischen Altstadt von Paris ersetzen. Die theoretische Grundlage dieses gezeichneten Manifests wurde 1933 auf dem vierten Congrès Internationaux d'Architecture Moderne (CIAM) erarbeitet und 1943 von Le Corbusier und der französischen CIAM-Gruppe veröffentlicht.

Diese „Charta von Athen" manifestierte eine neue Stadt. Wo die traditionelle Stadt sich gegenüber dem Land abgrenzte, auf Arbeitsteilung von öffentlichen und privaten Einflussräumen basierte, öffentliche Straßen, Plätze und Parks klar von privat Gebautem unterschied, Städtebau und Architektur trennte, setzte die Stadt der Moderne auf einen einheitlichen, öffentlichen, durchgrünten Siedlungsraum, der von einer zentralen, staatlichen Planungsgewalt organisiert wurde. Der Nutzungsmischung und dem für alle Transportmittel gemeinsamen Wegesystem der traditionellen Stadt setzte die Stadt der Moderne Funktionstrennung und ein hierarchisches Verkehrskonzept entgegen. Die Wohnungsfrage, an der sich die Krise der alten Stadt festmachte, sollte nicht mehr privaten Spekulanten überlassen werden, sondern durch vom Staat errichtete Massenquartiere gelöst werden, deren standardisierte Wohnverhältnisse Licht, Luft und Sonne für alle bieten sollten.

Die Charta von Athen wurde zur Gebrauchsanweisung, nach der in den folgenden Jahrzehnten in aller Welt Stadt neu geplant und gebaut wurde. An der Idee des Neuen fanden besonders die nach dem Zweiten Weltkrieg gegründeten Staaten Gefallen. Wie in Ost-Berlin errichteten sie neue, dem Kollektiv geweihte Stadtzentren. Auf den Trümmern beiderseits der alten Frankfurter Allee errichteten Edmund Collein, Werner Dutschke und Josef Kaiser zwischen 1959 und 1965 den ersten sozialistischen Wohnkomplex. Doch auch im Westen baute man bis in die 70er-Jahre kaum weniger fragwürdige Massensiedlungen mit Zehntausenden von Wohneinheiten, während man die alten Mietskasernenquartiere dem Abriss preisgab. Systemübergreifend wurden historisch gewachsene Zentren unter dem Schlachtruf der autogerechten Stadt umgebaut, Schnellstraßen durch Altstädte geschlagen.

Die Chance, eine komplett neue Stadt zu errichten, ergab sich dagegen nur selten. Ab 1951 wurde Le Corbusier von Jawaharlal Nehru mit der Planung der Hauptstadt Chandigarh beauftragt, die zum Sinnbild des modernen Indien werden sollte. Über eine etwa 100 Hektar große Fläche legte er ein Raster aus Durchgangsstraßen. Sie trennen Wohnquartiere für 150 000 Menschen, in denen jede der 13 Kasten der indischen Gesellschaft für sich lebt. Gemeinsam benutzen sie lediglich die Handelseinrichtungen, die sich an einer Ost-West-Achse aufreihen und in deren Mitte das Bürgerzentrum liegt. Die Regierung kommt nördlich der Stadt in einem gesonderten Bezirk unter.

Ähnliche Vorstellungen veranlassten Brasilien, sich 1000 Kilometer von Rio de Janeiro entfernt auf der Hochebene von Planatina eine neue Hauptstadt zu bauen. Den städtebaulichen Wettbewerb gewann Lúcio Costa 1957. Schon vier Jahre später hatte Oscar Niemeyer die wichtigsten Gebäude realisiert. 1961 wurde Brasilia eingeweiht.

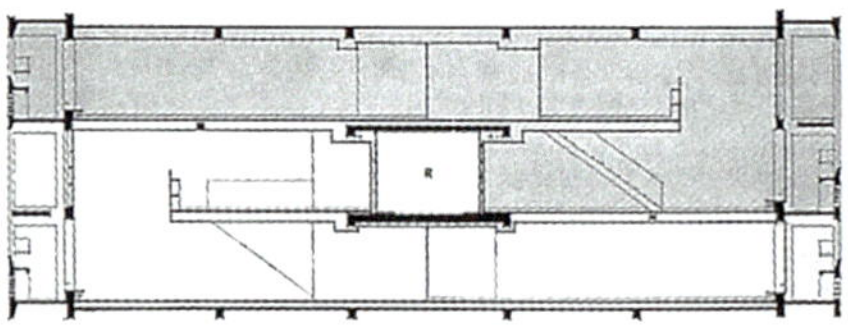

Die Unité d'habitation in Marseille von Le Corbusier (1952) und ein Querschnitt durch drei Stockwerke einer Wohneinheit (s. S. 64)

Costas Plan basierte auf einem simplen Kreuz zweier vier- bis zehnspuriger Schnellstraßen. An der 2,2 Kilometer langen und über 350 Meter breiten Ost-West-Achse liegen alle öffentlichen Bauten für Verwaltung, Sport, Militär, Hotels und Theater. Ihren krönenden Abschluss bildet der Platz der drei Gewalten mit dem 38-stöckigen Verwaltungshochhaus, der Schale des Kongresses, der Kuppel des Senats, dem Gerichtshof, dem Außenministerium und der Kathedrale (Abb. S. 65). Senkrecht zu dieser monumentalen Achse verläuft die 14 Kilometer lange Nord-Süd-Achse, an der sich durchgrünte Wohnkomplexe aufreihen, in denen die Menschen in fünf- bis sechsgeschossigen Wohnscheiben leben. Den Kreuzungspunkt markieren Banken und das Einkaufszentrum.

An Brasilia lässt sich exemplarisch das Scheitern der Moderne ablesen: Erfolgreich war sie nur bei

Die „Schale" des Kongresses, dahinter das Verwaltungshochhaus am Platz der drei Gewalten in Brasilia von Oscar Niemeyer

Alvaro Siza Vieira, „Bonjour Tristesse“, kritische Rekonstruktion eines Wohnblocks im Vorfeld der Internationalen Bauausstellung (IBA) in Berlin-Kreuzberg, 1982–1983

der Bewältigung der Wohnungsfrage. Ansonsten konnte die Planung nicht einmal ihre eigenen Versprechungen einlösen. Im „rationellen“ Verkehrssystem von Brasilia lassen sich Distanzen von zwei Kilometern nicht zu Fuß bewältigen, Umwege von zehn Kilometern müssen abgefahren werden. Die internationalen stadtplanerischen Ideen, die hier verwirklicht wurden, ignorieren den Ort genauso wie die Traditionen des Landes. In der von Funktionstrennung und Verkehrsschneisen aufgelösten Stadt will keine Urbanität aufkommen. Statt einer Stadt entstand nur eine Ansammlung von Gebäuden. Trotz der enormen Freiflächen gibt es keinen Platz, den die Gesellschaft hätte nutzen können. Weil der Plan jeden Quadratzentimeter Brasilias festlegte, leben heute drei Viertel der Einwohner in planlos wuchernden Satellitenstädten. Städtebauliche Planungen, so die Haupterkenntnis, die Neues anstelle von historisch Gewachsenem errichten, berauben sich von vornherein der Chance auf eine nachhaltige Entwicklung.

Die Renaissance der Stadt

So besann sich die Theorie auf die traditionelle Stadt. In seinem 1966 publizierten Buch *L'Architettura della Città* betont der Italiener Aldo Rossi, dass die Form der Stadt, ihr Grundriss, ewig gültig sei. Nur die Nutzung, die sie ausfüllt, müsse sich immer wieder der Zeit anpassen. Ein Beispiel dafür sei der Piazza del mercato in Lucca, dessen ovale Form auf ein in der Antike an dieser Stelle stehendes Kolosseum zurückgeht. In den 70er-Jahren veröffentlicht der Niederländer Rem Koolhaas mehrere Analysen der Metropole New York. In seinem Buch *Delirious New York* feiert er das Prinzip der Nutzungsmischung. Der Wolkenkratzer, der Büros, Wohnungen und Vergnügungsstätten unter einem Dach vereint und wie das Rockefeller Center (Abb. S. 49) zudem noch einen öffentlichen Platz schafft, ist für ihn der Prototyp des städtischen Hauses. Wie sich seine verschiedensten architektonischen Ausprägungen vermittels des Systems von Blöcken zu einer einheitlichen Stadt zusammenfügen, zeigte Koolhaas 1972 mit der Zeichnung *The City of the Captive Globe*. Sie betont die Vorteile einer Trennung von Architektur und Städtebau. 1977 wird die „Charta von Machu Picchu“ verfasst. Als Gegenthese zur Charta von Athen fordert sie unter anderem die Erhaltung historischer Bausubstanz, die Kontinuität des Stadtgrundrisses, die Integration verschiedener Nutzungen sowie die Priorität des öffentlichen gegenüber dem Individualverkehr.

In der Folge verlagerten sich die städtebaulichen Aktivitäten immer mehr auf die Innenstadt. Zwischen 1984 und 1987 machte die Internationale Bauausstellung (IBA) West-Berlin zum Schauplatz städtebaulicher Ideen. Unter dem Leitbild der „Behutsamen Stadterneuerung“ wurde die überkommene Bausubstanz instandgesetzt und im Schatten der Mauer ihre Zukunftsfähigkeit demonstriert. Unter dem Leitbild der „Kritischen Rekonstruktion“ wurde der von Krieg und moderner Stadtplanung zerstörte Stadtgrundriss mit unterschiedlichsten, zeitgenössischen Architekturen wiederaufgebaut. Die IBA war mit ihrem Kernanliegen, die Innenstadt als Wohnort wiederzugewinnen, durchaus erfolgreich. Solange aber das Projekt Stadt allein von der öffentlichen Hand getragen wurde und das Programm allein aus Sozialem Wohnungsbau bestand, konnte nur das Bild von Stadt, aber noch keine Urbanität geschaffen werden.

Erfolgreicher war man in Spanien: In einem unglaublichen Kraftakt wurden zwischen 1981 und 1993 in Barcelona zahllose Plätze wiederbelebt, im ganzen Land Schulen, U-Bahnen und Kulturzentren gebaut. Nach dem Ende der Franco-Diktatur eroberte sich die lange unterdrückte Öffentlichkeit ihre städtischen Räume zurück.

Heutige Situation

Die Individualisierung der Gesellschaft zum Ende des 20. Jahrhunderts stellt das Gemeinschaftsprojekt Stadt erneut infrage. Die Liberalisierung der Wirtschaft untergräbt das Planungsmonopol der Kommunen, die durch die daraus folgende Finanzkrise ihre aktive Rolle bei der Stadtentwicklung bereits eingebüßt haben, und erhöht den Einfluss privater Investoren. Wo jedoch die Planbarkeit von Stadt generell in Zweifel steht, treten ästhetische Konzepte in den Hintergrund.

Mitte der 90er-Jahre machte sich der Deutsche Dieter Hoffmann-Axthelm Gedanken, wie man unter diesen Bedingungen überhaupt noch planen und der Stadt eine nachhaltige Entwicklung sichern kann. Seine *Anleitung für den Stadtumbau* wendet sich gegen große stadtplanerische Eingriffe. Die historischen Straßenkonturen gäben das Grundgerüst der Stadt bereits vor. Die kleinteilige Parzellenstruktur biete die Garantie, dass alle stadtplanerischen Ziele erreicht würden und sich kein Teil auf Kosten eines anderen entwickeln könne. Nach dem Übergewicht des Privaten im letzten Jahrhundert und der Dominanz des Staatlichen in diesem müsse „die Dritte Stadt“ auf Kooperation basieren.

Sein Plädoyer für eine kleinteilig kooperative Entwicklung erscheint angesichts großer städtischer Veränderungen als reine Utopie. In aller Welt sind es nicht die Zentren, die sich entwickeln, sondern die Peripherien. Explosionsartig dehnen sich vor allem die Regionen Südostasiens aus. In unvorstellbarer Geschwindigkeit verdichtet sich zum Beispiel das Dreieck von Hongkong, Macao und Kanton zu einer Mega-Agglomeration. In nur fünf Jahren verdoppelte sich Kantons Einwohnerzahl. Die Hongkonger Vor-Stadt Shenzen bevölkern heute 115-mal mehr Menschen als vor 20 Jahren. Solche Quantensprünge vollziehen sich in Projekten von gigantischen Ausmaßen. Macao plant ein Landgewinnungsprojekt, für das 60 Quadratkilometer Wasserfläche zugeschüttet werden. Zwischen Hongkong und Kanton werden ein halbes Dutzend von Entlastungsstädten projektiert und ganze Buchten zugeschüttet, um wertvolles Bauland zu gewinnen. Jeweils 300 000 Menschen werden in gut 40 Stockwerke hohen Wolkenkratzern wohnen. Das Wachstum führt zu unglaublichen Dichten. Auf einem Quadratmeter konzentrieren sich heute in Hongkong zwanzig mal mehr Menschen als in europäischen Großstädten. Die daraus folgenden Probleme, etwa des Verkehrs, erinnern an die Krisensymptome der europäischen Städte im 19. Jahrhundert. Die Geschichte scheint sich zu wiederholen. Doch angesichts der ungleich größeren Dynamik scheint es fragwürdig, die im Lauf von 100 Jahren entwickelten Methoden der Stadtplanung zu übertragen. So sind die Städte Südostasiens heute Experimentierfeld eines neuen Metropolenmodells: der Chaos-Stadt. Diese „Stadt“ konstituiert sich nicht mehr aus den Gemeinsamkeiten ihrer Bewohner, die sich in einer einheitlichen Bauform ausdrücken, sondern aus der Konfrontation widerstrebender Interessen, die einen hocherschlossenen, aber flüchtigen Chancenraum ausbeuten. In dem permanenten Wachstums- und Wandlungsprozess, dem diese Stadt unterworfen ist, hat Planung keine Chance.

Landgewinnungsprojekte in Hongkong, um 2000. Links im Bild, vor Lantau, der neue Flughafen als Insel im Meer.

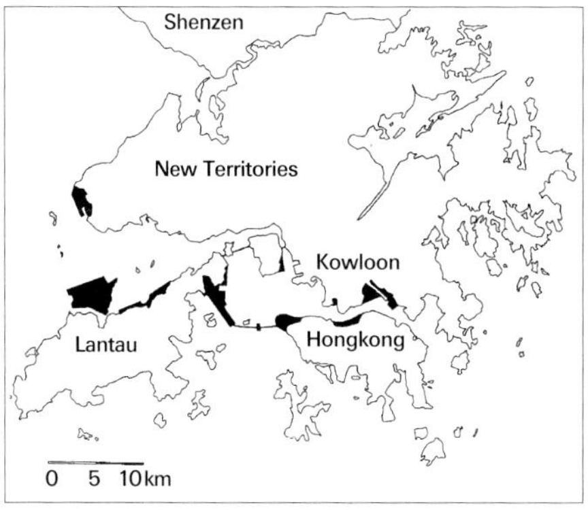

„Swinging Sixties“

Vision und Realität

1960–1970

SOZIALISMUS VERSUS KAPITALISMUS

Let's make a Revolution

Zum Dröhnen der Gitarren und Bässe der Rolling Stones und der Beatles, zu den Klängen von Jimmy Hendrix' Version der amerikanischen Nationalhymne beim Woodstock-Festival formierte sich in den 60er-Jahren weltweit die Jugend zu einer Protestgeneration. Immer länger wurden nun die Haare auf den Köpfen der Männer, und an die Stelle der bis dahin obligatorischen Krawatten traten bunte Batik-T-Shirts.

Die Universitäten von Berkeley bis zur Sorbonne entwickelten sich zu den geistigen Zentren, die den Protest anführten. Angeprangert wurden zunächst unzureichende Studienbedingungen; bald aber bekamen die Proteste zunehmend politischen Charakter, wandten sich gegen die traditionellen gesellschaftlichen Werte der westlichen Welt und ihre als verlogen empfundenen, oft nur pseudodemokratischen Strukturen, in denen die Diskriminierung gesellschaftlicher Teilgruppen zum Alltag gehörte.

Vor allem die Situation in den USA wurde zum Motor der Proteste. So forderte der amerikanische Bürgerrechtler Martin Luther King mit seinem friedlichen Protest in der Nachfolge Mahatma Gandhis die Verwirklichung der Gleichberechtigung für farbige Amerikaner ein, die besonders in den Südstaaten der USA noch immer unter der Diskriminierung zu leiden hatten. Doch schnell richteten sich die Proteste vor allem gegen den Vietnamkrieg, in dem die USA zusammen mit dem prowestlich orientierten Südvietnam einen barbarischen Stellvertreterkrieg gegen das kommunistisch indoktrinierte Nordvietnam führten.

Auch im Ostblock machten sich in den 60er-Jahren Reformbestrebungen breit. Der täglichen Repressionen und Gängeleien leid, forderten vor allem die Bürger der ČSSR einen Sozialismus mit menschlichem Antlitz ein. Der Gewährung freier Meinungsäußerung folgten Forderungen nach uneingeschränkter Demokratisierung, die allerdings den Widerstand der kommunistischen Parteiführungen der „Bruderländer“ hervorriefen. Im August 1968 walzten die Panzer des Warschauer Pakts die Hoffnungen des Prager Frühlings nieder und brachten so die Welt einmal mehr während des Kalten Kriegs an den Rand einer offenen militärischen Auseinandersetzung.

New York City wuchs in dieser Zeit endgültig zur Kunsthauptstadt heran, in der Andy Warhol die Campbell-Suppendosen mit seinen Siebdrucken in den Rang eines Kunstwerks erhob und aller Welt verkündete, dass in der durch die Medienpräsenz geformten Welt jeder für fünfzehn Minuten zur Berühmtheit werden könne. Werbung, Markenzeichen, Stars, aber auch anonyme Unfallopfer – Warhols rasterhafte Siebdruck-Multiplikationen stießen auf breiteste Resonanz und seine Marilyn-Monroe- und Mao-Tse-tung-Serien wur-

1960: Insgesamt 17 Staaten in Afrika werden unabhängig: Ende der Kolonialherrschaft. Der Überhang an Vernichtungspotenzial („Overkill“) zwischen USA und UdSSR bedingt das atomare Patt. 10-Mächte-Abrüstungskonferenz in Genf beginnt.

1961: Am 13. August errichtet die DDR zwischen Ost- und West-Berlin die Mauer. Die „Pille“ zur Empfängnisverhütung wird entwickelt und verbreitet. Tod des amerikanischen Filmschauspielers Gary Cooper.

1962: Kuba-Krise: Chruschtschow erklärt sich gegenüber Kennedy zur Demontage der russischen Raketen bereit. Uraufführung von Benjamin Brittens *War Requiem*. Freitod Marilyn Monroes.

1963: US-Präsident J. F. Kennedy wird am 22.11. in Dallas ermordet.

1964: Arafat übernimmt die Führung der „Fatah“ (arab. Bewegung zur Vertreibung der Israelis aus Palästina). Durch eine internationale Aktion beim Bau des Assuan Staudamms werden die Tempel von Abu Simbel gerettet. Britischer Film mit den und um die Beatles *Yeah! Yeah! Yeah!* in den Kinos.

1965: Friedensnobelpreis an int. Kinderhilfsorganisation UNICEF.

1966: In der sog. „Kulturrevolution“ mobilisiert Mao in China die Jugend u. a. gegen eine unbewegliche Organisation der kommunistischen Partei (bis 1969). Aus Protest gegen den Vietnam-Krieg beginnen in den westlichen Ländern Studentenunruhen. Indira Gandhi wird indische Ministerpräsidentin.

1967: Sechstagekrieg Israels gegen seine arabischen Nachbarn. Tod des sozialistischen Revolutionsführers Ernesto „Che“ Guevara, der zum Idol der revolutionären Jugend in aller Welt wird. Erste Herztransplantation in Kapstadt gelungen. Herbert von Karajan veranstaltet erstmals Salzburger Festspiele.

1968: Truppen der UdSSR, Polens, Bulgariens und der DDR besetzen die ČSSR, um Reformkurs zu beenden. Ermordung des amerikanischen Bürgerrechtlers Martin Luther King. Schwere Hungersnot in Biafra, der bürgerkriegsgeplagten Ostregion Nigerias. Club of Rome untersucht die „Grenzen des Wachstums“. Prozess gegen Hersteller des Schlafmittels Contergan, das im Verdacht steht, bei Schwangeren Missgeburten hervorgerufen zu haben.

1969: US-Weltraummission Apollo 11: Neil Armstrong betritt als erster Mensch den Mond. Pop-Festival bei Woodstock (USA).

Ein Demonstrant hält einem vorbeifahrenden sowjetischen Panzer eine blutbefleckte tschechische Fahne entgegen: Prag 1968

„Das ist ein kleiner Schritt für einen Menschen – aber ein großer Schritt für die Menschheit“: Neil Armstrong auf dem Mond

Le Corbusier, *Carpenter Center for the Visual Arts,* Harvard-University, Cambridge, Massachusetts (USA), 1961

Le Corbusiers letzter bedeutsamer Bau und zugleich sein erster in den USA bleibt vergleichsweise unspezifisch. Nach dem Scheitern seines UNO-Projektes und der weltweiten Anerkennung seiner indischen Planstadt Chandigarh zeigt sich Le Corbusier hier im Spannungsfeld zwischen Louis Kahn und dem späten Gropius. Ein Fassadenraster aus schrägen Schotten und horizontalen Platten, schwungvolle Wände und schwebende Rampen, skulpturale Treppen und freistehende Portale: Alles, was das Gebäude der School for the Visual Arts zu einer Schule des Sehens macht, ist aus nacktem Beton und bar jedes Ornaments, als dessen erklärter Gegner sich der Architekt zeitlebens verstand. Das Bauwerk, das als Manifest Le Corbusiers später Architekturideen gilt, macht zugleich deutlich, warum sich der Brutalismus in seinem Streben nach Materialehrlichkeit bald nur noch auf diesen einen Baustoff beschränkte: Kein anderer erlaubte eine so universale Formbarkeit.

den geradezu Ikonen der 60er-Jahre. Das Alltägliche wurde zur künstlerischen Wirklichkeit, bei Andy Warhol und Robert Rauschenberg ebenso wie bei Tom Wesselmann oder Roy Lichtenstein, dessen Bilder die kleinen Comicstrips zum Großformat aufblähten. Die Kunst wurde populär – sie wurde zur „Pop-Art".

In den 60er-Jahren begannen überall auf der Welt sozialistische Visionen aufzublühen, die der (auf dem Privateigentum an den Produktionsmitteln beruhenden) Wirtschaftsweise des Kapitalismus kritisch bis völlig ablehnend gegenüberstanden. Das neue China Mao Tse-tungs, die südamerikanischen Revolutionäre Che Guevara und Fidel Castro, aber auch die theoretische Rezeption der Gesellschaftstheorien Marx', Lenins oder der Frankfurter Schule verbreiteten das Ideal einer auf Gleichheit, Solidarität und Gerechtigkeit beruhenden sozialistischen Gesellschaft, das auch auf Architektur und Wohnformen Einfluss nahm.

BRUTALISMUS

Neue Offenheit

Schon Rudolph Schindler hatte in den 20er-Jahren mit seinem eigenen Wohnhaus in Amerika neue Formen eines kollektiven Zusammenlebens im privaten Rahmen zu formulieren versucht, die sich in der Gestaltung des Grundrisses widerspiegelten, während sich gleichzeitig Architekten wie Gropius in Siedlungsbauten in Europa von sozialistischen Gesellschaftsbildern leiten ließen.

Zu den wichtigsten Idealen, die durch die Geschichte der modernen Architektur des 20. Jahrhunderts hindurch zu verfolgen sind, zählt der Versuch, die konstruktiven Prinzipien eines Bauwerks für den Betrachter offenzulegen und dadurch erfahrbar zu machen, wie das Gebäude funktioniert. Tragende Teile einer *Stahlbetonkonstruktion* beispielsweise wurden als solche deutlich gemacht, indem man sie nicht zusätzlich mit Glasplatten oder *Werkstein* verkleidete. Zudem konnte man die unterschiedliche Funktion auch dadurch unterstreichen, dass man für die nichttragenden Teile der *Ausfachung* ein anderes Material verwendete, der Materialkontrast also Rückschlüsse auf die Funktion der Bauteile zuließ. Dahinter steht letztlich die Vorstellung, eine ehrliche Architektur zu verwirklichen, die ihre Strukturen nicht hinter einer beliebig auswechselbaren Fassadenverkleidung versteckt. Der amerikanische Architekt Louis I. Kahn (s. S. 71) hat dieses Prinzip in ein anschauliches Bild gebracht, als er postulierte, dass für ihn ein architektonisch gestalteter Raum ein Raum sei, dem man ansieht, wie er gemacht wurde.

Neben Kahn und den Smithsons in England aus der jüngeren Architektengeneration war es einmal mehr Le Corbusier, der sich in seinem Spätwerk diesen Prinzipien verschrieben hatte. Wohl auf seine Verwendung des *béton brut* (franz. brut: roh, unbearbeitet), also des unverkleideten, reinen *Betons,* geht auch der Terminus zurück, den man für diese architektonische Richtung gefunden hat, deren zunächst eher ethischer als ästhetischer Ansatz sich dem Begriff eines einheitlichen Stils verschließt, und der bis in die 70er-Jahre hinein ein wichtiger Bestandteil der architektonischen

Owen Luder Partnership, ***Tricorn Center,*** Portsmouth (Großbritannien), 1966

Brutaler Brutalismus: Das Tricorn Center umschließt Büros, Geschäfte, Restaurants, ja sogar Wohnungen, schluckt Menschen und Autos. Der einzige Kontakt mit der bestehenden Stadt sind die Zugänge, mit denen es an die umgebenden Straßen andockt. Mitten in der City von Portsmouth ist das Tricorn Center ein gänzlich autistisches Gebilde. Die brutale Wirkung des Megakomplexes wird noch dadurch gesteigert, dass das Bauwerk fast ausschließlich in schalungsrauem Beton ausgeführt ist. Gebäude wie das Tricorn Center diskreditierten bald nach der Fertigstellung den Brutalismus und seinen bevorzugten Baustoff. Die Erkenntnis, dass die Bedrohung der Stadt weniger von Materialien und Stilformen, sondern von dem Gebäudetyp ausgeht, hat sich dagegen bis heute nicht recht durchgesetzt. Center werden nach wie vor gebaut.

Ausdrucksformen bleiben sollte: der Brutalismus. Dass der Anspruch des Brutalismus zunächst eher ethischer Natur war, lag darin begründet, dass die von ihm propagierte Idee einer ehrlichen Architektur nicht an die Verwendung bestimmter Materialien gebunden war. Die Konstruktionsprinzipien von Architektur können prinzipiell mit Holz und Backstein ebenso offen zur Schau gestellt werden wie mit Stahl und Glas. Nicht zuletzt unter dem Einfluss Corbusiers nahm dennoch der für die Gebäudekonstruktion zeitgemäße Baustoff *Beton* die führende Rolle für die Bauten des Brutalismus ein.

Wichtig war es vor allem, die logischen Prinzipien zu zeigen, die dem Bau zugrunde lagen. Das galt keineswegs nur für die *Fassade*, sondern in besonderem Maße auch für die Entwicklung des Grundrisses, der – wiederum im Idealfall – unmittelbar aus den Bedürfnissen heraus entwickelt werden sollte, die die Nutzer an ihren Bau stellten.

So einleuchtend diese fundamentalen Vorstellungen des Brutalismus von Umgang und Entstehung der Architektur sind, so selten sind sie letzten Endes verwirklicht worden, setzen sie doch nicht nur ein unbedingtes – gleichberechtigtes – Einvernehmen zwischen Architekten und Bauherren voraus, sondern auch, dass man sich von modischen Strömungen freimacht: ein nahezu aussichtloses Unterfangen, da letztlich niemand das Korsett zu sprengen vermag, das ihm der Zeitgeist anlegt.

Die Bauten des Brutalismus verstanden es nur selten, ihren hohen theoretischen Anspruch auch auf die ausgeführten Bauten zu übertragen. Stattdessen entstanden oftmals massive Betonformen, die sich bewusst von der Außenwelt abzuschotten schienen und dadurch den Gegenpol zur gläsernen Eleganz der *Curtain-wall*-Hochhäuser oder der expressiven Ausdrucksstärke der Bauten eines Eero Saarinen darstellten.

EXPRESSION IN BETON

Kurve statt Winkel

Dienten Flugzeuge vor 1945 in erster Linie militärischen Zwecken und nur in einem wesentlich geringeren Maße der zivilen Luftfahrt, so änderte sich dies nach 1945 schlagartig. Die Zeiten, in denen die Flugpioniere wie Otto Lilienthal oder die Gebrüder Wright mehr schlecht als recht einige 100 Meter weit fliegen konnten, waren schon lange Vergangenheit und die erste Atlantiküberquerung durch Charles Lindbergh ein ferner Mythos der Fluggeschichte. An die Stelle der Ozeandampfer, die lange als Einzige das Privileg innehatten, die Kontinente miteinander zu verbinden, waren die Flugzeuge getreten. Entfernungen, die früher mehrere Tagesreisen umfasst hatten, schmolzen so auf wenige Stunden zusammen.

So erlebte die zivile Luftfahrt in den 50er- und 60er-Jahren einen ungeheueren Boom. Ein Boom, der bis heute anhält und die Fluggastzahlen jährlich weiter anschwellen lässt. In der konsumbegeisterten westlichen Welt verloren die Urlaubs- und Geschäftsreisen per Flugzeug schnell das Image des teuren Luxus und wurden zum erschwinglichen Alltag für jedermann. Vorbei waren die Zeiten, in denen die Kinder staunend die Finger in die Luft reckten und sehnsüchtig den Flugzeugen nachsahen, die über ihren Köpfen majestätisch ihre Kreise zogen.

Der Aufschwung der Luftfahrt spiegelte sich auch im Bau neuer, moderner und vor allem größerer Flughäfen, die nicht nur für die bequeme Abfertigung der Passagiere zu sorgen hatten, sondern zugleich zum Spiegelbild des Zeitgeistes avancierten.

Während Eero Saarinen mit den Forschungslaboratorien für General Motors (s. S. 61) in den frühen 50er-Jahren ein Beispiel für einen nüchternen Glaskubus geschaffen hatte, wandelte sich sein Stil zum Ende des Jahrzehnts hin. An die Stelle der beruhigten sachlichen Formen trat nun

LOUIS I. KAHN

Der 1901 auf der estländischen Insel Ösel (heute: Saarema) geborene Louis I. Kahn gilt als ein Meister im Umgang mit Licht. Sein Werk ist gekennzeichnet durch Bauten, die sich an geometrischen Grundformen orientieren und aufgrund ihrer Klarheit eine majestätische Strenge ausstrahlen. Eine raffinierte Lichtführung sorgt in fast allen Bauten für eine angenehme Atmosphäre und zahlreiche räumliche Überraschungen.

Der 1905 in die USA emigrierte Kahn gelangt allerdings erst nach dem Zweiten Weltkrieg ins internationale Rampenlicht. Mit dem Bau der Yale University Art Gallery (1951–1953) realisiert er sein erstes bedeutendes Projekt außerhalb Philadelphias, wo er zuvor unter Paul Cret an der University of Pennsylvania bis 1924 seine akademische Erziehung in der Tradition der Beaux-Arts genossen hatte. Der Museumsbau in Yale gliedert sich in zwei große Kuben, die von einem zylinderförmigen Treppenhaus und einem zentral angeordneten Funktionsbereich unterteilt werden. In diesem Konzept spiegelt sich ein architektonischer Grundsatz Kahns wider, der bei der funktionalen Anordnung von „dienenden" und „bedienten" Räumen ausgeht. Diese Hierarchie unterstreicht die gedankliche Klarheit, die in seiner Architektur immer wieder ablesbar ist. Funktionale Grundrisse, einfache Konstruktionen und der ästhetisch überhöhte Einsatz von Lichtschlitzen und Wandöffnungen ziehen sich wie ein roter Faden durch das künstlerische Schaffen Kahns. Dennoch muss das Gesamtwerk als äußerst heterogen bezeichnet werden.

Während das Margaret Esherick House in Chestnut Hill/Pennsylvania (1959–1961) noch ganz in der Tradition des *Neuen Bauens* steht und mit seiner Komposition aus rauen Sichtbetonwänden und großflächigen Glasfassaden eine feinsinnige Hommage an den offenen Raum darstellt, sind Projekte wie etwa das Kimbell Art Museum in Fort Worth/Texas (1966–1972) mit seinen Rundbogendächern von folkloristischen Einflüssen dominiert. Dennoch spricht aus beiden Gebäuden die Sprache eines sensiblen Künstlers.

In Reaktion auf das Esherick House, bei dem der Übergang zwischen dem Innen und Außen mittels Ventilationsklappen – ohne Negation der Raumkante – definiert wird, schrieb Kahns Schüler Robert Venturi in seinem Postmoderne-Bestseller *Komplexität und Widerspruch in der Architektur*: „Nicht eine bestimmte Orientierung macht das Wesen eines Innenraums aus, sondern seine Umschließung und die Abgrenzung von Innen und Außen." Dies stand in Kongruenz mit Louis I. Kahns Auffassung, nach der ein Bauwerk ein zunächst bergendes Gebilde sei. Darüber hinaus hatte Kahn immer wieder betont, jeder Raum werde durch seine Konstruktion und durch die Art seines natürlichen Lichts definiert. Mit dieser Theorie verband der ab 1947 in Yale Lehrende ingenieurtechnische Anforderungen der Architektur mit der sinnlichen Wirkung ihres Innenlebens.

Kahns architektonische Innovationen liegen in der Verwendung von Betonfertigteilen, deren Dimensionen vom Aktionsradius eines Baukrans – als „Verlängerung des menschlichen Arms" – vorgegeben werden. Auch haben seine Ideen in der Lichtführung als Teil der Raumstruktur bis heute Vorbildcharakter. Da sich Louis I. Kahn nicht auf festgelegte Regeln und Prinzipien stützte und jeden Entwurf „bei null" begann, entwickelte er in seinen knapp 50 Berufsjahren eine Vielzahl von Typologien.

Betriebswirtschaftlich brachte ihn diese Arbeitsweise allerdings immer wieder in finanzielle Bedrängnis. Kahn lebte für seine Arbeit. Trotz der vollen Auftragsbücher überraschte es den vielbeschäftigten Architekten immer wieder, wenn ihn ein Bauherr um einen gutbezahlten Entwurf bat. Kahn hätte Aufgaben, die ihn in seiner Gedankenwelt weitergebracht hätten, auch ohne Honorar angenommen. Und oft soll er noch kurz vor Abgabeterminen sämtliche Planungen verworfen und neu mit der Arbeit begonnen haben. Als er 1974 unerwartet starb, war seine Firma hoch verschuldet.

Parlamentsgebäude in Dhaka mit Präsidentengarten; oben in der Mitte des Gebäudes die Belichtungskrone des Versammlungsraums

Eine Schlüsselrolle in seinem Leben spielt ein einjähriger Aufenthalt an der American Academy in Rom, wo ihm in den Jahren 1950 bis 1951 Reisen nach Griechenland, Ägypten und innerhalb Italiens ermöglicht wurden. Im Studium antiker Bauten entwickelt der inzwischen Fünfzigjährige eine Ehrfurcht vor massiven Materialien und schweren Bauteilen, wie sie bereits sein Beaux-Arts-Lehrer Cret vermittelt hatte: Kultur erhalte die Solidität durch ihre Verwurzelung in der Klassik.

Mit dauerhaften Materialien wie Ziegeln, *Naturstein* und Sichtbeton schuf Louis I. Kahn eine Monumentalität, die im Grenzbereich zwischen Architektur und Plastik anzusiedeln ist. Die Synthese der beiden Kunstdisziplinen drückt sich vor allem bei der First Unitarian Church and School in Rochester/New York (1959–1962) aus und wird auch beim Salk Institute for Biological Studies im kalifornischen San Diego (1959–1967) deutlich. Die *Fassade* des Kirchenbaus wird durch eine stark modulierte, nahezu fensterlose Oberfläche geprägt. Das Gebäude wirkt wie ein massiver *Kubus*, der durch horizontale und vertikale Einschnitte geformt wurde. Die Fenster verschwinden in senkrechten Schlitzen, die das Fassadenbild rhythmisieren. Die verziegelten Wände und Terrakotta-Bauteile verstärken die Monumentalität der Architektur. Bei den Institutsbauten des Salk Instituts schuf Kahn ebenfalls fensterlose Kuben – diesmal in Sichtbeton – und gruppierte sie um einen Hof herum. Wandöffnungen sind nur dort angeordnet, wo der freie Blick auf den Pazifik möglich ist – der Außenraum wird dadurch zu einem bestimmenden Faktor des inneren Raumempfindens.

Die Mehrschichtigkeit der Wand und das Spiel von Transparenz und Geschlossenheit waren auch wesentliche Entwurfsgedanken in Kahns bedeutendstem Werk, dem Parlamentsgebäude von Dhaka/Bangladesh (1962–1983).

Um einen inneren zylinderartigen Kern sind acht Appendizes – Kuben und „Lichtzylinder" – angeordnet. Die in die mit weißen Marmor gefugte Sichtbetonfassade eingeschnittenen Halbkreise, Kreise und Dreiecke erzielen im Inneren fantastische Lichteffekte. Den zitadellenartigen Parlamentsbau bekrönt eine parabolische Schirmkuppel. Ohne Einschränkung gehört Kahns letztes Großprojekt, das erst nach seinem Tode fertiggestellt wurde und für das er 1989 posthum mit dem Aga-Khan-Preis ausgezeichnet wurde, zu den Juwelen der zeitgenössischen Architektur.

Louis I. Kahn, um 1962

Studierhaus mit Wasserbecken: Salk Institute for Biological Studies in San Diego

ALVAR AALTO

Der 1898 geborene Finne Hugo Alvar Henrik Aalto legte bereits mit 23 Jahren ein hervorragendes Diplom am Polytechnikum in Helsinki ab. Dies war der Beginn einer Karriere als wohl berühmtester Architekturbotschafter seines Landes im 20. Jahrhundert. Als Aalto 1976 starb, dauerte es nur wenige Monate, bis eine 50-Finnmark-Note mit seinem Porträt und seinem wichtigsten Spätwerk, der Finlandia-Halle in Helsinki, erschien. Seine Entwürfe für Architektur und Design waren längst zu einem Kultur-Exportschlager avanciert. Freischwingende Kurven, fensterlose Ziegelmauern und rhythmisierte Glasfassaden gehören zu den Merkmalen des Sohnes eines Vermessungsingenieurs. Alvar Aalto kann deshalb als Vertreter der sogenannten „anderen Moderne" bezeichnet werden, die sich nicht nur auf weiße, schmucklose *Kuben* beschränkte. Mit seiner Sensibilität und Naturverbundenheit setzte sich der Moderate zeitlebens von den Vertretern der „radikalen Moderne" ab, ohne dabei ein historisierendes Formenvokabular zu entwickeln.

Inmitten einer bewaldeten Landschaft: Im Tuberkulosesanatorium in Paimio sind alle Patientenräume nach Süden ausgerichtet

Alvar Aalto während der Internationalen Bauausstellung in Berlin 1957

Die landschafts- und materialbezogene Architektur Aaltos erlangte schnell Beachtung in der europäischen Bewegung des *Neuen Bauens*. Auch wenn der Praktiker nur knappe Äußerungen über sein Architekturverständnis hinterlassen hat, gilt sein Werk als erster bedeutender Beitrag Skandinaviens zum internationalen Architekturdiskurs. Hervorzuheben ist dabei vor allem die Synthese aus der finnischen Tradition (gefügte Holzverbindungen) mit dem avantgardistischen Funktionalismus (Ablesbarkeit von inneren Organisationsstrukturen). Rund 20 Bauten realisierte er im Ausland, darunter ein Studentenwohnheim für das Massachusetts Institute of Technology in Cambridge/USA (1948) und ein Wohnhaus für die Internationale Bauausstellung in Berlin (1957). Erst nach seinem Tod kam das Essener Opernhaus zur Ausführung.

Aalto werden vier Inkunabeln der modernen Architektur zugeschrieben: das Sanatorium in Paimio (1933), die Villa Mairea in Noormarkku (1939) und das Gemeindezentrum von Säynätsalo (1952), alle in Finnland, sowie die Stadtbibliothek in Viipuri (1935), heute (Wiborg, Russland).

Das Sanatorium in Paimio (Südwestfinnland) liegt inmitten einer bewaldeten Landschaft und konnte nur aufgrund eines Finanzverbundes von mehr als 50 Gemeinden realisiert werden. Kerngedanke des Entwurfs, der sich 1928 in einem Wettbewerb behauptete, ist die räumliche Trennung der Tuberkulose-Patienten von den Personalräumen. Des Weiteren schuf der ambitionierte Architekt mit dem schmalen Bettenhaus ein Novum im Krankenhausbau. Alle Patientenzimmer sind nach Süden ausgerichtet, um möglichst viel Sonnenlicht in die Innenräume zu leiten. Aufgrund der langen Aufenthaltszeiten der Bettlägerigen wurden die Decken dunkel eingefärbt und die Beleuchtung indirekt ausgeführt. Die mehrflügelige, asymmetrische Anlage „saugt" die Landschaft in sich auf und ist ein Musterbeispiel moderner Architektur, in der Licht, Luft und Sonne als wesentliche Entwurfsparameter galten. Zugleich diente der Klassiker vielen anderen Krankenhausbauten als Vorbild.

Auch in der Stadtbibliothek in Viipuri wurde die Lichtführung zu einem bestimmenden Element. Die Decke des Hauptlesesaals hat kreisförmige Einschnitte, durch die Oberlicht in den Innenraum fällt. Um eine breite Freitreppe herum ist ein großer, u-förmiger Lesetisch angeordnet, von dessen zenital belichteten Plätzen aus die Bücherausleihe beobachtet werden kann. Mit dem Bibliotheksbau setzte sich der *Internationale Stil* auch in Nordeuropa durch.

In der Architektur der Villa Mairea verbindet sich die Charakteristik aus dem internationalen Modernismus mit der volkstümlichen Bautradition in besonderer Weise. Der Bauherr, Präsident eines finnischen Holzkonzerns, ließ sich von seinem Architekten ein Haus inmitten einer Föhrenlandschaft errichten, deren Waldkante einen Raumabschluss einer nach Südwesten geöffneten Anlage bildet. Die Fassade ist in senkrechten Holzelementen ausgeführt, die sich auch um die organisch geformten Bauteile schließen. Besonderes Interesse verlangt die innere Organisation, die auf dem Konzept des „fließenden Raumes" basiert. Sigfried Giedion hat in seinem Standardwerk *Raum, Zeit, Architektur* sehr treffend seinen Eindruck geschildert: „Es ist architektonische Kammermusik, die strikteste Aufmerksamkeit fordert, um die Feinheiten in der Ausführung der Motive und Absichten zu begreifen, und besonders, um völlig die Raumbehandlung und die außerordentliche Anwendung des Materials zu erkennen." Die großen Fenster gestatten eine Durchdringung von Innen- und Außenraum. Der Wald scheint fast in das Haus einzudringen und ein Echo in den schlanken Holzstützen im Innern zu finden. Mit der Villa Mairea schuf Alvar Aalto ein Raumkontinuum, das ganz im Sinne der Moderne angelegt war. Leider hat sich der Architekt nie zu dieser Konzeption schriftlich geäußert, sodass eine architekturtheoretische Position des Finnen kaum abgeleitet werden kann.

Die stufenartige Komposition des Gemeindezentrums in Säynätsalo

Auch wenn nur als Fragment realisiert, gehört die Gesamtplanung des Zentrums von Säynätsalo, 300 Kilometer nördlich von Helsinki, zu einem seiner wichtigsten städtebaulichen Projekte. Zur Ausführung kam nur das Gemeindezentrum, das durch eine stufenartige Komposition charakterisiert wird. Aalto sah zwei unterschiedliche Niveaus innerhalb des Ensembles vor und überhöhte die Komposition mit einem für ihn markanten Pultdach. Auf den Treppen wächst bewusst Gras – als Ausdruck der Landschaftsverbundenheit.

Neben seiner Tätigkeit als CIAM-Mitglied machte sich Aalto auch als Designer und Fabrikant von Möbeln einen Namen. Bis heute stellt die von ihm mitbegründetete Firma Artek die markanten Stühle aus gebogenem Sperrholz her. Die ebenfalls von ihm entwickelten Stahlrohrmöbel, die er für das Sanatorium in Paimio bestimmte, spiegeln seine gestalterische Verbundenheit mit dem Bauhaus (s. S. 33) wider – auch wenn er dort weder lernte noch lehrte. Alvar Aalto war ein Architekt, der lieber baute, als sich theoretisch mit seiner Disziplin auseinanderzusetzen: „Mit jedem Bau schreibe ich zehn Bände Philosophie."

Internationaler Stil und finnische Bautradition: die Villa Mairea in Noormarkku

eine deutliche Expressivität. Hier lebten auf einmal die Formen des architektonischen Expressionismus der ersten Hälfte des Jahrhunderts (s. S. 24 ff.) wieder auf, wenngleich unter ganz anderen Vorzeichen. Während sich die Expressionisten der Amsterdamer Schule mit ihrer gotisierenden Architektur vor allem des Backsteins als Medium bedient hatten, wären Saarinens kühne Konstruktionen ohne den so variabel einsetzbaren Stahlbeton nicht denkbar gewesen.

Schon mehrfach hatte Saarinen mit geschwungenen Dachkonstruktionen experimentiert, die von Stahlseilen gehalten wurden, etwa beim Eishockeystadion der Yale Universität in New Haven, Connecticut. Sein bekannntestes Bauwerk in diesem Stil aber wurde das Terminal für die Fluggesellschaft TWA, das 1956 bis 1962 auf dem ehemaligen Idlewild-Airport in New York entstand, der heute den Namen des ermordeten amerikanischen Präsidenten John F. Kennedy trägt. Hundertfach als Szenerie von Spielfilmen genutzt, wurde das futuristische Gebäude schnell in aller Welt bekannt.

Wie ein Vogel, der mit ausgebreiteten Flügeln leise in der Luft gleitet, beschirmt das gewölbte Betondach des Terminals die Passagiere, die von hier aus ihren Weg zu den Gangways beginnen. Dynamisch fließen die Formen des Dachs über in die ebenfalls sanft gebogenen Y-Stützen, deren gebündelte Kraft das Dach in die Höhe zu schieben scheint. Alles fließt und gleitet bei dem TWA-Terminal ineinander, mal konvex und mal konkav gewölbt, während sich für große verglaste Bereiche Öffnungen auftun, durch die das Licht in das Innere strömen kann. Bei aller Modernität und allem futuristischen Ambiente, der dem heutigen Betrachter als Charakteristikum des Zeitgeschmacks der frühen 60er-Jahre entgegentritt, strahlt der Bau eine Harmonie und Schönheit aus, die nur sehr wenige der gleichzeitig entstandenen Stahl- und Glas-Kuben zu vermitteln in der Lage sind. Saarinens TWA-Terminal ist eine einzigartige Bauskulptur und zudem durch die abstrahierende Form eines Vogels eine *architecture parlante* im besten Sinne.

Fast gleichzeitig war Saarinen zwischen 1958 und 1962 wiederum mit der Bauaufgabe Flughafen konfrontiert, doch anstelle eines einzelnen Abfertigungsterminals sollte nun ein ganzer Airport entstehen: der Dulles Airport in Washington D. C. Erneut entwarf er für die hohe Halle eine geschwungene Dachkonstruktion, die diesmal konkav gewölbt war. Durch die in gleichmäßigen Abständen aufgestellten Träger, die sich nach unten hin verbreiterten, erhielt der Bau jedoch im Gegensatz zum TWA-Terminal eine bewusst monumentale Note, die auch durch die großen verglasten Flächen nicht aufgelöst wurde. In der Monumentalität des Dulles Airports sollte sich auch die Bedeutung ausdrücken, die man dem Flughafen der amerikanischen Hauptstadt beimaß.

Doch auch die scheinbar so variablen und biegsamen Konstruktionen aus Stahlbeton, die erst die luftig bewegten Dachflächen der 50er- und 60er-Jahre ermöglichten, sind nur so haltbar, wie das verwendete Material und die Konstruktion es erlauben, die ihnen die Architekten und Ingenieure mit auf den Weg geben. Zu einer fürchterlichen Erfahrung der begrenzten Haltbarkeit einer derartigen Dachkonstruktion wurde der völlig unerwartete Einsturz der Berliner Kongresshalle 1980, bei dem die herabstürzenden Trümmer einen Menschen erschlugen. 1957 von Hugh Stubbins, Werner Düttmann und Franz Mocken zur Internationalen Bauausstellung entworfen, galt die Kongreßhalle als ein Zeichen der deutsch-amerikanischen Verbundenheit. Schnell wurde sie auch zu einem Wahrzeichen Berlins, von den Einheimischen aufgrund ihrer ungewöhnlichen Formensprache liebevoll als „schwangere Auster" bespöttelt. Nach langer Diskussion entschied man sich schließlich dafür, die Halle zur 750-Jahr-Feier Berlins mit einer verbesserten und somit hoffentlich sicheren Dachkonstruktion wieder aufzubauen.

Eero Saarinen, *TWA-Terminal,* J.-F. Kennedy Airport, New York, 1956–1962

Den Flügeln eines zum Abflug bereiten Vogels gleich spannt sich das Dach über die Köpfe der Besucher und Passagiere. Darunter ist alles offen, alles fließt. Der Reisende hat sein Flugzeug von dem Augenblick an im Blick, da er im Taxi vor den Eingang fährt. Eero Saarinens von nur wenigen Y-Stützen in die Höhe gehobene Spannbetonkonstruktion nutzt die plastischen Möglichkeiten des Baustoffs optimal aus. Die Art, wie er die symbolische Bedeutung der Bauaufgabe umsetzt, macht das TWA-Terminal zu einem der eindrucksvollsten Beispiele des expressiv-organischen Bauens.

Klangraum in organischen Formen

Bereits in den 20er-Jahren hatte der vor allem in Berlin bauende Architekt Hans Scharoun insbesondere bei Privathausbauten die Prinzipien seiner Architektur formuliert, bei denen er nicht von

Hans Scharoun, *Philharmonie,* Berlin, 1960–1963

Drei gegeneinander verdrehte Fünfecke unter einer zeltdachartigen Betonschale bestimmen das Konzerthaus der Berliner Philharmoniker. Die Geometrie, die sich daraus ergibt, ist so komplex, dass alle 50 Zentimeter ein neuer Schnitt gezeichnet werden musste, um das Gebäude auszuführen – so komplex wie die Musik, die darin erklingt. Der Mensch und die Musik stehen im Zentrum des Bauwerks: Die Bühne bildet in der neuartigen Anordnung den ideellen Mittelpunkt, ringsum umgeben von Tribünen. Alle 2200 Zuschauer stehen untereinander in Kontakt, durch Verbindungsgänge, durch den Raum und die Akustik, die von jedem Platz aus gleich gut ist. Damit stellt die Philharmonie, die auf Scharouns *expressionistische* Volkshausentwürfe von 1920 zurückgeht, ästhetisch wie konzeptionell den Höhepunkt der organischen Architektur dar.

der Vorgabe einer spezifischen Fassadenstruktur ausging. Vielmehr entwickelte Scharoun seine Gebäude vom Grundriss her, der ein harmonisches Miteinander der verschiedenen Funktionsbereiche eines Hauses vom Wohnen über das Arbeiten bis zum Schlafen vorsah. Dies alles presste er, anders als Mies van der Rohe, dessen Neue Nationalgalerie später in Sichtweite von Scharouns Berliner Philharmonie entstehen sollte, nicht in ein zwar durchaus elegantes, aber leicht zwanghaft wirkendes rechtwinkliges Raster, sondern bediente sich organisch gewachsener Formen, deren Rundungen und spitze Winkel im Gegensatz zu zahlreichen zeitgleichen Häusern des *Neuen Bauens* standen. Dabei waren die Formen für Scharoun nie Selbstzweck, sondern sollten dazu führen, den Bewohnern seiner Häuser ein ihren Bedürfnissen entsprechendes, möglichst adäquates Lebensumfeld zu schaffen.

Die Krönung dieses organischen Bauens von Scharoun wurde der sich am Rande des Tiergartens expressiv auftürmende Bau der Berliner Philharmonie aus den Jahren 1960 bis 1963. Zunächst für einen anderen Standort geplant, bildete die Philharmonie den Auftakt für ein Kulturforum, das auch eine Bibliothek, Museen und ein Gästehaus umfassen sollte, aber bis heute Fragment geblieben ist. (Im Zusammenhang mit dem Hauptstadtumbau Berlins ist die Diskussion um die Fertigstellung Ende der 90er-Jahre wiederaufgeflammt und wird mit beinahe noch heftigerer Leidenschaft als damals geführt.) Während Scharoun im Eingangsbereich der Philharmonie demonstrativ auf alle repäsentativen Gesten der Architektur verzichtete, eröffnet der Bau im eigentlichen Konzertsaal seine ganze Schönheit. Gleich einer südlichen Terrassenlandschaft schieben sich die Zuschauerblöcke ineinander und gewähren in dem stützenlosen Gebäude von allen Plätzen eine annähernd gleichbleibende Akustik und einen ungestörten optischen Eindruck. Mit diesem demokratischen Anspruch korrespondiert auch, dass man von jedem Platz im Zuhörerraum aus zu jedem anderen gelangen kann, ohne dazu die äußeren Erschließungsgänge nutzen zu müssen.

Segelnde Architektur

Wohl selten ist in den letzten Jahrzehnten ein Bauwerk so nachdrücklich und uneingeschränkt zum Wahrzeichen, ja geradezu zu einem nationalen Symbol geworden wie das Opernhaus in Sydney, das auf einem Entwurf des Dänen Jørn Utzon beruht. Dabei war Utzons so ausdrucksstarker Entwurf, der bereits aus dem Jahr 1956 stammte, in Australien keineswegs unumstritten. Die Realisierung seines Baus zog sich daher auch bis 1974 hin. Es verwundert kaum, dass die bewegten Formen des Entwurfs für einen international ausgeschriebenen Wettbewerb besonders in Eero Saarinen einen wichtigen Befürworter fanden, der seinen Einfluss im Preisgericht geltend machte.

Utzon selbst bezog seine Inspiration aus sehr unterschiedlichen architektonischen Quellen. Die *klassizistische* Moderne eines Gunnar Asplund hatte ihn ebenso beeinflusst wie die organischen Bauten Alvar Aaltos. Hinzu kam, dass Utzon eine zeitlang im Büro Frank Lloyd Wrights Erfahrungen gesammelt hatte.

Der Baukörper des Sydneyer Opernhauses liegt auf einer weit in den Hafenbereich hineinragenden Landzunge. Diese Nähe zu Wasser und Hafen spiegelt sich auch in der ungewöhnlichen Konstruktion der ineinandergeschobenen Schalen wider, die dem Bau seinen zeichenhaften Charakter verleihen. Die leuchtend weißen Schalen wecken Assoziationen an vom Wind geblähte Segel ebenso wie an das Auf und Ab von Meereswogen.

Olympische Vorreiter

Was die Berliner Philharmonie und das Opernhaus in Sydney miteinander verbindet, ist nicht allein ihre so aufregende und stadtbildprägende Architektur. Beide sind darüber hinaus Versammlungsbauten, die große Menschenmengen in sich aufzunehmen haben. Seit der Breslauer Jahrhunderthalle von Max Berg aus den Jahren 1910 bis 1913 (s. S. 21) waren selbsttragende Hallenbauten, die ohne sichtbehindernde Stützen verwirklicht werden konnten, zu einem wichtigen Thema in der Architektur geworden.

Wie schon der Blick auf Saarinen lehrte, wurde in der Zeit um 1960 intensiv mit neuen, vielfach zeltartigen Konstruktionen experimentiert – vor allem für Dächer. Dabei entstanden architektonisch besonders ansprechende Lösungen für die Bauaufgabe „Halle", die die rein funktionalen Ansprüche an den Bautypus weit hinter sich ließen.

Zahlreiche überdachte Sportarenen für Reit-, Schwimm-, Eishockey- oder Basketballwettkämpfe entstanden, die im Rahmen von Olympischen Spielen einer Vielzahl von Besuchern einen trockenen Sitzplatz boten, von dem aus sie die Wettkämpfe uneingeschränkt verfolgen konnten.

Zu den Pionieren auf dem Gebiet des Baus von Sportstätten und -hallen gehörte in Europa der italienische Ingenieur Pier Luigi Nervi, dessen elegantes Stadion von Florenz aus Stahlbeton (1930–1935) zu den Inkunabeln der modernen Architektur zählt. Das von Nervi zunächst für Flugzeughallen entwickelte Prinzip einer Dachkonstruktion, die aus vorgefertigten, sich kreuzenden Betonträgern besteht, ermöglichte die stützenlose Überspannung enorm weiter Räume. Auch jenseits der Flugzeughangars fand dieses technische Prinzip ein breites Anwendungsfeld. So realiserte Nervi 1956 bis 1957 den Palazzetto dello Sport, dessen größerer Bruder, der Palazzo dello Sport, zur Olympiade in Rom im Jahr 1960 folgte. Unter den annähernd 100 Metern Spannweite der Kuppel des Palazzo fanden immerhin 16 000 Besucher Platz. Das der Kuppelkonstruktion zugrundeliegende Prinzip der sich überschneidenden Betonstreben führte zusätzlich zu einem äußerst eleganten und reizvollen Rautenmuster, das die Dachwölbung verzierte.

Nur vier Jahre später schuf Kenzo Tange (s. S. 83) zusammen mit Uichi Inoue und Yoshikatsu Tsuboi für die Olympischen Spiele von Tokio 1964 eine vielleicht noch genialere, noch etwas ausgefeiltere Hallenkonstruktion. Der Kern des zeltartigen Baus Tanges bestand aus einem über zwei Stützen gespannten Stahlseil, von dem die membranartige Dachhaut getragen wurde. An den Rändern wurde diese Dachkonstruktion von einem *Stahlbetonrahmen* gestützt. Das Ziel dieser auf besondere Leichtigkeit der Materialien hin ausgerichteten, sogenannten „natürlichen Struktur" der Netz-Gewebe-Tragwerkkonstruktion war es, einen Raum überspannen zu können, der Platz bot für über 16 000 Zuschauer.

Die Olympiahalle in Tokio, deren Entwurf wiederum vorbildhaft für die zeltartigen Olympiabauten in München von 1972 wurde (Abb. S. 81) – Tange arbeitete zeitgleich mit Richard Buckminster Fuller und Frei Otto an ähnlichen Lösungen –, war bis zu diesem Zeitpunkt nicht nur der weites-

Jørn Utzon, ***Opernhaus***, Sydney, 1956–1974

Geblähten Segeln gleich stehen zwölf weiße, bis zu 60 Meter hohe Betonschalen auf einem Natursteindeck an der Spitze einer Landzunge im Hafen von Sydney. Diese irrationalen Wahrzeichen – nicht nur von Sydney, sondern gleich des ganzen fünften Kontinents –, die keine direkte Funktion haben, sondern einzig Emotionen wecken sollen, überdecken in zwei gleichgerichteten Reihen die „Erlebniszone", die Konzertsaal, Operntheater, Bühnenhaus, zwei Foyers und das Hauptrestaurant umfasst. Der horizontal geschichtete Unterbau enthält in mehreren Geschossen alle Einrichtungen, in denen die jeweiligen Erlebnisse vorbereitet werden.

Mit seinem Entwurf für das Opernhaus, mit dem er 1956 im internationalen Wettbewerb Preis und Ausführungsauftrag gewann, steht der dänische Architekt Utzon in der Tradition der organischen Architekturauffassung Wrights, Scharouns, Asplunds und Aaltos.

Pier Luigi Nervi, *Palazzo del Lavoro,* Turin, 1961

Stütze und Decke bilden im Palazzo del Lavoro eine Einheit. Ihre radial ausgreifenden Träger verbinden sich mit einer quadratischen Deckenplatte. Der Ingenieur Pier Luigi Nervi setzte die gute Form mit der guten Konstruktion gleich. Während seine Vorbilder Robert Maillart und Eugène Freyssinet dabei noch mit Stahl arbeiteten, schuf Nervi kühne Tragwerke in Stahlbeton, denen er durch Plastizität, Proportion und Rhythmus ästhetische Wirkungen verlieh.

Carlo Scarpa, *Umbau des Castel Vecchio,* Verona, 1956–1964

Ein Stahlprofil trägt ein *gotisches* Travertin-Relief: Moderne trifft Historie. Carlo Scarpas Umbau des viele Jahrhunderte alten und immer wieder veränderten Castel Vecchio löste eine der schwierigsten Aufgaben der Architektur vorbildhaft: den Umgang mit bestehenden Gebäuden. Alles erhalten gebliebene Alte wurde restauriert, alles Neue konsequent in modernen Baumaterialien und Formen gestaltet. Durch den Kontrast und die Überlagerung verschiedener Zeitschichten bleibt jede Epoche sichtbar. Geschichte wird erfahrbar.

te jemals ohne Stützen überdachte Innenraum. Neben seiner konstruktiven Perfektion, die eine Meisterleistung der *Ingenieurbaukunst* darstellt, bietet sich auch ein ästhetisches Bild von besonderem Reiz, das durch die Überschneidungen im Bereich der konkav gewölbten Dachhaut und die seitlichen, weit ausgreifenden Betonstützen entstanden ist. Es ist mehr als eine weitere Variation des Themas der skulpturalen Architektur, wie sie schon Saarinen so meisterhaft perfektioniert hatte. In Tanges Olympiahalle entwickelte sich durch die Ausdrucksstärke der Architektur ein fast musikalischer Rhythmus, der den Blick des Betrachters ergreift und in seinen Bann zieht, um ihn langsam entlang der gewölbten Dachhaut zum Scheitelpunkt des Daches emporsteigen zu lassen, von wo aus er dann sanft über die weite Hallenarchitektur gleiten kann. Lässt der Betrachter sich auf die Bewegung der Architektur ein, folgt ihren Linien mit seinem Blick, dann beginnt auch in ihm selber dieses sanfte Schwingen, das Tanges Bau ausmacht.

VOM UMGANG MIT DER GESCHICHTE

Die Verbindung von Tradition und Moderne als Inszenierung der Ästhetik

Zu den schwierigsten architektonischen Aufgaben gehört der Umgang mit historischen Gebäuden. Oft unterscheiden sich dabei die auf praktische Funktionalität oder Repräsentation ausgerichteten Forderungen der Eigentümer von denen der Denkmalpflege, die einen möglichst vollständigen Schutz historischer Bausubstanz wünscht.

Bei kriegszerstörten Bauwerken ist die Entscheidung vergleichsweise einfach zu lösen: Entweder man errichtet die Gebäude als eine 1:1-Kopie des zerstörten Vorbilds neu – wie beispielsweise nach 1945 in Warschau – oder man sucht eine andere, moderne architektonische Lösung, die an die Stelle des zerstörten Baus tritt. Als Ergebnis hat man in jedem Fall einen Neubau, in dem einen Fall in einem *historistischen* Gewand, im anderen in einem zeitgenössischen.

Wie aber verfährt man bei erhaltenen historischen Gebäuden, die über Jahrhunderte hinweg immer wieder durch Um- oder Einbauten verändert wurden, in denen also jede Epoche eine verändernde Schicht hinterlassen hat? Soll man sich für eine spezifische Epoche entscheiden, die Gotik oder den Barock, in deren *Stil* man notwendige Umbauten oder Restaurationen durchführt, so wie es im 19. Jahrhundert häufig praktiziert wurde? Oder soll man sich dafür entscheiden, jede der historischen Schichten sichtbar zu lassen und die zeitgenössischen Veränderungen in einer zeitgemäßen Architektur hinzuzufügen?

Der Venezianer Carlo Scarpa hat sich bei seiner vielleicht wichtigsten Arbeit, der Restaurierung des als Museum genutzten Castel Vecchio im oberitalienischen Verona (1956–1964), für diesen letzten Weg entschieden. In bewusster Auseinandersetzung mit dem vorgefundenen Stilgemisch versuchte Scarpa in sensibler und experimentierfreudiger Herangehensweise, das Museum wieder zu einem Ort überlegter kultureller Einheit zu machen, der Rücksicht nimmt auf die Ansprüche moderner Kunst. Das Ergebnis ist ein grandioses Gesamtkunstwerk, in dem sich die historischen Schichten einzelner Epochen, ja sogar vorhergehender Restaurierungen mit Scarpas offener Architektur zu einer völlig neuen Interpretation des Baus verbinden. Deutlich unterschied Scarpa die modernen Baumaterialien wie Beton, Stahl und Glas von den historischen, sodass die unterschiedlichen Oberflächenstrukturen nebeneinanderstehen und so einen ganz eigenen Reiz entwickeln.

Scarpa, der zunächst hauptsächlich durch seine Ausstellungsarchitekturen berühmt wurde, benutzte im Castel Vecchio die Architektur als Möglichkeit, das Bauwerk und seine Ausstellungsstücke in Szene zu setzen. Das Ergebnis ist eine inszenierende Architektur, die sowohl die Blicke als auch die Wege der Ausstellungsbesucher lenkt und durch überraschende und verfremdende Material- und Farbkontraste die historischen Ausstellungsstücke – Skulpturen ebenso wie Gemälde – in ein neues, ungewohntes Licht zu rücken versteht.

DAS GLÄSERNE BÜRO

Die Verbindung von Tradition und Moderne als Inszenierung der Ästhetik

Nicht nur auf dem Gebiet des Museumsbaus, auch im Rahmen einer weiteren traditionellen Bauaufgabe, dem Bürohausbau, entstanden Ende der 60er-Jahre einige neue und sehr qualitätvolle Lösungsansätze.

Eine besondere Stellung kommt den Arbeiten von Kevin Roche und John Dinkeloo zu. Bereits beim Oakland-Museum (1961–1968) in Kalifornien hatten sie eine offene, um einen Garten herum angelegte Architektur realisiert. Das Thema des Gartens und des Integrierens von Natur in ein Bauwerk übertrugen sie zur selben Zeit auch auf ein Hochhaus. An die Stelle von eintönigen Büros, die von einem zentralen Gang abzweigen, oder von Großraumbüros mit ihren Trennwänden schufen Roche und Dinkeloo für die Verwaltung der Ford Foundation einen riesigen Wintergarten, der sich über zwölf Etagen erstreckt und zu dem hin sich die gläsernen Fronten der gestaffelten Büros öffnen.

Die Idee des gläsernen Treibhauses, die einmal am Anfang der Entwicklung der Glasarchitektur gestanden hatte, wurde nun mit dem Thema des modernen Büros verbunden. Auf diese Weise verschaffte man den Mitarbeitern das Gefühl, in natürlicher, gesunder Umgebung zu arbeiten, eine Maßnahme, die nicht nur die Arbeitsatmosphäre verbessern, sondern zugleich die Corporate Identity fördern sollte, also die Verbundenheit jedes einzelnen Mitarbeiters mit seinem Unternehmen, die bis heute zu den wichtigsten betrieblichen Motivationsfaktoren zählt und entsprechend die Produktivität beeinflusst.

Für den Verwaltungsbau der College Life Insurance Company of America entwarfen Roche und Dinkeloo 1967 bis 1971 drei völlig gleiche *pyramidenartige* Baukörper auf quadratischem Grundriss. Die futuristisch anmutenden Bauten zeigten an zwei Seiten eine Stahl-Glas-Konstruktion, die an den rückwärtigen Gebäudebereichen von zwei Betonflächen hinterfangen wurden. Durch die versetzte Staffelung seiner drei Körper eignete sich der Bau besonders für die später geplante Erweiterung, die entsprechend dem vorgegebenen Muster angefügt werden konnte, ohne dass dadurch zwangsläufig ein übergroßer und monotoner Komplex entstanden wäre.

Die Ablehnung von Hierarchien und Monumentalität sowie die Forderung nach Demokratie durch die 68er-Generation fand auch in der Architektur ihren unmittelbaren Ausdruck. Die Idee der Öffnung der Architektur als Kennzeichen einer offenen Gesellschaft prägte das von Herman Hertzberger, Jan Antonin Lucas und Hendrik Eduard Niemeijer verwirklichte Verwaltungsgebäude der Versicherungsgesellschaft Centraal Beheer in Apeldoorn (1970–1972). Nach allen Seiten hin erweiterbar, entstand hier ein Bau aus einzelnen ineinandergefügten Quadern, in dem sich öffentliche und Arbeitsbereiche durchdringen. Wie eine Stadt in der Stadt fügen sich die Büros mit verschiedenen kleinen Läden zusammen, überall ergeben sich von den terrassenartigen Ausbuchtungen Sichtbezüge. Auch die Büros nahmen diese betont individuelle Note auf, deren reduzierte Einrichtung dem Nutzer den Freiraum geben soll, durch Ergänzungen seine persönliche Gestaltung einzubringen.

Kevin Roche, John Dinkeloo, *Verwaltungsgebäude der Ford Foundation,* New York, 1963–1968

Keine Zellen: Bei diesem Verwaltungsgebäude öffnen sich die Büros auf einen sich über zwölf Etagen erstreckenden, riesigen Wintergarten. Natur und Stadt, der Einzelne und die Gemeinschaft scheinen versöhnt. Mit der Ford Foundation hatten Kevin Roche und John Dinkeloo nicht nur einen ganz neuen Typ von Verwaltungsbau geschaffen. Das Bauwerk wurde zum Prototyp unzähliger glasgedeckter Atriumgebäude für alle möglichen Nutzungen. Anders als die heute allerorten nach diesem Vorbild errichteten Malls, Konzernzentralen und Hotels zog sich die Ford Foundation jedoch nicht auf eine Innenwelt zurück. Der dreizehngeschossige, quadratische Kubus öffnete sich mit zwei Fassaden komplett zur Stadt.

Die Zukunft wird zur Gegenwart

Hightech und Postmoderne

1970–1980

HIGHTECH-ARCHITEKTUR

Sieg der Technik

Am 21. Juli 1969 betrat mit Neil Armstrong der erste Mensch den Mond. „Das ist ein kleiner Schritt für einen Menschen, aber ein großer Schritt für die Menschheit", ließ der amerikanische Astronaut der Apollo-11-Mission die faszinierten Menschen wissen, die seinen Sprung von der Leiter der Raumkapsel auf die Oberfläche des Mondes live verfolgten.

Die Eroberung des Erdtrabanten bildete den Höhepunkt des fast zehn Jahre andauernden Wettlaufs zwischen den beiden Supermächten USA und UdSSR um die Vorherrschaft im All. Spätestens seit dem 12. April 1961, als mit dem sowjetischen Kosmonauten Jurij Gagarin der erste bemannte Raumflug in den Orbit gelang, sah es lange Zeit so aus, als würden die Sowjets den ersten Menschen auf den Mond schicken. Doch schließlich verstanden es die Amerikaner dank ihrer technischen und wirtschaftlichen Möglichkeiten, immensem Ehrgeiz und einer guten Portion Glück, den Wettlauf für sich zu entscheiden.

Millionen begeisterter Zuschauer verfolgten stundenlang an ihren Fernsehschirmen auf der Erde die wabberigen Schwarzweißbilder der Mondlandung, lauschten den knackenden und rauschenden Tönen, den fast bis zur Unkenntlichkeit verzerrten Stimmen der Astronauten.

Die Mondlandung war ein Triumph der Technik, mit der ein generalstabsmäßig geplantes Hightech-Märchen Wirklichkeit wurde. Kein halbes Jahr später brach Apollo 12 zum nächsten Mondausflug auf. Die Zukunft hatte begonnen. Schnell wurden die Startrampe in Cape Canaveral im US-amerikanischen Bundesstaat Florida und das Überwachungszentrum der Apollo Missionen der NASA in Houston/Texas zum vertrauten Anblick. Unverkleidete Gerüste und Rampen, Rohre und Fahrstühle, dazu die unzähligen Bildschirme, Telefone und Kopfhörer vermittelten den Betrachtern einen unmittelbaren Eindruck davon, welches Equipment notwendig war, um ein derartiges Unternehmen wie den Flug ins All zum Erfolg zu bringen.

Architektonische Versprechen – sprechende Architektur

Hightech-Konstruktionen, wie sie die Startrampe und das Kontrollzentrum zeigten, begannen im Alltag immer deutlicher in Erscheinung zu treten. Immer kühner wurden die Konstruktionen, die die Architekten ihren Bauten einschrieben. In der Nachfolge des *Brutalismus* der Smithons aus England wurden unverkleidete Rohre, Leitungen und Lüftungsschächte zu Kennzeichen der Hightech-Ästhetik.

Zum Inbegriff der 70er-Jahre-Architektur und ihrer Vorliebe für Technizismen, deren Anblick manchen Betrachter allerdings nach wie vor verschreckte, wurde das Pariser Centre National d'Art et de Culture Georges Pompidou in Paris, kurz als Centre Pompidou bezeichnet. 1971 bis 1977 am Place Beaubourg im Herzen der französischen Hauptstadt entstanden, bildete es gleichsam den Auftakt zu jenen Grands-Projets – wie der umstrittenen Bastille-Oper des Kanadiers Carlos Ott (eingeweiht 1989) oder dem Neubau der Bibliothèque Nationale François Mitterrand von Dominique

1969: Georges Pompidou wird französischer Staatspräsident.

1970: Bürgerkriegsartige Zusammenstöße zwischen Protestanten und unterprivilegierten Katholiken in Nordirland dauern Jahre an. Der Begriff Umweltschutz wird zum Schlagwort.

1971: Tod des Jazzmusikers und Trompeters Louis Armstrong.

1972: Mordanschlag arabischer Terroristen auf die israelische Olympiamannschaft in München. Unterzeichnung des SALT-1-Abkommens zur Begrenzung strategischer Waffen zwischen USA und Sowjetunion. Wiederwahl des US-Präsidenten Nixon.

1973: Watergate-Affäre um Wahlsieg Nixons. Militärputsch in Chile, nach Sturz des Präsidenten Salvador Allende Militärregime General Augusto Pinochets. Weltweite Erdölkrise; die arabischen Staaten setzen erstmals Öl als politische Waffe ein. Bericht über die sowjetischen Straflager (*Archipel GULAG*) von Alexander Solschenizyn führt 1974 zu seiner Ausbürgerung. Tod des Malers Pablo Picasso.

1974: Der deutsche Bundeskanzler Willy Brandt reicht wegen der Affäre um den Kanzleramtsspion Guillaume seinen Rücktritt ein.

1975: Ende des Vietnam-Kriegs (seit 1963). Tod General Francos in Madrid, in der Folge Aufbau einer parlamentarischen Demokratie. Wirtschaftsnobelpreis an Milton Friedman verliehen. Microsoft Corporation von Bill Gates gegründet. Alice Schwarzers Buch *Der kleine Unterschied* erscheint.

1976: Tod Mao Tse-tungs. Jimmy Carter wird Präsident der Vereinigten Staaten. Bei einem Chemieunfall im italienischen Seveso verseuchen austretende Dioxine die Umwelt und führen zu schwerer Chlor-Akne bei Menschen. Die 13-jährige Geigerin Anne-Sophie Mutter beginnt ihre Karriere. Disco-Musik aus den Filmen mit John Travolta wird populär.

Filmszene aus *Star Wars* (*Krieg der Sterne*) von George Lucas mit Carrie Fisher als Prinzessin Leia und dem Roboter R2-D2

1977: Entführung des deutschen Arbeitgeber-Chefs H.-M. Schleyer durch RAF-Terroristen in Köln. US-Science-Fiction-Film *Krieg der Sterne* von George Lucas uraufgeführt.

1978: Der Kardinal von Krakau, Karol Wojtyla, wird als Johannes Paul II. neuer Papst.

1979: Der Friedensnobelpreis wird an die katholische Ordensschwester Mutter Theresa verliehen. Nach 15 Jahren Exil kehrt Ajatollah Khomeini in seine Heimat Iran zurück.

1980: Nach der Flucht des Schahs leitet Khomeini im Iran eine Revolution zu einer Islamischen Republik ein. Ausbruch des ersten Golfkriegs zwischen Iran und Irak.

Richard Rogers, Renzo Piano, *Centre National d'Art et de Culture Georges Pompidou,* Paris, 1971–1977

Ein offen sichtbares Gedärm aus knallbunten Lüftungsrohren windet sich durch die Fassade. Ein rolltreppengefüllter Plexiglasschlauch pumpt Besucher durch das Stahlgitterwerk. Das Centre Pompidou ist eine Kulturmaschine im Wortsinn: Die ebenso einmalige wie un elitäre Erscheinung konterkariert die steinerne Umgebung und zieht gerade deshalb die Menschen an. Die „Wände" sind so gläsern und so weit nach innen gesetzt, dass die Grenze zwischen Stadt und Haus, zwischen Innen und Außen, Kunst und Mensch verschwimmt. Tragwerk und Erschließung sind nach außen gelegt, sodass sich die sechs 50 mal 150 Meter großen Hallen völlig frei als Nationalmuseum für moderne Kunst, Mediathek, Kinozentrum, Versammlungssaal oder Ruheraum nutzen lassen. Das Centre Pompidou bringt erstmals die Philosophie der Hightech-Architektur auf den Punkt: Ein Gebäude soll wie ein Katalysator funktionieren. Es ist eine Hülle, die technische Voraussetzungen schafft, Prozesse stimuliert, diese aber nicht zementiert.

Perrault (eingeweiht 1996) –, mit denen sich seitdem die französischen Staatspräsidenten im Pariser Stadtbild zu verewigen suchen. Ganz im Sinne der Pop-Art wurde das Centre Pompidou zu einem ebenso universellen wie populären Museumsbau, einem glanzvollen Höhepunkt einer Architektur, die damit kokettiert, dass sie von außen deutlich zu Markte trägt, was üblicherweise in ihrem Innern verborgen ist.

Der Engländer Richard Rogers und der Italiener Renzo Piano bemühten sich beim Centre Pompidou gar nicht erst um eine Anpassung ihres Baus an die historische Bebauung der Umgebung. Nahezu beliebige Nutzungsmöglichkeiten – der neue Kulturpalast war ebenso für Wechselausstellungen und eine Bibliothek gedacht wie für die Sammlung des Museé de L'Art Moderne – korrespondierten mit gleichermaßen „unbeschwertem" Umgang mit historischer Bausubstanz im Paris der 70er-Jahre, in welchem dem Denkmalschutz keine allzu große Bedeutung beigemessen wurde. Gerade erst hatte man, die erheblichen Proteste ignorierend, das unweit des Centre gelegene zentrale Marktviertel von Paris, Les Halles (die Hallen), dem Erdboden gleichgemacht und damit ein wichtiges Stadtelement aus dem 19. Jahrhundert vernichtet.

Rogers und Piano verwirklichten mit dem Centre Pompidou ein Bauwerk, das ganz von seiner Zeit durchdrungen war. Mit seiner Mega-Struktur von 166 m Länge, 66 m Breite und 42 m Höhe okkupierte es mit einer erstaunlichen Arroganz die ursprünglich bedeutend kleinteiligere Stadtstruktur.

Noch heute mutet es mit seinem etwas in die Jahre gekommenen futuristischen Gewand wie eine einzige große Baustelle an. Die traditionelle *Fassade* ersetzte ein kompliziertes Geflecht aus miteinander verknüpften Stahlrohren, das vor die verglasten Wände gelegt wurde. Um im Inneren eine verfügbare Ausstellungsfläche von 50 mal 150 Metern zu gewinnen, führen mit Plexiglas verkleidete Röhren an der Westfassade die Besucher auf Rolltreppen wie durch einen Zeit-Tunnel in die eigentlichen Ausstellungsbereiche empor. Knallbunte Abluftröhren lassen eher Schiffsdecks als einen konventionellen Museumsbau assoziieren und stellen damit doch wiederum nur ein Zitat aus der Architektur des 20. Jahrhunderts dar, indem sie an die von Le Corbusier eingeführten Zitate der Schiffsarchitektur erinnern. Ganz offen treten die Versorgungsleitungen, Schächte und Rohre zutage, führen Feuerleitern aus Metall an dem Bau empor und formen dabei ein bun-

Norman Foster Associates, Ove Arup und Partner, *Hongkong and Shanghai Bank,* Hongkong, 1979–1986

Gewöhnlich soll ein Hochhaus nach außen ein machtvolles Zeichen sein, nach innen möglichst viel Nutzfläche stapeln. Weil die Technik, die das ermöglicht, bei diesem Denkansatz zweitrangig ist, verschwindet sie meist in einem komprimierten Kern. Der britische Hightech-Architekt Norman Foster ging völlig anders an die Bauaufgabe: Das primäre Element seiner Hongkong and Shanghai Bank sind zweimal vier Stahlfachwerktürme, die deutlich sichtbar 180 Meter hoch in den Himmel ragen. An jedem hängt außen ein Erschließungskern. Wie Brücken sind die 47 über 33 Meter freitragenden Geschosse dazwischen eingehängt. Die Mitte bleibt frei für ein turmhohes Atrium, durch das mithilfe von riesigen, elektronisch gesteuerten Spiegeln Licht in die Tiefe des Gebäudes gelenkt wird. Die Technik dominiert das Gebäude.

tes, fröhliches Allerlei, dessen Reiz in seiner wohl nur in Paris möglichen einmaligen Unbedarftheit besteht.

Die farbenfrohe Verspieltheit des Baus ergänzt sich auf geradezu beispielhafte Weise mit den Brunnen-Skulpturen auf der Place Igor Strawinsky, die Jean Tinguely und Niki de Saint-Phalle 1982 bis 1983 im Auftrag der Stadt Paris geschaffen haben. In dem riesigen Brunnenbecken finden sich insgesamt 16 Einzelskulpturen: rotierende Herzen und knallrote Münder, spritzende Fantasiegestalten und Notenschlüssel ebenso wie sich drehende Zahn- und Schwungräder. Sie alle sollen nicht nur Assoziationen an das Werk des großen Komponisten Strawinsky wecken, sondern sie sorgen auch dafür, dass der Platz zu Seiten des Centre Pompidou – im Gegensatz zu so vielen verödeten innerstädtischen Platzanlagen – ein beliebter Ruheplatz geworden ist. Die romantische Verspieltheit der Brunnenskulpturen von Tinguely und de Saint-Phalle und die bunte technische Formensprache des Centre Pompidou von Rogers und Piano vermitteln eine Unbeschwertheit, wie sie im Zusammenklingen von Skulptur und Architektur im 20. Jahrhundert nur ganz selten erreicht wurde.

Schon kurze Zeit nach der Fertigstellung des Centre Pompidou realisierte Richard Rogers mit der Zentrale von Lloyd's in London (1979–1986) einen Bau, der mit seinen Technizismen kokettiert und dessen Rundungen und glänzende Metallelemente mehr an eine Automobilfabrik als an eine Versicherungsgesellschaft erinnern. Doch bei der Lloyd's-Zentrale nimmt die stahlglänzende Architektur mit ihren riesigen Lüftungsrohren, die über zehn Stockwerke herabstürzen, eine deutlich bedrohliche Note an, die dem Centre Pomipdou so ganz fremd ist.

Bis in die 90er-Jahre hinein hat der britische Architekt diese Prinzipien einer Ästhetisierung der Technik fortgeschrieben, so auch beim Hauptquartier des kommerziellen englischen Fernsehsenders Channel 4 (1995). So notwendig hochentwickelte Technik für den Betrieb einer modernen Fernsehanstalt ist, so technisch kommt auch die Architektur ihrer Hauptverwaltung daher. Über eine Stahl-Glas-Brücke gelangt man zu dem vollständig verglasten, konkav geschwungenen Eingangsbereich der Sendeanstalt. Das gläserne Vordach über der Brücke hängt an einer Konstruktion aus roten Trägern und glänzenden Stahlseilen, die dekorativ vor die Glasfassade gesetzt wurden. Gläserne Fahrstühle führen an der Fassade empor, und auch die überdimensionalen Belüftungsröhren – Rogers Markenzeichen – fehlen beim Channel-4-Gebäude nicht. Hightech-Formen und Repräsentation gehen hier eine ebenso beeindruckende wie qualitätvolle Synthese ein und dokumentieren, dass die Prinzipien von Rogers konstruktiver Wahrhaftigkeit auch nach über 20 Jahren noch immer optisch reizvoll und vor allem durchaus zeitgemäß sind.

Nüchterne Technik: Norman Foster

Mit Norman Foster gehört ein weiterer Engländer zu den führenden Vertretern einer Architektur, die die Technizität ihrer Bauten zum stilistischen Kennzeichen erhoben hat. Bei dem gekurvten Baukörper der Willis, Faber & Dumas Versicherungsgesellschaft in Ipswich (1970–1975) tritt

Günter Behnisch, Frei Otto, *Olympiastadion,* München, 1968–1972

Geläutert von der Last der Vergangenheit, heiter und modern: So wollte sich Deutschland mit den Olympischen Spielen 1972 präsentieren. Günter Behnisch konzipierte zusammen mit dem Landschaftsarchitekten Wolfgang Leonhardt das für die Spiele vorgesehene ehemalige Flughafenareal in München als offenen Park. Die Sportstätten sind frei verteilt. Teilweise eingegraben gehen sie mit der künstlich aufgeschütteten Landschaft eine enge Verbindung ein. Überdacht werden sie von an schrägen Stahlmasten aufgehängten Zeltkonstruktionen aus Plexiglas, mit deren Entwicklung Frei Otto Neuland betreten hatte. Ihre weichen Formen scheinen aus sanften Hügeln herauszuwachsen. Die Illusion war perfekt. Doch dem Nichts an Konstruktion standen bis zu vierzig Meter tiefe Betonfundamente gegenüber. Bei der Geländemodulation mussten Millionen Kubikmeter Erde bewegt werden.

das tragende Gerüst des Baus, nur von einer isolierenden Verglasung ummantelt, deutlich zutage. Auch bei der Hongkong and Shanghai Bank in Hongkong wurden die tragenden Masten des Hochhauses, an denen die gesamte Konstruktion aufgehängt ist, nicht von einer traditionellen *Vorhangfassade* kaschiert, sondern Foster machte im Gegenteil die monumentale Trägerkonstruktion zum eigentlichen Thema seines Baus.

Gerade seine technisch-nüchterne Architektursprache, die sich frei von historischen Bezügen artikuliert, prädestinierte einen Architekten wie Norman Foster zum Umbau des Berliner Reichstags, dem neuen Sitz des Deutschen Bundestags (1995–1999). Wie bei früheren Gebäuden gewinnt Fosters Architektur primär durch die verwendeten Materialien und die betonten Konstruktionsprinzipien Gestalt. Hinter der historischen Fassade des Baus aus dem 19. Jahrhundert verbirgt sich ein auf Transparenz abzielendes, völlig neues, gläsernes Innenleben, das von einer – ebenfalls gläsernen – *Kuppelkonstruktion* bekrönt ist. Auch wenn dem historischen Bauwerk und seinen ebenfalls schon historischen Umformungen aus den 50er-Jahren vom Standpunkt der Denkmalpflege aus Gewalt angetan wurde, so vermittelt Fosters Hightech-Architektur für den Reichstag doch etwas von der betont fortschrittsorientierten Weltsicht, die auch seine Auftraggeber vermitteln möchten.

Ein Zelt für den Sport

Schon Kenzo Tanges Olympiahalle für Tokio (Abb. S. 83) stellte durch ihre Konstruktion und Materialverwendung ein einzigartiges Hightech-Abenteuer mit einer atemberaubenden ästhetischen Wirkung dar. Diesen Gedanken eines luftigen Zeltdachs, das Schutz vor der Witterung und höchstmögliche Transparenz vereinen sollte, übertrugen Günter Behnisch und Frei Otto auch auf das Münchner Olympiastadion von 1972, dessen komplizierte Dachkonstruktion aus zusammengefügten Plexiglasplatten weite Teile des 70 000 Menschen fassenden Sportstadions überfängt.

Zeltkonstruktionen, wie sie Frei Otto entwickelte, galten zuvor besonders unter dem Gesichtspunkt der Haltbarkeit nur für einen temporären Bau als sinnvoll nutzbar. Vergleichbare Konstruktionen hatte Otto u. a. bereits 1957 für die Bundesgartenschau in Köln und 1967 für den Deutschen Pavillon auf der Weltausstellung in Montreal geschaffen.

Beim Münchner Olympiagelände galt es in besonderem Maße, unterschiedliche Ansprüche miteinander zu vereinen. So sollte nicht nur ein zeitgemäßes Sportgelände entstehen, sondern zugleich eine parkähnliche Anlage, die auch als Naherholungsraum für die bayerische Metropole genutzt werden konnte und die durch einen U-Bahn-Anschluss innerhalb weniger Minuten vom Stadtzentrum aus zu erreichen war.

In der Frage der Architektur bemühte man sich, einen unbedingten Kontrast zur Architektur des Olympiageländes in Berlin zu schaffen, wo 1936 zur Zeit des Nationalsozialismus erstmals Olympische Spiele auf deutschem Boden stattgefunden hatten. An die Stelle von *Werksteinplatten* und *klassizistischen* Formen, wie sie Werner March dort auf Geheiß von Albert Speer und Hitler seiner modernen Betonkonstruktion zufügen musste,

SITE, *BEST Supermarkt*, Towson, Maryland (USA), 1978

Mit den Supermärkten für die Best-Kette realisierte die amerikanische Architektengruppe SITE (Sculpture in the Environment, d. i. engl. für Skulptur in der Umwelt) völlig ungewöhnliche Bauskulpturen an Plätzen, an denen man sie nicht vermutet hätte: in den Vorstädten und Gewerbesiedlungen. Das Überraschungsmoment wurde zum Markenzeichen der Supermärkte und ihrer Architekten. Durch befremdliche Veränderungen – wie eine gekippte und schräg gestellte Wand – verunsicherten und provozierten sie die normierte Wahrnehmung der Besucher. Doch hinter dem Auflösen der Vorstellungen traditioneller Gebäudefassaden stand weniger die soziale Kritik an einer aus dem Lot geratenen Welt als vielmehr der Versuch, in einer sich immer stärker vereinheitlichenden Konsumgesellschaft mit den Mitteln der Architektur einen so profanen und ritualisierten Vorgang wie das Einkaufen in einen Alltags-Event zu verwandeln.

trat in München die betont luftige, sanft geschwungene und offene Struktur des Olympiastadions. Auf diese Weise trug sie eine ganz andere Botschaft von Deutschland in die Welt hinaus und vermittelte ein modernes, fortschrittliches und dynamisches Bild der deutschen Bundesrepublik.

DE-ARCHITEKTUR

Werbung und Konsum

Tausende von Eindrücken und Bildern stürmen täglich auf jeden Menschen ein; immer stärker werden die optischen Signale, mit denen sich uns unsere Umwelt aufdrängt: vom Verkehrsschild über die Reklametafel bis zum Werbespot am Fernsehabend. Kein Kinobesuch, der nicht den Duft der großen weiten Welt dem eigentlichen Filmerlebnis voranstellt. Gut gemachte Werbung selbst wird inzwischen mit der *Cannes-Rolle*, die die besten Commercials eines Jahrgangs zusammenfasst, zur filmischen Unterhaltung. Seit Andy Warhols Serienbilder von Suppendosen die Werbung in die Kunst geholt hatten, steigerte sich auch der künstlerische Anspruch der Werbung.

Und doch hat all dies nur ein Ziel: auffallen um jeden Preis und sich vom Konkurrenten abheben – am besten schon durch den Verkaufsort. Diesen Weg ging die amerikanische Supermarktkette BEST, die ihre Märkte von der Architektengruppe SITE (Sculpture in the Environment, d. i. engl. für Skulptur in der Umwelt) entwerfen ließ.

SITE setzte bei ihren Supermärkten in den 70er-Jahren auf den Verfremdungseffekt. Monotone und charakterlose Verkaufshallen nach dem immergleichen Schema X, die auf der grünen Wiese entstanden, gab es schließlich bereits genug. Statt solche langweiligen typisierten Bauten zu entwerfen, verwirrte und schockierte SITE die Konsumenten mit ihren Bauten auf unterhaltsame Weise. An die Stelle glatter, makelloser Fassaden traten plötzlich Wände, die scheinbar abbröckelten und einzustürzen schienen und unter denen sich bereits Haufen von Ziegelsteinen gebildet hatten. Andere Fassaden wölbten sich vor und drohten sich abzulösen, um auf die Besucher des Marktes hinabzustürzen. In einem Fall wuchs hinter dem Eingangsbereich eines Supermarktes ein Wald empor und vermittelte den Eindruck, als würde er die Architektur gleich entzweisprengen, um sich seine ursprüngliche Umgebung zurückzuerobern.

Natürlich war dies alles nur Täuschung, ein Spiel mit dem Unerwarteten. Der Einkauf sollte so für den Kunden zum dramatischen Erlebnis werden. SITE spekulierte auf einen Moment des Schocks, der den Betrachter zwang, sich zu vergewissern, dass die vermeintliche Gefahr nur Kulisse war, die ihn verwirren sollte und letztendlich unterhielt und amüsierte.

Die Architektengruppe SITE bezeichnete diese Bauten selbst als „De-Architektur" und grenzte sich damit kritisch gegenüber der funktionalistischen Langeweile sonstiger Einkaufshallen ab. So dramatisch die Fassade der Best-Supermärkte auch inszeniert wurde – hinter ihr befand sich wieder nur ein weiterer Supermarkt.

POSTMODERNE

Rückkehr zu den Stilen

Mit der Funktionalismuskritik, die die skulpturalen Bauten von SITE beinhalteten, standen die Architekten keineswegs alleine. Nicht nur bei SITE regten sich deutliche Zweifel daran, dass das Architekturkonzept der mittlerweile klassisch gewordenen Moderne, das so lange die Entwicklung der Baugeschichte dominiert hat, allein seligmachend sei. Besonders die Vorgaben für den Wohnungsbau, ein angemessenes soziales Umfeld für die Bewohner zu schaffen, mussten in der Realität als kaum erfüllt angesehen werden. An die Stelle der qualitätvollen und anspruchsvollen Gründungsbauten der Moderne waren niveaulose Slums, immer trostlosere Mietskasernen im standardisierten Kastenformat getreten.

Von ihren Anfängen im späten 19. Jahrhundert an hatte sich die Architektur der Moderne bemüht, die traditionellen historischen Bau- und Dekorationsformen aus der Architektur zu verbannen. *Säulen* und *Giebel* waren durch *kubische* Kästen mit flachem Dach ersetzt worden. Aus Stahlbeton und

KENZO TANGE

An der aufgeständerten Trasse des Tokaido-Expresses in Tokio ragt auf einem spitzwinkligen, nur 189 Quadratmeter großen Grundstück ein Zylinder in den Himmel. 57 Meter hoch, knapp acht Meter im Durchmesser, nimmt er Aufzüge und Nebenräume auf. Daran angedockt sind die komplett verglasten Büroräume. Aus dem Turm kragen 14 Ebenen aus *Stahlbetonfertigteilen*. Nur auf den ersten Blick liest sich das 1967 errichtete Verwaltungsgebäude der Presse- und Radiogesellschaft Shizuoka als werbewirksames Zeichen. Zugleich ist es einer der Schlüsselbauten Kenzo Tanges.

Das Werk des 1913 in Osaka geborenen Architekten verbindet traditionelle japanische Baugedanken mit der internationalen Moderne. Seine Theorien über das Bauen und die Stadt, die er zwischen 1946 und 1972 als Professor an der Universität von Tokio ausarbeitete, machten ihn zum Protagonisten des Strukturalismus.

Neues Rathaus von Tokio

Das radikalste Manifest für eine neue Stadt, deren Gefüge sich nicht mehr aus Gebäuden ergibt, sondern sich aus der Infrastruktur heraus entwickelt, war der Plan für Tokio, den Kenzo Tange 1959 vorlegte. Ziel war, die geordnete Entwicklung zu einer Zehn-Millionen-Metropole aufzuzeigen. „Städte dieser Größenordnung werden benötigt, um Funktionen zu erfüllen, die für die moderne Gesellschaft lebenswichtig sind." Damit ist der wichtigste Begriff bereits im Vorwort gefallen: Die zukünftige Funktion, nicht mehr die bestehende Gestalt, wird Ausgangspunkt städtebaulicher Überlegungen. Für Tange war die Hauptfunktion der Stadt Kommunikation. Und Kommunikation bedeutete – Ende der 50er-Jahre – Bewegung. Am Anfang des Plans für Tokio stand folglich die Verkehrsplanung.

Die bestehende Stadt aus Gebäuden, Straßen und Plätzen, so Tanges Überzeugung, bot der ständig wachsenden Bewegung keinen entsprechenden Raum. Also galt es, „neue Strukturen für eine neue Mobilität" zu entwickeln. „Wir schlagen eine städtische Achse vor, die den jetzigen Stadtkern ersetzen soll und sich stufenweise über die

Kenzo Tange, um 1965

ganze Bucht von Tokio ausdehnen wird ... Entlang dieser Linie könnte die Kommunikation in einem Minimum an Zeit erfolgen. Es gibt keine schnellere oder einfachere Möglichkeit."

Tange schlug vor, die Schnellstraßen der neuen Stadt in 40 Meter Höhe über der Altstadt und der Bucht aufzuhängen. Der Boden wäre, gänzlich freigehalten, ein einziger „öffentlicher Raum". Eine Störung des privaten Lebens durch den Autoverkehr wäre somit ausgeschlossen.

Ausgangspunkt des urbanen Gefüges sollte ein Raster aus 150 bis 200 Meter hohen, jeweils

Die Membran der Olympiahalle hängt an einem Seil, das an zwei Betonmasten verankert ist: Das Prinzip des Tragwerks ist den Dächern traditioneller japanischer Tempelbauten entlehnt.

rund 200 Meter voneinander entfernt stehenden Erschließungstürmen sein. Als Zweige des städtischen Verkehrs und zugleich Atrien der Gebäude nähmen sie die vertikale Erschließung, Installationen, Wasserrohre und elektrische Leitungen auf. Zwischen den Türmen sollten Plattformen gespannt werden, in denen die Menschen wohnen und arbeiten können. Während das Raster eine starre, unabänderliche Struktur bildet, sind die Plattformen funktional frei gestaltet, sodass sie sich an die sich wandelnden Anforderungen der Nutzer anpassen lassen.

Solche Pläne waren Ende der 50er-Jahre keine Seltenheit. Anders als jedoch zum Beispiel in Brasilia, wo inmitten des modernen Verkehrssystems eher konventionelle Hochhausscheiben stehen, vermochte es Tange, sein Funktionsschema nicht nur in einen Stadtplan zu übersetzen, sondern es bis ins architektonische Detail auszuarbeiten. Der Architekt betrachtet Städtebau und Architektur nie losgelöst voneinander.

Mit seinen Ideen hat Tange Urbanisten auf der ganzen Welt beeinflusst, namentlich Herman Hertzberger und die Strukturalisten in den Niederlanden. In späteren Werken passt Tange die Form seiner Gebäude dem postmodernen Zeitgeist an, in der Gesamtanlage jedoch bleibt er seinen Intentionen treu. Sein letztes Großprojekt, das Rathaus von Tokio (1986–1991), gleicht auf den ersten Blick einer Hochhauskathedrale. Doch auch hier legt sich der Komplex um ein Bürgerforum, ist von Rampen durchzogen und überspringt eine aufgeständerte Schnellstraße.

Bereits 40 Jahre zuvor sind Tanges erste Bauten, das Friedenszentrum von Hiroshima (1949–1956) und sein eigenes Wohnhaus in Tokio (1951–1953), aufgeständert. Der große Raum des Obergeschosses seines Wohnhauses ist funktional nicht festgelegt. Mit Schiebetüren lässt er sich den Bedürfnissen seiner Bewohner entsprechend in drei Einheiten unterteilen.

Das Wohnhaus offenbart zugleich die zweite große Inspirationsquelle des Architekten: traditionelle Konstruktionen. Auf dem CIAM-Kongress, der 1959 in Otterlo stattfand, verglich Tange die Rolle der Tradition mit der eines „Katalysators, der eine Reaktion anregt und vorantreibt, im Endergebnis aber nicht mehr zu erkennen ist". So nimmt Tange bei seinem Wohnhaus nicht nur die Gestalt traditioneller japanischer Wohnbauten auf, sondern auch ihre Holzskelett-Bauweise. Beim Verwaltungsgebäude der Hauptstadt Kagawas, Takamatsu, (1955–1958) führt er diese Konstruktion in Stahlbeton aus, einem Material, dessen Festigkeit der von Holz entspricht. Ästhetisch entspricht das ziemlich genau Mies van der Rohes Projekt für ein Bürohaus in Stahlbeton von 1922. Doch während der Europäer die Offenheit neu erfinden musste, konnte Tange der japanischen Tradition gemäß die Konstruktion offen zeigen.

Mitte der 50er-Jahre feiert Tange in einem Buch den Ise-Tempel als Prototyp japanischer Architektur. 1964 überträgt er dessen schwungvolle Dachformen, ursprünglich aus Zeltkonstruktionen entwickelt, auf zwei Olympiahallen in Tokio: Zwischen zwei Pfeilern ist ein parabelförmiges Seil gespannt, an dem die eigentliche Dachhaut, ein Stahlnetz, hängt. Damit überträgt Tange die sakrale Raumwirkung der Tempel auf eine Bauaufgabe mit heute nicht minder religiösem Charakter.

Shizuoka Presse- und Radiogesellschaft

Glas errichtet, verzichteten diese auf jegliche ornamentale Verzierung und stellten stattdessen ihre strahlend weiße oder gläserne Fassade zur Schau. Aber unter der Oberfläche der inzwischen erstaunlich vielschichtig gewordenen modernen Architektur, die von Saarinens kurvenreichem Expressionismus bis zu den strengen Rasterbauten der Bauhaus-Altmeister Gropius und Mies van der Rohe reichte, begannen sich bereits zu Beginn der 60er-Jahre neue Strömungen zu regen, die sich auch wieder für historische Bauformen interessierten, für Verzierungen und *Ornamente*. Sie waren nicht mehr gewillt, den rigorosen Vorstellungen des als langweilig erachteten Bauhaus-Funktionalismus zu folgen.

Robert Venturi, *Vanna Venturi Haus*, Chestnut Hill, Philadelphia (USA), 1962–1964

Das Haus, das Robert Venturi für seine Mutter entwarf, ist eine Neuformulierung des Präriehauses mit zentralem Kamin und harmonisch entwickelten Innenräumen, die Geschlossenheit und Transparenz zugleich verkörpern. Die Fassade wurde laut Venturi zum „symbolischen Bild" eines Hauses in Rückgriff auf die Revolutionsarchitektur des 18. Jahrhunderts. Als eines der ersten postmodernen Gebäude ist das Haus ein Klassiker geworden.

Am Anfang dieser Bewegung standen die frühen Bauten des Amerikaners Robert Venturi, der mit seinen Publikationen *Komplexität und Widerspruch in der Architektur* (1966, dt. 1978) und *Lernen von Las Vegas* (1972, dt. 1979) die Grundlagen der postmodernen Architekturtheorie schuf. Beide Publikationen markieren die Spannweite Venturis zwischen Tradition und Alltagskultur: das manieristische Prinzip der römischen Nach-Renaissance-Architektur mit seinen inneren Brüchen auf der einen Seite sowie andererseits die Hinwendung zur Architektur als Werbeträger, dem Prinzip des „dekorierten Schuppens" (decorated sheed).
Beides ist bereits im Haus für Venturis Mutter Vanna angelegt. Es ist das Inventar des kleinbürgerlichen amerikanischen Vororthauses, das nie wirklich mit der Entwicklung der Moderne in Berührung kam, wenn man einmal von Frank Lloyd Wrights Präriehäusern (s. S. 16) absieht. Die Fassade war darin ein selbstständiger Ausdrucksträger, das Postulat des Funktionalismus hatte keine Geltung. In der Verwendung von architektonischen *Würdeformeln* in Zusammenhang mit einem Vororthaus liegt bereits ihre bewusste Brechung.
Das Haus mit dem strengen, in der Mitte gesprengten *Giebel* verfolgt das Prinzip der „asymmetrischen Symmetrie", kenntlich in der Fenstergliederung, aber auch im flächigen Schornstein, der sich als Rückwand des Dachgeschosszimmers entpuppt. Die strenge Kubatur der Hauptfront, der *Segmentbogen* über dem Eingang, das *Thermenfenster* auf der Rückseite zeigen Venturi als einen Kenner der Revolutionsarchitektur, wie sie Ledoux in seinen Landhäusern für die Salinen von Chaux (1776) vorgeschlagen hatte. Der durchbrochene Giebel ist ein Element der manieristischen Architektur, das hier gleich als Lichtschacht für die seitlichen Dachräume verwendet wird. Die „Blackbox" des quadratischen Eingangs ist reines Zeichen, die eigentliche Haustür liegt um 90° gewendet in der rechten Wand.
Venturi wollte zeigen, dass man Häuser auch im Zeitalter des *Brutalismus* noch poetisch bauen kann. Bewusst wird die Fassade im Rückgriff auf die rationalistische Architektur des 18. Jahrhunderts gestaltet. Es ist der Versuch, die „Baukunst" nach der Moderne zurückzugewinnen. Gleichwohl bleibt das Vanna-Venturi-Haus Ausdruck seiner Zeit. Als ein Auftakt der Postmoderne verbindet es moderne Raumform mit der Idee des „symbolischen Bildes" eines Hauses in der Fassade. Die Brechung der Zitate selbst ist ein Prinzip von Venturis Vorgehen, das bis ins Ironische gesteigert werden kann. Dieses Verfahren war keineswegs auf Villenbauten beschränkt. Im 1960 bis 1963 errichteten Guild-House, einem Altenwohnheim in Philadelphia, wurden ähnliche Elemente eingesetzt, um einem tristen Wohnblock eine neue Würde zu verleihen.
Venturi, der ein Schüler von Louis Kahn war, den er sehr verehrte, schuf damit den Übergang von der Nach-Moderne zu einer neuen Vielfalt in der Architektur, die heute bereits klassisch geworden ist.
Mehr noch als an seinen ausgeführten Bauten setzte sich Venturi in der Theorie mit der Architektur auseinander. Ihm ging es darum, den jahrhundertelang gültigen Kanon der Architektur wieder in Erinnerung zu rufen. Dieser vorbildliche Kanon, der Vorgaben zur Verwendung der *Säulenordnungen*, zur Symmetrie am Bau etc. tradierte, hatte seit Vitruv und Palladio gegolten. Wer ihn kannte, wusste, welche Bedeutungszusammenhänge mit bestimmten Formen wie der *Säule* oder dem gesprengten Giebel verbunden waren.
Diese Verbindlichkeit von Repräsentationsformen und Ornamentierung war durch die Moderne der

20er-Jahre infrage gestellt worden, die stattdessen einzig die Funktionalität ihrer Bauten in den Vordergrund schob.

Unter diesem Gesichtspunkt war Venturis Architektur allerdings keineswegs modern, sondern eher konservativ. Doch auch wenn er auf historische Formen zurückgriff, so sind Venturis Bauten nicht ohne die klassische Moderne zu denken, denn sie definierten sich durch die Kritik an eben dieser Moderne. Venturis Idee war es, nicht hinter die Moderne zurückzugehen, sondern ihren trost- und qualitätslosen Auswüchsen eine Alternative gegenüberzustellen. Venturis Architektur war also ein erster Ansatz zur Überwindung der Moderne, der Auftakt zur Postmoderne.

Die Lust am Zitat

Allerdings war Venturi nicht der Einzige, der sich in seinen Bauten für die *Stile* der Vergangenheit öffnete. Neben ihm zählt Charles Moore zu den Gründervätern der Postmoderne, auch wenn seine frühen Bauten nicht gleich auf den ersten Blick mit dem Zierrat vergangener Epochen hausieren gehen.

Bei seinem eigenen Haus in Orinda, einem Holzbau, der von außen einen ebenso zurückhaltenden wie kompakten Eindruck vermittelt, klärt sich der Geist des Gebäudes erst bei einem Blick auf seine Konzeption. Kern des Hauses sind zwei von *Säulen* getragene, baldachinartige Gebilde, um die herum Moore die restlichen Gebäudeteile anfügte; so gelangte er zu einem insgesamt rechteckigen Baukörper.

Unter Baldachinen versteht man auf Säulen ruhende, dachartige Aufbauten, die über einer geweihten Stätte errichtet werden. Seit der ausgehenden *Antike* gehören sie zu den besonderen *Würdeformeln* in der Architektur, vor allem in der Sakralarchitektur. So ist auch keine größere Kirche des Mittelalters oder des Barock denkbar, die nicht über Altarüberdachungen in der Form von Baldachinen verfügte.

Dieses zutiefst sakrale Moment der Architektur übertrug Moore nun auf einen zutiefst profanen Bau – sein eigenes Wohnhaus. Die ironische Brechung, die intellektuelle Lust am Spiel mit dem historischen Zitat verdeutlicht auch die Verwendung der Baldachine im Inneren des Hauses. Erscheint die Nutzung des größeren der beiden Baldachine über dem zentralen Wohnbereich noch eingängig, so erhält die Nutzung des zweiten Baldachins, der die Badewanne überdacht, eine deutlich ironische Note. Moores Leidenschaft für das Spielen mit historischen Architekturformen, die er aus anderen Zusammenhängen entleiht und verfremdet, findet sich auch noch in weiteren Bereichen des Hauses Orinda. So treten an die Stelle gewöhnlicher Fenster und Türen Schiebetüren, wie sie vor allem an Stallgebäuden Verwendung finden.

Ein Wohnhaus mit Zitaten aus der Stallarchitektur und Baldachinen, die in den Kontext von Sakralräumen gehören, lässt nicht nur Freiraum für vielfältige Assoziationen, es sagt auch viel über das ironisierende Selbstverständnis seines Architekten aus, zumal wenn es sich um dessen eigenes Wohnhaus handelt.

Wesentlich offensichtlicher dagegen wird Moores postmoderne Lust am Zitat und an der *architecture parlante* bei seinem wohl bekanntesten Projekt, der Piazza d'Italia in New Orleans, die 1974 bis 1978 als Stiftung der italienischstämmigen Bewohner der Stadt entstand. Den Auftraggebern entsprechend, geht die Platz- und Brunnenanlage von einem stilisierten Umriss des italienischen Stiefels aus. Im Herzen der durch konzentrische

Charles Moore, *Piazza d'Italia,* New Orleans, Louisiana (USA), 1978

Gebäude können und müssen sprechen. Sie brauchen Redefreiheit. Sie dürfen weise, nette, mächtige, aber auch dumme Dinge sagen. Sie müssen Verbindungen zur Vergangenheit ziehen und Erinnerungen wecken. Diese Haltung machte Charles Moore zum süffisantesten Geschichtenerzähler der Postmoderne. Für seine Piazza d'Italia transportierte Moore Versatzstücke der italienischen Geografie und Baugeschichte nach New Orleans. *Friese* zeichnete er als Sprinkleranlagen nach. *Säulen* verkleidete er mit Edelstahl. Den architektonisch Vorgebildeten mag die Ironie, mit der die Elemente der römischen *Antike* und *Renaissance* montiert sind, erfreuen. Der gewöhnliche Betrachter wird durch den Aufwand unterhalten. Zwar ist der kreisrunde, aus der Masse eines Einkaufszentrums geschnittene Platz weit davon entfernt, wie seine italienischen Vorbilder Mittelpunkt des gesellschaftlichen Lebens zu sein. Doch auch diese Polemik gegen den Funktionalismus ist durchaus gewollt.

Ricardo Bofill, *Wohnkomplex Walden Seven*, Barcelona, 1975

Das Wohnhochhaus war zu allen Zeiten ein problematischer Bautyp. Der Gefahr der Anonymität versucht der spanische Architekt Ricardo Bofill durch Gliederung der Baukörper zu entgehen. Erfolglos. Die vielen Stege, Brücken und Laubengänge, die fünf Innenhöfe durchqueren, um die sich der 16-geschossige Cluster in Barcelona gruppiert, erscheinen als bedrohliches Labyrinth. Die Außenbereiche werden einer Grundrissfigur geopfert, die unzweckmäßig ist. Ebenso erfolglos setzt Bofill bei späteren Wohnprojekten auf gigantische, antikisierende Säulen. Hinter der *kannelierten* Zylinderform verbergen sich mal zu kleine Erker, mal dunkle Wendeltreppen. Der gestalterische Anspruch verselbstständigt sich, verkommt zur Dekoration. Die Postmoderne diskreditiert sich selbst.

Kreise gekennzeichneten Platzanlage liegt Sizilien, das zwar nicht vom Mittelmeer umflossen wird, aber immerhin vom Wasser des Brunnens. Dahinter baut sich eine monumentale Säulenarchitektur auf, deren knallbunte Farbigkeit und edle Materialien eine einzigartige Zitatensammlung antiker Formen darstellt, in der die geballte architektonische Kraft des antiken Römischen Reichs und der italienischen *Renaissance* zusammenfließen.

Es scheint, als würde Moore bei seiner Piazza d'Italia dauernd mit den Augen zwinkern, ganz so, als wolle er sein Publikum fragen, ob es denn seine kleinen architektonischen Abstrusitäten auch angemessen würdige. Tatsächlich benötigt man schon einige Grundkentnisse der Architekturgeschichte und -formen, um die Späße zu verstehen, die Moore hier treibt. Einmal mehr erweist sich die Postmoderne mit der Piazza d'Italia als eine in erster Linie intellektuelle Bewegung.

Einen dorischen *Fries* verwandelt Moore in eine Sprinkleranlage für seinen Brunnen, *Kapitelle* von Säulen werden illuminiert und auch sich selbst nimmt der Architekt nicht von dem Schabernack aus, wenn er sein Porträt gleich zweimal an prominenter Stelle als Wasserspeier auftauchen lässt.

Das Ergebnis der Piazza d'Italia ist eine ebenso festliche wie hurmorvolle Architektur, nur funktional – das ist sie ganz sicher nicht.

Das Ende der Moderne?

Mitte der 70er-Jahre schien in der Architektur alles möglich, auch das, was bisher als unschicklich galt: Von der Säule bis zum flachen Dach, von der knallbunten Abluftröhre bis zur teuren Marmorverkleidung neben den Lüftungsschächten, auf einmal konnte alles miteinander vermischt und verbunden werden.

Was in den frühen 60er-Jahren als ein eher leiser Protest gegen den übermächtigen *Funktionalismus* der Moderne begonnen hatte, wurde in den 70er-Jahren zu einem wilden Sturm: Ein Aufbruch zurück zu den *Stilen*, der nicht nur die Architekten, sondern die ganze Gesellschaft polarisierte und weit in die 80er-Jahre hinein fortwirkte.

Mit der von Paolo Portoghesi 1980 in Venedig initiierten ersten Architekturbiennale, die die amerikanische und europäische Architektur miteinander konfrontierte, etablierte sich auch in Europa endgültig die postmoderne Architektur.

In der Architektur war es vor allem die *Säule*, das wichtigste Gestaltungselement der abendländischen Architektur seit der griechischen *Antike*, die nun endgültig zurückkehrte. Der nachdrücklichste Verfechter der Säule war Ricardo Bofill, doch er benutzte sie keineswegs so, wie es die antiken Baumeister ursprünglich vorgesehen hatten, nämlich im Verbund einer *Säulenordnung*, die das Zusammenwirken von tragenden und lastenden Elementen ebenso festschrieb wie die Dekoration von Säule und Fries. Statt die Säulen wie in der Antike aus edlem Marmor zu meißeln, goss Bofill sie (zusammen mit seinem Büro Taller de Arquitectura) in Beton. Mit derartig gigantischen, *kannelierten* dorischen Säulen oder monumentalen *Triumphbögen* gliederte er die Fassaden seiner Wohnblocks wie u. a. in Les Espaces d'Abraxas (Marne-la-Vallée, Paris) oder ähnlich an den Temples du Lac in Saint-Quentin-en-Yvelines, um so den profanen Wohnungen einen betont monumentalen Ausdruck beizumessen.

Bofills Bauten zeigen ein Übermaß an Pathos mit den über zehn Stockwerke emporragenden Säulenordnungen, die dann aber doch kein *Gebälk* tragen, wie es bei einem antiken *Tempel* hätte sein müssen, und es stellen sich Erinnerungen an Albert Speers Gigantomanie im Deutschland der 30er-Jahre und an den stalinistischen *Zuckerbäckerstil* der 50er-Jahre ein.

Nach und nach verlor sich in der Postmoderne die ironische Note, die Moore und andere in ihre Bauten hatten einfließen lassen, und an ihre Stelle trat eine dogmatisch wirkende Architektur, die das klassische Zitat als eine beliebige, aber möglichst kostenintensive architektonische Phrase verwandte. Die verspielte Variabilität, wie sie James Stirling zusammen mit Michael Wilford bei der neuen Stuttgarter Staatsgalerie (1977–1984, Abb. S. 96) zeigte, bildete nun die Ausnahme, und Bofills Bauten, denen es auf die große Geste ankam, fehlte sie vollständig. Stattdessen errichtete er Wohnghettos mit einem *klassizistischen* Gewand, die aber nur in einem sehr begrenzten Maße eine wirkliche Alternative zu den standardisierten Siedlungen der Moderne boten.

Bei so viel Lust am Klassizismus verwundert es nicht, dass in den ausgehenden 70er-Jahren ausgerechnet der Baumeister Hitlers, Albert Speer, eine unerwartete Renaissance erlebte. In Folio-Format wurden seine Werke neu publiziert und erfuhren eine höchst unkritische Würdigung.

Tatsächlich drohte die Architektur zu einer großen Zitatenkiste zu verkommen, aus der jeder auswählen durfte, was ihm gerade gefiel, um es bunt zusammengewürfelt im neuen Kontext zu präsentieren, völlig losgelöst vom historischen Umgang mit der jeweiligen Bauform. Die Beliebigkeit des *Eklektizismus* drohte als Endergebnis eines Jahrhunderts moderner Architekturentwicklung um

sich zu greifen. Wenn Charles Moore Italien für die Piazza d'Italia nach New Orleans holen konnte, warum sollte dann nicht Arata Isozaki für das Verwaltungszentrum von Tsukuba in Japan (1980–1983) kurzerhand den römischen Kapitolsplatz von Michelangelo zitieren?

Und auch im Bereich des Hochhausbaus schloss sich nun der Kreis, zeigte man der großstädtischen Eleganz eines Mies van der Rohe die kalte Schulter und kehrte plötzlich wieder zu den schwer lastenden *Art-déco*-Formen zurück, die Raymond Hood und William van Alen in den 20er- und 30er-Jahren bereits gezeigt hatten. Erweitert wurden sie nun mit einem *klassizistischen* Repertoire, das zur Mode degradiert wurde.

Mit dem American Telephone and Telegraph (AT&T) Building verewigte sich der so wandlungsfähige Philip Johnson auch im Bereich der Postmoderne. Mit rosa Granit verkleidet, ragt das Gebäude in den Himmel und betont durch seine Fenstergliederung deutlich die Vertikale, ganz so, als müsse es unbedingt einen Gegenpol bilden zu den horizontalen Fensterbändern der Moderne. Der monumentale, gesprengte *Giebel*, der den Gebäudeabschluss bildet, posaunt lautstark und weithin sichtbar hervor, wessen Geistes Kind das AT&T Building ist. Und auch der *triumphbogenartige* Eingangsbereich, der sich völlig unbescheiden gleich über mehrere Stockwerke spannt, dient dazu, die Bedeutung von Gebäude und Besitzer zu unterstreichen. Ganz so wie bei den Wolkenkratzern der späten 20er-Jahre fanden wirtschaftlicher Wohlstand und Wachstum im AT&T Building ihre architektonische Manifestation. Statt *Funktionalismus* und Transparenz wurde nun die Repräsentation wieder zum wichtigsten Anliegen von Hochhausbauten.

Beim Humana Building in Louisville in Kentucky (1982–1986) trieb der amerikanische Architekt Michael Graves das Spiel mit traditionellen Formen auf einen Höhepunkt. Nicht nur durch die pastellene Farbigkeit zeichnete sich das Bauwerk mit seinen rosa Granitplatten und den grünlichen Glasflächen aus. Hinzu trat der Versuch von Graves, den *Kubus* des Hochhauses aufzubrechen und sein Volumen neu zu strukturieren. Doch das Gebäuderelief, das dabei als Ergebnis entstand, kann keineswegs befriedigen. Zu der Vielzahl von klassischen Zitaten, die in der Form von Loggia, Tempietto und Belvedere in den Bau einflossen, treten die überkragenden Bereiche der Fassade, die teilweise von Metallträgern gehalten werden und die dem Bau ein weitgehend uneinheitliches Erscheinungsbild verleihen, das sich kaum mit seiner eigentlich intendierten Grandezza vereinbaren lässt.

Philip Johnson, *American Telephone and Telegraph (AT&T) Building,* New York, 1982

Ein *triumphbogenartiger Sockel*, ein Schaft aus vertikalen Fensterbändern und ein gesprengter *Giebel* als krönender Abschluss: Tief greift Philip Johnson in den Baukasten postmoderner Zitate. Mit der klassischen Dreiteilung des Gebäudes in Basis, Mittelteil und Dach interpretiert er deutlicher, als es die Moderne vermochte, das Hochhaus als hohes Haus. Aber nicht nur der Proportionen der klassischen Antike bediente sich Johnson; Brunelleschis Kolonnade der Pazzi-Kapelle aus dem 15. Jahrhundert in Florenz hatte eine wichtige Vorbildfunktion für den Eingang, und auch Vergleiche des Giebels mit einer Chippendale-Kommode (18. Jahrhundert) wurden sofort gezogen. In einer Zeit, in der statt aufregender Wolkenkratzer nur noch aufragende Kisten aus Stahl und Glas produziert wurden, leitete das AT&T Building einen entscheidenden Wandel für diesen Bautyp ein.

Bauen im globalen Dorf

Grenzüberschreitungen

1980–1990

ERLEBNIS- UND KONSUMKULTUR

Vorwendezeiten: Mangel Ost versus Wohlstand West

Was sich zu Beginn der 80er-Jahre mit der polnischen Gewerkschaft Solidarność unter Lech Wałesa in der Danziger Lenin-Werft als lautstarker Arbeiterprotest formierte, das sollte mit dem Fall der Berliner Mauer am 9. November 1989 seinen Höhepunkt finden. Zwischen beiden Ereignissen lag ein Jahrzehnt, in dem die Welt sich für den Einzelnen kaum merklich zu wandeln begann und an dessen Ende doch eine vollständige Neuorientierung stand.

Unter dem Vorsitzenden der einstmals allmächtigen Kommunistischen Partei der Sowjetunion, Michail Gorbatschow, wurde die Epoche der Stagnation, als die die Regierungszeit Breschnews im Nachhinein angesehen wurde, durch Glasnost (politische Öffnung) und Perestroika (wirtschaftliche Umgestaltung) abgelöst. Das kommunistische System in Russland befand sich nach 80 Jahren Diktatur wirtschaftlich am Abgrund. Eine entschlossene Reform von innen fand den Ausweg aus der Stagnation, ein radikaler Umbau der Gesellschaft wurde eingeleitet. Demokratisierung, Justizreform und Entstalinisierung waren die tragenden Säulen der Veränderungen. Nach Jahren der Unterdrückung und Gefangenschaft wurde der Systemkritiker Andreij Sacharow zur moralischen Autorität. Andere, wie der wegen seiner kritischen Haltung ausgebürgerte Literaturnobelpreisträger Alexander Solschenizyn, kehrten aus dem langjährigen, unfreiwilligen Exil zurück in ihre Heimat.

Mit dem Ende der Sowjetunion verschwanden auch all die sogenannten Volksrepubliken, die in den Jahrzehnten nach dem Zweiten Weltkrieg als Paktstaaten ins sowjetische Reich einbezogen worden waren. Sie begannen sich nun zu mehr oder weniger demokratischen Ländern zu wandeln, ein mühsamer Prozess, der auch in den 90er-Jahren noch nicht seinen Abschluss gefunden hatte.

Schien die Weltordnung am Anfang der 80er-Jahre noch klar und eindeutig zu sein, als hier West und dort Ost war, hier Gut und dort Böse, so brach das alles über Nacht in sich zusammen. Der Kalte Krieg, der die Welt seit 1945 in seinem eisigen Griff gehalten hatte, schmolz unvermittelt dahin und hinterließ ein machtpolitisches und kulturelles Vakuum.

Während die Polen in den 80er-Jahren unter der Verhängung des Kriegsrechts litten, in der DDR der Mangel verwaltet wurde und die Rumänen unter ihrem Diktator Ceausescu hungerten, etablierte sich in Westeuropa und Nordamerika eine euphorische Festkultur.

Wo immer es einen historischen Jahrestag gab, wurde er laut tönend begangen. Seit Mitte der 80er-Jahre wird jeweils eine europäische Metropole zur „Kulturhauptstadt" des Kontinents erkoren. So festlich und luxuriös, wie sich die Architektur von Charles Moore oder Michael Graves am Ende der 70er-Jahre gegeben hatte, so nobel versuchten sich nun die 80er-Jahre insgesamt zu

1981: Lech Wałesa wird neuer Vorsitzender der nun auch offiziell zugelassenen Gewerkschaft Solidarność. Ermordung des ägyptischen Staatspräsidenten Anwar As-Sadat, der 1977 den Friedensprozess mit Israel eingeleitet hatte. Sensationeller Erfolg der Uraufführung des Musicals *Cats* von Andrew Lloyd Webber in London.

1982: Falklandkrieg zwischen Argentinien und Großbritannien. Helmut Kohl wird deutscher Bundeskanzler. Umberto Ecos Roman *Der Name der Rose* erscheint.

1983: Das von US-Präsident Reagan initiierte Forschungsprogramm für eine weltraumgestützte Abwehr feindlicher Raketen (SDI) ist höchst umstritten (1993 eingestellt). Der Erreger der Virusinfektion AIDS wird entdeckt.

1984: Indische Regierungschefin Indira Gandhi wird von Sikhs ihrer Leibwache ermordet. Friedensnobelpreis an den Bischof Desmond Tutu in Südafrika für dessen friedlichen Kampf gegen Apartheidspolitik. *Amadeus*, der Mozartfilm Miloš Formans, erhält acht Oscars.

1985: Michail Gorbatschow wird Generalsekretär des ZK der KPdSU und leitet die Perestroika ein. Die amerikanische Popsängerin Madonna feiert auch als Filmschauspielerin große Erfolge.

1986: Nach schwerem Reaktorunglück im ukrainischen Atomkraftwerk Tschernobyl werden alle Bewohner einer 30-km-Sicherheitszone evakuiert. Tod der französischen Frauenrechtlerin und Lebensgefährtin von Jean Paul Sartre, Simone de Beauvoir.

1987: Unterzeichnung des Abkommens über die Beseitigung sämtlicher atomarer Mittelstreckenwaffen (INF-Vertrag) durch Gorbatschow und Reagan in Washington. Beginn der Intifada (Widerstand der palästinensischen Bevölkerung) in den von Israel besetzten Gebieten. Zur Eindämmung des Ozonlochs wird im Montrealer Protokoll eine Einschränkung der FCKW-Verwendung um 50 % bis 1999 beschlossen.

Nach Öffnung der DDR-Grenzen nach Westen stürmen in der Nacht vom 9. auf den 10. November 1989 Berliner aus beiden Teilen der Stadt die Mauer am Brandenburger Tor

1988: In Pakistan wird mit Benazir Bhutto erstmals eine Frau Ministerpräsidentin eines islamischen Landes. Weltweit wird Nelson Mandela, der seit 25 Jahren als Apartheidsgegner in Südafrika inhaftiert ist, geehrt und seine Freilassung gefordert. Die Altstadt von Lissabon wird durch Großfeuer zerstört.

1989: Blutige Niederschlagung der Demokratiebewegung auf dem Tian'anmen Platz in Peking, auf die eine Welle der Unterdrückung mit Verhaftungen und Hinrichtungen folgt. Wende in der DDR und Öffnung der Berliner Mauer am 9. November führt auch in anderen Ostblockstaaten zu Demokratisierung und freien Wahlen. Ajatollah Khomeini ruft alle Muslime zur Ermordung des Schriftstellers Salman Rushdie auf, weil dessen Roman *Die satanischen Verse* (1988) blasphemisch sei. Umweltkatastrophe vor der Küste Alaskas; ein havarierter Tanker verliert 190 Millionen Liter Öl.

Hans Hollein, *Städtisches Museum Abteiberg*, Ansicht (links) und Kabinett mit Skulpturengruppe von Giulio Paolini (unten), Mönchengladbach, 1972–1982

Das Museum am Abteiberg markiert den Auftakt einer ganzen Serie von Museumsbauten in den 80er-Jahren. Ihre Forderung hieß: Kunst als Erlebnis. Um sich den Widersprüchen, die der große Event in einer kleinen Stadt evoziert, zu entziehen, griff der Österreicher Hans Hollein zum damals neuen Entwurfsprinzip der Collage und arrangierte eine kleinteilige Sammlung aus einem kleinen Hochhaus, einem unterirdischen Würfel, elf Sheddachhallen sowie diversen Terrassen und gestaltet sie mit so unterschiedlichen Materialien wie Kupfer, Stahl, Ziegel und Naturstein. So fügt sich das Museum harmonisch in die kleinstädtische Umgebung ein und bietet im Inneren für jedes Ausstellungskonzept den passenden Raum. Und dennoch: Wie allen Collage-Architekturen haftet dem Abteiberg der Beigeschmack des Kraftlos-Kompromisslerischen an.

präsentieren. Insgesamt wiegte man sich noch in der Sicherheit des außerordentlichen Wohlstands und erwirtschaftete mit beruhigend hohen Beschäftigungszahlen die Finanzierung beinahe unbegrenzten Konsums. So schien im Westen die Gestaltung der stetig wachsenden Freizeit das eigentliche gesellschaftliche Problem zu sein.

Zwar verflüchtigte sich der edle Glanz der Postmoderne recht schnell, doch die Neigung, möglichst teure Bankpaläste und Verwaltungshochhäuser zu errichten, blieb nicht nur in den wirtschaftlich aufstrebenden Regionen Südostasiens von Bangkok bis Djakarta bestehen, sondern ergriff auch die Alte Welt von Paris über Frankfurt bis Chicago.

Und auch wenn sich die *Säulen* und *Giebel* der Postmoderne innerhalb nur weniger Jahre überlebt hatten, so waren doch neue Spannungsfelder in der Architektur entstanden, war die Vormacht der klassischen Moderne gebrochen worden und der Horizont hatte sich für andere Architekturkonzepte geöffnet.

Erlebnis Museum: Die Bildungsstätte als Event

Keine andere Baugattung verdeutlichte den Aufbruch in die Fest- und Erlebniskultur der 80er-Jahre so anschaulich wie die in allen Ländern und Städten neu errichteten Museumsbauten. Zu Beginn des 19. Jahrhunderts hatten sich die Museen als bürgerliche Bildungstempel in Europa konstituiert, und noch in der Architektur des 20. Jahrhunderts kam ihnen eine zentrale Bedeutung zu als Stätten der Vermittlung von Kunst, der Bildung, aber auch des Vergnügens am Kunstgenuss. Während die Preise für Werke von van Gogh, den Impressionisten oder Picasso in astronomische Höhen schnellten, entstand in den neuen Kunsttempeln eine bisher unbekannte Ausstellungskultur. Hunderttausende Besucher wurden weltweit zu riesigen Ausstellungsevents wie „Zeitgeist" oder „A new spirit in painting" gelockt. Kunst war „in" und bot mit den Katalogen, Plakaten und Postkarten ein lukratives Geschäft für die Museen. Auch von den Architekten wurde nun zunehmend die Chance erkannt, dass Museen nicht nur als eine zwar repräsentative, aber letztlich leere Hülle für Kunstwerke zu dienen hatten. Museumsbauten wurden selber zu Kunstwerken und spiegelten den künstlerischen Anspruch der Architektur wie den ihres Bauherren.

Bei Frank Lloyd Wrights ambitioniertem Guggenheim-Museum (Abb. S. 63) aus den 50er-Jahren war dies ganz genauso wie bei Rogers und Pianos Centre Pompidou (Abb. S. 79) aus den 70er-Jahren – am Ende war mit beiden Museen trotz ihrer Unterschiede jeweils eine kongeniale Architektur entstanden, die als Fanal ihrer Zeit bis heute zahllose Besucher anzieht.

Vergangenheit – Gegenwart – Zukunft

Zwischen welchen beiden Polen Museumsarchitektur am Ende der 70er-Jahre pendelte, verdeutlicht der Blick auf zwei amerikanische Bauten. Auf der einen Seite steht der Erweiterungsbau der National Gallery of Arts in Washington D. C., den Ieoh Ming Pei bis 1978 realisierte. Seine ungewöhnliche trapezoide Form aus zwei ineinandergeschobenen Dreiecken, die sich aus dem zur Verfügung stehenden Grundstück ergab, verleiht ihm ebenso wie die flächige Verkleidung mit

Marmorplatten ein auffälliges und zugleich zeitlos klassisches Erscheinungsbild. Das Getty-Museum in Malibu/Kalifornien von 1973 dagegen gehört zu den frühesten Beispielen, bei denen sich eine postmoderne Architekturauffassung der Bauaufgabe Museum bemächtigte. Tatsächlich hinterlässt dieser Museumsbau ein äußerst zwiespältiges Gefühl, denn anstelle einer inspirierten modernen Architektur, wie sie Wright, Rogers und Piano oder Pei geliefert hatten, entstand in Malibu ein Bau, der die – nicht erhaltene – antike Villa dei Papyri in Herculaneum in Italien, Tausende Kilometer von ihrem ursprünglichen Standort entfernt, kopiert.

Doch nicht nur Kopien verlorener Bauten der Vergangenheit, auch tatsächlich historische Bausubstanz wurde nun für museale Zwecke nutzbar gemacht. Mit der Entdeckung des einzigartigen Charmes, der von stillgelegten Industrie- und Verkehrsbauten ausgeht, eröffnete sich dem Museumsbau ein ganz neues Feld. Das bekannteste Beispiel einer Umwidmung eines stillgelegten ehemaligen Bahnhofsgebäudes ist das Pariser Museum am Quai d'Orsay (Architekten des Umbaus: Gae Aulenti, Italo Rota), das seit 1986 die kostbarsten Sammlungen impressionistischer Kunst Frankreichs beherbergt.

In Frankfurt entstand in den 80er-Jahren gar eine ganze Museumsmeile, die sich am Mainufer entlangzieht. Mit dem Museum für Kunsthandwerk, das der Amerikaner Richard Meier, einer der profiliertesten Museumsarchitekten des 20. Jahrhunderts, in seiner charakteristisch-puristischen, weißen Fassadengestaltung 1979 bis 1985 realisierte, und dem Deutschen Architektur-Museum, das Oswald Mathias Ungers 1979 bis 1984 schuf, sind dort auf engem Raum gleich mehrere herausragende Beispiele moderner Museumsarchitektur versammelt.

Kunstvoll bauen für die Kunst

Dass der ambitionierte Anspruch mancher Museumsarchitekten, selbst ein architektonisches Kunstwerk zu schaffen, leicht mit den Wünschen der Künstler kollidieren kann, die sich nichts als eine einfache Raumhülle wünschen, in denen sie ihre Bilder angemessen ausstellen können, zeigt das von Hans Hollein zwischen 1972 und 1982 geplante und realisierte Städtische Museum Abteiberg in Mönchengladbach.

Holleins Bau bildete den Auftakt zu einer einzigartigen Museumseuphorie, die in den folgenden Jahren Deutschland erfassen sollte. Dabei spaltete Holleins Architektur von Anfang an Besucher und Kritiker in begeisterte Befürworter und heftige Gegner des Baus.

Anstelle eines solitären Bauwerks verwirklichte Hollein eine Museumslandschaft aus mehreren Gebäudeteilen, die sich mehr oder weniger organisch zusammenfügen. Durch diesen Kunstgriff entstand eine vielgestaltige Szenerie, in der neben den Werken der eigenen Städtischen Sammlung auch Wechselausstellungen, Bibliotheken, Veranstaltungs- und Vortragsräume sowie Cafés ihren Raum fanden. Dieses ganzheitliche Konzept bildete keineswegs einen ganz neuen Anspruch an den Bautyp Museum. Doch Hollein verstand es, diesen unterschiedlichen Funktionen jeweils eigene Bereiche zuzuweisen, die als eigenständige architektonische Einheiten in der terrassierten Museumslandschaft auch kenntlich gemacht wurden.

Den unterschiedlichen Nutzungen der einzelnen Museumsbereiche entsprach eine variable Verwendung von Baumaterialien, durch die eine hierarchische Wertigkeit der Bauteile zum Ausdruck kam – vom qualitativ weniger wertvollen *Backstein* für die Terrassenlandschaft bis zu den würdevolleren *Werksteintreppen* des Haupteingangs. Daneben fanden aber auch Metall, Glas und Kunststoff Verwendung. Dass Holleins Architektur im Zeitalter der Postmoderne verwirklicht wurde, verdeutlicht nicht zuletzt auch die Terminologie, mit der die Gebäudeteile bezeichnet wurden und durch die beispielsweise eine profane Eingangshalle zum „Eingangstempel" nobilitiert wurde.

Das Spiel mit den Vorbildern

Postmoderne! Das ist auch der erste Gedanke, der dem Betrachter bei der Neuen Württembergischen Staatsgalerie von James Stirling und Michael Wilford (1977–1984, Abb. S. 96) in den Sinn kommt. Doch wenngleich die zentrale Rotunde der Staatsgalerie an die dem römischen Pantheon entlehnte Rotunde des Alten Museums von Karl Friedrich Schinkel in Berlin erinnert, so ist der Stuttgarter Museumskomplex von Stirling und Wilford doch weit mehr als nur eine klassizistische Zitatensammlung.

Während Holleins Museumsbau trotz seiner ambitionierten Gestaltung – vor allem im Innenraum – eine gewisse Spröde nicht vermeiden kann, steht bei Stirling und Wilford das spielerische Moment stärker im Vordergrund. Die warmen braunen Töne der Werksteinverkleidung der Fassade kontrastieren mit knallbunt gestrichenen Metallelementen an Vordach und Eingang, deren gerundete

und bewegte Formen sich bewusst von der Starre des Steins abheben.

Von fern rufen solche Bauelemente Erinnerungen an Stirlings Wurzeln im englischen *Brutalismus* wach. Gespielt wird bei der Staatsgalerie auch sonst gerne: mit halb im Boden versunkenen toskanischen *Säulen* oder mit *Werksteinblöcken*, die wie aus der Fassade gebrochen erscheinen und an die Ruinenromantik des 18. und frühen 19. Jahrhunderts erinnern.

Doch keineswegs nur in Deutschland avancierten Museumsbauten zu äußerst ambitionierten architektonischen Projekten. Zu den am heftigsten diskutierten Bauten der 80er-Jahre zählte der groß angelegte Umbau des Grand Louvre in Paris. Ein Flügel des ehemaligen französischen Königsschlosses, der von der Finanzverwaltung genutzt wurde, musste geräumt werden, ehe die grundlegende Reorganisation und unterirdische Erschließung der wertvollen Sammlungen des Louvre möglich wurde.

Auf dem Hof des Louvre verkündet nun eine in ihrer Form den altägyptischen Vorbildern verwandte gläserne *Pyramide* des New Yorker Architekten Ieoh Ming Pei von den gewaltigen Umbaumaßnahmen, die einen massiven Eingriff in die historische Substanz des so bedeutenden Komplexes notwendig machten. Die gläserne Eleganz des gern als „super"- oder „ultra"-modern bejubelten Baus kontrastiert selbstbewusst mit der *barocken* Massivität des Louvre.

DEKONSTRUKTION

Neue Wege zur Wirklichkeit

An verschiedenen Stellen von Stirlings Neuer Staatsgalerie blitzt der Versuch auf, ganz wie bei den Arbeiten der Architektengruppe SITE, eine Verunsicherung beim Betrachter zu erzeugen, indem konstruktive Elemente des Baus in einer verfremdeten Form benutzt werden. Dies gilt u.a. für das Spiel mit der Ruinenromantik oder für einen massiven doppelten T-Träger, der das Vordach trägt und scheinbar im Nichts endet, statt auf einem anderen Träger aufzuliegen, wie dies unter konstruktiven Gesichtspunkten zu erwarten wäre. Was hier bei SITE und Stirling nur in Andeutungen vorgenommen wurde, entwickelte sich seit dem Ende der 70er-Jahre in den Bauten des Amerikaners Frank O. Gehry zum vorherrschenden Gestaltungsmerkmal, doch erst Mitte der 80er-Jahre gelang ihm der weltweite Durchbruch.

Wie so oft bei Architekten, wurde auch im Fall Gehrys das eigene Wohnhaus zum Demonstrationsobjekt der Innovationsfähigkeit, für die er in

Ieoh Ming Pei, *Grand Louvre, Eingangspyramide,* Paris, 1983–1988

Dramatische Veränderung war gefragt, doch zugleich Kontinuität: Aus dem Louvre sollte ein modernes Museum, aus dem achthundert Jahre alten Königspalast ein Haus des Volkes werden. Und doch sollte das Bauwerk bleiben, was es war: ein Monument der Grande Nation. Also unterwarf sich der stille chinesisch-amerikanische Architekt Pei der axialen Ordnung der *barocken* Anlage und wählte die Form der *Pyramide*, die seit dem alten Ägypten geometrisches Symbol der Erhabenheit war. Um sie vom Distanz gebietenden Monument eines Herrschers zum Offenheit verheißenden Symbol der Demokratie umzuwidmen, führte er sie gläsern aus. Über sie findet der Besucher durch unter die Erde verlegte Nebenräume Zugang zu einem der bedeutendsten Museen der Welt.

Behnisch und Partner, *Forschungsgebäude Hysolar*, Stuttgart, 1987

Aus dem Bauwerk schießende Stahlträger, gegeneinander verdrehte Geschosse, ein Dach, das aussieht, als würde es der Wind gerade abdecken, ein Materialmix aus Wellblech, Holz, Stahl, Glas und Beton und – der vermeintlich größte Gegensatz: Dieses chaotische Gebäude dient der Erforschung von Solaranlagen und damit einer exakten Wissenschaft. Doch: So festgefügt ist das naturwissenschaftliche Weltbild am Ende des zweiten Jahrtausends nicht mehr. Offenbarte Gegensätze kommen der Wirklichkeit näher als einfache Erklärungsmuster. Widersprüchliche Wahrheiten wahrnehmbar zu machen sucht daher der profilierteste Vertreter des Dekonstruktivismus in Deutschland, Günter Behnisch. Dekonstruierte Konstruktionen streben nach Grenzerfahrung, nicht nach Aufhebung der Schwerkraft. Im Gegenteil, weil es trotzdem hält, werden ihre Gesetze anschaulicher. Der Dekonstruktivismus betont die Individualität des Einzelnen, ungeschminktes Aufeinanderprallen verdeutlicht seine Abhängigkeit vom Ganzen. Als Abbild der individualisierten Gesellschaft ist der Dekonstruktivismus für Behnisch gebaute Demokratie.

seinen Bauten einzutreten versprach. Tatsächlich handelt es sich bei dem 1978 in Santa Monica, Kalifornien, gebauten Haus um ein sehr seltsames Stück Architektur, das so gar nicht zu all dem passen wollte, was die Architekten der Moderne mit ihren strengen, rationalen, weißen *Kuben* bisher verkündet hatten. Doch auch an die klassischen architektonischen Vorbilder aus *Antike* und *Renaissance*, die die Postmoderne gerade so erfolgreich zu propagieren bestrebt war, schlossen sich Gehrys Bauten keineswegs an.

Der seltsame, ungewohnte Eindruck, den der Bau vermittelt, beginnt schon bei den Stufen, die zum Eingang führen: Es handelt sich um einige wie schräg ineinandergeschoben wirkende, quadratische Betonstufen, die eine Art *Postament* bilden für die beiden abschließenden kleinen Holzplattformen, die der hölzernen Eingangstür vorgelagert wurden. Über dem Eingangsbereich türmt sich ein seltsamer Käfig aus Maschendraht auf, während sich zu Seiten der unspektakulären Eingangstür eine Art Wellblechbau anschließt, der unter weitgehender Vermeidung von rechten Winkeln errichtet wurde und in einem expressiven Eckfenster kulminiert.

Alles, was zu einer strengen Konstruktion mit eindeutigen Zuweisungen von tragenden und lastenden Teilen gehörte, ist hier aufgelöst worden in ein scheinbar chaotisches Wirrwarr von billigen Baumaterialien, die überhaupt nicht zueinander zu passen scheinen. Gehrys Wohnhaus war eine gezielte und heftige architektonische Provokation, eine Kombination von ästhetischen Unmöglichkeiten, die die Sehgewohnheiten durcheinanderbrachten. Prototypisch für Gehrys Werk trat schon bei dieser gebauten Provokation – deren Bauteile, anstatt einer tradtionellen Konstruktion zu gehorchen, wie zerlegt, durcheinandergewirbelt und neu, scheinbar zufällig wieder zusammengesetzt wirken – an die Stelle der streng funktionalen Konstruktion die Dekonstruktion.

Konstruktion – Dekonstruktion

Die Bauten der Dekonstruktivisten der 80er- und 90er-Jahre sind nicht ohne den Einfluss der 20er-Jahre-Moderne und die Kunst der russischen Konstruktivisten (s. S. 34 ff.) denkbar. Ihre utopischen Architekturvisionen, die allerdings über das Entwurfsstadium selten hinauskamen, wurden nun von einer neuen Garde junger Architekten aufgenommen und verwirklicht. Zugleich vermitteln der bei Gehry und anderen Architekten wie Peter Eisenman auftretende, betont baustellenhafte Charakter der Projekte sowie die undogmatische Verwendung von Baumaterialien etwas von der dringenden Suche nach neuen Wegen in der Architektur. Statt die schon zur Tradition erstarrte Moderne durch eine Rückwendung zu überwinden – wie es gleichzeitig die Postmoderne so erfolgreich tat –, unternahmen die Dekonstruktivisten in der Auseinandersetzung mit der Architekturgeschichte den Versuch, der aktuellen

Frank O. Gehry, *California Aerospace Museum,* Los Angeles, 1984

Eine Lockheed F104 Starfighter hängt über dem Eingang, und jeder Besucher versteht sofort, worum es in diesem Gebäude geht: um Raumfahrt (englisch: aerospace). Lufträume schafft denn auch Frank O. Gehry auf dem engen Grundstück. Er umbaut kreuz- und keilförmige, kugelige, pyramidenartig abgetreppte und völlig frei geformte Räume. Nach außen verschaffen sie dem kleinen Museum Beachtung, innen bieten sie jedem einzelnen der großen Objekte einen Dialograum. Zugleich ist das, was äußerlich als ein Gemenge autonomer Baukörper erscheint, im Inneren doch ein zusammenhängender Luftraum, durch den der Besucher über Rampen, Aussichtsbalkone und Brücken geführt wird.
Lässt sich die äußere Form des Aerospace Museums noch logisch aus den inneren Notwendigkeiten der Bauaufgabe ableiten, ist das bei Frank O. Gehrys übrigen Bauten oft nicht der Fall. Da zeigt das Gebäude einer Werbeagentur schon mal die Form eines auf dem Kopf stehenden Fernglases. Die formalen Spielereien erfüllen meistens nur die Funktion, den Gebäuden Aufmerksamkeit zu sichern.

Architektur durch ungewöhnliche Verfremdungseffekte etwas von ihrer vermeintlichen Perfektion zu nehmen: „Gestörte Perfektion" hieß denn auch folgerichtig eines der Gestaltungsprinzipien dekonstruktivistischer Architektur. Zugleich verliehen sie mit ihren teils zersplittert, teils expressiv wirkenden Bauten der Orientierungslosigkeit der Gesellschaften und dem fast ohnmächtigen Versuch, die zahllosen Teile der Wirklichkeit des globalen Dorfes in einem Gesamtbild wahrnehmen zu können, einen architektonischen Ausdruck.
Internationales Ansehen erhielt der Dekonstruktivismus erstmals durch die Ausstellung „Deconstructivist Architecture", die Philip Johnson und Mark Wigley 1988 im Museum of Modern Art veranstalteten. Sie zeigte neben Arbeiten von Gehry auch Bauten und Projekte von Peter Eisenman, COOP Himmelblau und Bernhard Tschumi. Von nun an war es nur noch eine Frage der Zeit, bis der Dekonstruktivismus zur weltweit operierenden Stilrichtung aufstieg und die Entwurfsbüros und Hochschulen eroberte.
Das Zerlegen von Funktionen und Formen in ihre Einzelteile (de-konstruieren), die Einbeziehung dieser Teile in übergeordnete – gesellschaftliche oder stadträumliche – Strukturen und deren Analyse fand aber nicht nur in den Projekten der Architekten ihren Ausdruck, sondern auch in den Schriften des französischen Philosophen Jacques Derrida – dem Vordenker des Dekonstruktivismus –, der mit Bernard Tschumi und Peter Eisenman u. a. im Fall des Park La Villette in Paris sogar konkret zusammengearbeitet hat.

Von L. A. in die Welt: Frank O. Gehry

Mit dem Bau des California Aerospace Museums, das Gehry 1984 vollendete, wurde der Dekonstruktivismus in den USA salonreif. Schräge Wände, unterschiedliche Materialien und ineinandergeschachtelte Bauvolumen machten das Gebäude zu einer Skulptur. Eine Lockheed F104 Starfighter, die über dem Haupteingang zu schweben scheint, verleiht dem Bau nicht nur eine allgemeinverständliche, sprechende Note, die aller Welt verkündet, dass es sich hier um ein Luftfahrtmuseum handelt. Vielmehr erhält die Museumsfassade durch den Kampfjet ein dynamisches Element, das auch in der ungewohnten Schrägstellung der Bauvolumen von Gehry wieder aufgenommen wird. Doch trotz überraschender Überschneidungen von Bauteilen, der sich öffnenden Sichtachsen und der schrägen Wände, hat Gehrys Aerospace Museum bereits viel von der frischen Unbekümmertheit und bewussten Negierung von Konventionen seines eigenen Hauses in Santa Monica eingebüßt. Im Vergleich mit dem Wohnhaus wirkt das Museum nur noch wie ein an die Leine gelegter Hund. Die überraschende Materialverwendung von Wellblech und Maschendraht, das betont Projekthafte, Provisorische, das Gehrys Haus fast den Charakter einer Baustelle verliehen hatte, ist nun einer geschlosse-

Thomas Spiegelhalter, *Ökohaus,*
Breisach, 1989–1991

Was sofort Assoziationen an Frank O. Gehrys Wohnhaus in Santa Monica oder Günter Behnischs Hysolar Forschungsinstitut in Stuttgart hervorruft, verfolgt primär weder spielerische noch dekonstruktivistische Ziele: Das Tonnendach dient zugleich als Regenwasserreservoir. Der Kollektor für die Warmwasserbereitung ist zugleich ein Sonnenschutz, die Fotovoltaikanlage, die den Strom erzeugt, markiert zugleich den Eingang – ein autarkes Haus, das weder fremden Strom aus den öffentlichen Netzen einspeisen muss noch mehr Wasser nutzt, als die Natur freiwillig hergibt.
Nahtlos fügen sich die zusätzlichen Installationen in die dekonstruktivistische Formensprache. Thomas Spiegelhalters Ökohaus beweist, dass ökologische und ästhetische Ansprüche durchaus keine Widersprüche sein müssen. Unklar ist, ob das hier verfolgte Konzept, mit einem Mehr an technischem Aufwand ein Gebäude umweltverträglich zu machen, wirklich ökologisch ist. Klar ist nur, dass ökologische Problemstellungen eine wesentliche Herausforderung für die Architektur des 21. Jahrhunderts sein werden.

neren, stärker den funktionalen Bedürfnissen des Museums unterworfenen Erscheinung gewichen.
In den vergangenen zwei Jahrzehnte stieg Gehry zu einem der weltweit begehrtesten Architekten auf, und seine Bauten finden sich inzwischen auf dem gesamten Globus. In Weil am Rhein schuf er das Vitra Design-Museum, in Prag ein Geschäftshaus, das den Eindruck eines tanzendes Paares hervorruft (Abb. S. 101), und in Bilbao stellte er 1997 das Guggenheim-Museum fertig, dessen Silhouette einem gestrandeten Wal gleicht.

RATIONALISTISCHE TRADITION IN ITALIEN

Mit kühlen Herzen

Dem gelegentlich pompösen Aufbrausen der Postmoderne und der sehr ernsthaften Verspieltheit des Dekonstruktivismus steht die Tradition der Rationalisten gegenüber. Natürlich sind auch sie nicht unberührt geblieben von der Revolution, die in den 70er- und 80er-Jahren über die Architektur hereingebrochen ist. Doch sie verarbeiten sie auf eine andere Weise und halten an strengeren, traditionell und regional verwurzelten Gestaltungsvorstellungen von Stadt und Haus fest.
Es ist sicher kein Wunder, dass es in erster Linie italienische Architekten sind, die hier in der Tradition beispielsweise Terragnis zu stehen scheinen. War doch schon für die Architektur der italienischen Rationalisten der 20er- und 30er-Jahre kennzeichnend, dass sie im Gegensatz zu ihren deutschen Kollegen, die das *Neue Bauen* nicht zuletzt unter ideologischen Gesichtspunkten propagierten, eben keinen Widerspruch in der kreativen Verbindung und gegenseitigen Befruchtung von Moderne und Tradition erkannten. So war auch der Rationalismus im Italien des 20. Jahrhunderts zu einem eigenen Traditionsstrang geworden, der trotz der monumentalisierenden Vorlieben des Faschismus seit den 20er-Jahren nie wirklich abriss.
Zu den prominentesten Vertretern dieser Architekturrichtung gehört seit den 60er-Jahren der Italiener Aldo Rossi, dessen Bauten seit Jahren weltweit geschätzt werden. In seinen Arbeiten vermischen sich dekorativ-spielerische Elemente mit einer gewissen Strenge und Monumentalität, und man meint, bei seinen besten Bauten fast das unnachahmliche Flair auf einer Piazza an einem warmen südlichen Markttag zu spüren.
1969 begann Rossi mit dem Entwurf des vierstöckigen Laubengang-Wohnblocks Gallaratese in Mailand, der 1973 fertiggestellt wurde. Seine radikal reduzierte Fassade besteht aus endlosen, monotonen Zeilen von Betonscheiben mit uniformen, quadratischen Öffnungen. 1971 gewann er zusammen mit Gianni Braghieri den nationalen Wettbewerb für den Friedhof von San Cataldo in Modena, der ab 1980 gebaut wurde. Die Schatten der leeren Fensterhöhlen des Beinhauses, die das harte südliche Licht zeichnet, beschwören die Melancholie des Malers de Chirico herauf.

Aldo Rossi, *Wohnbauten Kochstraße,* Internationale Bauausstellung Berlin, 1987 (oben), ***Hotel Duca di Milano,*** Mailand, 1988–1991 (links)

Zwei Städte, zwei Bauaufgaben – und doch die gleichen Formen: ein deutlich zur Straße orientierter Baukörper, klar in Basis, Schaft und Dach gegliedert, eine schwere Fassade, Rasterfenster. Die Bauten in Berlin und Mailand setzen um, was der Italiener Rossi schon 1966 in seinem Buch *L'Architettura della Città* als These formuliert: Die Stadt beruht auf einer ewig gültigen Ordnung von Bautypen. Jedes Zeitalter habe also keine neue Architektur zu erfinden, sondern nur den traditionellen Kanon entsprechend den aktuellen Anforderungen rational neu zu interpretieren. Elf Jahre später äußert sich Rossi über die Analogie von Architektur und Städtebau: „Ein Gebäude reproduziert die Orte der Stadt. Aufgrund dieser Analogie ist jeder Korridor eine Straße, jeder Hof ein Platz. In meinen Wohnhausentwürfen beziehe ich mich auf die grundlegenden Typen des Wohnens, die sich in einem langen Prozess der Architektur der Stadt gebildet haben."

Das Ineinandergreifen spielerischer und monumentalisierender Elemente im Werk Rossis wird deutlich bei einem Vergleich der Umgestaltung und Erweiterung des Hotels Duca in Mailand (1988–1991) mit den Wohnbauten, die Rossi für die Internationale Bauausstellung (IBA) 1987 in Berlin entwarf. Die klare Gliederung der *Fassade* im unteren Bereich des Hotels Duca durch aufwärtsstrebende *Werksteinlisenen*, die durch die dazwischenliegenden verglasten Bereiche zusätzlich betont werden, wird im oberen Bereich des Hauses aufgenommen. Durch die einheitlich rote Lochfassade, die an die Stelle des Werkstein-Glas-Dualismus tritt, wird jedoch die vertikale Ausrichtung des Gebäudes zurückgenommen, sodass die oberen Stockwerke mit spürbarer Schwere auf den wie *Pfeilern* wirkenden Pilastern aufzuliegen scheinen.

Schafft Rossi hier mit wenigen Kunstgriffen eine äußerst differenzierte Fassadengestaltung, so braucht es für den Berliner Wohnungskomplex ungleich größeren Aufwand. Auch hier findet sich das Spiel mit unterschiedlichen Baumaterialien wie Glas und *Backstein*. Und ebenso zeigt sich der Versuch Rossis, der Fassade durch ein horizontal verlaufendes, farblich abgesetztes Klinkerband und die die Vertikale betonenden Treppenhaustürme, die leicht aus der Bauflucht zurückgesetzt sind, eine ausgewogene Gestaltung zu verleihen. Zugleich aber wird durch die die Treppenhäuser bekrönenden, spitzen *Satteldächer* an eine in Berlin typische Dachform erinnert und somit ein spielerisches Motiv eingeführt.

Trotz der Materialwechsel und der hervorgehobenen Farbigkeit bleiben die Grundformen bei Rossis Bauten *kubisch* streng. Diese Formen erhalten allerdings eine zusätzliche Facette dadurch, dass sie sich an den historischen Maßstäblichkeiten des Stadtraums orientieren und dort vorgefundene Elemente wie das Satteldach aufnehmen, was sowohl für die Auflockerung des Baukörpers sorgt als auch als ein Zitat verstanden werden kann. Dieses beinhaltet jedoch keine *historistischen*, kopiehaften Aspekte, wie sie sich bei den Bauten von Moore oder Bofill finden, sondern wahrt durchaus inhaltliche Eigenständigkeit.

Synthesen aus Vergangenheit und Gegenwart

Zu den grundlegenden Aufgaben der IBA Berlin, für die Rossi sein Projekt realisierte, gehörte die Rekonstruktion der städtischen Situation, die durch die Zerstörungen des Zweiten Weltkriegs verlorengegangen war (s. S. 66/67). Dabei handelte es sich keineswegs nur um ein berlinspezifisches Problem, denn in den 80er-Jahren hatte sich das Bewusstsein für den Umgang mit der historischen Bausubstanz der Umgebung oder dem historischen Stadtgrundriss auch bei Neubauvorhaben geschärft – sicher eines der Verdienste der Postmoderne, die das Bewusstsein für historische Bauformen wiedererweckt hat. Aber auch Architekten wie Rossi reflektierten in ihren theoretischen Schriften die historische Bedeutung der Städte und Möglichkeiten einer funktionalen Weiterentwicklung.

Carlo Scarpa hatte mit seinen wegweisenden Museumsbauten in den 60er-Jahren einen beeindruckenden Weg gefunden, eine Synthese aus Alt und Neu zu schaffen (Abb. S. 76). Doch inzwischen

JAMES STIRLING

„Herr der Stile" überschrieb die *Deutsche Bauzeitschrift* 1992 ihren Nachruf auf James Stirling. Doch der 1926 geborene Brite war weit mehr als der Schöpfer von nutzlosen *Säulen* und gesprengten *Giebeln*, die heute gern als Spielerei abgetan werden. Der Protagonist der Postmoderne bereitete den entscheidenden Paradigmenwechsel der Architektur in diesem Jahrhundert vor. Seine Bauten sind Polemiken gegen eine erstarrte Moderne. Seine Theorien, die er als Professor an der Yale University gemeinsam mit Kevin Lynch und Charles Moore entwickelte, leiteten die Rückbesinnung auf die von der Moderne vernachlässigten Werte ein: den Bezug zu Geschichte und Umgebung sowie die emotionale Aussagekraft von Architektur. Die Rückbesinnung begann mit dem Zitieren von Ikonen der Baugeschichte. Zwischen 1959 und 1963, und damit lange bevor der Begriff Postmoderne geprägt wurde, entwarf Stirling mit James Gowan das Ingenieursinstitut der Universität von Leicester. Die Gesamtgestalt des turmartigen Gebäudes mit der davorgestellten, abgeschrägten Hörsaal-Box scheint geradezu kopiert von einer damals oft publizierten Ansicht von Rusakows Arbeiterklub, den der russische Konstruktivist Konstantin Melnikow 1928 in Moskau errichtete (Abb. S. 35). Die Stützen mit Kegelstumpfkapitell, die 1971 beim Olivetti-Verwaltungsgebäude in Milton Keynes, USA, zum ersten Mal auftauchen und zum Markenzeichen des im selben Jahr gegründeten Büros von James Stirling und Michael Wilford wurden, lassen sich als grob vereinfachtes Zitat der Pilzstützen in Frank Lloyd Wrights 1939 fertiggestelltem Verwaltungsgebäude der Johnson Wax Company in Racine, Wisconsin (Abb. S. 16) lesen.

James Stirling, um 1980

Stirlings Stuttgarter Staatsgalerie (1977–1984) ist ein Steinbruch historischer Zitate. Die Wechsel von verschiedenfarbigen *Natursteinen* spielt auf die Spielarten mittelalterlich-arabischer Kirchenbauten in Pisa an. Die Saalfolge entspricht einer *neobarocken* Enfilade. Stirling versammelt eine *dekonstruktivistische* Eingangsüberdachung, *gotische* Spitzbögen, quasi antike Säulengänge und Bauhaus-Details um das ruinenhafte Abbild von Schinkels Rotunde im Alten Museum zu Berlin zu einer bunten Collage. Im Grundriss des Berliner Wissenschaftszentrums versammelt Sir James 1986 gleich einen ganzen Setzkasten von Archetypen der Architekturgeschichte: eine kreuzförmige Basilika, eine griechische Stoa, einen mittelalterlichen Campanile, ein antikes Theater.

Anders als viele modische Mitläufer der Postmoderne verwendete Stirling die Stile nie um ihrer selbst willen. Alle scheinbar so bedeutungsschwangeren Architekturhülsen des Wissenschaftszentrums sind mit den immergleichen Büros vollgepumpt, ohne dass diese in ihrer Nutzbarkeit Schaden nehmen. Die Basilika des Wissenschaftszentrums beherbergt nichts weiter als Toiletten und die Hausmeisterwohnung. Die wahre Aussage des himmelblau und rosa gestreiften Bauwerks ist reine Polemik gegen das Paradigma der Moderne, der Einheit von Form und Funktion.

Wie geschaffen zur Aufführung antiker Dramen: Die Rotunde im Innenhof der Neuen Württembergischen Staatsgalerie in Stuttgart ist der Höhepunkt der anspielungsreichen Architekturcollage Stirlings.

Mit der 1985 fertiggestellten Erweiterung der Tate Gallery in London kritisiert Stirling ein anderes Ideal der Moderne: die Konstruktion zu zeigen. Die *Fassade* zeigt ein Raster aus Mauerwerk- und Putzflächen, die mit der *Stahlbetonkonstruktion* im Inneren nichts gemein hat. Während sich die Ausstellungsräume ganz darauf konzentrieren, die Werke von J. M. W. Turner in ein natürliches Licht zu setzen, sucht sich das Äußere in den Kontext der umgebenden Bauten einzufügen – ein Ansinnen, das die auf sich selbst fixierte Moderne immer vernachlässigt hatte. Zugleich verschaffen kräftige Farben und die spektakuläre Eingangssituation des Clore Wing durch die Architektur eine öffentliche Aufmerksamkeit, die sie durch die ausgestellten Gemälde allein nie erreicht hätte. Auch dieser Unterhaltungswert ist ein Ideal, das die Moderne immer zurückgewiesen hatte.

Ein von Stirling selbst oft kolportiertes Schlüsselerlebnis ist dieses: Während seines Studiums besuchte er Palladios Villa Rotonda. Der Putz fiel von den Säulen. Was Marmor zu sein vorgab, entpuppte sich als „nur" aus Backstein gemauert. Doch änderte das irgendetwas an der architektonischen Qualität des Bauwerks?

Dass es Stirling vor allem darum geht, beweist sein letzter Bau, die 1992 fertiggestellte Braun-Fabrik in Melsungen, für die sich das Büro Stirling und Wilford der Unterstützung der jungen Berliner Architekten Walter Nägeli und Renzo Vallebuona versicherte. Das gewaltige Bauvolumen ist in eine Vielzahl sehr eigenständiger Baukörper aufgelöst, die sich präzise in das bewegte Tal der Pfieffewiesen einpassen. An dem Komplex lässt sich sowohl der Herstellungsprozess der dort fabrizierten Kunststoffprodukte ablesen wie der Herstellungsprozess des Gebäudes. So wurde zum Beispiel die Betonwand des Parkhauses, die den Rücken der ganzen Anlage darstellt, mit einer Gitterschalung gegossen, sodass selbst im fertigen Zustand der flüssige Charakter des Rohmaterials erkennbar bleibt.

Zwar finden sich auch in Melsungen Zitate der Architekturgeschichte, doch stehen sie nie für sich selbst, sondern schaffen Architekturqualitäten. Obgleich die Form der Produktionshalle an Peter Behrens' epochale AEG-Maschinenfabrik in Berlin (Abb. S. 23) erinnert, wird der Eindruck von dem wundervollen Ausblick dominiert, den die Bogenkonstruktion in die Landschaft eröffnet. Die umgekehrten Kegelstützen des Verwaltungsbaus erinnern zwar an Le Corbusier, doch vor allem geben sie Auskunft über den außermittigen Kräfteverlauf. Auch für die schräggestellten, farbigen Fensterlaibungen ließen sich zahllose Vorläufer aufzählen, doch in erster Linie verleihen sie dem Licht, das die Schreibtische der Büroangestellten erreicht, ein inspiratives Fluidum. Wann sind einer gemeinhin als profan abgehandelten Bauaufgabe mehr Raumqualitäten abgetrotzt worden?

Abwechslungsreiche Farbigkeit: der Clore Wing der Tate Gallery in London (links). Das geschwungene Verwaltungsgebäude der Werksanlagen der Braun AG in Melsungen (rechts) nimmt die Topografie der umgebenden Hügel auf.

waren gut 20 Jahre vergangen, und die Formen und Ansprüche der Architektur hatten sich verändert. Die grundlegende Frage aber war geblieben: Sollte man Altes einfach kopieren oder in einem geschichtsträchtigen Umfeld Neues schaffen?

Venedig bietet hierfür ein besonderes Beispiel, handelt es sich doch bei der Lagunenstadt um ein einzigartiges städtebauliches Gesamtkunstwerk, dessen herausragende Baudenkmäler in einer homogenen Stadtanlage von einem energischen Amt für Denkmalpflege konserviert werden. Zu den wenigen realisierten Neubauvorhaben in Venedig zählte in den 80er-Jahren eine Wohnsiedlung von Vittorio Gregotti im Gebiet von Canaregio. Zahlreiche Aspekte mussten bei dem Projekt Berücksichtigung finden, von der Lage und der historischen Bebauung der Umgebung, durch die die Maßstäblichkeiten der Neubauten definiert wurden, bis zur spezifischen Entwicklung der historischen Hausform in Venedig. So gibt es beispielsweise eine typisch venezianische Tradition, die private und öffentliche Bereiche des Hauses voneinander scheidet und die es nahelegt, dass jede Wohnung einen separaten Zugang erhält und nicht – wie ansonsten üblich – durch gemeinschaftliche Treppenhäuser erschlossen wird.

Gregottis Bauten antworteten trotz ihres zurückhaltenden Äußeren auf all diese Anforderungen und verbanden dies mit einer rationellen und modernen Architektursprache, die sich ihrer historischen Umgebung nicht anbiederte, sie aber respektierte. Mit *Satteldächern*, hölzernen Loggien und Sprossenfenstern nahm Gregotti das historische Formenvokabular der venezianischen Architektur auf, verlieh den Elementen aber zugleich ein zeitgenössisches Erscheinungsbild. Auf die Verlockung, mit Inkrustationen, *gotisierenden* Bogenfenstern oder anderen Motiven der venezianischen Repräsentationsarchitektur eine optische Nobilitierung seiner Wohnbauten vorzutäuschen, verzichtete Gregotti ebenso wie darauf, durch *dekonstruktive* Verfremdungseffekte eine Wirkungs- und Bedeutungssteigerung der Bauten zu erzielen, die ihrer schlichten Funktion als Wohnbauten entgegengelaufen wäre.

TESSINER SCHULE

Architekturlandschaft mit Bergen

Die rationalistische Architektur eines Aldo Rossi oder Vittorio Gregotti und ihr Versuch einer Zusammenführung von traditionellen und zeitgenössischen Elementen fiel in dem italienischsprachigen Schweizer Kanton Tessin auf einen besonders fruchtbaren Boden. Seit jeher bildeten die durch ihr mildes Klima und die reizvolle Landschaft bevorzugten Gegenden um das Schweizer Nordufer des Lago Maggiore sowie um den Lago di Lugano ein beliebtes Terrain für die Villenbauten wohlhabender Kreise. Die damit vor allem nach dem Zweiten Weltkrieg einhergehende Zersiedelung der einzigartigen Landschaft des Tessin mit qualitätslosen Standardbauten im Stil der Moderne führte seit den ausgehenden 60er-Jahren zu lautstarkem Protest auch unter den Architekten. Parallel zur Krise der klassischen Moderne in den 60er- und 70er-Jahren formierte sich eine eigene architektonische Richtung: die Tessiner Schule, deren Architekten in den letzten Jahren für zahlreiche öffentliche und private Bauten verantwortlich zeichneten. Dabei setzten sie an die Stelle der bisherigen Massenbauten eine eher monumenthafte Architektur, die auf die landschaftlichen Gegebenheiten Rücksicht nahm und zugleich auf die individuellen Bedürfnisse der Nutzer einging.

Zu den führenden Vertretern der Tessiner Schule zählt der Südschweizer Mario Botta, der am An-

Mario Botta, *Einfamilienhaus,* Vacallo (Schweiz), 1986–1989

Die Straßenfront des dreieckigen Gebäudes ist geschlossen, zum Tal öffnet sich die Fassade mit zwei sich überschneidenden Bögen, denen eine halbkreisförmige Terrasse vorgelagert ist. Wie alle Bauten Bottas verbindet die Villa in Vacallo fast sakrale Innenräume mit einer selbstbewussten Position in der Landschaft. Botta, der in jungen Jahren mit Le Corbusier und Louis I. Kahn zusammengearbeitet hatte, erzielt diesen Effekt mit klaren, zeitlos geometrischen Formen. Die daraus resultierende Erhabenheit bekommt durch die Verwendung von *Backstein* eine subtile Note.
Während das Bauwerk als Ganzes durchaus monumental ist, lässt der einzelne Stein, dessen Abmessungen sich an dem orientieren, was der Maurer mit der bloßen Hand umfassen kann, das menschliche Maß erkennen. Da dieses Material außerdem Entstehung und Alterung eines Hauses sichtbar werden lässt und von der *Antike* bis zum Rationalismus Verwendung fand, bekommen Bottas Bauten zugleich eine geschichtliche Dimension.

fang seiner Karriere nicht nur im Büro Louis I. Kahns wirkte, sondern auch mit dem bedeutendsten Schweizer Architekten des Jahrhunderts, Le Corbusier, zusammenarbeitete. Vor allem in Bottas Frühwerk mit seinen Ständerbauten sowie in der Verwendung des Betons wird der Einfluss dieser beiden Lehrmeister deutlich.

Den vielleicht qualitätvollsten Bereich des Schaffens von Botta bilden dessen Einfamilienhäuser, für die er immer wieder überraschende und durchaus spektakuläre Lösungen gefunden hat, obwohl er sich formal weitgehend auf die Verwendung geometrischer Grundformen wie den Kreis, das Rechteck und das Quadrat beschränkte. Dass dabei dennoch keine normierten Kästen im Stil der klassischen Moderne entstanden, beruht auf Bottas gefühlvoller Kombination dieser geometrischen Grundformen sowie auf dem bewusst gestalteten Kontrast zwischen offenen und geschlossenen Wandflächen. Als weiteres Element, das Bottas Bauten charakterisiert, tritt die farbige Materialverwendung an den *Fassaden* hinzu (meist durch roten oder gelben *Backstein*), die zusammen mit der Variation der eingesetzten Mauertechnik zu außergewöhnlichen Lösungen führt.

Arata Isozaki, *Ochanomizu-Gebäude*, 1984–1987

Als eigenwilliger Kontrast ragt der blau leuchtende *Kubus* des Ochanomizu-Gebäudes von Isozaki inmitten eines historischen Verwaltungskomplexes im Zentrum Tokios empor. Neben Büros beherbergt das Gebäude eine große öffentliche Halle und einen Kammermusiksaal. Die Fassade des Hochhauses mit ihren streng geschnittenen, quadratischen Fenstern, die von hellen Rahmen eingefasst werden, und die monumentalen, *kolonnadenartigen* Öffnungen am oberen Gebäudeabschluss betonen die Eigenständigkeit des neuen Bauteils und stellen zugleich einen Bezug zur historischen Bausubstanz her, deren Autonomie gewahrt bleibt.

Besonders mit seinen an Idealbauten erinnernden Rundbauten reflektierte Botta sehr intensiv Themen, die schon die traditionelle Architekturtheorie seit der *Antike* beschäftigt hatten. Die baulichen Ergebnisse dieses ebenso intelligenten wie sinnlichen Entstehungsprozesses von Architektur verstehen zu überzeugen, denn nie ist eine Fassade bei Botta langweilig, und immer bleibt sie in ihrer teilweise monumentalen Ausdruckskraft zugleich dem menschlichen Maß verpflichtet. So vielfältig die dafür eingesetzten Gestaltungsmittel auch sind, so sparsam werden sie zugleich verwendet. Botta vermeidet jedes Zuviel, jedes Überladen seiner Fassaden und konzentriert stattdessen die eingesetzten Mittel.

Zu den reizvollsten Einfamilienbauten Bottas zählt das Haus in Vacallo (s. S. 97). Auf dreieckigem Grundriss errichtet, verschließt sich der Bau mit seiner überzeugend strukturierten rückwärtigen Backsteinfassade gegenüber der Umgebung. Zur Talseite hin allerdings öffnet sich der Bau mit zwei sich überschneidenden Bögen auf überraschende Weise. Dem doppelten Bogen ist eine sanft gerundete Terrasse vorgelagert, durch die das Thema des Bogens erneut aufgenommen und zur umgebenden Landschaft hin vermittelt wird.

JAPAN

Architektur als Meditation

Sowohl Botta mit seinen Tessiner Landhäusern als auch Gregotti mit seiner kleinen Wohnsiedlung im venezianischen Canaregio verweben in ihren Bauten der 80er-Jahre intensiv historische und zeitgenössische Aspekte miteinander und kommen so zu qualitativ hochstehenden architektonischen Lösungen.

Einen ganz ähnlichen Weg beschreitet der Japaner Tadao Ando mit seinen Bauten. Auch er bezieht sich bewusst auf die Vorgaben der traditionellen Architektur, speziell des japanischen Wohnhauses, das in Größe und Form so ganz anderen Ansprüchen zu genügen hatte als seine europäischen oder amerikanischen Pendants.

Und doch wirken Andos Bauten auf den ersten Blick keineswegs wie die Ergebnisse einer Auseinandersetzung mit der kulturhistorischen Tradition, sondern im Gegenteil für manchen Betrachter vielleicht sogar befremdend modern. Die Ursache dafür liegt nicht zuletzt in dem von Ando vornehmlich verwendeten Baumaterial, dem *Beton*, den kaum ein Architekt des 20. Jahrhunderts, nicht einmal Le Corbusier, in so vollendeter Weise einzusetzen verstand wie Ando.

In ihren strengen Proportionen, dem gezielten Einsetzen des Lichts zur Steigerung der Raumwirkung und der geradezu asketischen Sparsamkeit in der Verwendung von Baumaterialien scheint die Architektur Andos in direktem inhaltlichem Zusammenhang zu Mies van der Rohes Ausspruch „less is more" („weniger ist mehr") zu stehen. Doch im Vergleich zu Ando wirken die Bauten von Mies van der Rohe geradezu opulent ausgestattet, scheinen mit ihren teuren Werksteinpartien, dem kostbaren, polierten Marmor und dem edlen Stahl zu protzen. Nichts davon findet

Tadao Ando, *Kidosaki Haus*, Tokio, 1982–1986

Für drei Wohnparteien errichtet, vereint das für japanische Verhältnisse recht große Wohnhaus private und Gemeinschaftsbereiche miteinander. Der durch hohe Betonmauern von der umgebenden Straße isolierte Wohnkomplex wird durch eine gerundete Wand für den Besucher erschlossen. Sie führt zum Kern des doppelgeschossigen Gebäudes, einem Kubus mit zwölf Metern Kantenlänge.
Durch die von Ando praktizierte äußerste Zurückhaltung in der Wahl von Formen und Materialien vermittelt seine Architektur auf den ersten Blick einen strengen Eindruck. Lässt man sich jedoch auf sie ein, dann spürt man, wie diese Reduzierung zu einer Veredelung von Form und Materialien führt. Die Wahrnehmung für die Eigenheiten der Oberflächen wird geschärft. Wie in einer abstrakten Bildkomposition schließen sich bei Ando Farbnuancen und Lichteffekte zu einem einzigartigen Raumerlebnis zusammen. Die großflächigen Fensterpartien setzen die Innenräume des Hauses mit den zurückhaltend begrünten Höfen im Außenraum in Beziehung und erreichen eine zusätzliche Intensivierung des Raumerlebnisses.

sich bei Ando, der nur Beton und Glasbausteine miteinander verbindet und doch Raumwirkungen zu erzeugen versteht, die wie im Fall des Glasstein Hauses (Ishihara Haus) mit seiner schimmernden Beleuchtung eine fast mystische Note erlangen.
Die völlige Reduzierung auf das Baumaterial Beton und die Wirkung seiner rauen Oberflächenstruktur bestimmen das Erscheinungsbild seiner Bauten, so auch beim Koshino Haus in Ashiya, Hyogo, das in zwei Etappen 1979 bis 1981 und 1983 bis 1984 entstand. Hier wird deutlich, dass Andos Architektur nicht nur im traditionellen japanischen Hausbau verwurzelt ist, sondern zugleich intensiv von der Architektur der Moderne beeinflusst wurde. Während der Grundriss der Anlage die Qualität einer abstrakten Komposition erhält, gewinnt die Innenraumgestaltung eine fast klassische, sicher aber deutlich monumentale Note.
In einer von farbigen Reizen, bewegten Bildern und lärmenden akustischen Signalen überfluteten Welt beinhalten Andos Bauten eine beruhigende Botschaft. Lässt man sich auf die Sprache seiner Materialien ein und öffnet sich für die wohlproportionierten Fassaden und Innenräume, dann wird man dafür mit deren meditativer Ruhe belohnt.
Weder die belustigenden dekonstruktiv-schiefen Wände Frank O. Gehrys noch die kleinteiligen Stadtvillen Aldo Rossis verfügen über eine derartige Aura, wie sie die auf den ersten Blick so kargen und zurückhaltenden, in Wirklichkeit aber so reichen Bauten Andos haben.

Tadao Ando, *Glasstein Haus (Ishihara Haus)*, Tokio, 1977–1978

Das Gebäude ist durch dicke Betonwände von der Umwelt abgetrennt und schafft so einen autonomen Bereich für seine Bewohner. Die Wände aus Glasbausteinen erzeugen im Inneren eine luzide Raumwirkung, die auf jede Veränderung der Lichtverhältnisse unmittelbar reagiert.

Tadao Ando, *Koshino Haus*, Ashiya, Hyogo, 1979–1981 und 1983–1984

Bei den parallel zueinander angeordneten Sichtbeton-Kuben – eingebettet in die Landschaft eines Nationalparks – handelt es sich um eine architektonische Meisterleistung in der Gestaltung archaischer Räume. Ando verstand es, das raue Material durch Lichtschlitze und große Wandöffnungen ästhetisch zu überhöhen. Das zwei Jahre später errichtete, straßenabgewandte Gebäude versinkt dabei im Boden, sodass die Innenräume von oben belichtet werden müssen.
Das Koshino Haus verbindet die Formensprache der Moderne mit der lieblichen japanischen Landschaft. Wie selbstverständlich liegt das exklusive Wohnhaus in dem nach hinten abfallenden Gelände. Im Inneren entstehen dadurch überraschende Blickbezüge.

Architektur vor der Jahrtausendwende

Wendezeiten

1990–2000

ZEITGEIST UND EWIGKEITSWERT

Wandel als Voraussetzung

Mit dem Fall der Berliner Mauer 1989 und dem Ende des Kommunismus in der Sowjetunion schienen die alten Konfrontation zwischen den beiden Supermächten der Epoche nach dem Zweiten Weltkrieg endgültig begraben zu sein. Fast meinte man, man könne nun getrost die Hände in den Schoß legen und den ebenso unverhofften wie lang ersehnten neuen Frieden genießen. Doch weit gefehlt. Auch wenn die Polarisierung der Welt in Ost und West der Vergangenheit angehörte, legte sich der scheinbar grenzenlose Optimismus und die freudige Aufbruchstimmung der frühen 90er Jahre bald wieder. Stattdessen brachen sich neue Konflikte Bahn, stiegen neue Player auf der weltpolitischen Bühne auf. Begleitet wurden diese Entwicklungen von neuen Unsicherheiten. Sie speisten sich nicht zuletzt daraus, dass der alte Dualismus von Gut und Böse in eine neue Unübersichtlichkeit mündete. Einen traurigen Höhepunkt fand diese Entwicklung in dem Bürgerkrieg im ehemaligen Jugoslawien. Er bildete einen Vorgeschmack auf die Konflikte zwischen Nationalstaaten, Ethnien und Religion, der nicht nur Europa dramatisch vor Augen führte, wie zerbrechlich diese neue Weltordnung war, die gerade erst begonnen hatte, sich zu etablieren. Quer über die Welt verteilt zeigten sich neue menschengemachte wie der Genozid in Ruanda 1994. Und auch die drängenden sozialen Probleme verschwanden in den neunziger Jahren nicht von der Bildfläche. Es zeigte sich, dass die eingefahrenen wirtschaftlichen und gesellschaftlichen Strukturen der Nachkriegsära sich nur mühsam den verändernden globalen Verhältnissen anpassten. So erweisen sich die 90er mit ihren überraschenden Herausforderungen für viele Menschen keineswegs als das zunächst ersehnte Jahrzehnt der Ruhe, sondern als ein Jahrzehnt des Umbruchs und des Wandels.

Bauten zwischen heute und morgen

So wenig wir heute wissen, was in 100 Jahren die gefeierten Ereignisse des aktuellen Jahrzehnts sein werden, so schwierig erscheint es, die in Zukunft umjubelten Meisterwerke der Architektur und wichtigsten Entwicklungen zu benennen. Für eine solche Bewertung bedarf es jener zeitlichen Distanz, die den Zeitgenossen fehlt. Ohne diese Distanz aber besteht die Gefahr, dass das, was in der Gegenwart als der wichtigste aktuelle Trend der Architektur erscheinen mag, sich nur als ein Holzweg erweist. Als eine kurzlebige Modeerscheinung des Zeitgeistes, die in 50 Jahren kaum noch einer Erwähnung wert scheint. Niemand weiß, wohin unser Weg geht – auch in der Architektur.

Gleichwohl zeigte sich in den 90er Jahren, dass die Erfolgsmodelle der 80er Jahre weiter Erfolg versprachen. Das betraf den Dekonstruktivismus eines Frank O. Gehry ebenso wie den strengen Rationalismus eines Aldo Rossi, die sich unter den wandelnden Ansprüchen an die Architektur weiterentwickelten.

1990: Am 3. Oktober wird Deutschland nach 45 Jahren Teilung wieder ein Staat: erste gesamtdeutsche Wahlen nach dem Krieg.

1991: Im Golfkrieg bezwingen UN-Truppen das Regime Saddam Husseins in Bagdad. Unterzeichnung der Maastrichter Verträge über die Wirtschafts- und Währungsunion und die gemeinsame Außen- und Sicherheitspolitik Europas.

1992: Frankreich versorgt unter dem Schutz von UN-Blauhelmen Sarajewo über eine Luftbrücke. Umweltgipfel der Vereinten Nationen in Rio. Zahl der weltweit HIV-Infizierten wird mit zehn Millionen angegeben.

1993: Machtkampf in Moskau, Jelzin löst das Parlament auf. Friedensschluss zwischen Israel und der PLO. Amtsantritt von Bill Clinton als 42. Präsident der USA. Europäische Union (Maastrichter Vertrag) tritt in Kraft. Erstmals wird ein menschlicher Embryo geklont; der Versuch ruft weltweit Entsetzen hervor.

1994: Nelson Mandela wird zum ersten schwarzen Präsidenten Südafrikas gewählt; Ende des Apartheidstaates. Hollywood bewältigt auf seine Art die deutsche Vergangenheit: *Schindlers Liste* von Steven Spielberg kommt in die Kinos. Eröffnung des Eurotunnels unter dem Ärmelkanal.

1995: Jacques Chirac tritt die Nachfolge von Staatspräsident Mitterand in Frankreich an. Kriegerischer Einsatz der Türkei gegen die Kurden; Verfolgungsaktionen über die Landesgrenze hinaus. „Multimedia" ist das Wort des Jahres. Christo und Jeanne-Claude verhüllen das Reichstagsgebäude in Berlin.

1996: Flüchtlingselend im Herzen Afrikas: Nach Bürgerkriegen in Ruanda und Burundi dehnen sich die Auseinandersetzungen auf Ostzaire aus. Erste Parlamentswahlen in Bosnien unter strengsten Sicherheitsmaßnahmen. Rinderseuche BSE führt zu Exportverbot für Rindfleisch und Lebendvieh aus Großbritannien.

1997: Großbritannien gibt Hongkong an China zurück. Bürgerkrieg in Albanien. Geiselnahme der Tupac-Amaru-Rebellen in der japanischen Botschaft in Lima blutig beendet. New-Labour-Kandidat Tony Blair wird englischer Premierminister. Nato-Russland-Gipfel in Paris: Ehemalige Staaten des Warschauer Paktes dürfen der Nato beitreten. Der Komet Hale-Bopp ist von der Erde aus mit bloßem Auge zu erkennen. Der Modeschöpfer Gianni Versace wird erschossen. Lady Diana Spencer und Dodi al Fayed verunglücken bei einem Autounfall in Paris tödlich. Mutter Teresa stirbt im Alter von 87 Jahren. Bei einem Erdbeben in Italien werden auch berühmte Fresken von Giotto und Cimabue in Assisi teilweise zerstört.

1998: „The Voice" Frank Sinatra stirbt in Los Angeles. Nach schweren Ausschreitungen gegen Präsident Suharto in Indonesien tritt dieser zurück. Zehntes Techno-Festival „Love Parade" in Berlin.

Jugendliche Techno-Fans bei der „Love Parade" 1995 in Berlin

Frank O. Gehry, *Geschäftshaus für die Nationale Nederlanden,* Prag, 1995

Wie ein tanzendes Paar schmiegen sich der gläserne und der steinerne Turm aneinander, den Gehry für ein niederländisches Bauunternehmen entwarf. In Anlehnung an die legendären Hollywood-Tanzfilme mit Fred Astaire und Ginger Rogers gab der Volksmund dem doppelzylindrigen Geschäftsgebäude den Namen „Ginger und Fred". Die Namensgebung belegt, dass Frank O. Gehrys neuere Bauten Assoziationen provozieren.

Hinter diese Bildwirkung tritt die dritte Dimension der Architektur, die räumlich-körperliche, zurück. Hinter der Front mit ihren auf- und abspringenden, in Wellen angeordneten Fenstern verbergen sich ganz normale, ebene Geschossflächen. Damit spiegeln Gehrys Bauten durchaus den allgemeinen Trend der zunehmenden Virtualisierung der Welt, ohne jedoch wie zum Beispiel Jean Nouvel ihre Technologien einzusetzen oder ihre Folgen zu problematisieren.

Folgt man den Grundfragen, die die zukünftige Entwicklung der Gesellschaft betreffen, dann wird man auch Antworten finden, die etwas über künftige Architekturen aussagen. Denn eines hat die Geschichte der Architektur stets gelehrt: dass sich die Entwicklung der Gesellschaft und der Architektur gegenseitig bedingen. Eine Architektur, die nur für sich selber existiert, die nur Vergnügen bereiten will, ohne auf die sozialen und kulturellen Bedürfnisse ihrer Nutzer einzugehen, ist weder finanzierbar, noch wird sie sich auf Dauer behaupten können.

ARCHITEKTUR IM VIRTUELLEN ZEITALTER

Die Macht der Bilder

Allen Veränderungen zum Trotz, blieben auch zum Ende des 20. Jahrhunderts Wohnungsbauten und Bürohäuser, Produktionsstätten und Museen die zentralen Aufgaben der Architektur – auch wenn sich ihre Fassadengewänder wandelten. Der stetig steigende Kostendruck hatte dabei einmal mehr Einfluss auf ihr Erscheinungsbild. Die Rationalisierung wurde auch bei Bauvorhaben aufgrund des Zwangs zu optimierten Baukosten immer stärker in den Vordergrund gedrängt. Standardisierung und Normierung sind beides Leitthemen der Architektur des 20. Jahrhunderts. Doch nun umfasste die Entwicklung nicht mehr nur einzelne Bauelemente, wie etwa beim Plattenbau. Sie reichte bis hin zu vorfabrizierten Badezimmern, die als komplette Bausteine eingesetzt wurden. Für Bauherren und Architekten wurde es unter solchen Rahmenbedingungen nicht leichter, auch in der Alltagsarchitektur qualitätvoll zu bauen. Das Ergebnis war häufig eine normierte Durchschnittlichkeit aus dem Entwurfskatalog. Architektonischer Anspruch, herausragende Entwürfe und eine qualitätvolle Ausführung im Detail, die den Menschen eine inspirierende Umgebung bot, wurden nahezu zwangsläufig immer weiter in den Hintergrund gedrängt.

Diese Rationalisierung erfuhr bereits durch die ersten einfachen Entwurfsprogramme an den Computer einen gewaltigen Schub. Weite Bereiche der Arbeit der Architekten wurden nun computergestützt erledigt. Gebäudestatik und Baustellenlogistik errechnete der „Kollege Computer". Zunächst nur bei großen Bauvorhaben und von finanzkräftigen Architekturbüros eingesetzt, ersetzen virtuelle Ausflüge in die geplanten Bauten das Studium von Modellen oder Bauzeichnungen. Rundgänge durch Höfe und Büroetagen, Rundflüge über ganze Stadtquartiere, die noch in der Planung waren, oder beliebig einzurichtende Innenräume – der Rausch der digitalen Bilder schien grenzenlos. Immer kürzer wurden die Zeiten, die es benötigte, ehe sich aus den Datenmengen vor den Augen der Betrachter die Architektur von Morgen aufbaute und Laien wie Fachleute mit ihrer Bildmacht überrumpelte.

Doch nicht etwa nur Vertreter der High-Tech-Architekturen bedienten sich des neuen Mediums. Jede Form von Architektur ließ sich in dem binären Code der Computer berechnen und darstellen. Die Geschwindigkeit aber, mit der die Computerprogramme selbst weiterent-

Jean Nouvel, *Galeries Lafayette,* Berlin, 1994–1996

Mediale Architektur at its best: Das Gebäude immaterialisiert sich. Alles Begreifliche verschwindet hinter gebürstetem Edelstahl und anderen unangreifbaren Materialien. Vier Neonröhren und ein Spiegel lösen die Decken in einen „gefroren Himmel" auf. Die aufwändige Konstruktion schräggestellter Stützen verliert sich hinter der irisierenden Hülle der zweischaligen Planarglasfassade.
Im Inneren der Galeries Lafayette, der deutschen Dependance eines französischen Edelkaufhauses, hebt ein doppelter Glaskegel die Schwerkraft auf. Hologramme und Spiegel verwandeln ihn in ein Kaleidoskop. Glas wird nicht wie bei den frühen Glaspalästen im Sinne einer wahrheitssuchenden Transparenz eingesetzt. Es vervielfältigt die Besucher. Eine virtuelle Öffentlichkeit entsteht.
Hier beginnen die Widersprüche. Denn das Kaufhaus, dem das Gebäude dient, hat materielle Interessen. Der Mensch ist nicht nur ein Augentier. Doch das Vexierspiel für die Augen ist ein blinder Fleck für alle anderen Sinne.

wickelten wurden, war ebenfalls atemberaubend. Eine Lawine der Möglichkeiten brach sich Bahn und eröffnete der Architektur neue Möglichkeiten, nicht immer zu deren ästhetischem Vorteil. Andererseits wurden so Entwürfe möglich, die aufgrund ihrer Komplexität und der damit verbundenen notwendigen Rechenleistungen noch ein Jahrzehnt zu vor undenkbar gewesen wären.

Gläserne Poesie

Mit dem Glaspalast von Joseph Paxton (Abb. S. 7) aus dem Jahr 1851 begann der erstaunliche Siegeszug des Glases durch die Baugeschichte. Von Bruno Tauts Glashaus (Abb. S. 19) bis zu Mies van der Rohes Neuer Berliner Nationalgalerie (Abb. S. 59), von der Villa bis zum Geschäftshaus reichen seitdem die Einsatzmöglichkeiten der so vielseitigen Glasfassade, und noch immer ist das Thema des Baustoffs Glas nicht ausgereizt.
Eine neue, fast poetisch anmutende Facette der zeitgenössischen Glasarchitektur hat der Franzose Jean Nouvel diesem ohnehin schon reichen Repertoire angefügt. Internationale Bekanntheit erlangte Nouvel mit seinem Institute du Monde Arabe (IMA) in Paris (1981–1987), das, unmittelbar an der Seine gelegen, einen nach Nouvels eigenem Selbstverständnis „absolut modernen" Bau darstellt.
Das IMA entstand als eines der von Präsident Mitterrand initiierten „grands projets" im Paris der 80er-Jahre. Durch seine kolonialistische Vergangenheit, vor allem im 19. und 20. Jahrhundert, ist Frankreich bis heute eng mit dem Einfluss der arabischen Kultur verknüpft. Mit dem IMA entstand nun ein einzigartiges Schaufenster arabischer Kultur in Paris, das mit einem Museum, Räumen für Sonderausstellungen, Bibliothek, Dokumentationszentrum, Vortragssaal und Restaurant an das Schema moderner Museumsbauten der 80er-Jahre anschließt. Das besondere Verdienst von Nouvels Gebäude stellt die Verknüpfung traditioneller arabischer Elemente wie einer an eine Moschee erinnernden Säulenhalle mit einer gläsernen *Hightech-Architektur* dar.
Durch die ausgewogene Staffelung der gläsernen Bauglieder gewinnt das IMA bereits von außen eine spannungsvolle Note. Immer wieder werden die sich durch die gläserne Transparenz des Gebäudes eröffnenden Sichtachsen durch eingefügte konstruktive Strukturen überlagert. Sich brechendes Licht und überraschende Spiegelungen führen bei aller Eleganz in Form und Materialwahl zu einem erstaunlichen Abwechslungsreichtum.
Besonders reizvoll ist die Gestaltung der Südfassade des IMA. Hier hat Nouvel verschiedene geometrische Formen, wie sie in der arabischen Architektur gebräuchlich sind, in einer modernen Blende zusammengefasst, bestehend aus 27 000 Sonnenlinsen, die sich je nach Lichteinfall verengen oder erweitern. Diese Blende wurde der Glasfassade eingefügt und dient nicht nur als ein profaner Sonnenschutz, sondern eröffnet zugleich die Möglichkeit zu einem faszinierenden Spiel von Licht und Schatten im Inneren des Baus. Dar-

über hinaus hat das geometrische Raster der Blende aber noch eine weitere Funktion, definiert es doch durch seine unverwechselbare Formensprache die Zugehörigkeit des Baus zu zwei verschiedenen Kulturen, der arabischen und der europäischen, die hier eine Synthese eingehen.

Ein anderes Beispiel für Nouvels gekonnten Umgang mit dem materiell-immateriellen Baustoff Glas stellen die Galeries Lafayette in Berlin dar (1991–1996), eines der wenigen architektonisch ambitionierten Geschäftshäuser, die in den 90er-Jahren im Rahmen des Aufbaus des Berliner Zentrums nach dem Ende der DDR an der Friedrichstraße entstanden.

Kernstück und namensgebend für das Bürohaus ist die Berliner Dependance des berühmten Pariser Kaufhauses Galeries Lafayette. Tatsächlich stellt in der konsumorientierten westlichen Kultur der Bau eines Kaufhauses eine besondere Herausforderung dar. Mit welchen Attraktionen können die anspruchsvollen Kunden angelockt werden, wie kann die Architektur auf diese Herausforderung antworten? Die Bauten von SITE aus den 70er-Jahren (Abb. S. 82) etwa verwandelten den täglichen Einkauf im Supermarkt zum quasidramatischen Erlebnis.

Nouvel geht einen anderen Weg. Er setzt auf Großstadtarchitektur, geprägt von Eleganz und Licht, von Glas und Transparenz. Das Herz des Bauwerks ist ein riesiger doppelter Glas-Kegel, der durch alle Stockwerke des Gebäudes reicht. Im Erdgeschoss kehrt er sich um, als würde er nun mit der Spitze zuerst in den Boden gebohrt. Der Eindruck dieses gläsernen Kegels ist überwältigend, ein spektakulärer ästhetischer Clou, eine neue Interpretation des für die Geschichte des Bautyps Kaufhaus so wichtigen gläsernen Innenhofs. Und an einem Ort, der von Glas dominiert wird, fehlt auch der gläserne Fahrstuhl nicht.

Selbst außen perfektioniert Nouvel das Spiel mit der geschwungenen gläsernen Fassadenhaut, die sanft um die Ecke gleitet und der von Granit und Muschelkalkplatten gesättigten Umgebung Paroli bietet. Spielerisch ist Nouvels Umgang mit der Dachzone, die sich keineswegs als reines *Flachdach* oder als dachziegelbewehrtes *Satteldach* traditioneller Prägung zeigt. Vielmehr entwickelt Nouvel das Thema des Dachs in seiner spezifischen Architektursprache weiter, indem er eine gläserne Dachschräge schafft.

Hightech-Expression

Ingenieure gehören seit alters her zu den innovativen und treibenden Kräften der Architektur. Doch während man sich im ausgehenden 19. Jahrhundert angesichts des Eiffelturms und der ersten Hochhäuser Chicagos noch darüber stritt, ob Ingenieurbauten wirklich Teile der „wahren" Baukunst seien, ist dieser Streit heute längst entschieden. Ohne die funktionale und ästhetische Wirkung der Ingenieurskunst wäre die Geschichte der Architektur des 20. Jahrhunderts nicht denkbar.

Doch auch jenseits der gebauten Wirklichkeit können Ingenieurswesen und moderne Kunst ei-

Jean Nouvel mit Gilbert Lézenès und Pierre Soria, *Institut du Monde Arabe,* Südfassade (links) und Treppenhaus (rechts), Paris, 1981–1987

Auf den ersten Blick wirkt die Südfassade wie ein Teppich arabischer Ornamente. Tatsächlich besteht sie aus Abertausenden kleiner und großer, motorbetriebener Blenden. Sie variieren je nach Sonnenstrahlung die Transparenz des Gebäudes, entfalten ein Licht- und Schattenspiel von meditativer Kraft. Das Gebäude des Institute du Monde Arabe verwandelt sich in einen Sehapparat auf die arabische Kultur. Die spirituelle, symbolreiche Welt des Orients verbindet sich mit der rational regulierten des Okzidents. Hightech Elemente, in den 70er-Jahren noch um ihrer selbst willen eingesetzt, unterwerfen sich endgültig den künstlerischen Zielsetzungen.

Santiago Calatrava, ***Pasarela de Uribitarte,*** Fußgängerbrücke über den Rio Nerbio, Bilbao, 1993

Schon der Zugang zu Calatravas Fußgängerbrücke über den Rio Nerbio erweist sich als ein Erlebnis: Über zwei elegante, weit geschwungene Rampen erschließt sich die Brücke. Den Höhepunkt des skulpturalen Baus aber bildet die parabolisch gekurvte Hängekonstruktion. Alles an diesem Bau befindet sich in Spannung, erscheint in latenter Bewegung – auch die eigentliche Brücke über den Fluss stellt sich nicht als starrer Weg dar, sondern verläuft in einer leichten Kurve. Die an organische Archetypen erinnernde Formensprache Calatravas verstärkt diese sinnliche Note zusätzlich. Der Architekt versteht es, den scheinbar profanen Akt des Übergangs von einer Seite des Ufers zur anderen als Erlebnis zu inszenieren. Die kühnen Sichelschnitte seiner Brücken stehen in der Tradition der großen spanischen Konstrukteure Antoni Gaudí und Eduardo Torroja y Miret, aber auch des Franzosen Gustave Eiffel (s. S. 8).

ne Einheit bilden – so in den Werken und Skulpturen von Santiago Calatrava, des Spaniers mit Schweizer Wohnsitz, dessen Arbeiten auch im Museum of Modern Art stehen.

Geschwungene, dynamische Formen, die in ihrer Expressivität von fern die Erinnerung an Eero Saarinens TWA-Terminal in New York (Abb. S. 73) wachrufen, ziehen sich durch das gesamte bisherige Werk Calatravas. Filigrane, rippenförmige Betonstützen übergreifen die Räume und verleihen ihnen einen äußerst lebendigen, bewegten Charakter, so bei der Konstruktion des Ausstellungsgebäudes auf der spanischen Kanareninsel Teneriffa (1992–1995).

Fast zwangsläufig stellen sich bei Calatravas ausdrucksstarker Architektur Assoziationen an Lebewesen ein, an die Gräten von Fischen, die gleichförmig von einer mittleren Rippe seitwärts wegstreben, oder an den gebogenen Kamm auf dem Rücken eines urzeitlichen Tieres. So auch im Fall der Haltestelle von Alameda, die Calatrava 1991 bis 1995 in Valencia auf mehreren Ebenen realisierte und die von einem hoch aufragenden Bogen mit einer filigranen Stützkonstruktion beherrscht wird. Dasselbe Motiv findet sich in unterschiedlicher Detailausarbeitung häufig auch bei seinen Brückenentwürfen wieder.

Zaha Hadid, ***Vitra-Feuerwehrhaus,*** Weil am Rhein, 1993

Schräge Scheiben aus nacktem Beton überschneiden sich. Eine gigantische Glasscheibe macht die Fahrzeughalle zum Schaukasten. Die dramatisch zugespitzte Betonplatte des Vordachs scheint zu schweben. Die schiefen Stahlstäbe, die sie tragen, spotten aller konstruktiven Vernunft.

Die *Dekonstruktivistin* Zaha Hadid, die stark vom russischen *Konstruktivismus* beeinflusst wurde, hat dem Wesen der Bauaufgabe eine kaum zu übertreffende Form verliehen. Denn Spannung bestimmt den Arbeitsalltag der Feuerwehr ebenso, wie sie das entsprechende Gebäude der Möbelfabrik auszeichnet. Die Exzentrik der Gebäudeskulptur hat etwas Monumentales, die Funktionalität scheint nebensächlich. Und tatsächlich hat das Feuerwehrhaus heute seine ursprüngliche Funktion verloren, ist selbst skulpturales Museumsstück geworden im illustren Architekturpark in Weil am Rhein.

Ein Pfeil in die Zukunft

Dynamik, das ist auch der erste Eindruck, den das Vitra-Feuerwehrhaus vermittelt. Die Irakerin Zaha Hadid, die in London arbeitete, hat den Bau 1993 in Weil am Rhein in erlesener Umgebung realisiert. Hier hat der Übervater der *Dekonstruktivisten*, Frank O. Gehry, das Vitra Design-Museum fertiggestellt und damit ein innovatives Element in die europäische Architektur eingeflochten. Und auch der Brite Nicolas Grimshaw hat mit seiner Vitra-Möbelfabrik am Oberrhein gearbeitet.

Wie ein Pfeil bohrt sich Hadids Gebäude in die Landschaft. Auf einem kleinen Wald aus erstaunlich dünnen geraden und schrägen Pfeilern ruht das weit hervorragende Betonvordach des Komplexes, das mit seinem dramatisch-expressiven Gestus dem profanen Bau eine monumentale Note verleiht. Schräge Wände, sich überschneidende Wandflächen und übereinander gestaffelte Baukörper verleihen dem Bau eine ganz eigene unruhige Ausdrucksstärke. Wie ein schlanker Papierflieger erscheint der Bau aus der Vogelperspektive, elegant und aerodynamisch zugleich, doch angesichts der betonten Wandschrägungen werden auch Erinnerungen an ein Schiff wach. Offene und geschlossene Partien wechseln sich miteinander ab und verstellen sich einem traditionellen Formenkanon. Architektur wird hier mit einem immensen konstruktiven und gestalterischen Aufwand betrieben, bekommt in ihrer Einzigartigkeit eine extrem individuelle Note, die das einzelne Bauwerk – wie auch bei Santiago Calatrava – bewusst auf das Niveau einer Skulptur hebt. So verwirrend die ineinandergeschachtelten Formen des Baus sind, so vielseitig ist die Materialverwendung von Aluminium über glatten Beton bis zur geschlossenen Fensterfläche bzw. dem Fensterband.

Das Gebäude diente als stützenlose Betonhalle für die Löschfahrzeuge des Möbelherstellers Vitra, nahm daneben aber auch noch einen Sanitär- und einen Speisebereich sowie Fitnessräume auf. Heute hat es seine ursprüngliche Funktion verloren, ist aber wesentlicher Bestandteil des Architekturparks in Weil am Rhein, dient als Ausstellungsfläche für die Vitra-Stuhlsammlung und kann auch für Veranstaltungen genutzt werden.

Hadids Feuerwehrhaus wurde viel umjubelt; euphorische Vergleiche zu den Architekturvisionen der russischen *Konstruktivisten* der 20er-Jahre wurden ebenso gezogen wie zur Raumwirkung von Mies van der Rohes Barcelona Pavillon. Bei aller Begeisterung scheint Mäßigung angebracht. Hadid hat für ein Feuerwehrhaus einen ausdrucksstarken Baukörper verwirklicht, der sich mit Zitaten und zeitgenössischen Ausdrucksformen der Avantgarde auseinandersetzt. Ob Hadids Gebäude mehr als ein Meilenstein des *Dekonstruktivismus*, ein modisches Kleinod an unerwarteter Stelle im Stadtgefüge wird, das bleibt hingegen abzuwarten.

Jacques Herzog und Pierre de Meuron, *Steinernes Haus*, Tavole, Ligurien, 1988

„Less is more", befand Mies van der Rohe schon in den 20er-Jahren. Heute wird bei den Architekten der Neuen Einfachheit daraus der Reichtum der Askese. Wie Mies arbeiten die Schweizer Jacques Herzog und Pierre de Meuron mit klaren Quader und schlichten Raumgeometrien. Doch ihre Materialien werden vielfältiger und weit sinnlicher eingesetzt, geradezu demonstriert. Der Baustoff wird zum Werkstoff.

Bei der Kunstsammlung Goetz (Abb. unten) ist es die Kombination von nacktem Beton, unbehandeltem Sperrholz und mattiertem Glas.

Beim Haus in Tavole (links) fachen mörtellos geschichtete schieferartige Kalksteine des Ortes das tragende moderne Betonskelett aus. Das Haus, das allein in einer hügeligen Landschaft mit zerfallenen Steinterassen für Olivenbäume und Reben steht, arbeitet an der radikalen Abstraktion und steht für die neue Ernsthaftigkeit in der Architektur.

ÄSTHETIK DES SCHLICHTEN

Reduktion statt Expression

Der Gegensatz könnte nicht größer sein zwischen den neoexpressionistisch–dekonstruktivistischen Bauten und Projekten Zaha Hadids oder Frank O. Gehrys, die bei aller künstlerischen Intensität gelegentlich einer gewissen Aufgeregtheit nicht entbehren, zu den Arbeiten der beiden Baseler Architekten Jacques Herzog und Pierre de Meuron. Nicht umsonst handelt es sich bei dem Architekten-Duo, das erst kürzlich durch den Auftrag zum Neubau der renommierten Tate Gallery im ehemaligen Kraftwerk Bankside weltweit Aufsehen erregte, um Schüler des Rationalisten Aldo Rossi, doch auch von seinen Arbeiten unterscheiden sich die beiden deutlich.

Bereits in dem Steinernen Haus in Tavole in Ligurien aus den Jahren 1982 bis 1988 präsentierten Herzog und de Meuron ihr ebenso schlichtes wie ästhetisches Grundkonzept. Der einfache *kubische* Block des Hauses, dem eine *Pergola* vorgelagert ist, besteht aus einem deutlich erkennbaren Betonrahmen, dessen Zwischenräume mit aufgeschichtetem Bruchsteinmauerwerk ausgefüllt wurden. Die konstruktive Schlichtheit des

Jacques Herzog und Pierre de Meuron, *Kunstsammlung Goetz*, München-Oberföhring, 1993

Jo Coenen, *Nederlands Architectuur-instituut*, Rotterdam, 1993-1995

Die ineinandergeschobenen und verschränkten Baukörper von Coenens Architekturinstitut in Rotterdam, in dem mehrere kleinere, mit Architektur befasste Institutionen zusammengefasst wurden, bieten ein spannungsgeladenes Beipiel zeitgenössischer Baukunst, das bewusst mit den unterschiedlichen Stilmitteln der Moderne des 20. Jahrhunderts spielt. Vor einem langezogenen niedrigeren Archivtrakt, der das Gelände in weitem Bogen abschirmt, erhebt sich das Hauptgebäude des Instituts. Es wird von einer monumentalen *Pergolakonstruktion* umfangen, die auf bedrohlich angespitzten Stahlpfeilern aufliegt. In diese ebenso funktionslose wie beeindruckend dynamische Konstruktion ist der fast vollständig verglaste Ausstellungskubus des Hauptgebäudes eingestellt, der besonders bei abendlicher Beleuchtung sein Innerstes nach außen kehrt, um sich in den Flächen des umgebenden Wassers zu spiegeln.

Baus geht mit seinem enormen ästhetischen Reiz einher, der sich aus einer Synthese der so unterschiedlichen Materialität ergibt. Ihren verschiedenen Oberflächenstrukturen entspricht die unterschiedliche optische Wirkung, die dem Bau Lebendigkeit verleiht. Zudem stehen die beiden Baumaterialien für unterschiedliche historische Epochen der Baugeschichte – der Beton bildet das tragende Gerüst der Moderne, während das aus Bruchsteinen aufgeschichtete Trockenmauerwerk eine jahrhundertealte Tradition hat.

Diese Ernsthaftigkeit in Form und Materialverwendung, die auf die spezifische Funktion des Bauwerks an seinem Ort hin ausgerichtet ist, gehört zu den Leitmotiven der Arbeit von Herzog und de Meuron. In einer ganz anderen Gestalt, doch mit einer verwandten ästhetischen Wirkung findet sich dieses Leitmotiv auch in der privaten Kunstsammlung Goetz in München-Oberföhring von 1993.

Erneut wird der Baukörper von einem strengen, quergelagerten *Kubus* gebildet. Wie schon beim Steinernen Haus in Tavole überrascht die Materialverwendung: Beton, Holz und mattiertes Glas. Sie bewirkt eine ganz eigene, sehr zarte und zurückhaltende Farbwirkung, die dem geschlossen wirkenden Baukörper dennoch Luftigkeit, ja eine fast heitere Note verleiht.

Oberhalb des vollständig verglasten Erdgeschosses, in dem sich Halle und Bibliothek befinden und das sich durch den leicht grünlichen Schimmer des mattierten Glases auszeichnet, schließen sich die eigentlichen drei Ausstellungsräume an. Sie werden aus einem zweiteiligen, mit Birkenholzpaneelen verfüllten Kiefernholzrahmen gebildet. Auch in der Verwendung der Hölzer zeigt sich das feine Gespür zur Differenzierung bei den beiden Architekten. Der hellen Farbwirkung der glatten, fast weißlichen Birkenholzpartien steht der etwas dunklere Kiefernholzrahmen gegenüber, der durch die Ansätze von Ästen eine rauere und strukturiertere Wirkung vermittelt. Über diesem *oblongen* Holzkorpus liegt eine weitere, umlaufend verglaste Zone mit mattiertem Glas. Sie dient im Inneren zur Beleuchtung der Ausstellungsräume, von außen jedoch vervollständigt sie die harmonische Symmetrie des Baus.

Herzog und de Meuron schaffen es, mit ihrem Münchner Ausstellungsgebäude auf der einen Seite eine zurückhaltende, scheinbar ganz auf die ausgestellten Kunstwerke hin orientierte Architektur zu realisieren. Auf der anderen Seite verwirklichen sie durch die überraschende Materialverwendung und deren äußerst ansprechende ästhetische Wirkung mit sparsamsten baulichen Mitteln eine äußerst kunstvolle Architektur.

Einen in seiner Grunddisposition ähnlichen, wiederum quer gelagerten Baukörper schufen Herzog und de Meuron auch beim Umbau und der Erweiterung der Schweizerischen Unfallversicherungsanstalt in Basel (1995). Besonderes Augenmerk verdient bei diesem Projekt allerdings der erstaunliche Umgang mit dem Altbautrakt. Er wurde einfach in eine gläserne Fassade eingepackt, die sich aus unterschiedlich behandelten Glaspaneelen zusammensetzt. So wird von außen die Einsicht auf den alten Bautrakt weiterhin gewährleistet und seine Substanz bleibt weitgehend unangetastet. Zugleich aber wird durch die unterschiedlich durchsichtigen Gläser, die sich

Alvaro Siza, *Portugiesischer Pavillon der Expo 98*, Lissabon, 1994–1998

An der Kaimauer eines ehemaligen Hafenbeckens am Ufer des Rio Tejo erbaut, verkörpert dieses Ausstellungsgebäude das neue Selbstbewusstsein des modernen Portugal. Es setzt sich aus zwei Bauteilen zusammen: dem eigentlichen Ausstellungsgebäude, das sich mit einer zweigeschossigen Arkade zum Wasser hin öffnet, und der „Praça Ceremonial", einem weiten, von einer leichten Betondecke überschatteten Platz, auf dem Staatsgäste empfangen werden. Dessen außen mit Kalkstein verkleidete und innen mit roten und grünen „Azulejos" gekachelte Widerlager bilden mit ihrer römischen Massivität einen starken Kontrast zur Eleganz des frei hängenden Dachs. Ein Garten, der mit alten Olivenbäumen und weiß gestrichenen Mauern die Schönheit südportugiesischer Landschaften widerspiegelt, bildet den östlichen Abschluss des Pavillons. Für die Zeit nach der Weltausstellung ist die Erweiterung des Gebäudes zum Sitz des Ministerrats vorgesehen.

nur vage auf die dahinterliegende alte Fassadengliederung mit ihren Fenstern beziehen, eine bewusst verfremdende neue Schicht über das Gebäude gelegt. Spiegelungen und Einsichten, Verzerrungen der strukturierten Scheiben und die Schattenwürfe der vorgesetzten Sonnenblenden sowie des tragenden Rahmenwerks entwickeln sich so zu einem reizvollen intellektuellen Spiel mit den historischen und zeitgenössischen Elementen des Baus, die sich zu einem neuen Ganzen zusammenfügen.

Auch beim Umbau und der Erweiterung der Schweizerischen Unfallversicherungsanstalt herrscht die typische Ernsthaftigkeit von Herzog und de Meuron vor. Sie steht im krassen Gegensatz zur ironisch verspielten Expressivität zahlreicher ihrer Zeitgenossen.

Sachlich ohne Strenge

Die formalen Aufgeregtheiten mancher dekonstruktiver Architekturfantasie sind Alvaro Sizas Sache ebenso wenig wie die von Herzog und de Meuron. Doch das heißt nicht, dass bei den Bauten des Portugiesen und der beiden Schweizer nicht doch aufregende Architektur entstehen könnte! Das beste Beispiel für die ebenso anregende wie aufregend moderne Architektur Sizas liefern eine Reihe weißer *Kuben*, die er im Westen seiner Heimatstadt Porto in Hanglage errichtete. Zwischen 1986 und 1995 entstanden, bilden sie die dortige Architekturfakultät. Umgeben vom Grün einer Parkanlage liegen die Bauten in relativer Isolation und Ruhe.

Die auf den ersten Blick gleichförmig anmutenden vier kubischen Baukörper, die deutlich der Tradition der klassischen Moderne verpflichtet sind, erweisen sich ebenso wie ein rückwärtiger Bautrakt bei näherem Hinschauen als stark differenzierte Bauwerke.

Trotz der Verwendung genormter Bauteile überrascht die Vielfältigkeit ihrer Formen. Hochrechteckige Fenster und querliegende Fensterbänder verleihen den Fassaden „Gesichter", die durch Vor- und Rücksprünge, eingeschobene Vordächer als Sonnenschutz und auskragende Dachzonenteile über Terrassen zusätzlich akzentuiert werden. Galerien und große verglaste Zonen am campusartigen Bereich zwischen den Bauteilen verleihen der Fakultät – im Gegensatz zu der nach außen hin eher geschlossen Wirkung – einen öffentlichen und luftigen Charakter.

Die Studenten der Architekturfakultät von Porto bekommen so allein schon durch die Wahrnehmung der Pavillons ihrer Universität einen reichen Vorrat an möglichen Bauformen mit. Doch der Gefahr der Beliebigkeit, die eine solche Vielfältigkeit der Architektursprache immer birgt, versteht ein Meister seines Fachs wie Alvaro Siza aus dem Weg zu gehen. Harmonisch fügen sich die einzelnen Teile seiner Anlage zusammen und bilden einen losen, aber organisch miteinander verbundenen Zusammenhang, der bei aller Schönheit auch Raum für sämtliche notwendigen Institutionen bietet, von den Ateliers über einen Hörsaal und einen Ausstellungsraum bis zur Verwaltung und der obligatorischen Cafeteria.

Die Sachlichkeit von Sizas Architektur bewirkt keine Monotonie und ihre scheinbare Strenge entpuppt sich bei genauer Betrachtung als formale und inhaltliche Klarheit, die Siza zu Recht zu einem der bedeutendsten Architekten der Gegenwart macht.

Dani Karavan, *Gedenkort für Walter Benjamin,* Portbou, 1994

Am 26. September 1940 setzte der Philosoph und Schriftsteller Walter Benjamin im spanischen Portbou seinem Leben und seiner Flucht vor dem Naziregime ein Ende. Das in Erinnerung an dieses Ereignis von dem israelischen Künstler Dani Karavan entworfene Denkmal arbeitet mit den Mitteln der Land-Art.
In Anlehnung an Benjamins Lebensweg und eines seiner Hauptwerke (*Passagen*) besteht der Ort aus drei Pfaden, die unterschiedliche Stationen kennzeichnen. Der dritte und letzte dieser Wege besteht aus einem in den Fels gesprengten, abfallenden Tunnel, dessen Wände von rostigem Stahl eingefasst sind. Unvermittelt endet er an einer Glasscheibe. Dahinter tobt das Meer. Der einzige Ausweg ist der ausweglose Abgrund.
Reich an Bezügen, äußerst sparsam in den Mitteln: Damit könnte das Denkmal in Portbou andeuten, wohin sich die Architektur im nächsten Jahrtausend entwickelt.

SKULPTUR UND ARCHITEKTUR

Die neue Ästhetik der Geschichte

Zu den umstrittensten Künstlern der späten 80er- und 90er-Jahre, deren Werk in der Öffentlichkeit heftig diskutiert wird, gehört Daniel Libeskind (Berlin, Los Angeles). Das ist umso erstaunlicher, als Libeskind nur auf ein äußerst schmales Œuvre realisierter Projekte blicken kann.
Die Radikalität seiner Formensprache und die hohe intellektuelle Intensität seiner Auseinandersetzung mit dem historischen und politischen Umfeld seiner Bauten ziehen manchen an, manchen Betrachter und Bauherren mögen sie aber auch verschrecken.
Zu den wenigen bisher realisierten Bauten Libeskinds, der bisher vornehmlich in Deutschland Architekturwettbewerbe für sich entscheiden konnte, gehört der Bau des Jüdischen Museums am Berlin-Museum, das 1998 kurz vor seiner Vollendung steht. Die Bezüge zu bekannten Museumsbauten der 80er- und 90er-Jahre erschöpfen sich darin, dass es sich bei der jüdischen Abteilung des Berlin-Museums ebenfalls um ein Museum handelt. Doch hier ist nichts von der heiter in Zitaten schwelgenden *postmodernen* Formensprache von James Stirling und Michael Wilfords Neuer Württembergischen Staatsgalerie in Stuttgart (Abb. S. 96) zu spüren, nichts von der noblen Eleganz von Jean Nouvels Institut du Monde Arabe in Paris (Abb. S. 103).
In Libeskinds Museumsbau soll die Geschichte des jüdischen Lebens in Berlin präsentiert werden. Libeskind selber hat den Bau als Emblem, als ein sinnbildliches Zeichen charakterisiert, als ein Museum, das um eine Leere herum gebaut wird, eine Leere, die durch den Verlust jüdischen Lebens durch den Holocaust gekennzeichnet wird.
Wie bei Zaha Hadids Vitra-Feuerwehrstation in Weil am Rhein stellt sich bei einem Blick auf den Grundriss des Berliner Baus, der unterirdisch mit dem benachbarten *barocken* Museumsaltbau verbunden ist, die Assoziation an einen Pfeil oder an einen vorwärts züngelnden Blitz ein. Bei Libeskind bekommt er zusätzlich eine tiefere Bedeutung dadurch, dass man in ihm auch einen aufgebrochenen Davidsstern erkennen kann, der in Beziehung steht zu Orten, an denen ehemals jüdisches Leben in Berlin stattgefunden hat.
Der Anspruch, den Daniel Libeskind mit seinem Entwurf zu realisieren sucht, ist hoch, ebenso hoch wie das intellektuelle Konstrukt, das er dafür bemüht. So sperrig und schwierig das Thema ist, so bewusst verquer zeigt sich auch die Architektur, die sich in ihrem Vor und Zurück, ihren leeren Ecken und hohen Betonwänden jeder leichten Zugänglichkeit durch Besucher und Betrachter bewusst verschließt und den Charakter einer komplizierten architektonischen Skulptur für sich beansprucht.
Trotz oder gerade wegen dieser Komplexität darf bereits jetzt vermutet werden, dass das Jüdische Museum von Daniel Libeskind in seiner architektonischen Radikalität und seiner einzigartigen, intensiven Auseinandersersetzung mit dem historischen Ort in Zukunft zu den wichtigsten Museumsbauten nicht nur der 90er-Jahre, sondern des Jahrhunderts zählen wird.

Wechselwirkungen – die Sinnlichkeit der Erinnerung

Stellen sich die 80er-Jahre im Rückblick mit ihren großen Museumskomplexen als ein Jahrzehnt der rauschenden Festkultur dar, so kann mit Fug und Recht für die 90er-Jahre behauptet werden, dass es sich um ein Jahrzehnt einer eher nachdenklichen Erinnerungskultur handelt.

Die Auseinandersetzung mit der Geschichte und der Erinnerung an historische Personen und Ereignisse ist in Denkmälern, Ausstellungen und Gedenkstätten zu einem der zentralen Themen des Dezenniums geworden. Die Gründe dafür sind – wie immer – vielschichtig. Sicher spielt das nahende – dreifache – Ende von Jahrzehnt, Jahrhundert und Jahrtausend eine wichtige Rolle in dem Prozess des Nachdenkens über Gewesenes und Zukünftiges. Doch auch der Schatten bedeutender Jahrestage wie 1995 der des Endes des Zweiten Weltkrieges vor 50 Jahren haben deutliche Spuren hinterlassen.

Es ist sicher kein Zufall, dass zahlreiche Architekturen, die in den letzten Jahren entstanden sind, auch als monumentale Skulpturen verstanden werden können. Dies gilt in ganz besonderem Maße für die Arbeiten von Daniel Libeskind, die sich dabei in ihrer komplexen Formensprache als intensive Auseinandersetzungen mit der Geschichte des Ortes, für die sie geplant wurden, erweisen. Doch genauso, wie sich die Architektur mit der Skulptur auseinandergesetzt hat, finden sich auch in zahlreichen zeitgenössischen Skulpturen deutliche Bezüge zur Architektur. Fast scheint es so, als würden sich in vielen Arbeiten derzeit die Grenzen zwischen Architektur und Skulptur aufzulösen beginnen.

Zu den eindrucksvollsten und zugleich nachdenklichsten Denkmälern, die ihre Aussage durch architektonische Elemente ausdrücken, zählt der *Gedenkort Passagen* für Walter Benjamin, den der israelische Künstler Dani Karavan 1994 an der französisch-spanischen Grenze in Portbou schuf.

In dem kleinen Küstenort hatte sich der aus Berlin stammende jüdische Philosoph und Schriftsteller Walter Benjamin auf seiner Flucht vor dem nationalsozialistischen Terrorregime 1940 in tiefster Verzweiflung das Leben genommen. Dani Karavan hat dieses Ereignis mit der Architektur seines Gedenkorts in ein ebenso anschauliches wie sensibles Bild gekleidet. Zwischen zwei 2,35 Meter hohen rostig-roten Stahlwänden führt eine sehr schmale Treppe vom Friedhof des verschlafenen kleinen Grenzorts den Abhang hinab. Im oberen Bereich sind die ebenfalls aus Stahl bestehenden 87 Stufen überdacht, im unteren Bereich öffnet sich über ihnen der Himmel, ehe die Treppe unvermittelt endet. Unter ihr öffnet sich nichts als der ausweglose Abgrund, an dessen Ende das Meer tobt, jener Abgrund, den Benjamin angesichts der Ausweglosigkeit seiner Flucht verspürt haben mag.

Die Auseinandersetzung mit der Geschichte, vor allem mit dem nationalsozialistischen Unrechtsregime in Deutschland zwischen 1933 und 1945, gehört auch zu den Hauptanliegen des in Paris lebenden deutschen Künstlers Jochen Gerz. Bei seinen Arbeiten, die noch stärker als Karavans Gedenkort auf eine Beteiligung des Betrachters hin angelegt sind, bediente sich Gerz immer wieder auch traditioneller architektonischer Mittel.

Zu seinen wichtigsten Projekten zählt das Denkmal auf dem Schlossplatz in Saarbrücken von 1993, wo er die Unterseiten von 2146 Pflastersteinen mit den Namen aller vor dem Zweiten Weltkrieg bestehenden jüdischen Friedhöfe in Deutschland versah. Bei dem 1995 eingeweihten Denkmal *Die Bremer Befragung* hingegen ent-

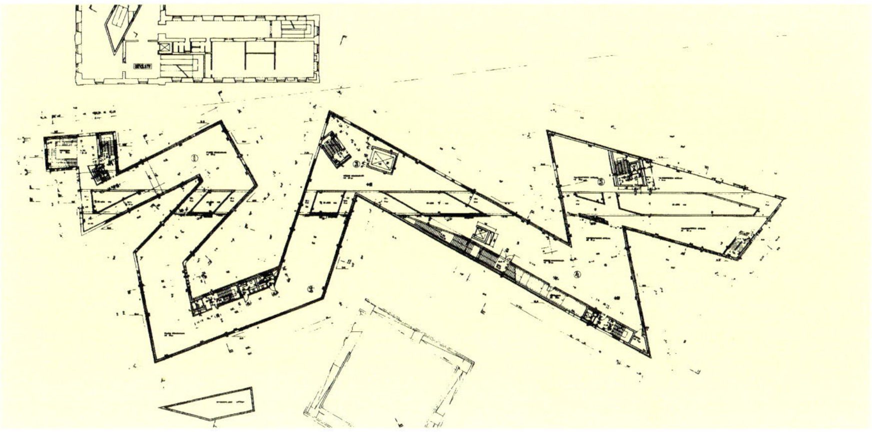

Daniel Libeskind, *Jüdisches Museum,*
Berlin, 1989–1998

Das Jüdische Museum ist der erste Entwurf, den der wohl intellektuellste Vertreter des *Dekonstruktivismus* verwirklichen konnte. Sein Grundriss symbolisiert einen Teil des Davidsterns. Durch diese umwegreiche Lebenslinie zieht sich eine gerade Leere, die den Verlust der jüdischen Kultur durch den Holocaust versinnbildlicht. Jedes der schnittmusterartig in die Zinkfassade eingeschnittenen Fenster spannt eine gedachte Verbindung zu den authentischen Orten, an denen dieses Leben einst stattfand. Obwohl Daniel Libeskinds Entwürfe nur aus Linien bestehen, ergeben sie doch eine beeindruckende Architektur. Und auch wenn ihre komplexen, akademischen Bezüge dem nicht eingeweihten Besucher verborgen bleiben müssen, entfaltet die Architektur eine sinnliche Kraft, die die Botschaft des Baus erahnen lässt.

Nicolas Grimshaw, *Redaktion und Druckerei der Western Morning News,* Plymouth (Großbritannien), 1993

Hightech-Entwürfe, die anfangs vor allem der Zurschaustellung innovativer Konstruktionsdetails dienten, erfüllen heute alle Ansprüche an Architektur – eine Entwicklung, zu der Nicolas Grimshaw erheblich beitrug. In seinem Gebäude für die Western Morning News finden Redaktion und Druckerei unter einem Dach optimale Arbeitsbedingungen. Nach innen und außen zeigt der Bau die Transparenz, die man von einem Medienunternehmen erwartet.
Auf dem Hügel von Plymouth ist der schiffsbugförmige Baukörper mit seinen stoßzahnartigen, die Ganzglasfassade haltenden Stahlträgern eine Landmarke. Er schafft Bezüge zur Geschichte der Seefahrerstadt und symbolisiert zugleich ihren aktuellen wirtschaftlichen Aufschwung als Dienstleistungsstandort.

stand eine ausblickartige Auskragung auf einer Brücke über die Weser. Eine Inschriftentafel fordert die Passanten auf, sich sein eigenes Denkmal und dessen Thema vorzustellen. Mit dem Denkmal gegen den Faschismus, das er zusammen mit seiner Frau Esther Shalev-Gerz in Hamburg (1986–1993) realisierte, war die Auseinandersetzung mit einer architektonischen Form am konkretesten. Bei dem Denkmal wurde ein mit Blei verkleideter, quadratischer Pfeiler von zwölf Metern Höhe nach und nach in den Boden abgesenkt. Die im Laufe der Jahre vorübergehenden Passanten waren aufgefordert, den Pfeiler auf der weichen Bleioberfläche mit ihrer Meinung zum Faschismus zu beschriften, ehe er, die Inschriften bewahrend, ganz im Boden versenkt wurde.
So wie Libeskind in seiner Architektur eine sinnlich wahrnehmbare Auseinandersetzung mit der Geschichte realisiert, so fordern auch die Projekte von Karavan und Gerz in ihrem Charakter als architektonische Skulpturen ihre Betrachter zu einer Auseinandersetzung mit ihrem Thema heraus. Nur dadurch, dass sich die Betrachter einbeziehen lassen, können sie zu einem Verständnis dieser Werke vordringen. Die Beschäftigung mit historischen Ereignissen und Personen wird in Architektur wie Skulptur so zu einer intensiven zeitgenössischen Stellungnahme, die in beiden Kunstgattungen einen neuen Weg in die Zukunft aufweist.

ARCHITEKTUR IM 21. JAHRHUNDERT

Verantwortlicher Umgang mit den Ressourcen

Architektur – wenn sie gute Architektur sein will – erweist sich seit der Antike als ein Experiment. Ein Experiment, das immer wieder auf ganz unterschiedlichen Ebenen stattfindet, und mit dem eine Antwort auf die Fragen der Zeit gefunden werden soll. Paxtons Glaspalast, Eiffels eiserne Turmkonstruktion und Fran ois Hennebiques frühe Stahlbetonbauten sind solche Architekturexperimente gewesen, die ihre Auswirkungen in das 20. Jahrhundert hineingetragen haben.
Zu den wichtigsten Problemen der Menschheit im ausgehenden 20. Jahrhundert gehört die Tatsache, dass sich die ökologischen Dimensionen unserer Welt dramatisch verschoben haben. Für die sich daraus ergebenden neuen Anforderungen muss Architektur, wenn sie denn bestehen will, neue gangbare Antworten finden. Denn wie unser Weg in die Zukunft aussieht, wird sich auch durch unseren Umgang mit den natürlichen Ressourcen ergeben. Dabei geht es nicht nur um den verantwortlichen Umgang mit nicht erneuerbaren Brennstoffen, deren Gebrauch zu einer immer noch steigenden Belastung und Zerstörung der Umwelt führt.
Immer deutlicher wird die Notwendigkeit, auch mit solch scheinbar selbstverständlichen Dingen wie unserem Trinkwasser, das in den nördlichen Ländern in scheinbarem Überfluss vorhanden ist, sparsam und verantwortungsbewusst umzugehen und es endlich als das zu behandeln, was es ist: ein lebensnotwendiger Schatz.
Die Antworten der Architektur auf die vielfältigen ökologischen Forderungen und Anforderungen sind umfangreich. Sie beginnen mit nahezu profanen Maßnahmen bei der Wärmeisolierung der Fassaden, durch die – im Gegensatz zu einfachen Holz- oder Steinfassaden – große Mengen von ansonsten ungenutzt ausströmender Energie im Haus gehalten und genutzt werden können. So reduziert sich der Heizaufwand, und neben dem Schutz der Ressourcen wird zugleich zu einer finanziellen Entlastung des Bauherren oder Mieters beigetragen, der weniger für Heizöl oder andere Brennstoffe aufwenden muss.

Alessandro Mendini, *Museum*, Groningen (Niederlande), 1995

Im Hafenbecken eines Kanals gelegen und nur durch eine Fußgängerbrücke zu erreichen, türmen sich die Bauteile der *dekonstruktiven* Museumsinsel von Groningen auf. Schrill, schräg und bunt, ein Tohuwabohu von Materialien und Formen, die auf den ersten Blick mehr an ein etwas zu groß geratenes Möbelstück erinnern als an ein Gebäude, in dem die Groninger Kunst aller Epochen präsentiert wird.
Die Liste der Künstler, die an dem ambitionierten Museumsprojekt mitgewirkt haben, liest sich wie ein „Who is who" des Dekonstruktivismus, denn neben dem Italiener Mendini waren u. a. auch der Franzose Philippe Starck und die österreichische Architektengruppe COOP Himmelblau beteiligt. Kein Wunder also, dass zwischen all den Schrägen und Kurven aus Stahl, Kunststein, Holz und Beton rechte Winkel im Groninger Museum Mangelware sind. Seinen großen Gegenpart hat das Groninger Museum im 1998 eröffneten Guggenheim-Museum in Bilbao von Frank O. Gehry erhalten.

Auch die Anpassung der Grundrissorganisation eines Hauses an die natürlichen Licht- und Sonnenverhältnisse ist eine Maßnahme, die zu einer deutlichen Reduzierung des Energieverbrauchs beitragen kann. Besonders die Sonneneinstrahlung kann nutzbar gemacht werden: Solaranlagen, die in Kollektoren die Sonnenstrahlen aufsammeln, dienen der Heizung und Warmwasserbereitung. Sonnenlicht kann darüber hinaus über Fotovoltaikmodule für die Erzeugung von Elektrizität genutzt werden und so einen deutlichen Anteil an der Lichtversorgung eines Hauses übernehmen.
Zahlreiche Forschungsbauten sind in den letzten Jahren entstanden, die mit so plakativen Namen wie Öko-, Niedrigenergie-, oder Energiesparhaus die meisten Betrachter eher verwirren, als dass sie zur Klärung der Bedeutung ihrer Namen beitragen.
Doch all die ökologischen Ansprüche, die oft einen enormen Kostenaufwand für den Bauherrn mit sich bringen können, bedeuten nicht, dass dabei die Wirkung der Architektur zu kurz kommen müsste. Exemplarisch kann dies die Architekturskulptur von Thomas Spiegelhalter, Freiburg, verdeutlichen, die er für ein Haus in Breisach verwirklicht hat (Abb. S. 94). Seine technisch-*dekonstruktive* Formensprache wird hier beispielhaft mit ökologischen Funktionen gekoppelt.
Als Windfang eingesetzte Sonnenkollektoren dienen für die Warmwasserversorgung und ein L-förmiger Sonnen- und Windschutz, der dem Bau formal Dynamik verleiht, trägt zugleich die Fotovoltaikanlage des Hauses. Die Tonnen auf dem Dach, die das betont technische Erscheinungsbild des Bauwerks unterstreichen, dienen als Sammelbehälter für Regenwasser.
Zeitgemäße Formensprache und zeitgemäße Nutzung gehen in dem Bau eine einzigartige und auf dem Weg in das neue Jahrtausend durchaus richtungweisende Synthese miteinander ein. Die Verantwortung, die der Architektur für die Zukunft unserer Umwelt zukommt, ist nicht hoch genug einzuschätzen. Doch zugleich bietet diese Verantwortung eine Herausforderung, die zu neuen, spannenden architektonischen Antworten im 21. Jahrhundert führen wird.

Richard Meier, *John Paul Getty Center*, Los Angeles, 1992–1997

Eine „nouo Akropolis" ließ die John-Paul-Getty-Stiftung von dem New Yorker Architekten Richard Meier bauen, um ihre berühmten Sammlungen griechischer und römischer Altertümer, europäischer Malerei, Zeichnungen und Skulpturen aus Renaissance, Barock und Klassizismus, Kunstgewerbe und Fotografie der Öffentlichkeit zu präsentieren.
Das Getty Center besteht aus sechs Hauptgebäuden, die klar voneinander abgegrenzt sind. Dennoch kann das exklusive Ensemble als ein zusammenhängender Komplex wahrgenommen werden.
Durch die zurückhaltende Architektur vermeiden die ausgestellten Kunstwerke eine Konkurrenz mit dem Gebäude.
Meier, der sich weltweit einen Namen mit den für ihn typischen weiß gekachelten Fassaden machte, griff bei seinem bislang größten Projekt auf italienischen Travertin zurück, der in der kalifornischen Sonne rosafarben leuchtet. Um ein einheitliches Fassadenbild zu erreichen, musste der gesamte Naturstein in einem einzigen Steinbruch abgetragen werden.

Globaliserung und Nachhaltigkeitt

Architektur im 21. Jahrhundert

EIN NEUES JAHRTAUSEND

Für viele Menschen war der Beginn des neuen Jahrtausends ein wichtiger Einschnitt, ein Moment, der Erwartungen und Hoffnungen weckte. Andere hingegen verbanden dieses besondere Datum auch mit Ängsten: Was würde das neue Zeitalter bringen?

Begleitet von einem weltweiten Countdown begann das dritte Jahrtausend nach Christi Geburt, doch trotz des Millennium-Hypes schien die weitere Entwicklung der Welt im Wesentlichen vorgegeben zu sein: So würden dank moderner Kommunikationstechnik, allen voran dem Internet, die Gegensätze zwischen den Kulturen zunehmend schwinden. Die Welt würde zum „Globalen Dorf" werden, von dem der kanadische Medienwissenschaftler Marshall McLuhan bereits in den 1960er-Jahren gesprochen hatte. Skeptiker wiesen auf die Kehrseite dieser Entwicklungen hin. Schließlich hatte der blutige Krieg im ehemaligen Jugoslawien in den 1990er-Jahren gezeigt, welche dramatischen Folgen ungelöste ethnische und religiöse Konflikte haben können.

Dann kam der 11. September 2001. Bei dem Anschlag auf die Zwillingstürme des 1973 fertiggestellten World Trade Centers (WTC) von Minuro Yamasaki ermordeten Terroristen über 2000 Menschen. Millionen Zuschauer in aller Welt verfolgten an den Bildschirmen den Anschlag auf eines der Symbole der westlichen Welt. Bis heute sitzt der Schock tief, denn er führte die Verwundbarkeit der freien Welt drastisch vor Augen. Mit den beiden 415 Meter hohen Türmen des WTC trafen die Terroristen nicht irgendein Gebäude, sondern das Monument, das die Skyline von New York prägte. Das WTC war eine Ikone, die neben ihrer eigentlichen Funktion als Bürogebäude eine zweite Existenz als weltweit bekanntes, zweidimensionales Architekturbild besaß. Sie schmückte zahllose Postkarten und Poster und bildete den Hintergrund für viele Filme aus Hollywoods Traumfabrik.

GEBAUTE IKONEN

Der Begriff Ikone stammt aus dem Griechischen und bedeutet Bild. In der Tradition der Ostkirche bezeichnet er bis heute die kostbaren Kultbilder, auf denen die Figuren der Heiligen vor einem vergoldeten Hintergrund dargestellt sind. Doch auch in der Architektur sind gebaute Ikonen keine Erfindung der Moderne: Mit dem Turm zu Babel, dessen Geschichte im Alten Testament erzählt wird, stehen sie vielmehr ganz am Anfang allen Bauens. Seit Ende der 1990er-Jahre nimmt die Zahl dieser Architekturikonen drastisch zu. Eine Initialzündung dafür war der Bau des Guggenheim-Museums, das Frank O. Gehry 1997 in der nordspanischen Stadt Bilbao errichtete. Seine silbrig schimmernden Bauteile, die vom *Kubismus* inspiriert worden zu sein scheinen, verleihen dem Haus sein unverwechselbares Aussehen. Seit dem sensationellen Erfolg des Museums ist der „Bilbao-Effekt" weltweit zu beobachten: Egal ob gläsern kühl oder betongrau, ob organisch geschwungen oder spitzwinkelig – dank Gehrys Museum ist der „Ikonen-Typus" in der Architektur

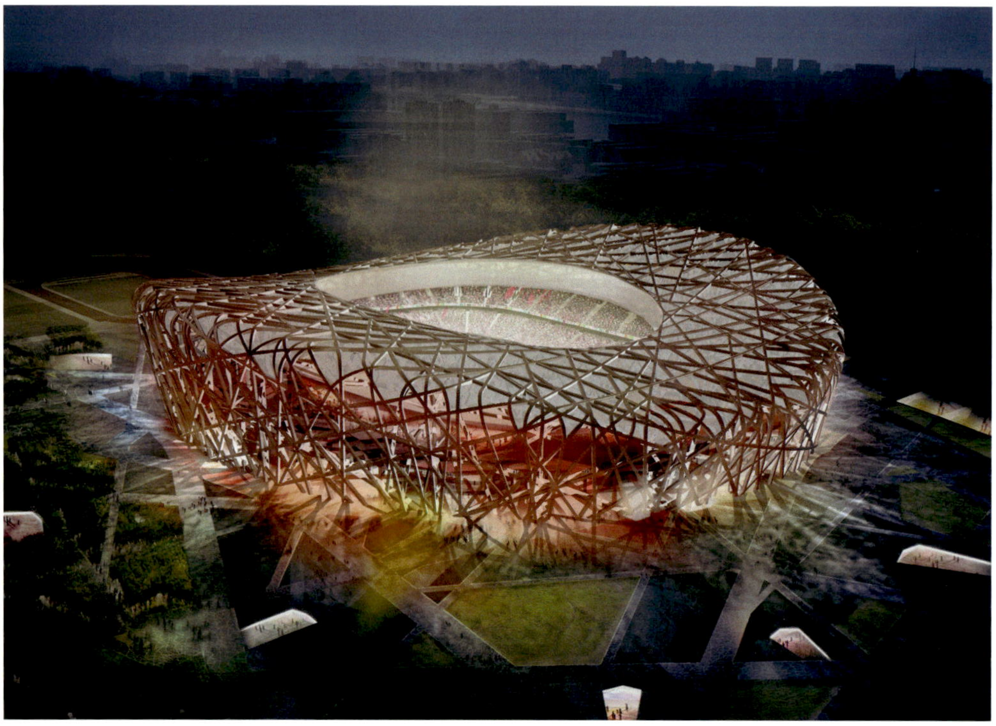

Herzog & de Meuron, *Nationalstadion,* Peking, 2003–2007

Wie ein riesiges Vogelnest mutet das Stadion der Baseler Stararchitekten Herzog & de Meuron für die Olympischen Spiele 2008 an. Für das expressiv verwobene Gerüst der Stadionfassade verwendeten Herzog & de Meuron rund 40.000 Tonnen schwere, vorgefertigte Stahlelemente. Kreuz und quer überschneiden sich die mächtigen Stahlträger. Das Innere der bis zu 70 Meter hohen Sportstätte wiederum besteht aus einer ausgefeilten Betonkonstruktion, die bis zu 91.000 Besuchern Platz bietet. Nach der Allianz Arena in München mit ihrer farbig illuminierbaren Kunststoffhülle haben Herzog & de Meuron auch mit ihrem dritten Sportstadion ein Gebäude mit einer ausdrucksstarken Bildwirkung realisiert. Zugleich gelang es ihnen, ihren Ruf als eines der weltweit innovativsten Architekturbüros zu festigen.

Zaha Hadid mit Roland Mayer und Peter Maximilian Bährle, *Phaeno Science Center,* Wolfsburg, 2001–2005

In Sichtweite der Autostadt errichtet, erweist sich das Phaeno als eine Erlebnislandschaft aus organisch fließenden Formen. Dabei verteilen sich die Fensterflächen ungleichmäßig über den Baukörper aus Sichtbeton, sodass von außen keine konventionelle Stockwerksgliederung mehr ablesbar ist. Ebenso ungewöhnlich und vielseitig wie die Formensprache des Phaeno sind auch die Themen, denen der Besucher im Inneren dieses naturwissenschaftlichen Abenteuerspielplatzes begegnet. Und so entsprechen sich Architektur und Ausstellungskonzept, die gleichermaßen die Fantasie anregen und Neugier wecken.

Peter Cook und Colin Fournier, *Kunsthaus,* Graz, 2002–2003

Dank seiner einzigartigen Dachlandschaft gehört Graz zu den UNESCO Welterbestätten. Und doch besitzt die steirische Landeshauptstadt ein offenes Ohr für ungewohnt moderne Formen. Das zeigt sich besonders am Kunsthaus: Es wirkt wie eine mächtige biomorphe „Blase", aus der oben nasenförmige Ausstülpungen herauswachsen. Unter den Plexiglasplatten der Fassade sind Leuchtstoffröhren angebracht, mit denen – ähnlich einer „Medienfassade" – Leuchtbotschaften in das abendliche Graz gesendet werden können. Im Inneren birgt das Kunsthaus eine große, stützenfreie Ausstellungsfläche, die kaum Kontakt zur Stadt aufnimmt und sich ganz auf die ausgestellten Objekte konzentriert.

auf dem Vormarsch. Mit seiner medien- und marktgerecht geformten plastischen Bauweise hat der amerikanische Stararchitekt einen Impuls gegeben, der sich wie ein Dominoeffekt fortsetzt. Er hat bewiesen, dass symbolträchtige Architektur erfolgreich als Marketinginstrument für Unternehmen und Städte eingesetzt werden kann. Und während der „Bilbao-Effekt" zunächst von einer großen Metropole zur nächsten schwappte, findet er seinen Weg mittlerweile auch in immer kleinere Provinzstädte. Etwa im Fall der Brandenburgischen Stadt Cottbus, die eine spektakuläre neue Bibliothek von den beiden Schweizern Jacques Herzog und Pierre de Meuron errichten lässt. Die Stararchitekten arbeiten zudem an dem neuen Olympiastadion in der explosionsartig wachsenden chinesischen Hauptstadt Peking. Dahinter steht der Versuch, den Städten im globalen Wettstreit durch spektakuläre Architektur besondere Attraktivität zu verleihen – einen Vorsprung, den sie vor anderen Orten im Verdrängungswettbewerb um das Geld von Investoren und Touristen haben. Meist geht es hierbei um enorme Summen und einen ebensolchen Imagegewinn. Doch je mehr gebaute Ikonen weltweit entstehen, desto größer ist auch die Gefahr der Verwechslung. Steht dieses Haus nun in Liverpool, Wien, Tokio oder Dubai? Ist es die Kunsthalle in Graz, Manchester oder Seoul? Und heißt der Architekt Norman Foster, Frank O. Gehry oder Rem Koolhaas?

Gebaute Vielfalt

Das erste Jahrzehnt des neuen Jahrtausends ist durch eine große Vielfalt an architektonischen Stilen geprägt. Die rechnergestützten Entwürfe ermöglichen dabei die Umsetzung der kühnen Konstruktionen einer Zaha Hadid oder eines Frank O. Gehry, die vor wenigen Jahren nur in der Fantasie der Architekten existierten – oder bestenfalls auf dem Papier. Neben ihren skulpturalen Welten suchen Architekten außerdem nach einer eigenen, spezifischen Handschrift, die sich durch neue Materialien oder eine bemerkenswerte Grundrisslösung ausdrücken lässt. Dies gilt insbesondere für öffentlich zugängliche Bauten wie Museen oder Kirchen. Dabei können die Lösungen für ein und dieselbe Bauaufgabe ganz unterschiedlich ausfallen. So schuf der italienische

Norman Foster, *Swiss Re Tower,* London, 2000–2004

Er gilt als der schönste Wolkenkratzer Londons, und seine höchst markante Form sichert ihm eine Sonderrolle in der Londoner Skyline, obwohl er mit 180 Metern nicht einmal das höchste Bauwerk der britischen Metropole ist: der Swiss Re Tower. Der aerodynamisch wirkende Baukörper, der im Volksmund auch den Namen Gherkin (dt. Gurke) trägt, erhält sein charakteristisches Äußeres durch ein rautenförmiges Fassadenmuster sowie durch den Wechsel von klarsichtigem und bläulichem Glas. Dabei hat jedes der über 5000 Fassadenteilstücke eine eigene Form.
Immer wieder hat sich Norman Foster bei seinen Bauten um einen umweltbewussten Ansatz bemüht. So auch beim Swiss Re Tower, der deshalb gerne als „grünes Hochhaus" bezeichnet wird. Seine mehrschichtige Glasfassade sorgt dafür, dass es einen deutlich reduzierten Energiebedarf aufweist. Das Ergebnis ist eine Landmarke mit Vorbildfunktion.

David Chipperfield Architects, *Ernsting Service Center,* Hauptverwaltung, Coesfeld-Lette, 1998–2001

Das Service-Center, das der britische Architekt David Chipperfield für die Firma Ernsting's Family errichtete, verbindet auf überraschende Weise Monumentalität und Leichtigkeit. Die locker gegliederte Anlage ist am Rande des münsterländischen Coesfeld angesiedelt. Drei Gebäudeteile schließen einen offenen Gartenhof und zwei großzügige Atrien ein. Im Zusammenspiel zwischen Landschaftsgestaltung und den zweigeschossigen Bauvolumen mit einer Fassade aus dunklen Betonfertigteilen erwächst so ein spannungsvolles Ensemble, das die Vorstellung eines Gewerbegebiets um eine völlig neue, qualitätvolle Facette ergänzt. Dies belegen auch die hohen Großraumbüros mit ihren weiten Glasfronten, die eine angenehme Arbeitsatmosphäre schaffen.

John Pawson, *Mönchskloster Unserer Lieben Frau,* Novy Dvur, Tschechische Republik, 1999–2004

Mit seinen reduzierten Bauten hat sich John Pawson den Ruf eines Meisters des Minimalismus erarbeitet. Als Krönung seines bisherigen Werks kann dabei das Zisterzienserkloster im böhmischen Novy Dvur gelten, um das er die barocke Gutsanlage der Mönche ergänzte. Ohne überflüssige Details gestaltet, faszinieren Kirche und Kloster durch ihre Lichtwirkung. So erweist sich Pawsons Architektur mit ihren ruhigen Flächen und ausgewählten Baumaterialien als eine moderne Übersetzung der Prinzipien Schlichtheit, Nützlichkeit und Sparsamkeit, die Bernhard von Clairvaux bereits im 12. Jahrhundert für den Bau von Zisterzienserklöstern formulierte.

Altmeister Renzo Piano für das 2005 eröffnete Paul-Klee-Zentrum in Bern eine architektonische Welle, die sich in die Landschaft einfügt. Meinrad Morger und Heinrich Degelo errichteten dagegen mit dem schwarzen Kubus des Kunstmuseums im Liechtensteinischen Vaduz ein gleichermaßen kostbar wie streng wirkendes Haus. In München wird nun die Maxvorstadt mit der rundangelegten Altstadt durch die Pinakothek der Moderne verbunden, ein Gebäude, bei dem sich Stephan Braunfels ganz auf geometrische Grundformen konzentrierte. Im Sakralbau hingegen begrüßte der Amerikaner Richard Meier das neue Jahrtausend mit seiner Chiesa del Giubileo in Rom, deren weiße Wandschalen so nebeneinander geschichtet sind, dass der Betrachter den Eindruck gewinnt, die Kirche sei eine weiße Blume, deren Blütenblätter gerade im Begriff stehen, sich zu öffnen.

KONZENTRATION

Parallel zu solcher konstruktiven und formalen Pracht fühlen sich nicht zuletzt in Europa und Japan etliche Architekten einer strengeren, reinen Architektur verpflichtet. Bewusst konzentrieren sie sich auf die Grundprinzipien des Bauens, auf die deutlich ablesbare Verteilung von Stützen und Lasten. Das Ergebnis ist häufig eine unaufgeregte Baukunst, die der Tradition des *Rationalismus* des 20. Jahrhunderts verpflichtet bleibt. Doch so unspektakulär diese Bauten auf den ersten Blick sind, es gelingt ihnen doch, eine Ordnung in die gebaute Umwelt zu bringen. Mit ihrer ruhigen Gestaltung schaffen sie einen Gegenpol zur Vielfalt der optischen und akustischen Eindrücke, die uns in den Städten täglich umschwirren, zu den grellen Werbebotschaften, die um unsere Aufmerksamkeit buhlen. Bei den besten dieser Bauten entsteht ein architektonischer Minimalismus, der mit wenigen ausgewogenen Mitteln auskommt. Doch die Konzentration auf hochwertige Materialien und die Beschränkung auf klare stereometrische Formen führen nicht zwangsläufig zu einer „armen" oder gar langweiligen Architektur. Die Bauten der Briten David Chipperfield oder John Pawson beweisen im Gegenteil, dass die formale Konzentration mit einem ästhetischen Reichtum einhergehen kann, der eine große Ruhe und Souveränität vermittelt. Ihnen gelingt es, funktionale Gebäude zu schaffen, in denen die Wahrnehmung des Betrachters für architektonische Details und die Bedeutung von Räumen geschärft wird. So erzielen ihre Häuser eine erstaunlich sinnliche Wirkung, hinter der eine Haltung steht, die zu den Wurzeln der modernen Architektur des 20. Jahrhunderts zurückführt. Damals wandten sich viele Architekten bewusst von Baustilen ab, die durch eine für das späte 19. Jahrhundert typische überbordende Dekorationsvielfalt gekennzeichnet waren. Bis heute hat diese Haltung der architektonischen Konzentration und Ruhe nichts von ihrer Gültigkeit verloren.

KRAFT DER REGIONEN

Ob in Dubai, New York oder Berlin, das Warenangebot in den großen Shoppingmalls gleicht sich überall auf der Welt: Ob Poloshirts oder Autos, Computer oder Schmuck, jeder kann überall die Produkte der immer gleichen weltweit agierenden Unternehmen kaufen. Währenddessen sind Russland, China, Indien und Teile Südostasiens florierende Regionen, die mit ihrem rasanten Wirtschaftswachstum in riesigen Schritten den Abstand zu den großen Industrienationen auszugleichen suchen.

Doch die Globalisierung hat ihre Spuren nicht nur in den Metropolen und Megacitys hinterlassen. Das Geld von Hedgefonds und internationalen Konzernen verbreitet sich in einer Welt, die keine Kapital-Grenzen kennt. Dadurch verändern sich vielerorts nicht nur die Wirtschaftsstrukturen, sondern mit ihnen auch Kultur und Umwelt. Diese Entwicklung reicht längst bis in die entlegensten Bergdörfer. Zwar bauen Architekten wie Rem Koolhaas attraktive „Flagship-Stores" für die Hersteller von Luxusartikeln, doch das kann nicht darüber hinwegtäuschen, dass die Globalisierung neben einem attraktiven Warenangebot auch zur Vereinheitlichung und Austauschbarkeit von Städten und Regionen beiträgt. Das Unverwechselbare eines Orts und seiner Kultur ist bedroht und damit auch häufig über Jahrhunderte gewachsene Traditionen und bauliche Strukturen.

In einigen Regionen versuchen Architekten daher, auf die Uniformität der globalisierten Welt zu reagieren und andere Antworten zu geben. Intensiv setzen sie sich mit lokalen und regionalen Traditionen auseinander, mit überlieferten Bauformen und heimischen Materialien, die sie in ihre neuen Bauten einfließen lassen. Das Ergebnis ist eine eigenständige Architektur mit regionalen Wurzeln, die darauf verzichtet, ältere Gebäude und Stile lediglich nachzuahmen. Während in den 1980er-Jahren das schweizerische Tessin Zentrum dieser Entwicklung war, hat sich der Schwerpunkt im letzten Jahrzehnt des 20. Jahrhunderts verschoben. Architekturbüros wie die von Dietmar Eberle und Carlo Baumschlager oder von Helmut Dietrich und Much Untertrifaller haben inzwischen Vorarlberg in Österreich zu einem der wichtigen Vorreiter bei der Suche nach einer regionalen Architektur werden lassen. So setzen Baumschlager & Eberle bei ihren Häusern häufig auf den nachwachsenden Rohstoff Holz, der nicht nur eine besonders wohnliche Atmosphäre ermöglicht, sondern im Alpenraum auch von jeher zu den bevorzugten Baumaterialien gehört hat. Er lässt sich sowohl für Fachwerkkonstruktionen einsetzen wie auch für traditionelle (Holz-)Bohlenstuben, die „Guten Stuben" alter Häuser. In Form von Holzschindeln haben Baumschlager & Eberle dieses Material auch bei den Fassaden ihrer Häuser verwendet und es dadurch für eine qualitätvolle moderne und zugleich regional verwurzelte Architektur wieder entdeckt. Parallel bedeutet eine anspruchsvolle Holzarchitektur auch einen Zuwachs an handwerklicher Arbeit, indem örtliche Handwerksbetriebe alte Traditionen weiter pflegen können und damit

Wiel Arets Architect & Associates, *Universitätsbibliothek,* Utrecht, 1998–2004

Trotz des Vormarschs der elektronischen Medien gehören ausgerechnet Bibliotheken zu den herausragenden Bauprojekten am Beginn des 21. Jahrhunderts. Mit der Universitätsbibliothek in Utrecht hat Wiel Arets für diese traditionelle Bauaufgabe eine minimalistisch moderne Lösung mit einer sehr kraftvollen Wirkung formuliert. So ist die gläserne Fassadenhülle mit einem Schilfhalmmotiv bedruckt worden, eine Grundidee, die sich auch an den Betonflächen im Inneren des achtstöckigen Gebäudes wiederfindet. Ansonsten fügt sich die Bibliothek mit ihren signalroten Tresen nahtlos in Arets' gelegentlich etwas ruppig wirkende Architektursprache ein, die gleichwohl eine durchaus sinnliche Note besitzt und durch ihre spannungsvollen Raumkonzepte überzeugt.

Markus Scherer und Walter Angonese mit Klaus Hellweger, *Schloss Tirol,* bei Meran, 2000–2003

Im Fall des Schlosses Tirol lag die Herausforderung für die Architekten in der Bausubstanz einer steinernen Schlossanlage, die bereits seit über 1000 Jahren gewachsen war. Grundlage der Umbauarbeiten war daher eine ausführliche Erforschung der Anlage. Durch Zurückhaltung gegenüber der vorhandenen historischen Bausubstanz aus unterschiedlichen Epochen und dank ihrer audrucksstarken Entwürfe aus Holz, Stahl und Beton ist es Markus Scherer und Walter Angonese mit Klaus Hellweger gelungen, einen spannungsvollen Dialog zwischen dem alten Haus und seiner Nutzung als modernes Landesmuseum zu schaffen. So kann Schloss Tirol als herausragendes Zeugnis der Region auch für künftige Generationen bewahrt werden.

durchaus größeren wirtschaftlichen Erfolg haben. Eine vergleichbare Entwicklung wie in Vorarlberg ist seit einigen Jahren auch im norditalienischen Südtirol, im Schweizer Kanton Graubünden, aber auch in Süddeutschland zu beobachten, wo sich Peter und Christoph Brückner bei ihren Gebäuden mit den regionalen Strukturen befassen und diese in eine konsequent moderne und zugleich regional verankerte Architektur übersetzen. Ihre Auseinandersetzung mit dem Ort, mit seinen Qualitäten und seinen Möglichkeiten geht über die reine Architektur weit hinaus. Indem sich die Architekten mit den Menschen vor Ort, ihren Gewohnheiten und Bedürfnissen befassen, leisten sie einen wichtigen Beitrag zur Stärkung der jeweiligen Region im globalen Wettbewerb, was dazu beiträgt, deren Eigenständigkeit und Unverwechselbarkeit zu bewahren. Dies bedeutet für die Architekten auch, sich mit dem gebauten Erbe auseinanderzusetzen und die Baudenkmäler einer Region als wichtige Bausteine ihrer Kultur und Identität zu begreifen und zu erhalten. Dabei ist es häufig ihr Ziel, „auf Gebautem [zu] bauen" – so der Titel eines Buches über die Architektur in Südtirol. Es beschreibt Projekte zur Erhaltung kulturell bedeutsamer Bauten, die durch die veränderte wirtschaftliche Lage nicht mehr benötigt werden, darunter Schlösser und Burgen, aber auch Bauernhäuser oder Scheunen. Indem sie durch überlegte und maßvolle Ein- und Umbauten ergänzt werden, bleiben sie auch für kommende Generationen wichtige Marksteine einer Region. So stellen sich die Architekten in Südtirol, Vorarlberg oder Graubünden der Globalisierung zwar nicht entgegen, doch es gelingt ihnen, ihr viele unterschiedliche Facetten zu geben, um die jeweilige Region im globalisierten Wettbewerb in ihrer unverwechselbaren Eigenart zu stärken.

NACHHALTIGKEIT

Ein wichtiger Aspekt der regionalen Architektur kann bereits auf eine längere Tradition zurückblicken: die Verwendung von Baumaterialien vor Ort, anstatt diese mit viel Energie und finanziellem Aufwand aus anderen Regionen der Welt zum Bauplatz zu transportieren. Brückner & Brückner beispielsweise nutzen deshalb für den Sockel eines Hauses Granit, der nur wenige Kilometer weit entfernt vom Bauplatz gebrochen wird. Damit folgt regionale Architektur auch den Prinzipien der nachhaltigen Architektur. Als Modewort missbraucht, ist Nachhaltigkeit fast schon in Verruf geraten, auch wenn diese gleichwohl für verantwortungsvolles Bauen ein wichtiges Leitmotiv ist. Denn Architektur produziert nicht nur die Häuser von morgen, sondern auch den Bauschrott und Sondermüll von übermorgen.

Das Konzept der Nachhaltigkeit geht auf die Forstwirtschaft zurück: Bereits im Zeitalter des Barock gab es Überlegungen, nur so viele Bäume für das benötigte Brennholz zu schlagen, wie im gleichen Gebiet jedes Jahr nachwachsen konnten. Nach-

Francisco und Manuel Aires Mateus, *Haus im Alentejo,* Alentejo, Portugal, 2000

Die Auseinandersetzung mit einem Ort bildet für Francisco und Manuel Aires Mateus einen entscheidenden Ausgangspunkt bei der Entwicklung ihrer Bauten. Das gilt auch für das Haus in der Region Alentejo im Süden Portugals. Eingebettet in eine sanft bewegte Landschaft mit Pinien und Ölbäumen, haben die Brüder Aires Mateus dort einen einfachen, blendendweißen Kubus verwirklicht, der von außen kaum das komplexe Raumprogramm im Inneren des Hauses vermuten lässt. Ausblicke auf die Landschaft ermöglichen eine intensive Wechselbeziehung zwischen Architektur und Umgebung,

Rick Joy Architects, *Desert Nomad House,* Arizona, 2005

Mit seinen markanten Wohnhäusern liefert Rick Joy eine selbstbewusste Architektur, die dennoch mit ihrem Standort verwurzelt ist. Diese Auseinandersetzung mit lokalen Gegebenheiten bedeutet, dass Joy auf die teilweise extremen Wetterbedingungen eingehen muss, die in Arizona herrschen – mit glühender Hitze am Tag und nächtlicher Kälte. Bei seinen Projekten verarbeitet er bevorzugt das traditionelle Baumaterial Lehm, das ein angenehmes und gesundes Raumklima für die Bewohner schafft. Ein weiteres Leitmotiv seiner Architektur ist die gezielte Ausrichtung des Baukörpers zur Sonne. Ergebnis ist eine ökologisch anspruchsvolle Baukunst, die den Charakter der Landschaft respektiert, zugleich aber gestalterisch von großer Eigenständigkeit ist und eine beinahe poetische Qualität besitzt.

haltigkeit bedeutet also, die Welt von heute bereits mit den Augen von morgen zu betrachten. Dieser Zusammenhang spielte schon im Jahr 1987 im Bericht der ehemaligen norwegischen Ministerpräsidentin Gro Harlem Brundtland für die Vereinten Nationen eine entscheidende Rolle. Der Bericht zeigt die langfristigen Perspektiven für eine Entwicklungspolitik auf, die zugleich umweltschonend sein sollte: „Entwicklung zukunftsfähig zu machen heißt, dass die gegenwärtige Generation ihre Bedürfnisse befriedigt, ohne die Fähigkeit der zukünftigen Generation zu gefährden, ihre eigenen Bedürfnisse befriedigen zu können."

Damit wird auch deutlich, dass es nicht ausreicht, nachwachsende lokale Baumaterialien zu verwenden. Eine nachhaltige oder grüne Architektur muss darüber hinaus ganz unterschiedliche Aspekte beachten: die jeweiligen Bedürfnisse der Menschen ebenso wie die energiesparende Versorgung mit Wasser, Wärme und Licht. Die Minimierung etwa von Heizkosten ist dabei nicht nur eine Frage des Geldes, sondern im Zeitalter des Klimawandels auch eine Frage der CO_2-Bilanz eines Hauses. Für die energetische Gesamtbilanz des Gebäudes ist es daher wichtig, sowohl bei seiner Errichtung und Nutzung als auch bei der Produktion von Baumaterialien möglichst wenig Energie zu verbrauchen. Zugleich gilt es sicherzustellen, dass ein Haus am Ende seiner Nutzungsdauer optimal entsorgt werden kann und im besten Fall vollständig recycelbar ist. Das stellt Architekten vor komplexe Herausforderungen bei Planung, Materialauswahl und der technischen Ausstattung der Häuser. Tatsächlich ist Architektur ohne enge Zusammenarbeit zwischen dem Architekten und den Fachplanern von der Statik bis zur Energieversorgung heute nicht mehr zu leisten. Mehr denn je erweist sie sich als eine Zusammenarbeit von Spezialisten.

Ein Gebäude gilt als energieeffizient, wenn der Bedarf seiner Bewohner an Wärme und Strom gering ist, Energieverluste reduziert werden und die bereitgestellte Energie möglichst optimal erzeugt wird. Der Idealfall ist ein sogenanntes Null-Energie-Haus, das für die Beheizung keine der kostbaren, endlichen fossilen und zugleich umweltschädlichen Brennstoffe wie Erdöl, Gas

Werner Sobek, *Wohnhaus R128,* Stuttgart, 2000

Das gläserne Experimentalhaus ist ein alltagstaugliches ökologisches Hightech-Gebäude, in dessen Bau Erkenntnisse jahrelanger Forschung eingeflossen sind. In Hanglage auf annähernd quadratischem Grundriss errichtet, erweist sich der viergeschossige Stahlskelettbau mit seiner Dreifachverglasung als emissionsfreies Null-Energie-Haus, das dank einer Solaranlage sogar ohne Heizung auskommt.

Carlo Baumschlager und Dietmar Eberle, *Münchner Rück,* München, 1999–2002

Hinter der blauschimmernden Glasfassade der Münchner Rück vermutet heute kaum noch jemand jenen schmucklosen Waschbetonbau aus den 1970er-Jahren, den Baumschlager & Eberle hier zu Beginn des Umbaus vorfanden. Die aufwändigen Sanierungsarbeiten der Vorarlberger Architekten beweisen, welche Möglichkeiten das Bauen im Bestand bietet – etwa der Einsatz energiesparender Innovationen zur Wärmerückgewinnung und Fußbodenkühlung. Das Ergebnis ist eine moderne Architektur auf höchstem künstlerischem Niveau.

oder Kohle mehr benötigt. Stattdessen nutzt es z.B. über Solarzellen die Sonnenenergie, was in nördlichen Regionen allerdings nur dann funktioniert, wenn der Baukörper sehr kompakt ausgeführt und hervorragend gedämmt wird.

Neben der technischen und energetischen Optimierung bei der Planung von Neubauten ist auch die Umnutzung und Aufwertung bereits vorhandener Bausubstanz ein wichtiger Beitrag zur Nachhaltigkeit. Dadurch wird die Lebensdauer eines Hauses verlängert und seine Energiebilanz verbessert. Während Baudenkmäler in ihrer originalen baulichen Substanz erhalten werden sollten, ist dies bei gewöhnlichen Altbauten nicht zwangsläufig notwendig. Sie können durch Wärmedämmung und verbesserte Heizsysteme an die aktuellen Anforderungen angepasst werden. Aber selbst bei Baudenkmälern kann beispielsweise durch eine zweite Glasscheibe am Fenster oder durch eine Dämmung des Daches der Energieverbrauch deutlich verringert werden. Damit trägt ein solches Gebäude in zweifacher Hinsicht zur Nachhaltigkeit bei: zum einen dank seiner historischen Bedeutung, zum anderen durch eine verbesserte Energiebilanz.

SOZIALE ARCHITEKTUR

Architektur ist mehr als bloße Kunst. Und sie ist mehr als ein Gebäude. Architektur ist ein Baustein der Landschaft und der Stadt. Sie kann die Herausforderungen des Alltags erträglicher machen und für ein reibungsloses Zusammenleben von Menschen sorgen. Und sie beinhaltet eine hohe Verantwortung für Mensch und Umwelt, die im Fokus einer nachhaltigen und verantwortlichen Architektur stehen sollte. Daher verwundert es nicht, dass Architekten seit den Anfängen der Moderne Ende des 19. Jahrhunderts ihre Hauptziele nicht wie in früheren Epochen im Bau großartiger Repräsentationsarchitekturen gesehen haben. Stattdessen lag der Schwerpunkt auf Bauten für die weniger wohlhabende Bevölkerungsmehrheit. Arbeitern und Angestellten sollte durch Industrialisierung und Optimierung des Bauprozesses zu einer guten und doch kostengünstigen Wohnung verholfen werden. Licht und Luft sollten die krank machenden feuchten Wohnungen endgültig verdrängen. Das galt für die Siedlungen der Moderne in Berlin oder Frankfurt in den 1920er-Jahren ebenso wie für die Wohnmaschinen der Nachkriegszeit von Le Corbusier. Sicher gab es auch hier Fehlentwicklungen, die zum Gegenstand von Kritik wurden. Doch das Projekt der Moderne, deren Vertreter ihr eigenes Handeln und ihre eigenen Bauten stets kritisch reflektieren, gehört zu den großen Erfolgsgeschichten des 20. Jahrhunderts.

Shigeru Ban, *Papierröhren-Häuser,* Kobe, 1995

Die meisten Häuser scheinen wie für die Ewigkeit gebaut zu sein, und oft dauert es Jahre, bis sie endlich fertiggestellt sind. Im Gegensatz dazu experimentiert der japanische Architekt Shigeru Ban gerne mit unbeständigen Baustoffen wie Papier. Dadurch erweitert er den Blickwinkel der Architektur und schafft zudem neue Einsatzmöglichkeiten für diese alltäglichen Materialien. Denn gerade in Notfällen – wie etwa kurz nach Naturkatastrophen – müssen neue Unterkünfte sehr schnell entstehen. Wie das möglich ist, hat Ban mit seinen Papierhäusern gezeigt: Sie bestehen aus Materialien, die auf der ganzen Welt verfügbar sind. So dienen Getränkekisten als Fundament, auf denen Kartonröhren stehen. Diese Bauten haben sich als kostengünstige Notunterkünfte bewährt, etwa für die Menschen, die 1995 bei dem verheerenden Erdbeben im japanischen Kobe ihr Heim verloren.

Und auch die Idee einer sozialen Architektur, einer Architektur der Verantwortung für Mensch und Umwelt, ist heute noch keineswegs abgeschlossen.

Die gebaute Welt ist längst ebenso vielfältig wie die sozialen Strukturen, das zeigen die Unruhen in den Pariser Vorstädten, die sich nur wenige Metrostationen entfernt vom Zentrum der Stadt befinden. Dazwischen liegen Welten, die zwar kaum miteinander in Berührung kommen, sich jedoch dennoch vielfach gegenseitig bedingen. So deutlich wie die sozialen Unterschiede zwischen den Bewohnern der Stadtteile sind, so deutlich sind auch die Unterschiede in der Architektur, die sie umgibt.

Architektonische Vielfalt zeigt sich auch auf der Arabischen Halbinsel und in den wuchernden asiatischen Megacitys. Dort werden gewaltige Bauprojekte realisiert und ganze Städte aus dem Boden gestampft. So entstehen längst nicht mehr nur in der westlichen Welt immer mehr „Gated Communities", in sich abgeschlossene und bewachte Stadtquartiere für Besserverdienende und Reiche. Und nicht nur die Stadtzentren in London und Berlin schmücken sich mit der Pracht eines neuen Historismus, der im Nachgang zur Postmoderne auf die architektonischen Symbole vergangener Zeiten zurückgreift.

Doch gerade da, wo die Schere zwischen Arm und Reich weit auseinanderklafft, stellt der Wohnungsbau für die Bevölkerungsmehrheit weiterhin eine besondere Herausforderung dar. In den Schwellenländern geht es ebenso wie in der Dritten Welt darum, durch optimierte Wohn- und Arbeitsumstände die Lebensbedingungen insgesamt zu verbessern. In der westlichen Welt, in der die meisten Einwohner längst ein vergleichsweise hohes Wohlstandsniveau erreicht haben, bedeutet soziale Architektur dagegen nicht mehr die Befriedigung von Grundbedürfnissen. Gleichwohl gibt es aber auch hier immer wieder ambitionierte Programme für den sozialen Wohnungsbau wie in der spanischen Hauptstadt Madrid. Daneben zeigen sich qualitätvolle Einzelprojekte wie die neue experimentelle Wohnsiedlung im französischen Mulhouse, wo vor 150 Jahren bereits die erste große Arbeiterwohnsiedlung Frankreichs entstand. Zum Jubiläum wurden Jean Nouvel und weitere Architekten mit dem Bau der neuen Siedlung beauftragt, darunter auch der Japaner Shigeru Ban und die beiden Franzosen Anne Lacaton und Jean Philippe Vassal. Lacaton und Vassal, die bei ihren Bauten provokativ gelegentlich auch von einer „Nicht-Architektur" sprechen, experimentieren in Mulhouse mit dem Motiv des Gewächshauses. Dabei verwenden sie bewusst industrielle Materialien wie Betonfertigteile, große Glasflächen und durchscheinende Polycarbonatplatten, während das Innere ihrer Häuser durch fließende Räume gekennzeichnet ist.

Neben der Verwirklichung konkreter Wohnprojekte muss eine soziale Architektur mithelfen, die über lange Zeit gewachsenen Stadtstrukturen und das soziale Gefüge der Nachbarschaften zu bewahren. Überall auf der Welt stehen die Architekten am Beginn des 21. Jahrhunderts vor der spannenden Herausforderung, mit ihren Entwürfen einen entscheidenden Beitrag für die Zukunftsfähigkeit unserer Welt zu leisten. Mit ihren Gebäuden möchten sie irritieren, aufrütteln und nie Dagewesenes kreieren. Ihre Architektur muss außerdem aber ökonomisch und ökologisch sein und soziale sowie kulturelle Aspekte miteinander vereinen. Nur so trägt sie dazu bei, dass die globalisierte Welt nicht in Einzelinteressen zersplittert.

Biq., *Starterswoningen,* Hoofddorp, Niederlande, 2004–2006

Die Häuser dieser Wohnanlage erinnern in ihrer Einfachheit an eine Zeichnung von Kinderhand. Mit ihrem Satteldach und den teils gelben, teils roten Ziegelfassaden bieten die im sozialen Wohnungsbau errichteten Reihen- und Doppelhäuser kostengünstigen Wohnraum, etwa für die erste eigene Wohnung. Die fünf Meter breiten Häuser sind mit ihrer flexibel aufteilbaren Wohnfläche von 90 Quadratmetern groß genug, um selbst einer jungen Familie mit zwei Kindern ausreichend Platz zu bieten.

Anna Heringer und Eike Roswag, *Meti Schule,* Rudrapur, Bangladesch, 2005

Die Weisheit Ludwig Mies van der Rohes, weniger sei mehr, findet in der Schule in Rudrapur eine überraschende neue Bestätigung. Mit bescheidenen, vor Ort verfügbaren Materialien verwirklicht, erweist sich der preisgekrönte Lehm-Bambus-Bau als ein faszinierendes Beispiel für den ästhetischen Reichtum, den ein regional verwurzeltes und sozial verantwortliches Architekturprojekt entfalten kann.

George Bähr (Originalbau), *Frauenkirche,* Dresden, 1726–1743. Zerstört 1945, wieder aufgebaut 1996–2005

Im Februar 1945 nahezu vollständig zerstört, gilt die nach dem Entwurf von George Bähr errichtete Frauenkirche mit ihrer steinernen Kuppel als ein Hauptwerk des Dresdner Barock. Während der DDR-Zeit Mahnmal an den Zweiten Weltkrieg, bildete ihre kontrovers diskutierte Rekonstruktion 1993–2005 die Initialzündung für eine weitgehende Rekonstruktion des Dresdner Neumarkts in der städtebaulichen Kubatur vom Februar 1945. Zugleich gilt die Dresdner Rekonstruktion als Anstoß für zahlreiche weitere Rekonstruktionen in deutschen Städten wie Potsdam, Frankfurt am Main oder Berlin. Deutlich antimodern in ihrer architektonischen und städtebaulichen Haltung, werden diese neu-alten Bauten einerseits als Traditionsinseln gewürdigt und andererseits als historisierende Themenpark-Architektur abgelehnt.

ARCHITEKTUR IM WANDEL

Neue Realitäten

Die Architektur jeder Epoche ist fest in ihrer Zeit verwoben. In ihren Bauten spiegeln sich daher die gesellschaftlichen Konstellationen ebenso wider wie die jüngsten Materialienentwicklungen oder künstlerischen Visionen. Das gilt auch für das erste Viertel des 21. Jahrhunderts, in dem das Smartphone zum bestimmenden Faktor im Alltag einer globalisierten Welt aufstieg. Die Einführung des iPhones im Jahr 2007 hat die Welt ebenso tiefgreifend revolutioniert wie die Erfindung der Dampfmaschine oder des Automobils – nur wesentlich schneller. Binnen weniger Jahre beeinflusst die digitale Revolution, wie wir leben, wohnen, arbeiten. Vom Kühlschrank über die Heizung bis zur Einbruchssicherung ist das digital vernetzte Smart-Home Traum und Horrorvorstellung zugleich. Digital optimierte Stadtentwürfe einiger großer Internetkonzerne für neue Smart-Cities, wie aktuell für Toronto geplant, sollen die gewaltigen Datenströme unserer Smartphones nutzen – beim Einkaufen ebenso wie bei der Müllentsorgung. Daten sind zu einer kostbaren Ressource der Wirtschaft geworden. Unser Leben wird von den „eindeutigen digitalen Handlungsanweisungen" der sogenannten „Algorithmen" beeinflusst, die sich unseren (vermeintlichen) Bedürfnissen anpassen. Oder werden unsere Bedürfnisse bereits durch diese Algorithmen gesteuert? Manchmal wirkt es, als würden Utopie und Dystopie ineinandergleiten. Digitalisierung und Alltag sind nicht mehr zu trennen. Leicht gerät dabei in Vergessenheit, dass mit der weitgehenden Digitalisierung sämtlicher Lebensbereiche von der Steuerung der Elektrizitätsversorgung über die Speicherung unserer persönlichen Daten in der „Cloud" eine tiefe Verwundbarkeit der modernen Gesellschaften einhergeht.

Hat all das Auswirkung auf die Architektur? Unbedingt, und zwar bereits bei den ersten digitalen Strichen eines jeden Entwurfs: Die ersten Architekturgrafiken aus dem Computer wirkten noch so unbeholfen wie Kleinkinder, die tapsig laufen lernen. Heute sorgen gewaltige Datenmengen hinter digitalen grafischen Entwürfen, den sogenannten „Renderings", dafür, dass die computergenerierten Ansichten täuschend echt wirken, ganz so, als würden sie bereits fertiggestellte Gebäude zeigen.

Optimierte Konzepte

Das digitale „Building Information Modeling" (BIM) stellt Architekten und Ingenieuren ein neues Instrument zur Verfügung. Mit ihm können sie am

Roland Frei, Lisa Ehrensperger, *Alterswohnen Bonaduz,* Schweiz, 2011

Räume für betagte Menschen zu schaffen gehört zu den wichtigen Zukunftsaufgaben. Beim Alterswohnen für die kleine Schweizer Bürgergemeinde im Bündner Bonaduz schreiben die Zürcher Architekten Frei und Ehrensperger die große Betonbautradition der Moderne in der Schweiz fort und rücken zugleich den Kontakt zwischen innen und außen ins Zentrum des Entwurfs. Großformatige Fenster, die in freier Form über die gegliederte Fassade verteilt sind, ermöglichen auch bei eingeschränkter Mobilität eines Bewohners in den barrierefreien Wohnungen eindrückliche Blicke in die heimatliche Umgebung zwischen alten Bäumen und Satteldachhäusern. Vom Wohnungsgrundriss bis zum Detail in Küche und Bad erweisen sie sich als inspirierendes Vorbild für die Bauaufgabe Alterswohnen.

3-D-Modell Planung, Entwurf, Konstruktion, Verwaltung und Kosten von Gebäuden und Infrastruktur optimieren. Diese Software wird von manchen Architekten begeistert eingesetzt, andere hingegen betrachten sie kritisch. Tatsächlich aber wären gerade die extrem hohen oder extrem geformten Baukörper der jüngsten Vergangenheit kaum denkbar ohne den Einsatz von Computersimulationen und darauf abgestimmter Ingenieurssoftware. Moderne Steuerungstechniken ermöglichen in Industrie und Architektur hochpräzise Produktionsprozesse. So werden 3-D-Drucker in den kommenden Jahren die Produktion von Architektur weiter verändern, indem sie immer größere Bauteile in immer unterschiedlicheren Materialien hochpräzise und kostengünstig vorfabrizieren können.

Steht also das Ende von Ziegel, Holz und Beton bevor? Wohl kaum. Wie in allen anderen Lebensbereichen wird auch in der Architektur das Spektrum der möglichen Entwurfsmethoden und verwendeten Materialien durch die Innovationen erweitert. Kreativität bleibt gleichwohl weiter gefragt. Architektur bleibt in einem permanenten Wandlungsprozess begriffen, der sich wie die gesamte digitalisierte Gegenwart durch die schnelllebigen Produkt- und Entwicklungszyklen weiter beschleunigt. Hier werden aber auch Grenzen sichtbar, die durch die Gesellschaften gestaltet werden müssen.

GLOBALE AUFGABEN

Bewegte Welten

Wie können wir auch in 20 Jahren alle gut zusammenleben? Darauf formuliert die Architektur bereits heute Antworten. Weil in vielen Teilen der Welt die Gesellschaften inzwischen rasant altern, müssen zusätzliche Wohnformen entstehen, die eine angemessene Versorgung betagter Menschen gewährleisten und sie zugleich weiter am sozialen Leben der Gemeinschaft teilhaben lassen. In ihrem Alterswohnen im Schweizer Bonaduz ist es den Zürcher Architekten Frei und Ehrensperger gelungen, die medizinische Versorgung, einen ansprechenden gemeinschaftlichen Versammlungsort sowie die barrierefreien Wohnungen für die Betagten in einer außergewöhnlichen Architektursprache miteinander zu verbinden. Es ist aber nicht allein die veränderte Alterspyramide, die die Gesellschaften vor Herausforderungen stellt. Zugleich muss die Architektur noch weitaus intensiver als bisher die ökologischen Herausforderungen aufgreifen, vor denen die Weltgemeinschaft steht. Angesichts des Klimawandels sind beispielsweise Stadtareale und Bauweisen notwendig, die nicht nur energieneutral sind, sondern zudem einem bedrohlichen Aufheizen der Städte besonders in der warmen Jahreszeit vorbeugen. Mit seinen beiden Hochhäusern des Bosco Vertikale in Mailand hat der Italiener Stefano Boeri dafür einen bildmächtigen grünen Vorschlag gebaut. Das Ergebnis ist eine Architektur, die auch an anderen Orten auf der Welt einen wichtigen Beitrag dazu leisten kann, das Gegensatzpaar aus ökologischer Verantwortung und großstädtischem Leben erfolgreich miteinander zu versöhnen. Allerdings besitzt der andauernde Stadtumbau auch seine Schattenseiten. Immer mehr Gebäude werden nicht für mehrere Jahrhunderte gebaut, sondern stehen lediglich wenige Jahrzehnte. Sobald ihre technische Ausstattung nicht mehr ausreicht, ihre energetischen Daten nicht mehr die Normen erfüllen oder ein

Stefano Boeri, *Bosco Verticale,* Mailand, 2008–2013

Geht noch mehr Grün in einer Metropole? Boeris Zwillingstürme in Mailand vereinen ökologischen Anspruch und architektonische Verdichtung durch Hochhäuser miteinander und gelten daher weltweit als Pionierprojekte. Derzeit plant Boeri eine grüne Hochhaus-Waldstadt in China – die globale Aufgrünung der Architektur ist in vollem Gang.

Skyline von Pudong, Shanghai

Die Skyline des Stadtteils Pudong in Shanghai hat sich fest im kollektiven Architekturgedächtnis der Globalisierung verankert. Der Zusammenklang der unterschiedlichen Hochhäuser macht sie zu einem eindrucksvollen Erlebnis und zur beliebten Location für Filme. Besonderer Eyecatcher ist der markante Fernsehturm Oriental Pearl Tower (**1**, 1991–1995) von Jia Hua Cheng. Er markiert die Zeit, in der die Öffnung des kommunistischen Chinas begann. Inzwischen ist die Skyline von Pudong ein augenfälliges Symbol für den wirtschaftlichen Aufstieg Asiens. Drei ikonische Hochhäuser bilden ihre Spitze: der Jin Mao Tower (**2**, 1994–1999) von Skidmore, Owings, Merill, das Shanghai World Financial Center (**3**, 1997–2008) von Kohn Peddersen Fox und der in sich gedrehte Shanghai-Tower (**4**, 2008–2015) von Jua Xia (Gensler Architects).

Gret und Hans Reinhard und andere; Sanierung Scheibenhochhäuser Rolf Mühlethaler, *Großüberbauung Tscharnergut,* Bern, 1958–1966, Sanierung 2011–2015

Die Sanierung von Großsiedlungen der Nachkriegszeit steht vielerorts an. Beispielhaft ist das Projekt von Rolf Mühlethaler. Er hat zwei der denkmalgeschützten Scheibenhochhäuser im Tscharnergut durch eine vorgesetzte Raumschicht von drei Metern erweitert und schuf auf diese Weise bessere Wohnungsgrundrisse bei gleichzeitiger Erhaltung der Baustruktur.

Neubau etwas höher ausfallen darf und damit mehr Nutzfläche und Rendite verspricht, werden sie abgerissen. Das hat Auswirkungen auf die Energiebilanz und das Stadtbild. Angesichts der zahlreichen Neubauten, die in immer schnellerer Abfolge entstehen, verändern sich die tradierten Stadtheimaten. Darauf antworten rekonstruierte Innenstädte. Als harmoniedurchtränkte Sehnsuchtsinseln, bei denen die Betonstrukturen mit Natursteinfassaden behängt werden, gaukeln sie heile Stadtwelten vor. Besonders anschaulich wird das in der sächsischen Landeshauptstadt Dresden mit der rekonstruierten Frauenkirche, um die herum sich das ebenfalls erst nach der deutschen Wiedervereinigung entstandene Ensemble des Neumarkts gruppiert. Eine Lösung für die drängenden Fragen der Zukunft der Städte liefern solche Themen-Architekturen allerdings nicht.

Die Architektur der Zukunft muss einen Ausgleich zwischen urbaner steinerner Dichte und lebenswerten grünen Stadträumen formulieren. Sie muss bezahlbaren Wohnraum schaffen, um eine soziale Durchmischung von städtischen Quartieren zu gewährleisten und zugleich unsere veränderten Ansprüche an das Wohnen zu berücksichtigen. So beansprucht vor allem in den westlichen Gesellschaften der Einzelne immer mehr Wohnraum für sich. Wir können heute nur schwer ermessen, wie grundlegend sich innerhalb weniger Jahre auch die Mobilität in den Ballungsräumen verändern wird. Sie wird ebenso durch autonome Fahrzeuge und alternative Antriebe geprägt sein wie durch Lieferservices mittels Drohnen oder Robotern. Zwar ist heute noch nicht sicher, welche Techniken sich am Ende wirklich durchsetzen werden. Gewiss aber ist, dass die neuen Mobilitätskonzepte Spuren in den Stadträume hinterlassen werden. Das reicht bis zu der Frage, wie verhindert werden kann, dass Straßen durch Ladestationen für Elektromobile ebenso beeinträchtigt werden wie die Kulturlandschaften durch Windkraftanlagen und Stromtrassen.

Gemeinschaftliche Lösungen

Wie schon zu Beginn des 20. Jahrhunderts ist auch die Architektur des 21. Jahrhunderts gefordert, die Welt neu zu denken. Sie muss die ökonomischen und ökologischen Herausforderungen meistern und zugleich den prägenden Charakter der Orte bewahren. Das ist eine schwierige Aufgabe. Zwei Dinge müssen passieren, damit sie erfolgreich gelöst wird. Zum einen müssen künftige Architektinnen und Architekten in ihrer

Jacques Herzog, Pierre de Meuron, *Elbphilharmonie,* Hamburg, 2007–2016

Mit ihren kühnen gläsernen Schwüngen, die von Hans Scharouns legendärer Berliner Philharmonie inspiriert sind, erhebt sich die Konzerthalle samt Hotel und Wohnungen auf dem alten kubischen Ziegel-Kaispeicher, den Werner Kallmorgen in der Nachkriegszeit errichtet hatte. Nach langer Bauzeit und mit gewaltiger Kostensteigerung haben die Basler Architektur-Superstars ein Highlight abgeliefert, das nicht nur bei Konzertbesuchern Begeisterung auslöst. Am Ufer der Elbe positioniert, ist „Elphi" ein Hingucker und ein Ausgucker. Dafür sorgt die offene Plattform, die ähnlich wie die Terrasse der neuen Londoner Tate Modern Gallery, die ebenfalls von Herzog und de Meuron stammt, auf annähernd halber Höhe einmal rund um das Haus führt. So stiftet das Gebäude auf mehreren Ebenen Gemeinschaft und bietet einen öffentlichen Ort, mit Einblick ins Haus und Ausblick auf den Hamburger Hafen.

Ausbildung intensiver auf diese neuen Herausforderungen vorbereitet werden. Das bedeutet, dass die Architektur neben ästhetischen und wirtschaftlichen Aspekten stärker gesellschaftliche Herausforderungen in ihre Entwürfe einfließen lässt. Zum anderen muss die ästhetische Bildung insgesamt gefördert werden. Jeder Einzelne muss in die Lage versetzt werden, die architektonische Gestaltung seiner Umwelt in ihrer Vielschichtigkeit wahrzunehmen. Erst dieses Wissen um die Wechselwirkung von Architektur, Stadt und Gesellschaft bildet die Grundlage für eine Teilhabe an der künftigen demokratischen Gestaltung von Stadt und Land im konstruktiven Austausch mit den Planern aller Fachdisziplinen, von der Statik über die Stadtplanung und der Landschaft bis zum Hochbau.

ÖFFENTLICHKEIT BAUEN

Immer wieder: Museen

Seit ihren Anfängen zu Beginn des 20. Jahrhunderts gehört es zu vornehmsten Aufgaben der Architektur der Moderne, auch jenseits der traditionellen Versammlungsräume wie der Kirchen neue Räume für die Gemeinschaft zu gestalten. So führt von den Glaspalästen und Stadtkronen eines Bruno Taut oder Hans Scharoun, die die beiden Architekten während des Ersten Weltkriegs skizzierten, eine direkte Linie zu den gebauten gläsernen Skulpturen der Elbphilharmonie von Jacques Herzog und Pierre de Meuron in Hamburg oder dem Universiade Sports Center von Meinhard von Gerkan und Stephan Schütz in Shenzhen. In den 1980er-Jahren stiegen vor allem die Museen zur Königsdisziplin der Architektur auf. Sie spiegelten den architektonischen Stil und das kulturelle Selbstverständnis der westlichen Welt wider. Inzwischen hat sich das Spektrum der öffentlichen Bauaufgaben geweitet, in denen sich der kulturelle Anspruch der Gesellschaften ausdrückt. Museen werden weltweit weiterhin massenweise gebaut. Gerne auch als „Filialen“ der bedeutenden Museen, wie bei der großartigen Raumskulptur der Dependance des Louvre in Abu Dhabi, den Jean Nouvel verwirklicht hat (2017). Unter einer weit gespannten, durchscheinenden Kuppel hat der französische Altmeister der architektonischen Avantgarde eine eindrucksvolle Synthese aus arabischer und westlicher Formensprache geschaffen, unweit der Guggenheim-Filiale von Frank O. Gehry.

Neben den klassischen großen Kunstmuseen, deren oft exaltierte Architektur mit den ausgestellten Exponaten um die Aufmerksamkeit der Besucher wetteifert, entstehen zunehmend kleinere Museen, die lokale Künstler und Themen aufgreifen, wie das zauberhafte Angelika Kauffmann Museum (2007) im vorarlbergischen Schwarzenberg von Helmut Dietrich und Much Untertrifaller. Kunstvoll fügen die österreichischen Architekten den Ausstellungsraum als eine für die Kunstwerke optimale „Klimabox“ aus Holz in ein traditionelles Vorarlberger Haus ein und zeigen so zugleich ein gutes Beispiel für das Bauen im regionalen Bestand.

Im internationalen Zusammenhang ist zu beobachten, dass das Augenmerk zunehmend auf zuvor weniger beachtete Themen gelegt wird wie im 2006 eröffneten Pariser „Musée du Quai Branly“, ebenfalls von Jean Nouvel entworfen. Die additiv unter einem Dach zusammengefassten Ausstellungskuben ermöglichen es im Gegensatz zu üblichen ethnologischen Museen, in den fließenden Raumabfolgen einen anderen, stärker künstlerisch geprägten Blick auf die außereuropäische Kunst zu vermitteln.

Die Diskussion über das Erbe des Kolonialismus und die Rolle der indigenen Bevölkerungen, die derzeit so ernsthaft wie intensiv geführt wird, schlägt sich auch in der Architektur nieder, etwa auf David Adjayes National Museum of African American History in Washington D.C.. Dem entspricht eine differenzierte und grenzübergreifende Reflektion von Geschichte und Kultur. Daran knüpft die Gestaltung von Erinnerungsorten an wie des Hartmannsweilerkopfs im Elsass. Im Ersten Weltkrieg heftig umkämpft, eröffnete dort 2017 eine gemeinsame Deutsch-Französische Gedenkstätte (INCA Architekten, Grenoble), die sich unter dem abgestuften Dach mit weiten Glasfronten und umlaufender Terrasse zur Landschaft öffnet.

David Adjaye, *Smithsonian National Museum of African American History (NMAAH),* Washington D.C., 2009–2016

Beim Design des neuen Museums im Herzen der amerikanischen Hauptstadt waren dem Londoner Architekten David Adjaye drei Aspekte besonders wichtig: die kronenartige Form des Gebäudes, seine filigrane Bronzehülle und der räumliche Dialog, den es mit der umgebenden Landschaft entfacht. Denn durch diese formalen Gestaltungsmaßnahmen bringt das NMAAH einen Wandel zum Ausdruck, der sich in den USA seit dem Zweiten Weltkrieg vollzieht. Die Gesellschaft ist insgesamt durchlässiger geworden und trotz vieler (auch aktueller) Rückschläge wird der afrikanische Anteil an Geschichte und Kultur der USA mit wachsender Wertschätzung und Offenheit wahrgenommen.

Gerkan, Marg und Partner, *Universiade Sports Center,* Shenzhen, 2007–2011

Für die Sommer Universiade 2011 in der rasant wachsenden Zehn-Millionen-Metropole Shenzhen nahe Hongkong errichtet, gehört die Sportanlage zu den zahlreichen Stadionbauten, mit denen sich das Hamburger Architekturbüro um Meinhard von Gerkan und Volkwin Marg seit Jahren erfolgreich international etabliert hat. Die drei Hauptbaukörper des weitläufigen Stadionensembles (im Bild: das Hauptstadion mit 60.000 Sitzplätzen) sind malerisch um einen zentralen See gelagert. Stadion, Schwimm- und Multifunktionshalle sind dabei durch eine expressiv-gläserne Architektursprache gekennzeichnet, die Bezüge zur hügeligen Umgebung herstellt. LEDs ermöglichen es zudem, unterschiedliche Lichtatmosphären in der kristallinen Architektur zu erzeugen.

Elisabeth Diller, Ricardo Scofidio, Charles Renfro, *High Line,* New York City, 2006–2014

Wo früher Güterzüge durch das Schlachtereiviertel Manhattans ratterten, ist in mehreren Bauabschnitten ein unvergleichlicher Park auf Stelzen entstanden. Die reich und vielfältig begrünte, fast zweieinhalb Kilometer lange Trasse ist nach dem Central Park schnell zum wohl bedeutendsten Naherholungsgebiet der Stadt geworden, das einen wichtigen Beitrag zur Umwandlung und Aufwertung des Quartiers leistet. Allerdings trägt der High Line Park inzwischen – entgegen der Absicht seiner Initiatoren – zur Gentrifizierung bei, sodass angestammte Bewohner von zahlungskräftigeren verdrängt werden.

Faszination Sport

Wer in einem der großen Stadien der Welt die explodierende Begeisterung des Publikums miterlebt, wenn Athleten in Rekordzeit die Ziellinie überqueren, oder mit heiserer Stimme im Finale eines Fußballturniers mitfiebert, der erinnert diese berauschende Stimmung noch Jahre später. Daher gehören große Sportereignisse zu den beliebtesten und medial erfolgreichsten Veranstaltungen der letzten Jahrzehnte. Zugleich sind einige der internationalen Verbände in Misskredit geraten. Ihre Arbeit wird mit Fehlplanungen, Bestechung oder Doping in Verbindung gebracht. Das hat dazu geführt, dass viele westliche Städte in den letzten Jahren lieber darauf verzichten, sportliche Großveranstaltungen durchzuführen. Gründe dafür sind zudem immer wieder die immensen Kosten, die damit verbunden sind, sowie die gewaltigen Eingriffe in die Infrastruktur der Städte, die mit dem Bau der neuen Stadien und Dörfer der Athleten einhergehen. Immer dann werden die riesigen Sportareale der Gegenwart ein Erfolg, wenn sie nicht nur einen Schaueffekt für den Moment besitzen, sondern auch im Anschluss an die eigentlichen Veranstaltungen weiter genutzt werden. Klug konzipiert, erweisen sich solche Megaprojekte als Zukunftsinvestition, wenn sie gute Architektur mit einer nachhaltigen Nutzung der Sportstätten verbinden wie im Fall der Olympischen Winterspiele 2010 im kanadischen Vancouver oder der Olympischen Sommerspiele in London 2012. An der Themse ist es gelungen, mit dem Sportevent eine weitsichtige städtebauliche Entwicklung im Osten der boomenden Metropole voranzutreiben. Zugleich können ikonische Stadionbauten, wie sie die Hamburger Architekten von Gerkan Marg und Partner (gmp) für die Universiade in Shenzhen entworfen haben, dazu beitragen, die Positionierung von Städten im internationalen Wettstreit auch jenseits der Sportveranstaltung zu stärken.

Transformation und neue Gemeinschaften

Zeitgenössische Architektur steht vor der Herausforderung, immer schneller und mit immer prägnanteren Konzepten auf die sich verändernden Gewohnheiten der Gesellschaft reagieren zu müssen, um im digitalen Hintergrundrauschen der sozialen Medien wahrgenommen zu werden. Innovative Lösungen, die es ermöglichen, dass sich Gruppen der Gesellschaft zu Gemeinschaften zusammenfinden, erweisen sich da schnell als weltweit gerne kopierte Blaupausen. Das gilt etwa für die „Urban Gardening"-Bewegung, die auf städtischen Brachflächen anarchische temporäre Grünanlagen schafft. Sie dienen einerseits zur Selbstversorgung und andererseits als Treffpunkt neuer Gemeinschaften, die sich in den Quartieren aus Alteingesessenen und neu Hinzugezogenen bilden. Die wohl erfolgreichste grüne Transformation im Stadtraum ist die Umwandlung einer ehemaligen Hochbahnlinie zur High Line durch die New Yorker Architekten und Künstler Elizabeth Diller, Ricardo Scofidio und Charles Renfro (DS+R). Inzwischen wurde ihr Konzept zur Umwandlung aus der Nutzung gefallener Verkehrstrassen international vielfach aufgegriffen.

Grundsätzlich gehört die Transformation vorhandener Struktur zur Neuprogrammierung von Architektur und Stadt für andere Nutzerkreise zu den zentralen Aufgaben der Gegenwartsarchitektur. Beispielhaft ist dies im Toni-Areal gelungen. Die Zürcher Mathias Müller und Daniel Niggli vom Büro em2n haben die Großstruktur einer ehemaligen Meierei in ein öffentlich zugängliches Hochschul-, Veranstaltungs- und Kulturquartier verwandelt. Verhüllt von einer Fassadenschicht aus Streckmetall ist der Betonkoloss heute eine eindrückliche Synthese aus Alt und Neu, von der nicht nur für die Umgebung in Zürich-West eine architektonische Signalwirkung ausgeht.

NEUE SPIELER

Frische Inspiration

Wie im Sturm ist die westliche Vorherrschaft in der Architektur in den letzten Jahren hinweggefegt worden. Dabei hat sich der Blick auch auf die Architekturgeschichte geweitet: So wurde das Werk der brasilianischen Architektin Lina Bo Bardi (1914–1992) wiederentdeckt und durch Ausstellungen gewürdigt. Dank mutiger und innovativer Architektur nehmen inzwischen China, Indien und Afrika eine neue Stellung auf der Architekturweltkarte ein. Eine Sonderrolle kommt dabei Japan zu. Schon seit über einem halben Jahrhundert zählt es zu den einflussreichsten und bedeutendsten Architekturnationen. Heute schreiben die herausragenden Architekturbüros von Kengo Kuma, Sou Fujimoto oder das Atelier Bow Wow diese einzigartige internationale architektonische Erfolgsgeschichte Japans fort. So ist die japanische Architektur nicht nur weltweit einflussreich, sondern dient angesichts ihrer innovativen Qualität als Gradmesser für internationale Entwicklungen.

Die wohl interessanteste architektonische Entwicklung durchläuft derzeit China. Innerhalb weniger Jahre hat sich das Land, das bis zu den politischen und kulturellen Reformen Deng Xiaopings Ende der 1980er-Jahre gar keine privaten Architekturbüros kannte, von der nahezu ausschließlichen Vorherrschaft der Global Player des Architekturbetriebs befreit. Auch heute noch bauen große internationale Architekturbüros in dem wirtschaftlich weiter rasant wachsenden Land. Doch neben ihnen hat sich ein breites Spektrum hervorragend ausgebildeter junger chinesischer Architektinnen und Architekten etabliert, von denen etliche zuvor in den USA oder Europa studiert und dort auch erste berufliche Erfahrungen gesammelt haben. Bei ihren Bauaufgaben schöpfen auch sie aus dem Fundus vergleichbarer Beispiele wie im Fall der Transformation eines alten Kraftwerks in Shanghai in ein Museum durch das Original Design Studio von Zhang Ming und Zhang Zi. Bemerkenswert ist der Trend, regionale chinesische Architektur- und Handwerkstraditionen aufzugreifen, um sie vor dem drohenden Untergang zu bewahren. Trace Architecture Office (TAO) aus Beijing von Hua Li ist dies mit dem kleinen Papiermuseum in Yunnan beispielhaft gelungen. Die locker gruppierten Baukörper wurden aus lokalem Holz mit traditioneller Handwerkstechnik von den Bewohnern vor Ort verbaut.

Das Bemühen, die Anwohner und Nutzer der Architektur in den Planungs- und Bauprozess mit einzubeziehen, kennzeichnet auch die Arbeiten von Diébédo Francis Kéré in Burkina Faso. Für die Schule in seinem Heimatdorf Gando nobilitierte er das traditionelle, aber wenig geschätzte Baumaterial Lehm, in dem er es mit Beton versetzte und so dauerhafter und wertiger machte. Das erhöhte die Akzeptanz des Materials unter den Bewohnern. Vielfach preisgekrönt und mit dem Kahn Award ausgezeichnet, plant der in Berlin le-

ZAO Standard Architecture, *Mikro Hutong,* Beijing, 2013

Mit seinem 2001 gegründeten Büro ZAO Standard Architecture gehört der chinesische Architekt Zhang Ke zu den international vielbeachteten Vertretern seines Landes. Seine poetischen Interventionen in den Bestand von Hutongs, den traditionellen chinesischen Hofhäusern im Dashilar-Quartier in Beijing, übersetzen deren Struktur kunstvoll in die Gegenwart.

Zaha Hadid, *Galaxy Soho,* Beijing, 2009–2011

Die 2016 verstorbene iranisch-britische Stararchitektin hat mit dem Galaxy-Soho eine geschwungene Architekturlandschaft verwirklicht, die sich durch eine für Hadid typische, organische Formensprache auszeichnet. Diese Architektur wäre ohne das sogenannte parametrische, computergestützte Entwerfen nicht möglich. Der Anmutung einer Berglandschaft außen entsprechen im Inneren des Hauses spektakuläre fließende Raumfolgen, die neben Einzelhandelsflächen auch Raum für Büros bieten.

Diébédo Francis Kéré, *Chirurgische Klinik und Gesundheitszentrum,* Gando, Burkina Faso, 2014

In seinem Geburtsland Burkina Faso Bauten für die Gemeinschaft zu verwirklichen bedeutet für Kéré, im Einklang mit der Tradition und den klimatischen Bedingungen Afrikas innovativ zu bauen. So entstehen öffentliche Gebäude wie Schulen und Gesundheitszentren, die eine ganz konkrete Verbesserung für die Bevölkerung mit sich bringen.

Skidmore, Owings & Merrill (SOM), *Burj Khalifa,* Dubai, 2004–2010

Inspiriert von Motiven der arabischen Architektur, erweist sich der dynamische Wolkenkratzer als gebauter Superlativ. Als höchstes Bauwerk der Welt setzt der Burj Khalifa mit 828 Metern Höhe und 163 Stockwerken Maßstäbe und verankert die Hauptstadt der Vereinigten Arabischen Emirate fest auf der architektonischen Weltkarte.

bende Kéré derzeit den Neubau des Parlamentsgebäudes in Burkina Fasos Hauptstadt Ouagadougou. Es ist als eine didaktische Architektur in dem flachen Land geplant, als eine Hügelstruktur, an dessen Hang beispielhaft Anbaumethoden vorgestellt werden sollen.

Globale Netze

So weit die ländlichen Strukturen in China und Burkina Faso auch räumlich und kulturell voneinander entfernt sein mögen, so verbindet sie dennoch ihre architektonische DNA. In ihrer lokalen Rückbindung erweisen sie sich als Gegenstück zum globalen Architekturmainstream. Der freilich besitzt ebenfalls durchaus unterschiedliche und höchst qualitätvolle Gesichter. Das zeigen die ökologisch ambitionierten Hochhausprojekte des Büros WOHA von Wong Mun Summ und Richard Hassell aus Singapur. Zu ihren preisgekrönten und international gefeierten Entwürfen gehört das Oasia Hotel in Singapur, dessen Fassade wie von einem grünen Flor eingewoben wirkt. Das Konzept steht beispielhaft für die Idee WOHAs, „Bauwerke zu entwerfen, die sich in die natürlichen Ökosysteme einfügen und mit ihnen harmonisieren". Ihr Ziel ist es, mit ihrer Architektur dazu beizutragen, energieneutrale Städte zu schaffen, die auf die herkömmlichen, fossilen Energiequellen verzichten können. Die globalen architektonischen Herausforderungen durch Klimawandel, Bevölkerungswachstum und Digitalisierung benötigen zwar regional unterschiedliche Antworten, die sich aber in ihrer Zielrichtung gleichen, nämlich eine verantwortungsbewusste Architektur für die Zukunft zu schaffen.

HOCH HINAUS

Erfolgsmodell Wolkenkratzer

Eigentlich galten Hochhäuser bereits als Dinosaurier der Architektur. Aufgrund der hohen Bau- und Materialkosten im Verhältnis zur Nutzfläche, die wegen der notwendigen Flucht- und Rettungswege geringer ausfällt als bei niedrigeren Häusern, erschienen sie als viel zu teuer und zudem ökologisch fragwürdig. Doch aller Unkenrufe zum Trotz erweisen sich Hochhäuser weltweit als Erfolgsmodell. Das hat funktionale, ästhetische und emotionale Gründe. Für Hochhäuser spricht, dass die Preise für den Baugrund in den Innenstädten nach der Finanzkrise 2008 rasant angestiegen sind. Dadurch stieg zugleich der Druck auf Investoren, ihre kostbaren Grundstücke immer intensiver auszunutzen. Zugleich sind die Hochhäuser der jüngeren Generation grüner geworden als noch vor zwanzig

Jahren. Begrünte Fassaden mit vertikalen Gärten sowie eine intelligente Gebäudetechnik und -steuerung für eine natürliche Belüftung anstelle von energieintensiver Klimatisierung sowie energieeffizientere Materialien tragen dazu bei, den Energiebedarf zu reduzieren. Vor allem aber ist die Faszination für den Bautyp Hochhaus ungebrochen. Was für New York mit Chrysler- und Empire-State-Building schon seit 100 Jahren gilt und sich mit dem von David Childs bei Skidmore, Owings, Merill (SOM) anstelle der Zwillingstürme entworfenen „One World Trade Center" fortsetzt, gilt inzwischen für zahlreiche aufstrebende Metropolen in der Welt: Eine aufregende Skyline ist ein wirksames Marketinginstrument und gräbt sich tief in das kollektive baukulturelle Gedächtnis ein. So auch bei der sich dramatisch empor staffelnden Baumasse des Burj Khalifa in Dubai (Vereinigte Arabische Emirate), der fast 830 Meter in die Höhe ragt. Entworfen hat ihn Adrian Smith für das amerikanische Büro Skidmore, Owings, Merill (SOM), das mit dem Jin Mao Tower auch an der Skyline von Pudong mitgebaut hat. Neben „gewöhnlichen" Hochhäusern entstehen zunehmend solche Supertall Highrises. Das sind Wolkenkratzer mit einer Höhe von über 300 Metern. Ihre Zahl wächst seit rund zehn Jahren explosionsartig an. Waren es zu Beginn der 2000er-Jahre etwa dreißig pro Jahr, so sind es mittlerweile über 150. Die weitaus meisten entstehen in China, in weitem Abstand gefolgt von den USA und Südkorea. Ohnehin scheint in den chinesischen Mega-Metropolen wie Guangzhou, Shenzhen, Wuha oder Tianjin geradezu ein Wettlauf darum entbrannt zu sein, wer das höchste Haus im Reich der Mitte errichtet. Solche Supertall Highrises sind nicht nur in der Höhe eindrucksvoll. Ebenso faszinierend ist auch ihr gewaltiger Fußabdruck, mit dem sie in den Städten aus dem Straßenraum emporwachsen. Der Bau derartiger komplexer Megastrukturen setzt besondere Kompetenzen der Ingenieure und Architekten voraus. So verwundert es nicht, dass neben SOM immer wieder die gleichen, erfahrenen Architekturfirmen beauftragt werden wie Kohn Peddersen Fox oder Pei Cobb Freed and Partners aus den USA oder Norman Foster aus Großbritannien.

Europäische Varianten

Die Zahl ikonischer Hochhäuser wächst nicht nur in Arabien, Asien und Amerika, sondern auch in Europa, wenngleich bescheidener. Das zeigen Renzo Pianos zackiger „Shard" in London oder die ineinandergreifende Hochhausskulptur der Europäischen Zentralbank in Frankfurt am Main, die der Grandseigneur des Dekonstruktivismus Wolf Prix aus Österreich mit seinem Büro Coop Himmelb(l)au entworfen hat. Dabei wird gerade im traditionsbewussten Europa die Entwicklung neuer Hochhäuser meist von höchst kritischen Diskussionen begleitet. Nicht zu Unrecht, wie die Tragödie um das 2017 abgebrannte Wohnhochhaus Greenfell-Tower in London mit seinen zahlreichen Todesopfern zeigte. Gleichwohl sollen in London in den kommenden Jahren mehrere Hundert neue (Wohn-)Hochhäuser entstehen. Für Hochhäuser gelten daher zu Recht immense Anforderungen an die Sicherheit, was Brandschutz und Fluchtwege betrifft. Zugleich gelten Hochhäuser als wichtige Alternative zur baulichen Verdichtung der Innenstädte und zu einem weiteren Ausgreifen der urbanen Bereiche in die Landschaft. Sie können damit dazu beitragen, eine fortschreitende Zersiedlung der Landschaft zu verhindern und dennoch den dringend benötigten neuen Wohnraum bereitzustellen. Viele Städte haben daher in den letzten Jahren Hochhauspläne beschlossen. Sie sollen gewährleisten, dass sich Hochhäuser in Zahl und Höhe gut verträglich über den Stadtraum verteilen und einfügen.

Bjarke Ingels Group, *W 57*, New York City, 2013–2016

Eine Mischung aus europäischem Block und traditionellem Hochhaus, so beschreiben BIG selbst ihren Hochhausentwurf. Um einen rechteckigen Innenhof angelegt, gruppiert sich die dreiecksförmig zum Sonnenlicht nach oben gestaffelte Baumasse. So formuliert der dänische Überflieger eine bildhaft ausdrucksstarke Silhouette für die New Yorker Skyline.

Während sich das Wohnhochhaus in Deutschland nur langsam vom Schmuddelimage befreit, das ihm seit dem sozialen Wohnungsbau der 1960er- und 1970er-Jahre anhaftet, ist man in anderen Metropolen längst weiter. In Vancouver, Moskau oder New York genießen die Bewohner den weiten Blick aus ihren Apartments über die Stadt – sofern sie ihn sich denn angesichts der saftigen Quadratmeterpreise überhaupt leisten können.

BEGRIFFSREGISTER

Im Haupttext sind die erklärten Begriffe *kursiv* gestellt, im Register die Verweise auf weitere erklärte Begriffe oder Personen.

Abstraktion Tendenz in der modernen Kunst seit etwa 1850 zur Reduzierung der Formen bei der Wiedergabe eines naturalistischen Vorbilds in einem Kunstwerk, vor allem in der Malerei. Endpunkt bildet die gegenstandslose – abstrakte – Malerei, die sich z. B. um 1910 in den Werken von *Piet Mondrian* oder *Kasimir Malewitsch* findet.

Achse (Sichtachse, Axialität) Gerade Linie, die auf einen bestimmten herausgehobenen Point de vue (Blickpunkt) hin ausgerichtet ist. Zumeist sind die Bauten (oder Gartenanlagen) zu Seiten einer Sichtachse *symmetrisch* angeordnet, wodurch deren Wirkung unterstrichen wird. Unter (Fenster-) Achsen versteht man gedachte Linien, die quer oder längs durch ein Gebäude verlaufen.

Akademisch An einer Kunsthochschule (Akademie) vermittelte Kunstrichtung. Wird besonders im Vergleich zu den Erneuerungsbewegungen von *Impressionismus*, *Expressionismus* und *Sezession* als konservative Kunstform negativ beurteilt.

Amsterdamer Schule Einflussreiche niederländische Architekturbewegung des *Expressionismus*, deren Hauptvertreter *Johann Melchior van der Mey*, *Michel de Klerk* und *Pieter Kramer* ausdrucksstarke Baukörper aus Backstein schufen.

Antike Sammelbezeichnung für die beiden frühen europäischen Hochkulturen, namentlich die griechische (Blütezeit 5. und 4. Jh. v. Chr.) und die römische (Blütezeit 1. und 2. Jh. n. Chr.) Antike.

Architecture parlante (franz.: sprechende Architektur) Bauten, die bereits durch die gewählte architektonische Form Aussagen über ihre Verwendung zulassen, wie im Fall des schiffsförmigen Chilehauses von *Fritz Höger*, das für eine Schifffahrtsgesellschaft gebaut wurde.

Arkaden Reihung von *Bögen* zu einer Bogenstellung.

Art déco Kunstströmung der 1920-/30er Jahre, deren Name sich von der „Exposition internationale des arts décoratifs et industriels modernes" (Paris, 1925) herleitet. Sie zeichnet sich durch kubisch-kantige Formen aus.

Arts-and-Crafts-Bewegung Einflussreiche Bewegung im Kunsthandwerk, die ausgehend von England seit der Mitte des 19. Jh.s unter der Führung von *W. Morris*, *Ph. Webb* und *J. Ruskin* für eine Rückwendung zu handwerklicher Tradition mittelalterlicher Prägung und gegen industrielle Massenproduktion eintrat.

Attika Aufsatz im Dachbereich, oberhalb des *Kranzgesimses*, hinter dem der Ansatz des *Dachs* verschwindet. Häufig als besondere Betonung eines Mittel*risalits* zu finden.

Ausfachung Teile der Wand zwischen einem Trägersystem aus Holz, Eisen oder Beton, die durch ein anderes Material (Backstein, Glas o. Ä.) ausgefüllt (ausgefacht) werden.

Axialität s. *Achse*

Backstein Auch Ziegel oder *Klinker*. Aus Ton oder Lehm geformter Stein mit unterschiedlicher Farbigkeit (meist rot oder gelb), der zur Härtung gebrannt wird. Bei besonders hoher Hitze gebrannte Backsteine nennt man Klinker, die besonders in der Architektur des Expressionismus häufig Verwendung fanden.

Barock (von port. barocco: Steinchen, schiefrunde Perle) Der Begriff, der der Juwelierkunst entstammte, wurde seit dem Klassizismus abwertend (i. S. von absonderlich, schwülstig) für die vorangegangene Epoche verwendet. Barock bezeichnet die europäische Kunst und Kulturepoche des 17. und 18. Jh.s. In den einzelnen Ländern fand sie eine sehr unterschiedliche Ausprägung. Weitgehend auf dem *antiken* Formenkanon aufbauend, entwickelte der Barock farbige und opulente Dekorationen, vielfach aus *Stuck* gefertigt, die einen besonders prächtigen Eindruck vermittelten. Der Barock wurde besonders von den Klassizisten des 18. und frühen 19. Jhs. als überladen abgelehnt. Seine Wiederbelebung erfolgte durch den *Neobarock* (ab 1860).

Beton Aus Sand, Kies und *Zement* bestehender widerstandsfähiger, relativ leichter und kostengünstiger Gussstein, der durch eine *Schalung* in die gewünschte Form gebracht wird und seit 1879 in Frankreich durch Hennebique zum Stahlbetonsystem ausgereift wurde. Durch die Kombination mit einem Eisengerüst (Eisenbeton) oder Stahlgerüst (Stahlbeton) kann die Belastbarkeit des Betons zusätzlich erhöht werden, sodass besonders bei Hallenbauten enorme Spannweiten erreicht werden. Die variable Einsetzbarkeit des Baumaterials Beton hat diesen zu dem wichtigsten Baustoff des 20. Jh.s werden lassen (s. *Perret*, *Le Corbusier*).

Belvedere (ital.: schöner Blick) Ursprünglich Bezeichnung für einen u. U. höher gelegenen (Garten-) Pavillon, der als Aussichtspunkt genutzt werden kann.

Bogen Aus einem Kreiselement hergeleitete horizontale Verbindung zwischen vertikalen Stützen. In der Architektur kommen seit der römischen *Antike* die unterschiedlichsten Bogenformen vor. Die charakteristische Verwendung einzelner Bogenformen weist sie vielfach als Kennzeichen spezifischer Epochen der Architekturgeschichte aus (halbkreisförmige Rundbögen: *Romanik*, *Renaissance*; Spitzbögen: *Gotik*). Daneben treten häufig Segmentbögen auf, die aus einem Teil (Segment) eines Halbkreises gebildet werden und flacher sind als *Rundbögen*. Funktional dient der Bogen zur Aufteilung bzw. Ableitung einer vertikal wirkenden Kraft (z. B. des Gewölbes) auf mehrere Stützen.

Bordüre *Ornamentale* Verzierung im Randbereich eines Stoffs, aber auch einer Wandfläche.

Brücke, Die 1905 gegründete Dresdener Künstlergruppe, der u. a. Karl Schmidt Rottluff, Erich Heckel, Otto Müller, Max Pechstein und Ludwig Kirchner angehörten. Die von gotischen Vorbildern und der primitiven Kunst beeinflussten, ausdrucksstarken und sehr farbigen Werke der Brücke-Künstler begründeten in Deutschland den *Expressionismus* in der Malerei.

Brutalismus Von *Le Corbusier* eingeführter Begriff, der sich ursprünglich auf die Verwendung des rohen (franz. brut: roh) Sichtbetons bezog und in England von den *Smithsons* aufgegriffen wurde. Der B. steht für eine materialgerechte, unverkleidete Architektur, deren Funktionszusammenhänge dadurch unmittelbar anschaulich werden.

Charta von Athen s. *CIAM*

CIAM (Congrès Internationaux d'Architecture Moderne) Unter Führung von *Le Corbusier* und Siegfried Giedion 1927 gegründetes internationales Avantgardeforum für Architekten der Moderne. Den stark ideologielastigen und formalistischen Kongressen lag jeweils ein thematischer Schwerpunkt zugrunde. So flossen die Ergebnisse des CIAM II (1929) in Frankfurt, der unter der Leitung Ernst Mays stattfand, in den Bericht „Die Wohnung für das Existenzminimum" ein. 1930 folgte in Brüssel das Thema „rationelle Bauweise", wo Gropius einer der Wortführer war. Der CIAM IV (1933) befasste sich mit der funktionellen Stadt. Aus ihm ging die „Charta von Athen" hervor, die vornehmlich von Le Corbusiers Vorstellungen gerpägt wurde. Die Charta von Athen geht von einer Zoneneinteilung der modernen Stadt aus, entsprechend ihren Hauptfunktionen Wohnen, Arbeit, Freizeit und Verkehr. Vor dem Hintergrund der sich verstärkenden Kritik am Internationalen Stil und dem Aufkommen des *Brutalismus* fand der letzte CIAM X 1959 in Otterlo (Holland) statt.

curtain wall (engl.: Vorhangfassade) Vor eine tragende Konstruktion gehängte, nichttragende *Fassade* bzw. Wand aus Glas, Granit oder Kunststoff.

Dach Oberer Abschluss eines Gebäudes, der unterschiedliche Formen haben kann. Beim Satteldach handelt es sich um zwei gegeneinander gelehnte Dachflächen, die an den Schmalseiten eine dreieckige Giebelfläche bilden. Beim Walmdach sind alle Dachseiten einander zugeneigt und enden in einem schmalen Grat. Im Gegensatz zu diesen steilen Dachformen trat das *Neue Bauen* für die Verbreitung von flachen Dächern ein, wodurch die Bauten auf rein *kubische* Formen beschränkt wurden.

De Stijl 1917 unter dem Einfluss von *Piet Mondrian* in den Niederlanden gegründete Künstlergruppe, der u. a. *Th. v. Doesburg*, *G. Rietveld*, *J. J. P. Oud* angehörten. Ihr Ziel war eine vom Zierrat traditioneller Architektur befreite, *abstrakte* Formensprache in Kunsthandwerk und Architektur.

Dekonstruktivismus Durch die Ausstellung „Deconstructivist Architecture" im Museum of Modern Art, die Philip Johnson und Mark Wigley 1988 veranstalteten, erhielt die Architekturrichtung internationale Bekanntheit. In Abgrenzung zur klassischen Moderne und zur Postmoderne sind dekonstruktive Bauten durch ihre sich überschneidenden, gesplitterten und abgeschrägten Formen gekennzeichnet. In ihnen kommt ein allgemeines Empfinden von Destabilisierung zum Ausdruck, das nicht nur die westliche Welt in den 1980er- und 90er-Jahren kennzeichnet. Auf den ersten Blick lösen viele der Bauten durch ihre scheinbare technische Unmöglichkeit, die überraschende Materialverwendung und die ungewohnte Formensprache Erstaunen beim Betrachter aus. Hauptverterter des inzwischen international verbreiteten Dekonstruktivismus sind *Gehry*, *Libeskind*, *Hadid*, Coop Himmelblau, Peter Eisenman und Bernard Tschumi.

Denkmalpflege Im 19. Jh. einsetzende Bestrebungen, Kunstwerke alter Epochen zu erhalten (konservieren) oder sie ggf. wiederherzustellen (restaurieren).

Deutscher Werkbund 1907 in Deutschland von Kunsthandwerkern, Industriellen und Architekten gegründete Vereinigung zur Förderung der nationalen Kunstproduktion und deren wirtschaftlicher und industrieller Verbreitung.

Dorisch Eine der drei wichigsten *Säulenordnungen* der griechischen *Antike* mit gedrückten Proportionen, bestehend aus *kannelierten* Säulen ohne Basis mit wulstartigem *Kapitell* und Triglyphenfries (Bauglied mit Einkerbungen am Gebälk).

Eisenbaukunst Seit dem 19. Jh. ist Eisen ein verbreitetes Baumaterial für die tragende Konstruktion von Bauten. Dabei konnte die Eisenkonstruktion entweder *ausgefacht* werden oder als tragendes Skelett für eine *curtain wall* Fassade dienen. Eisenkonstruktionen finden sich beim Kristallpalast von *Paxton* sowie anderen Ingenieurbauten. Berühmtester Eisenbau ist der Pariser Eiffelturm von *Eiffel*.

Eisenbeton s. *Beton*

Eisenkunstguss Besonders in Preußen im 19. Jh. auftretende Kunstform in Kunsthandwerk und Architektur (*Schinkel*, Denkmal auf dem Kreuzberg, Berlin 1818–1821), der eine hohe nationale Bedeutung beigemessen wurde.

Eklektizismus Vermischen mehrerer historischer *Stil*elemente an einem Bau. Vor allem während des *Historismus* üblich, aber auch in der *Postmoderne*.

Epoche Historischer Abschnitt, in dem sich ein bestimmter *Stil* und dessen charakteristische Dekorationsformen bzw. seine *Ornamente* entwickeln.

Expressionismus Vor allem in West- und Mitteleuropa zu Beginn des 20. Jh.s verbreitete Kunstströmung in Malerei (*Brücke*, *Fauves*) und Architektur (*Amsterdamer Schule*). Kennzeichen des architektonischen Expressionismus sind stark bewegte, oft kleinteilig ornamentierte Formen sowie die Farbigkeit der Bauten. *Backstein* bzw. *Klinker* sind die wichtigsten Baustoffe des Expressionismus.

Fassade (von lat. facies: Gesicht) Gesicht eines Hauses, meist seine Hauptfassade oder Schauseite. Durch das zeitgebundene Erscheinungsbild von Fassaden und ihrer Gliederung können an ihnen oft die charakteristischen Kennzeichen einer Epoche bzw. architektonischen *Stil*richtung festgemacht werden.

Fauves (franz.: Die Wilden) Künstlergruppe um Henri Matisse, die annähernd zeitgleich mit den Dresdner *Brücke*künstlern eine von heftig bewegten Formen und Naturstudium beeinflusste expressionistische Kunst etablierte.

Fayence Farbig lasierte Tonware, deren Name sich von der italienischen Stadt Faenza herleitet, dem Zentrum der Fayence-Produktion in der *Renaissance*.

Flachdach s. *Dach*

Fries Eine in unterschiedlicher Form seit der *Antike* übliche Dekorationszone an der Architektur, die *abstrakt* oder figürlich gestaltet sein kann und sich zumeist unterhalb des Dachbereichs befindet.

Funktion, Funktionalismus Grundlage der Grundriss- und Fassadengestaltung in der modernen Architektur seit *Sullivan* („form follows function") bis hin zur *Postmoderne* war die Dominanz der Funktion eines Gebäudes, durch die eine höchstmögliche Wirtschaftlichkeit erzielt werden sollte. Besonders im Bereich des Industriebaus, aber auch im Wohnungsbau, wo auf als überflüssig erachtete Repräsentationsräume oder -dekorationen verzichtet wurde. Vor allem durch das Bauhaus wurde der Funktionalismus zum vorherrschenden Prinzip in der Organisation von Architektur im 20. Jh. Neuere Strömungen wie die *Postmoderne* und der *Dekonstruktivismus* zeichnen sich dagegen durch ihre Kritik an der einseitig funktionalen Ausrichtung von Architektur aus.

Futurismus Von Zukunftsbegeisterung getragene moderne Kunstströmung in Italien vor dem Ersten Weltkrieg (in der Architektur z. B. in den Entwürfen *Sant'Elias*).

Gebälk Bezeichnet die Decken- und Dachkonstruktion eines Gebäudes. Die Bezeichnung leitet sich von den hölzernen Balken her, aus denen diese sich im Holzbau zusammensetzt.

Gesims Horizontales Gliederungselement an der Fassade eines Gebäudes. Den oberen, aus der Mauer hervortretenden Abschluss eines Gebäudes nennt man Kranzgesims.

Giebel Durch die Dachschrägen gebildete dreieckige *Dach*fläche. Bei höheren Bauaufgaben wie dem Schlossbau oft durch Giebelskulpturen ausgezeichnet. Vor allem in *Renaissance* und *Barock* sowie *Postmoderne* treten gesprengte Giebel auf, die im oberen Bereich nicht aneinander anschließen, sondern unterbrochen sind und so eine besondere, teils dramatische Betonung des oberen Gebäudeabschlusses bilden.

Glasarchitektur Seit dem Kristallpalast von *J. Paxton* setzte sich Glas als Baustoff in der Architektur zunehmend durch. Der Glaspavillon von *B. Taut* (*Werkbund*-Ausstellung Köln 1914) verband die Glasarchitektur mit dem *Expressionismus*. Glas – vielfach mit Sonnen- und Temperaturschutzbeschichtung – bildet zudem einen wichtigen Baustoff für *Vorhangfassaden* bei *L. Mies v. d. Rohe*, aber auch bei Architekten der 90er-Jahre wie *J. Nouvel*.

Gotik Sämtliche Gattungen der mittelalterlichen Kunst erfassende Stilrichtung, die um etwa 1140 erstmals festgemacht werden kann und deren Ursprung im Bereich der Île de France (Paris) liegt. Kennzeichen der gotischen Architektur sind vor allem die aufwärtsstrebenden Pfeilerbündel und die Spitzbögen. Die Gotik erfuhr in den europäischen Ländern teilweise sehr unterschiedliche Ausformungen. Dem entsprach auch die sehr unterschiedliche Dauer. Während in Italien um 1400/1420 die Renaissance einsetzte, hielt sich in Deutschland bis weit in das 16. Jh. eine spätgotische Tradition. Bereits im 18. Jh. setzten u. a. in England und Deutschland erste Bauten der *Neogotik* ein.

Heimatschutzarchitektur Von England ausgehende Bewegung, die sich um 1900 in Deutschland etablierte. Sie trat für eine traditions- und landschaftsgebundene Architektur ein, die durch die politische Instrumentalisierung des Nationalsozialismus diskreditiert wurde.

Hightech-Architektur Seit den 80er-Jahren gebräuchlicher Sammelbegriff für eine Architektur mit deutlich technisiertem Erscheinungsbild. Hauptvertreter ist neben *N. Foster R. Rogers*, der mit *R. Piano* das Centre Pompidou in Paris als bekanntesten Hightech-Bau realisierte.

Historismus Sammelbegriff für die auf älteren Stilrichtungen basierenden Architekturformen (*Klassizismus*, *Neogotik*, *Neorenaissance*, *Neobarock*, *Neoromanik und Neoklassizismus*) vor allem der Zeit zwischen 1860 und 1910.

Hochhaus In Amerika um 1880 einsetzender Trend zur möglichst ökonomischen Ausnutzung eines Grundstücks in Großstädten (*School of Chicago*), der weitgehend unabhängig von der Entwicklung einer modernen Architektursprache war. Vor allem in den 1920er- und erneut in den 90er-Jahren entbrannte ein Wettstreit darum, das höchste Haus der Welt zu errichten.

Holzbau Traditionelle Bauform seit der *Antike*, die unter ökologischen wie ökonomischen Gesichtspunkten in den 1990er-Jahren eine Renaissance erlebte.

Idealstadt Seit der *Antike* immer wieder belebte Vorstellung einer nach gesellschaftlichen, wirtschaftlichen und politischen Gesichtspunkten gegründeten und vorbildlich gegliederten Stadt.

Impressionismus Von der französischen Malerei ausgehende Stilrichtung in der zweiten Hälfte des 19. Jh.s, deren von der reinen Farbe ausgehenden, vielfach lichtdurchfluteten und naturnahen Darstellungen gegen die traditionelle *akademische* Kunst rebellierten.

Ingenieurbaukunst Bauwerke, die seit der Antike nur durch besondere technische Kenntnisse realisiert werden konnten. Im 19. Jh. vor allem Bahnhöfe, Brücken, aber auch *Eisen*konstruktionen wie der Eiffelturm. Im 20. Jh. entstanden Spitzenleistungen der Ingenieurbaukunst, nicht zuletzt im Bereich des Sportstättenbaus (s. *P. L. Nervi*, *F. Otto*).

Inkrustation Bereits seit der *Antike* auftretende Verkleidung von Fassaden mit verschiedenfarbigen Steinplatten.

Internationaler Stil Im Nachklang der Weißenhofsiedlung durch Henry-Russell Hitchcock sowie *Ph. Johnson* geprägter Begriff für die moderne Architektur, die in einer Ausstellung des Museums of Modern Art in New York 1932 gefeiert wurde.

Jugendstil Deutsche Bezeichnung und Spielart des „Art nouveau" (Frankreich), „Modern Style" (England), „Stile liberty" (Italien) bzw. „Modernismo" (Spanien), dessen vielfach flächige und vegetabil-gebogenen *Ornamente* eine Gegenposition zur *akademischen* Kunst einnahmen.

Kapitell Entstammt der *antiken* Architektur und ist Teil der *Säulenordnung*. Das K. bildet den oberen Abschluss einer Säule. Seine Form wird von den vorherrschenden Säulenordnungen (dorisch, ionisch, korinthisch, komposit) bestimmt.

Kanneluren Senkrechte, konkav eingeschnittene Vertiefungen am Schaft einer *Säule*.

Keramikfliese Aus Ton gefertigte, gebrannte Fliese, die meist mit einer Glasur überzogen ist und dadurch farbig gestaltet wurde (s. *Fayence*).

Klassizismus Wiederaufleben des klassischen Formenrepertoires der *antiken* Architektur in Europa und Nordamerika im späten 18. und frühen 19. Jh. (s. *Schinkel*).

Klimatechnik Meist geschlossenes technisches System zur optimalen Beheizung sowie Be- und Entlüftung von Gebäuden. Besonders wichtig bei Museen, deren Schätze ein konstantes Klima benötigen, sowie bei stark frequentierten Gebäuden wie Veranstaltungshallen oder Hochhäusern.

Klinker Bei besonders hoher Temperatur gebrannter *Backstein*, dessen Poren durch die Hitze versintern, d. h. eine wasserabweisende, glasartige Oberfläche entwickeln.

Kolonnade Säulenhalle oder Säulengang. Überdachter Raum, der durch die Aneinanderreihung mehrerer Säulen durch ein Gebälk entsteht.

Konstruktivismus Bezeichnung der Kunsttheorie in der jungen Sowjetunion von *Tatlin* und *El Lissitzky*, nach deren Vorstellungen die Architektur auf unbedingt notwendige funktionale (s. *Funktion*) Elemente reduziert werden sollte, um nur noch durch die reine Konstruktion dominiert zu werden.

Kranzgesims s. *Gesims*

Kubismus (von lat. cubus: Würfel) Stilrichtung, in der ab 1907 bei Picasso, Braque und Delaunay die natürlichen Formen auf ihre kubischen Grundstrukturen reduziert wurden. Dem entsprach in der Architektur die Bewegung der Prager Kubisten.

Kuppel Aus einem Kugelabschnitt bestehende Dachform, die seit der römischen *Antike* Verwendung findet. Häufiges Auftreten in der westlichen Palast- und Sakralarchitektur seit der *Renaissance*, aber beispielsweise auch in der islamischen Profanarchitektur.

Lisene Ein vor die eigentliche Wandfläche vorgelagerter, aber mit ihr verbundener *Pfeiler* oder Pilaster (Pfeiler mit abschließendem *Kapitell*), durch den die Wand vertikal gegliedert wird.

Loggia Offene Laube oder Säulenhalle.

Maurische Architektur Architektur der islamischen Länder.

Megastruktur (aus dem Griech.: Großstruktur) Teilweise gigantische Vergrößerung und Erweiterung der historisch gewachsenen – kleinteiligen – Stadtstrukturen im technischen Zeitalter. Zahlreiche utopische Idealplanungen seit den 60er-Jahren, die sich in den Hochhausbauten der *High-tech-Architektur* widerspiegeln.

Mosaik Aus kleinen, glasierten Steinen (Tesserae) zusammengesetztes *abstraktes* oder gegenständliches Wandbild, das durch die besondere Leuchtkraft der Farben fasziniert. Mosaiken treten – in unterschiedlicher Gestalt – seit der *Antike* bis in unsere Tage auf, häufig in Sakralbauten.

Naturstein Im Gegensatz zum künstlich gefertigten Stein (*Backstein, Beton*). Kann auch als unbearbeiteter Stein verstanden werden, dann in Abgrenzung zum bearbeiteten N., dem *Werkstein*.

Neobarock Von *Ch. Garnier* beim Neubau der Pariser Oper (1861–1875) erstmals verwendeter Stil des *Historismus*, dessen Formen sich vom *Barock* herleiten lassen.

Neogotik Stilrichtung des *Historismus*, dessen Formenrepertoire der *Gotik* entliehen wurde. Vor allem in Deutschland galt die N. um 1820 als nationaler Stil, da man ihren Ursprung lange Zeit nicht in Frankreich, sondern in Deutschland vermutete.

Neoklassizismus Wiederauftreten des *Klassizismus* um 1900 in Europa, u. a. bei *P. Behrens*.

Neoplastizismus Von *P. Mondrians* Malerei ausgehende Stilrichtung, in der das *kubische* Raumerlebnis in eine flächige Darstellung überführt wird. Von der holländischen *De-Stijl*-Gruppe auf die Architektur übertragen.

Neorenaissance Wiederaufleben der Formen der italienischen *Renaissance* im *Historismus* im Werk *G. Sempers*, aber auch bei *Schinkel* und Klenze.

Neoromanik Wiederaufleben des romanischen Stils mit seinen massiven Volumen und den Rundbögen im *Historismus*, u. a. in den Werken von Henry Hobson Richardson oder Bruno Schmitz.

Neues Bauen Bezeichnung für Facetten der modernen Architektur in Deutschland nach dem Ersten Weltkrieg, vor allem des *Bauhauses*, die Teil des sich entwickelnden *Internationalen Stils* war.

Oberlicht Eine aus durchsichtigem Material – zumeist Glas – geschaffene Decke, die eine künstliche oder natürliche Beleuchtung eines Raumes von oben ermöglicht.

oblong querrechteckig.

Organisches Bauen Richtung des *Neuen Bauens*, das die Bedürfnisse der Bewohner zum Ausgangspunkt der Planungen einer Architektur macht, oft in Verbindung mit fließenden Bauformen. Bestrebungen, organisch zu bauen, finden sich bereits im Frühwerk von *F. L. Wright* oder bei den Bauten von *E. Saarinen* (TWA-Terminal) und *H. Scharoun*.

Ornament (lat. ornare: schmücken) Spezielle Schmuckformen der Architektur bzw. von Architekturteilen zu deren Dekoration. Unterschiedliche Epochen der Baugeschichte haben unterschiedliche Ornamentformen entwickelt, für die sie zum stilbildenden Charakteristikum wurden (s. *Epoche*).

Palais franz. für *Palast*.

Palast Repräsentativer Amts- oder Wohnsitz eines Herrschers, z. B. das Schloss.

Palladianische Bauformen Architektur, die sich auf die vom Renaissancearchitekten *A. Palladio* verwendeten *klassischen* bzw. *antiken* Bauformen bezieht. Im 18. Jh. zunächst in England, später auch in Amerika und Deutschland im Rahmen des *Klassizismus* verbreitet.

Pergola Offener Laubengang, der vor allem im Gartenbereich vorkommt.

Pfeiler Vertikales Stützelement in der Architektur. Kombination mehrerer Pfeiler zu einer *Kolonnade*. Einen Wandpfeiler bezeichnet man als Pilaster.

Polygon Vieleck. In der Architektur gelegentlich auftretende Grundrissform von Gebäuden, gelegentlich auch bei Stadtgrundrissen einer *Idealstadt*.

Pop-Art (Abk. von engl. popular art) Kunstströmung der 1960er-Jahre, die Bilder und Gegenstände des täglichen Gebrauchs wie Suppendosen oder den VW-Käfer zum Gegenstand der Kunst erklärte und sie damit zugleich überhöhte und verfremdete. Protagonisten der Pop-Art waren u. a. Andy Warhol, Robert Rauschenberg und Roy Lichtenstein.

Portikus Von Säulen getragene Vorhalle, die den Eindruck einer *antiken* Tempelarchitektur vermittelt.

Postament Unterbau, u. a. von Säulen oder Statuen.

Postmoderne Seit den 1960er-Jahren im Werk von *R. Venturi* und *Ch. Moore* auftretende Gegenbewegung zur klassischen Moderne, die deren strengen *Funktionalismus* sowie die Verdammung der *Säulenordnungen* und traditionellen architektonischen Dekorationsformen aufhob und diese vor allem in Amerika (aber auch in Italien, beispielsweise im Werk von *A. Rossi*) in teilweise spielerischer Form wiederbelebte.

Präraffaeliten Englische Künstlervereinigung in der Mitte des 19. Jh.s, der sich u. a. *W. Morris* und *J. Ruskin* anschlossen. Sie wandten sich von der *akademischen* Malerei ihrer Zeit ab und nahmen sich die italienische Renaissancemalerei der Zeit vor Raffael (1483– 1520) zum Vorbild.

Prisma Lichtbrechendes Vieleck.

Proportionen Die unter einzelnen Bauteilen herrschenden Maßverhältnisse, denen ein bestimmtes Grundmaß zugrundeliegt.

Pyramide Nach oben hin spitz zulaufende geometrische Form auf viereckigem Grundriss, deren vier Seiten einem geneigten Dreieck entsprechen. In der frühgeschichtlichen Achitektur sind Pyramiden die ägyptischen Königsgräber, die sich aber in verwandelter Form und Materialverwendung bis heute finden wie in der Louvre-Pyramide von *I. M. Pei*.

Rationalismus (von lat. ratio: Vernunft) Allgemein die Bestrebung der Architektur des 20. Jh.s zu vernunftbetonten architektonischen und städtebaulichen Lösungen. Darin eng mit dem *Funktionalismus* und den Bestrebungen des *Neuen Bauens* verbunden. In der modernen italienischen Architektur findet der „Razionalismo" zugleich als Stilbegriff Verwendung (s. Terragni).

Raster Gleichmäßiges, rechtwinkliges Liniennetz im Stadtgrundriss, aber auch im Hochbau bei den *Vorhangfassaden*.

Renaissance (von ital. rinascimento: Wiedergeburt) Wiederauftauchen des Formenschatzes der *antiken* Kunst in der italienischen Kunst des 15. und 16. Jh.s, das seinen Höhepunkt in den Bauten *A. Palladios* fand.

Risalit In ganzer Höhe vorspringender Bauteil aus einer Fassade, im franz. Schlossbau des 16. und 17. Jh.s entwickelt. Man unterscheidet Mittel- und Seitenrisalit.

Romanik Epoche der mittelalterlichen europäischen Kunst ab 1000, die in einzelnen Regionen fließend in die Gotik übergeht. Die massiven Formen der Romanik mit ihren Rundbögen und würfelförmigen *Kapitellen* stehen in Beziehung zur Baukunst der römischen *Antike*. Wiederbelebung in der *Neoromanik* des *Historismus*.

Rundbogen s. *Bogen*.

Rustika (aus dem Lat.: ländlich) Grobe Mauerwerksstruktur oder deren Imitation im Verputz eines Bauwerks, zumeist im Bereich des Erdgeschosses, um dessen Bodenhaftung zu betonen.

Satteldach s. *Dach*.

Säule Im Querschnitt runde Stütze, die sich durch eine Schwellung (Entasis) auszeichnet. Eine Säule hat i. d. R. eine Basis, die sie vom Unterbau abhebt, sowie ein *Kapitell*, das die Säule abschließt und zum Gebälk überleitet.

Säulenordnung In der *Antike* entwickeltes Architektursystem unterschiedlicher Stützen, die einen regionalen und historischen Ursprung haben. Vorherrschende Ordnungen sind die *dorische*, die ionische, die korinthische sowie die komposite Ordnung, die sich durch unterschiedliche Behandlung des Säulenschafts, des *Kapitells* sowie des Gebälks auszeichnen.

Schalung Zeitweilige, meist vorgefertigte Hohlform, in die der flüssige *Beton* gegossen wird. Nach dessen Erstarren wird sie entfernt. Im unbehandelten Sichtbeton zeigen sich oft die zurückgebliebenen Abdrücke der Verschalung, zumal, wenn diese aus gemaserten Holzbrettern bestand.

School of Chicago Gruppe von amerikanischen Architekten wie *W. Le Baron Jenney* und *L. Sullivan*, die Ende des 19. Jh.s am Wiederaufbau von Chicago beteiligt waren und dabei wegweisende Hochhausbauten verwirklichten.

Segmentbogen s. *Bogen*.

Sezession (aus dem Lat.: Trennung) Bezeichnung für Künstlergruppen, die sich um 1900 vom *akademischen* Kunstbetrieb losgelöst haben. Die wichtigste war die Wiener Sezession, eine Vereinigung von Jugendstilkünstlern (s. *Olbrich, Hoffmann*).

Siedlungsbau Systematischer und großflächiger Wohnungsneubau im Gegensatz zur Mietskaserne des ausgehenden 19. Jh.s Zunächst in den Niederlanden und Deutschland zur Behebung von Wohnungsnot und zur Verbesserung der Lebensbedingungen der Gesellschaftsschichten mit geringem Einkommen (s. *Kramer, Klerk, Taut, Wagner*).

Skelettbau Meist rasterartige Konstruktion, bei der die tragenden Gebäudeteile in Stahl, *Beton*, Stahlbeton oder Holz ausgeführt werden. Die nichttragenden Teile werden durch andere Materialien *ausgefacht*.

Sockel Unterbau eines Gebäudes oder einer Skulptur (s. *Postament*).

Sozialistischer Realismus Unter Stalin etablierte Kunstrichtung in der Sowjetunion, die sich von den utopischen Visionen des abstrakten Konstruktivismus zugunsten einer gegenständlichen, parteilichen Kunst abwandte.

Spannweite Raum, der durch eine möglichst stützenlose Konstruktion überbrückt werden kann. Weite Spannweiten sind vor allem bei der Ingenieurbaukunst und im Sportstättenbau (s. *Nervi, Tange, Otto*) notwendig. Durch neue Baumaterialien wie *Eisen* oder *Beton* sind weitere Spannweiten möglich als mit traditionellen Baumaterialien wie Holz oder Stein.

Spitzbogen s. *Bogen*.

sprechende Architektur s. *Architecture parlante*.

Staffelung von Baukörpern Durch hintereinander gruppierte Baukörper wird deren Wirkung in der Fläche belebt. Vor allem beim *Hochhaus* in den USA war schon früh die Staffelung vorgeschrieben, um eine zureichende Belichtung und Belüftung des Straßenraums zu gewährleisten.

Stahlbeton s. *Beton*.

Stahlskelettkonstruktion s. *Skelettbau*.

Ständerbauten Auf im Erdreich verankerten (s. *Beton*) Stützen (franz.: Pilote) errichtete Bauten, eine im 20. Jh. vor allem von *Le Corbusier* (Villa Savoye; Unité d'Habitation) betriebene Bauform, die das Freilassen des Erdgeschosses ermöglicht. Hinzu treten statische Überlegungen wie der Erdbebenschutz (s. *Schindler* und v. a. dessen Lovell Beach House).

Standardisierung Eine der Hauptbestrebungen der modernen Architektur ist die Vereinheitlichung von Bauformen und verwendeten Materialien, um mit möglichst geringem Aufwand eine möglichst große Einsatzfähigkeit und Kompatibilität von verwendeten Bauteilen zu erreichen.

Stein Traditionelles Baumaterial zum Bau einer Mauer, die als Wand oder *Fassade* dient. Mauern können sowohl aus unbearbeitetem *Naturstein* oder bearbeitetem *Werkstein* bestehen, aber auch aus unterschiedlichen Kunststeinen wie dem *Backstein* oder einem Gussmauerwerk wie dem *Beton*.

Stereometrie Lehre von der Berechnung geometrischer Körper.

Stil Charakteristischer Formenschatz einer bestimmten *Epoche*, durch die sie sich von anderen Epochen formal und inhaltlich abgrenzt (im Einzelnen: *Antike, Romanik, Gotik, Renaissance, Klassizismus, Historismus, Expressionismus, Moderne* bzw. *Neues Bauen* oder *Internationaler Stil, Postmoderne, Dekonstruktivismus*).

Stuck Ein mit verschiedenen Zusätzen (Gips, Marmor) angemachter Mörtel mit Leimwasser, der zur Fertigung spezifischer Dekorationen vor allem im Innenraum dient und seit der *Antike* in unterschiedlichen *Stilen* vorkommt. Die durch den Stuck gefertigten *Ornamente* des *Historismus* wurden durch die Architektur der Moderne abgelehnt (s. *Adolf Loos*).

Suprematismus (lat. supremus: der oberste) Von *Malewitsch* gewählte Bezeichnung seiner Kunst, die deren äußerste, reine *Abstraktion* beschreibt.

Symmetrie Auf eine Spiegelachse bezogener spiegelgleicher Aufbau einer *Bebauung* oder einer Gartenanlage. Besonders in *Renaissance, Barock* und *Klassizismus*.

Tektonik Konstruktives Ineinanderfügen einzelner, eigenständiger Bauteile zu einer gesamten Gebäudestruktur.

Tempel Nichtchristlicher Kultbau. Vorbildcharakter haben die Tempel der *Antike* mit ihren umlaufenden *Säulenhallen*.

Tempietto ital.: kleiner Tempel.

Thermenfenster Ein halbkreisförmiges Fenster, das von zwei senkrechten Stützen unterteilt wird. Erstes Auftreten in der römischen *Antike*.

Triumphbogen Seit der *römischen Antike* auftretende Architektur aus einer oder mehreren großen Bogenstellungen, die oft auch umfangreiche figürliche Dekorationen aufweisen. Ursprünglich zu Ehren der römischen Herrscher errichtet, finden sie sich aber auch in der *Renaissance*, dem *Barock* und im *Klassizismus*.

Trockenmauerwerk Traditionelle Bauweise, in der das Mauerwerk ohne Bindemittel (Mörtel) aufgeschichtet wird.

Türsturz Horizontaler, oberer Abschluss einer Tür

Vegetabil Pflanzenartig. Bezieht sich besonders auf die Dekorationsformen des *Jugendstils*.

Vorhangfassade s. *curtain wall*.

Werkstein Bearbeitete Form des *Natursteins* (s. *Stein*).

Würdeformel Architekturen oder Bauteile, die ursprünglich nur Herrschern oder ausgezeichneten Persönlichkeiten vorbehalten waren, wie *Triumphbögen, Pyramiden* und *Kuppeln*. Auch die Verwendung von *Säulenordnungen* kann u. U. bereits als eine Würdeformel bezeichnet werden.

Zement Wasserbeständiger Baustoff einer gebrannten Kalkstein-Ton-Mischung. Wichtiger Bestandteil des *Betons*.

Zuckerbäckerstil Sammelbezeichnung für die mit *Ornamenten* überzogene Architektur des

NAMENSREGISTER

Fett hervorgehobene Seitenzahlen verweisen auf Abbildungen.

Muthesius, Hermann (1861–1927) Deutscher Architekt, vor allem von Landhäusern nach engl. Vorbild. Stand unter dem Einfluss der Arts-and-Crafts-Bewegung, deren Ziele er in Deutschl. mit der Gründung des Werkbundes durchzusetzen suchte. HW: Mittelhof, Berlin (1914–1915). 19

Nervi, Pier Luigi (1891–1979) Ital. Architekt und Ingenieur, dessen Hallenkonstruktionen außergewöhnliche Spannweiten mit herausragender ästhetischer Wirkung verbanden. HWe: Flugzeughalle Orbetello (1939–1941), Gebäude der UNESCO, Paris (1953–1957), Palazzetto dello Sport, Rom (1956–1957), Palazzo dello Sport, Rom (1960). 75, **76**

Neutra, Richard (1892–1970) Österreichisch-amerikanischer Architekt, der bei seinen Wohnbauten (Lovell Beach House, Kalifornien (1925–1926) bereits in den 20er-Jahren die Formensprache der europäischen Avantgarde in Amerika etablierte. 44, **45**

Niemeyer, Oscar (1907–2012) Brasil. Architekt, Vertreter des Internationalen Stils, der vor allem durch seine Bauten in Brasilia (ab 1956) berühmt wurde. **65, 66**

Nouvel, Jean (1945) Franz. Architekt, einer der wichtigsten Vertreter der zeitgen. Architektur, in dessen Bauten Elemente der Hightech-Architektur zusammen mit älteren Traditionen der Stahl- bzw. Glas-Architektur zu einer neuen, individuellen und vielfach poetischen Formensprache weiterentwickelt werden. HWe: Institut du Monde Arabe (IMA), Paris (1981–1987), Galeries Lafayette, Berlin (1991–1996). 61, 101, **102, 103**, 108

Olbrich, Joseph Maria (1867–1908) Österr. Jugendstilarch., zu dessen Hauptwerken das Gebäude der Wiener Sezession (1897–1898) sowie die Bauten der Darmstädter Mathildenhöhe (Hochzeitsturm, 1907) zählen. **13–15**

Otto, Frei (1925–2015) Deutscher Arch. und Ing., dessen hängende Dachkonstruktionen für Ausstellungs- und Sportbauten (Münchner Olympiastadion, 1972, zusammen mit Günter Behnisch) ästhetische Wirkung mit revolutionärer Technik verbinden. 75, **81**

Oud, Jacobus Johannes Pieter (1890–1963) Holl. Arch. und Arch.-theoretiker, Gründungsmitglied von De Stijl. Als Stadtbaumeister Rotterdams realisierte er hochwertigen Wohnungsbau mit begrenzten finanziellen Mitteln. 32, 38, 39

Palladio, Andrea (1508–1580) Einflussreichster ital. Architekt und Theoretiker der Hochrenaissance, dessen auf antiken Formen beruhende Gebäude bis in die Gegenwart hinein rezipiert werden (s. *Postmoderne*). 84, 96

Paxton, Sir Joseph (1801–1865) Entwarf als Gärtner gläserne Gewächshäuser, die ihm als Vorlage für seine revolutionären Ausstellungsbauten in Stahl-Glas-Konstruktion dienten (Kristallpalast, London 1851). **7**, 9, 102, 110

Pei, Ieoh Ming (1917) Amerik. Architekt chines. Abstammung. Peis Büro gehört zu den derzeit erfolgreichsten US-Architekturbüros. HWe: Louvre-Pyramide, Paris (1983–1988), Anbau Deutsches Historisches Museum, Berlin (1998–2000). **89–91**

Perret, Auguste (1874–1954) Franz. Bauunternehmer und Architekt, dessen Bauten (Haus Rue Franklin 25, Paris, 1902–1903) entscheidenden Anteil an der schnellen Verbreitung des Beton als neuem, zukunftsweisendem Baustoff hatten. **9**, 21, **22**

Piacentini, Marcello (1881–1960) Neoklassizistischer ital. Architekt, der unter Mussolini zum führenden Staatsarchitekten aufstieg. HW: Univ. Rom, Rektoratsgebäude (seit 1932) 36, 37, 55

Piano, Renzo (1937) Ital. Architekt, der zusammen mit R. Rogers das futuristische Centre Pompidou in Paris (1971–1977) verwirklichte. Neuere Arbeiten zeichnen sich durch eine individuelle Handschrift bei der Interpretation der Formen der klassischen Moderne aus (Fondation Beyerle, Riehen bei Basel, 1997) sowie durch eine delikate Materialverwendung (terrakottaverkleidete Fassade für das Debis-Hochhaus Berlin, 1995–1997). **79**, 89

Poelzig, Hans (1869–1936) Wegbereiter der Moderne (Geschäftshaus in Breslau, 1910) und Hauptvertr. des deutschen Expressionismus (Großes Schauspielhaus, Berlin, 1919, Entwurf Schauspielhaus, Salzburg, 1920–1922), in dessen späteren Arbeiten sich auch Züge einer monumentalen Sachlichkeit finden (Verwaltung IG-Farben, Frankfurt am Main, 1928–1931). 20, 27, 39, 52, 59

Riemerschmid, Richard (1868–1957) Von der Arts-and-Crafts-Bewegung beeinflusster deutscher Arch. und Kunsthandwerker, zählte zu den führenden Vertretern des Jugendstils in Deutschland. 11

Rietveld, Gerrit Thomas (1888–1964) Niederl. Architekt und Designer, ausgebildeter Möbeltischler. Sowohl mit seinem Rot-Blau-Stuhl von 1917 als auch mit dem Haus Schröder (Utrecht, 1924) setzte Rietveld die Vorstellungen der De-Stijl-Bewegung exemplarisch um. 26, **32–34**, 44

Roche, Kevin (1922) Irisch-amerikanischer Architekt, Mitarbeiter von Eero Saarinen, errichtete zusammen mit John Dinkeloo die Ford Foundation in New York (1963–1968). **77**

Rogers, Richard (1933) Der Brite zählt zu den wichtigsten zeitgenössischen Architekten. Zusammen mit Renzo Piano errichtete er das Centre Pompidou (1971–1977) in Paris, eines der Hauptwerke der Hightech-Architektur. In einem verwandten Stil entstand die Hauptverwaltung von Lloyd's in London (1979–1986). Für den Potsdamer Platz in Berlin entwarf er mehrere, glasdominierte Geschäftshäuser mit aufgelockerter Fassadengestaltung (1996–1999). **79**, 80, 89, 102

Rossi, Aldo (1931–1997) Führender ital. Architekt, dessen vom Neorationalismus geprägte Architekturvorstellungen grundlegenden Einfluss auf die Renaissance der Stadt im europäischen Städtebau der 80er und 90er hatten (Publikation: *L'Architettura della Città*, 1966). HWe: Wohnquartier Gallaratese, Mailand (1969–1973), Friedhof Modena (1971–1984), Teatro Carlo Felice, Genua (1982–1990), Quartier Schützenstraße, Berlin (1994–1997) 94, **95**, 97, 99, 101, 105

Ruskin, John (1819–1900) Einflussreicher engl. Kunsttheoretiker und Schriftsteller des Historismus. Trat in seinen Publikationen für eine neogotische Architektur ein, die er von frühen engl. und ital. Vorbildern ableitete. Seine Idealisierung des Mittelalters beeinflusste auch die Erneuerungsbestrebungen von William Morris (Arts-and-Crafts-Bewegung). 10

Saarinen, Eero (1910–1961) Finn.-amerik. Architekt, dessen Werk sich sowohl durch repräsentative Bauten im Internationalen Stil (General Motors, Warren/Michigan 1948–1956) als auch durch expressiv-organische Bauten auszeichnet (TWA-Terminal auf dem J. F. Kennedy-Airport, New York 1956–1962). **61**, 70, **73**–76, 84

Saarinen, Eliel (1873–1950) Finn.-amerik. Architekt, dessen Hauptbahnhof in Helsinki (1910–1914) in der Formensprache des Jugendstils entstand. 1922 beteiligte er sich am Wettbewerb für ein Hochhaus der Chicago Tribune. 43, **44**, 61

Sagebiel, Ernst (1892–1970) Deutscher Architekt, der u. a. mit dem Reichsluftfahrtministerium, Berlin (1935–1936) sowie dem Flughafen Tempelhof, Berlin (1935–1939) monumentale Verwaltungs- bzw Funktionsbauten für die Nationalsozialisten verwirklichte. 53

Sant'Elia, Antonio (1888–1916) Italienischer Architekt des Futurismus, dessen visionäre Entwürfe von Industrie- und Stadtbauten großen Einfluss auf die nachfolgende Architektengeneration Italiens ausübten. **29**

Scharoun, Hans (1893–1972) Deutscher Architekt, der mit seinen Siedlungsbauten (Berlin-Siemensstadt, 1930) und Apartmenthäusern (Berlin-Charlottenburg, 1930) zu den führenden Vertretern des Neuen Bauens zählt. Seine individuelle Grundrissgestaltung macht ihn zum Protagonisten des organischen Bauens. HWe: Ledigenwohnheim Werkbundausstellung, Breslau (1929), Haus Schminke, Löbau (1930–1932), Philharmonie, Berlin (1960–1963) 20, **37–39**, 59, 73, **74**

Schindler, Rudolph (1887–1953) Österreichischer Architekt, der in den 20er-Jahren vor allem durch seine herausragenden Einfamilienhäuser (Lovell Beach House, Newport Beach, 1923–1924) einen wichtigen Beitrag zur Verbreitung des Internationalen Stils in den USA leistete. 44, **45**, 69

Schinkel, Karl Friedrich (1781–1841) Deutscher Architekt, wichtigster Vertreter des preußischen Klassizismus (Neue Wache, Berlin 1818–1821, Altes Museum, Berlin 1822–1828), der für einige seiner Bauten aber auch den neogotischen Stil wählte (Friedrichswerdersche Kirche, Berlin, 1821–1830). Beeinflusst durch die engl. Industrialisierung öffnete er sich modernen Techniken wie dem Eisenkunstguss (Kreuzberg-Denkmal, Berlin, 1818–1821) und strebte eine Rationalisierung und Formenreduzierung seiner Bauten an (Bauakademie, Berlin, 1836). 7, 24, 59, 63, 90

Schütte-Lihotzky, Margarete (1897–2000) Deutsche Architektin, ab 1926 Mitarbeiterin von Ernst May am Frankfurter Hochbauamt.

Entwickelte innerhalb des sozialen Wohnungsbaus die Frankfurter Küche, den Vorläufer der heutigen Einbauküchen. HW: Schule Briansk, Ukraine (1933–1935). ***38***

Semper, Gottfried (1803–1879) Deutscher Baumeister und Kunsttheoretiker, der eine nüchterne Bauweise im Stil der ital. Renaissance pflegte mit klaren und zweckmäßigen Formen und sparsamer Gliederung der Bauten mit historischen Kunstformen. HWe: Hoftheater (Opernhaus) in Dresden (1838–1841, Neuaufbau nach Brand 1871–1878), Polytechnikum Zürich (1855–1857), Burgtheater Wien (1875–1883). *8*

Sert, Josep Lluís (1902–1983) Spanischer Architekt, Vertreter des Internationalen Stils, dessen Spanischer Pavillon auf der Pariser Weltausstellung 1937 einen modernen Gegenpol zum klassizistischen Monumentalismus der deutschen und sowjetischen Bauten bildete. *54*

SITE (Sculpture in the Environment, d. i. engl. für: Skulptur in der Umwelt) Multidisziplinäre amerikanische Architektengruppe (seit 1970), die vor allem durch ihre dramatisch inszenierten Supermärkte der Kette BEST Aufsehen erregte. ***82***, *91, 103*

Siza Vieira, Alvaro (1933) Portugiesischer Architekt, der, von der klassischen Moderne beeinflusst, eine eigene – zeitgenössische – Formensprache entwickelt hat, die sich durch ihre ästhetische Wirkung und die kunstvolle Raumgestaltung auszeichnet. HWe: Architekturfakultät Porto (1986–1995), Wiederaufbau des Chiado, Lissabon (ab 1988), Centro Galego de Arte Contemporánea, Santiago de Compostela (1988–1994) *67*, ***107***

Skidmore, Owings & Merill (SOM) Amerik. Architektengemeinschaft von Louis Skidmore (1897–1962), Nathaniel Owings (1903-1984) und John O. Merill (1896–1975), die vor allem mit ihren Verwaltungshochhäusern weltweit Erfolge feierte. HW: Lever House, New York (1952). *61*

Smithson, Alison (1923–1993) und **Smithson, Peter** (1928–2003) Britische Architekten, von Ludwig Mies van der Rohe beeinflusste Hauptvertreter des Brutalismus. HWe: Hunstanton School, Norfolk (1954), Economist Building, London (1963–1967). ***62***, *69, 78*

Speer, Albert (1905–1981) Deutscher Architekt, der durch seine neohistoristischen, vielfach überdimensionierten Monumentalbauten unter Hitler zum wichtigsten Architekten des Nationalsozialismus aufstieg. Als Generalbauinspektor plante er die durch den Zweiten Weltkrieg verhinderte, gigantische Umgestaltung Berlins zur Hauptstadt Germania. Hauptwerke: Neue Reichskanzlei, Berlin (1938–1939), Bauten für das Reichsparteitagsgelände, Nürnberg (1934–1937). *52*, ***53***, *54, 55, 57, 86*

Stirling, James Frazer (1926–1992) Brit. Architekt, der nach der Auseinandersetzung mit dem Brutalismus (Ingenieursinstitut der Leicester Universität, 1959–1963) zum führenden Vertreter einer spielerischen Postmoderne wurde, wie u. a. in der zusammen mit Michael Wilford 1977 bis 1984 realisierten Neuen Württembergischen Staatsgalerie in Stuttgart und im Clore Wing der Tate Gallery in London (1980–1985). *86, 90, 91*, ***96***, *108*

Sullivan, Louis Henry (1856–1924) Amerik. Architekt, führender Vertreter der School of Chicago. Durch die strenge Rastergliederung der Fassade seiner Bauten (Guaranty Building, Buffalo 1894, Carson, Pirie & Scott Store, Chicago, 1897–1904) sowie eine konsequente Orientierung an ihren funktionalen Bedürfnissen überwand er den Historismus und wurde zum Vorreiter einer funktionsorientierten Architektur des 20. Jh.s („form follows function"). *15, 16, 42, 44*

Tange, Kenzo (1913–2005) Jap. Architekt und Städteplaner, dessen Verwendung von Sichtbeton zu Bauwerken mit herausragender ästhetischer Wirkung führt (Olympiahalle, Tokio, 1964), die darüber hinaus meist eine starke plastische Gliederung aufweisen (Yamanashi-Rundfunk-Center, Kofu, 1961– 1967). *64, 75, 76, 81*, ***83***

Tatlin, Wladimir (1885–1953) Russischer Maler und Architekt, führender Vertreter des Konstruktivismus. Hauptwerk ist der nicht realisierte Entwurf eines Denkmals für die III. Internationale (1919–1920). ***34***, *35*

Taut, Bruno (1880–1938) Deutscher Architekt, der sich nach einer expressionistischen Frühphase (Glaspavillon, Werkbundausstellung Köln, 1914) vor allem im Großsiedlungsbau (Hufeisensiedlung, Berlin-Britz, 1925–1930) engagierte. Schon 1929 leitete T. mit seiner Kritik eine Revision der Moderne ein. HWe: Carl-Legien-Siedlung, Berlin (1930–1932), Schule Senftenberg (1930–1932), Literaturfakultät Univ. Ankara (1937–1940). ***19***, *26, 37, 39, 43, 102*

Terragni, Giuseppe (1904–1941) Führender Vertreter des ital. Rationalismus, dessen streng im Internationalen Stil erbauter Wohnblock Novocomum (1927–1928) sowie die Casa del Fascio (1932–1936), beide Como, für die enge Verbindung der mod. Architektur mit der faschistischen Regierung in Italien stehen. ***36***, *37, 94*

Tessenow, Heinrich (1876–1950) Deutscher Architekt, der zu den einflussreichsten Hochschullehrern an der Technischen Hochschule in Berlin zählte. Der beruhigte Neoklassizismus seines Festspielhauses in Dresden Hellerau (1910) erlangte für viele deutsche Architekten Vorbildcharakter. Ein Beispiel seiner feinfühligen Ästhetik gibt die Umgestaltung von Schinkels Neuer Wache zum Kriegerdenkmal (Berlin, 1930–1931). *22*, ***24***, *52, 55*

Utzon, Jørn (1918–2008) Dän. Architekt, dessen bekanntester Bau die stadtbildprägende Oper in Sydney (1956–1974) mit ihrer aufregenden segelartigen Dachkonstruktion wurde. *74*, ***75***

Van der Mey, Johann Melchior (1878–1949) Holl. Architekt, Vertreter der expressionistischen Amsterdamer Schule, führender Architekt des Schifffahrtshauses, Amsterdam (1912–1916). *24*, ***25***

Velde, Henry van de (1863–1957) Belg. Architekt, Kunsthandwerker und Reformer, dessen Arbeiten den deutschen Jugendstil prägten. Neben der Innenausstattung des Folkwang-Museums (1901–1902) in Hagen gehört die Kunstgewerbeschule in Weimar (1906) zu seinen wichtigsten architektonischen Arbeiten. Mit seinem Plädoyer für handwerkliche Fertigung kunsthandwerklicher Produkte konnte er sich 1914 im Deutschen Werkbund letztlich jedoch nicht gegen Hermann Muthesius durchsetzen, der für deren industrielle Fertigung eintrat. *12*, ***13***, *19, 33*

Venturi, Robert (1925) Amerik. Architekt, Städteplaner und Theoretiker, der mit seinen Schriften *Komplexität und Widerspruch in der Architektur* (1966) und *Learning from Las Vegas* (1972) zu den Gründervätern der postmodernen Architektur zählt. Sein Chestnut Hill House, Pennsylvania von 1962 stellt ein frühes Beispiel des vielfach spielerischen Umgangs mit traditionellen Architekturformen dar, die der Internationale Stil abgelehnt hatte. *71*, ***84***

Vitruv (1. Jh. v. Chr.) Römischer Arch. und Ingenieur, dessen zehn Bücher *De Architectura* (*über die Architektur*, vor 31. v. Chr.) die Grundlage bilden, auf der sich die moderne Architektur seit der italienischen Renaissance bis heute mit der Architektur der römischen Antike befasst. *37, 40, 84*

Wagner, Martin (1885–1957) Deutscher Architekt und Städteplaner, der als Stadtbaurat in Berlin (1926–1933) für die Realisierung der Großsiedlungen von Bruno Taut, Hans Scharoun und Walter Gropius verantwortlich zeichnete. HW: Strandbad Wannsee (1928–1930) mit Richard Ermisch. *37*

Wagner, Otto (1841–1918) Österr. Architekt, der durch seine Schriften *Moderne Architektur* (1896) und *Großstadtarchitektur* (1911) zum Wegbereiter der Moderne wurde. Als gebaute Manifeste sind das Postsparkassenamt, Wien (1904–1906), die Kirche am Steinhof (1903–1906) sowie die zweite Villa Wagner (1910–1912) anzusehen. Durch Publikationen der „Wagner-Schule" (1897–1916) weithin wirksam. ***14***, *28, 44*

Webb, Philip (1831–1915) Engl. Architekt, der in seinen Bauten (Red House, Bexeley Heth, Kent 1859–1860) die Ideale von William Morris' Arts-and-Crafts-Bewegung umsetzte. *10*

Wilford, Michael (1938) Seit 1971 Partner und Mitarbeiter im Büro von J. Stirling (s. dort). *86*, ***90***, *108*

Wright, Frank Lloyd (1867–1959) Der wichtigste Architekt Amerikas im 20. Jh., dessen frühe „Präriehäuser" (Robie-House, Chicago, 1908) großen Einfluss auf europäische Architekten ausübten. Seine Bauten integrieren sich organisch in die Natur wie das Haus „Falling water" über einem Wasserfall in Bear Run, Pennsylvania (1936), und sind gekennzeichnet durch weit vorkragende Terrassen und Gesimse, die die Horizontale betonen. Städtebaulich entwickelte er die Gartenstadt-Landschaft „Usonia" (1935–1938). Daneben verwirklichte er auch dynamische Verwaltungsbauten (Johnson Wax Company, Racine, Wisconsin, 1936–1939). Den Abschluss seiner reichen Karriere bildete das Guggenheim-Museum in New York, 1956–1957. ***16***, *17, 26, 31, 41, 44–46, 62*, ***63***, *74, 89, 90, 96*

ABBILDUNGSNACHWEIS

Der Verlag dankt den Institutionen, Archiven und Fotografen für die erteilte Reproduktionsgenehmigung und die freundliche Unterstützung bei der Realisierung dieses Buches. Trotz intensiver Bemühungen konnten nicht alle Rechteinhaber ermittelt werden. Fotografen mit berechtigten Ansprüchen wenden sich bitte an den Verlag.

Alvar Aalto Museo, Jyväskylä: 72 unten rechts (Maija Holma), 72 oben links und oben rechts (M. Kapanen)

Sammlung Consuelo Accetti, Mailand: 29

Akademie der Künste, Berlin, Stiftung Archiv, Sammlung Baukunst: 37 (Arthur Köster)

Albertina, Wien: 15 oben und unten

© Tadao Ando: 99 Mitte, 99 unten

Arcaid, Kingston-upon-Thames: 8 (© Richard Bryant), 64 (© Stephane Couturier), 83 Mitte links (© William Tingey), 84 (© Richard Bryant), 93 (© Natalie Tepper), 96 unten links, 99 oben (© Richard Bryant), 110 (© John Edward Linden)

Architectural Association Photo Library, London: 9 (Morrison), 22 (© Erno Goldfinger), 45 oben (© Hazel Cook), 45 unten (© J. Stirling), 57 (© Cecil Handisyde), 58 unten (© Dennis Wheatley), 62 oben (© John T. Hansell), 70 (© Gardner/Halls), 76 oben (© Dennis Crompton), 82 (© SITE), 86 (© Alan Chandler)

Archiv des Autors: 51 oben

Archiv für Kunst und Geschichte, Berlin: 6 (AKG), 7 (AKG), 11 (Erich Lessing), 12 (Lothar Peter), 15 Mitte (AKG), 16 oben (Tony Vaccaro), 17 unten (Markus Hilbich), 18 (AKG), 23 oben (Dieter E. Hoppe), 23 unten (AKG), 26 unten (Markus Hilbich), 27 (Markus Hilbich), 33 unten (Erik Bohr), 39 oben (Markus Hilbich), 47 (Keith Collie), 56 (AKG), 59 Mitte (AKG), 68 unten links (AP), 68 unten rechts (AKG), 72 Mitte links (Gert Schütz), 75 (Henning Bock), 78 (AKG), 81 (Markus Hilbich), 87 (Keith Collie), 88 (AKG), 89 unten (Markus Hilbich), 91 (Hervé Champollion), 100 (Irmgard Wagner), 104 unten (Markus Hilbich), 113 unten (Schütze/Rodemann)

© Guido Baselgia, CH-7208 Malans: 120 unten

© Ch. Bastin & J. Evrard: 10, 14 unten, 106

Bauhaus-Archiv, Museum für Gestaltung, Berlin: 33 oben und Mitte (Fred Kraus)

Bildarchiv Preußischer Kulturbesitz: 50

Jan Bitter: 115

Mario Botta, Lugano: 97

British Architectural Library Photographs Collection: 16 Mitte, 28 unten, 55, 62 unten, 69, 71 oben, 77, 83 oben, 96 oben links, 101

© Friedrich Busam: 102

Keith Collie: 28 oben, 35, 79, 95 unten, 103 rechts

Commonwealth War Grave Commission: 51 unten

© Klaus Frahm/ARTUR: 25, 36, 76 unten, 92, 96 unten rechts

Christian Gänshirt, Berlin: 107

Christian Gahl: 124 oben

Klaus-Peter Gast, Berlin: 71 Mitte und unten

Alexander Gempeler, Bern: 122 oben

Getty Images: 48, 59 unten

Fernando Guerra & Sérgio Guerra (Herzlichen Dank an Francisco und Manuel Aires Mateus für die Genehmigung): 116 unten

Roland Halbe/ARTUR (Herzlichen Dank an Werner Sobek für die Genehmigung): 117 unten

Jochen Helle/ARTUR: 104 oben

© Herzog & de Meuron (Architectural Design: Herzog & de Meuron, Basel, Switzerland; Engineering and Sports Architecture: China Architectural Design & Research Group, Beijing, China; Ove Arup & Partners Hong Kong Ltd., Kowloon, Hong Kong; Arup Sports, London, United Kingdom; Artistic Advisor: Ai Weiwei, Beijing, China) (Herzlichen Dank an Herzog & de Meuron für die Genehmigung): 112

Karin Heßmann/ARTUR: 94

© Markus Hilbich: 20 beide, 21 oben, 74 beide, 89 oben, 95 oben, 96 oben rechts

© Hiroyuki Hirai: 118 unten

Kurt Hörbst _ www.hoerbst.com: 119 unten

Eduard Hueber: 118 oben

Japan Photo Archiv, Gerhard Wolfram: 83 Mitte rechts und unten, 98

Kéré Architecture: 126 oben

© Bruno Klomfar: 116 oben

Ian Lambot/Foster and Partners: 80

Landesbildstelle, Berlin: 53, 59 oben

Daniel Libeskind, Berlin: 109 unten

Bildarchiv Foto Marburg: 19 oben, 21 unten, 38

Philipp Meuser: 63 unten

Stefan Müller, Berlin (Herzlichen Dank an Hans van der Heijden für die Genehmigung): 119 oben

Museum of the City of New York: 43 (John H. Heffren), 44 unten (The Wurts Collection), 49 (The Byron Collection)

© Norman McGrath: 58 oben, 85

Netherlands Architecture Institute, Sammlung Van Eesteren, Fluck en Van Lohuizen Foundation, Den Haag: Inventarnummer III. ISI/Tafel 54: 31

Anna Neumann, Berlin: 111 unten

Frank den Oudsten, Amsterdam: 17 oben, 26 oben, 32

Klaus Ortmeyer: 113 oben

Karl Ernst Osthaus Museum, Hagen, Foto Achim Kukulies, Düsseldorf: 13 unten

Wolfgang Pehnt, Köln: 14 oben

Picture Alliance/dpa: 109 oben

Wu Qingshan: 125 oben

Uwe Rau, Berlin: 67 oben

© Ralph Richter/Archenova: 13 oben, 111 oben

Christian Richters/David Chipperfield Architects Ltd. (Herzlichen Dank an David Chipperfield für die Genehmigung): 114 oben

Bernhard Schurian, Berlin: 108 beide

Shutterstock: 120 oben (tichr), 121 oben (©Massimo Salesi), 121 unten (©dibrova), 122 unten (© foto-select), 123 (© BrianPIrwin), 124 unten (© Andrew F. Kazmierski), 125 unten (© TonyV3112), 126 unten (© Umar Shariff), 127 (© Osugi)

Mark Skalny (Herzlichen Dank an Rick Joy für die Genehmigung): 117 oben

spacelab Cook-Fournier/Kunsthaus Graz/Foto: Nicolas Lackner: 113 Mitte

© Margherita Spiluttini: 105 beide

Staatliche Museen zu Berlin – Preußischer Kulturbesitz, Kunstbibliothek: 26 Mitte (Petersen)

Staatliche Museen zu Berlin – Preußischer Kulturbesitz, Nationalgalerie: 30 (Jörg P. Anders)

Bildarchiv Steffens, Mainz: 54 (SLIDE/Pontanier), 65 beide (© Rudolf Bauer), 66 unten (Bildagentur Buenos Dias, Peter Koller)

Wolfgang Steinborn, Darmstadt: 63 oben, 73

Stiftung Deutsches Technikmuseum, Berlin, Historisches Archiv: 23 links und Mitte rechts

Ezra Stoller © Esto: 16 Mitte, 61

© Hisao Suzuki: 114 unten

Transglobe Agency, Hamburg: 60, 103 links

Tretjakow-Galerie, Moskau: 34 unten